American Musicological Society
Music Library Association Reprint Series

Dover Publications, Inc., New York, in cooperation with the American Musicological Society and the Music Library Association, has undertaken to bring back into print a select list of scholarly musical works long unavailable to the researcher, student, and performer. A distinguished Committee representing both these professional organizations has been appointed to plan and supervise the series, which will include facsimile editions of indispensable historical, theoretical and bibliographical studies as well as important collections of music and translations of basic texts. To make the reprints more useful and to bring them up to date, new introductions, supplementary indexes and bibliographies, etc., will be prepared by qualified specialists.

Sir John Hawkins, *A General History of the Science and Practice of Music*
W. H., A. F., and A. E. Hill, *Antonio Stradivari, His Life and Work*
Curt Sachs, *Real-Lexikon der Musikinstrumente,* new revised, enlarged edition
The Complete Works of Franz Schubert (19 volumes), the Breitkopf & Härtel Critical Edition of 1884-1897 *(Franz Schubert's Werke. Kritisch durchgesehene Gesammtausgabe.)*
Charles Read Baskervill, *The Elizabethan Jig and Related Song Drama*
George Ashdown Audsley, *The Art of Organ-Building,* corrected edition
Emanuel Winternitz, *Musical Autographs from Monteverdi to Hindemith,* corrected edition
William Chappell, *Popular Music of the Olden Time,* 1859 edition
F. T. Arnold, *The Art of Accompaniment from a Thorough-Bass as Practised in the 17th and 18th Centuries*
The Breitkopf Thematic Catalogue, 1762-1787, with new introduction and indexes by B. S. Brook
Otto Kinkeldey, *Orgel und Klavier in der Musik des 16. Jahrhunderts*
Andreas Ornithoparcus, *Musice active micrologus,* together with John Dowland's translation, *A. O. his Micrologus, or Introduction, Containing the Art of Singing*
O. G. T. Sonneck, *Early Concert-life in America (1731-1800)*
Giambattista Mancini, *Practical Reflections on the Figurative Art of Singing* (translated by Pietro Buzzi)
Denis Stevens, *Thomas Tomkins, 1572-1656*
Thoinot Arbeau, *Orchesography* (translated by Mary Stewart Evans)
Edmond vander Straeten, *La Musique aux Pays-Bas avant le XIXe siècle*
Frits Noske, *La Mélodie française de Berlioz à Duparc* (translated by Rita Benton)
Board of Music Trade, *Complete Catalogue of Sheet Music and Musical Works* (1870)

A.M.S.-M.L.A. JOINT REPRINT COMMITTEE

Barry S. Brook, Queens College, Chairman
Sidney Beck, The New York Public Library
Walter Gerboth, Brooklyn College
Hans Lenneberg, University of Chicago
Gustave Reese, New York University

THE BREITKOPF THEMATIC CATALOGUE

The Six Parts and Sixteen Supplements

1762-1787

Edited and with an Introduction and Indexes by
BARRY S. BROOK

DOVER PUBLICATIONS, INC., NEW YORK

To David Stimer
1914—1966

Copyright © 1966 by Dover Publications, Inc.
All rights reserved under Pan American and International
Copyright Conventions.

Published in Canada by General Publishing Company, Ltd.,
30 Lesmill Road, Don Mills, Toronto, Ontario.
Published in the United Kingdom by Constable and Company, Ltd.,
10 Orange Street, London W.C.2.

    This Dover edition, first published in 1966, is an unabridged
and unaltered republication of all six parts and all sixteen
supplements of the Thematic Catalogue (*Catalogo delle Sinfonie*,
etc.) issued by the firm of Breitkopf in Leipzig between 1762 and
1787 (see Outline of Contents, p. xvii, for exact original titles
and publication dates of the individual parts).
    A new Introduction, Outline of Contents, Index of First Lines
and General Index have been prepared by Barry S. Brook
specially for this edition.
    The publisher is grateful to the Library of Congress and the
Sibley Library of the Eastman School of Music for their
cooperation in the reproduction of those parts of the Catalogue
in their respective collections (see Introduction, p. vii, for
further details).
    The title page frame is from the original publication of the
opera *Talestri, Regina delle Amazzoni* by E.T.P.A. (Maria Antonia
Walpurgis), published by B. C. Breitkopf and Son, Leipzig, 1765
(see page 286 of the Thematic Catalogue).

Standard Book Number: 486-21688-8
Library of Congress Catalog Card Number: 65-26977

Manufactured in the United States of America
DOVER PUBLICATIONS, INC., 180 Varick Street, New York,
N.Y. 10014

CONTENTS

Introduction to the Dover Edition	vii	Supplemento I (1766)	201
Preamble	vii	Supplemento II (1767)	257
Johann Gottlob Immanuel Breitkopf (1719–1794)	viii	Supplemento III (1768)	301
Breitkopf and Music	ix	Supplemento IV (1769)	337
The Non-Thematic Catalogues	x	Supplemento V (1770)	377
The Thematic Catalogue	xii	Supplemento VI (1771)	409
Breitkopf's *Nacherinnerung*	xiii	Supplemento VII (1772)	441
Accuracy of Chronology and Attribution	xiv	Supplemento VIII (1773)	481
On Indexes and Pagination	xv	Supplemento IX (1774)	521
Acknowledgments	xvi	Supplemento X (1775)	561
Outline of Contents of Catalogue	xvii	Supplemento XI (1776 ed 1777)	589
The Breitkopf Thematic Catalogue		Supplemento XII (1778)	625
		Supplemento XIII (1779 ed 1780)	669
Parte I^ma (1762)	1	Supplemento XIV (1781)	701
Parte II^da (1762)	33	Supplemento XV (1782. 1783 ed 1784)	759
Parte III^za (1763)	81	Supplemento XVI (1785. 1786 ed 1787)	841
Parte IV^ta (1763)	115	Index of First Lines	xxix
Parte V^ta (1765)	139	General Index	xlix
Parte VI^ta (1765)	163		

INTRODUCTION TO THE DOVER EDITION

Preamble

The Breitkopf Catalogue was originally published in six parts and sixteen supplements over a period of a quarter of a century, from 1762 to 1787. There were altogether twenty-two individual volumes containing a total of 888 pages, but no table of contents or index of any kind.[1]

The Breitkopf Catalogue was the first printed thematic catalogue of music. It remains the largest and most valuable of its kind. It reflects the panorama of musical life in its time in all its opulence. It offers eloquent testimony regarding musical taste and sociology. It provides invaluable information on the production and dissemination of both manuscripts and prints. It is an indispensable bibliographical tool for the identification and dating of a vast quantity of music of all genres, vocal and instrumental, secular and religious. In short, it is a fascinating document and one of the most important contemporary reference sources on music of the eighteenth century.

Its 888 pages contain almost 15,000 incipits, averaging sixteen per page, each providing the following information: genre, composer, title and instrumentation, plus text underlay for some 1300 vocal works. On occasion, the composer's official position and place of work are also given. When a composition is *not* in manuscript, the place and method of publication (print or engraving) are often supplied. A total of over 1000 different composers are represented.

In the monographs of many eighteenth-century specialists the term "Breitkopf Catalogue" is common bibliographical currency. To give but a few examples, H. C. Robbins Landon begins his monumental study of *The Symphonies of Joseph Haydn* with a page-length quotation from the illuminating *Nacherinnerung* appended to Parte I^{ma} (see pp. 29–32 below for complete original and pp. xiii–xiv for translation). Jens Peter Larsen still uses his set of photostats made decades ago of the *Catalogo delle Sinfonie* to document his current studies. In Bathia Churgin's recent dissertation, *The Symphonies of G. B. Sammartini* (Harvard University, 1963), the Breitkopf Catalogue is the source for a substantial percentage of the datings. In our musical lexicons the hand of Breitkopf is often present anonymously. As Kathi Meyer has pointed out in her pioneering article, "Early Breitkopf and Härtel Thematic Catalogues of Manuscript Music,"[2] when Gerber gives a list of works without quoting his sources, it is often identical to Breitkopf's (e.g., in the case of Sammartini). Later lexicographers often copied Gerber verbatim. Today we still must go back to Breitkopf for documentation on major composers as well as on hundreds of *illustres inconnus* about whom little other information exists. The Breitkopf Catalogue often provides the only evidence of the existence of lost works, and for extant compositions it is frequently the only source of chronology.

Complete copies of the Breitkopf Catalogue are *rarissimi*. None appears to have been listed in antiquarian catalogues during this century, although the sixteen supplements were once available at a price of 180 marks (No. 290 in Leo Lippmannsohn's Katalog 233, *Musikbibliographie und Notation*). This scarcity was initially caused by the fact that Breitkopf "sacrificed profit for love of accuracy" and "printed only a small number of copies of this first effort" (see below, p. xiii). Most of these copies disappeared during the nineteenth century, an era which placed little value upon most eighteenth-century music and even less upon its thematic catalogues. It was not until the advent of modern musicology in the twentieth century and the work of such great scholars as Otto Erich Deutsch, that the significance of the Thematic Catalogue was fully established.

---

[1] To avoid confusion the word *catalogue* will be used here for eighteenth-century publications and the word *index* for the two union indexes of names and of first lines that have been especially prepared for this edition (see pp. xxix–lxxxi at the end of this volume).

[2] *Musical Quarterly*, XXX (1944), pp. 163–173. The title of this important study is misleading on three counts, all of which remain unclarified in the body of the article. Härtel was not part of the firm when the thematic catalogues were published—his name does not appear on any imprint; secondly, many of the catalogues listed in the article are *not* thematic; finally, the Thematic Catalogue itself includes incipits of many engraved and printed items marked "intagliati e stampati" and is *not* limited to works in manuscript; this latter misconception exists in several other more recent sources as well.

There are about eight or nine full sets of the Breitkopf Thematic Catalogue extant; the files of the Répertoire International des Sources Musicales (RISM) have brought to light an equal number of incomplete sets and a handful of individual volumes. The following libraries possess full copies: Ascona, Hoboken Collection; Berlin, Staatsbibliothek; Brussels, Bibliothèque Royale de Belgique (Fétis Collection No. 5197); Brussels, Conservatoire Royale de Musique; The Hague, Gemeente Museum; London, British Museum, Hirsch Collection; Vienna, Gesellschaft der Musikfreunde.

No complete copy exists in the United States. Incomplete sets are found in the Library Company of Philadelphia, the Library of Congress at Washington and the Sibley Library of the Eastman School of Music at Rochester. Complete copies in photostat may be found at the Library of Congress, the New York Public Library, Harvard University, etc. The present edition has been prepared photolithographically from holdings in two different institutions: the Library of Congress (the six parts) and the Sibley Library of the Eastman School (the sixteen supplements).

JOHANN GOTTLOB IMMANUEL BREITKOPF (1719–1794)

The early history of the famous Leipzig firm known as Breitkopf, and after 1795 as Breitkopf & Härtel, dates back to 1542.[3]

It was in 1719 that the business passed into the hands of the Breitkopf family through the marriage of Bernhard Cristoph Breitkopf (1695–1777). Under Bernhard Cristoph, the printing operations expanded rapidly and soon included a book publishing department, numbering the most eminent poets, scholars and philosophers of Germany among its authors. The first publication bearing the Breitkopf name, a periodical entitled *Acta Eruditorum*, appeared in 1719. Prophetically this was also the year of birth of Johann Gottlob Immanuel Breitkopf, compiler of the *Catalogo*; his fame was to eclipse that of his distinguished father.

Johann Gottlob Immanuel Breitkopf was a man of extraordinary imagination, intellect and energy. Although inscribed in the Book Printers Guild at seventeen, he had, at first, little interest in his father's business and an idealistic distaste for "trade" in general. After three stimulating years

at the University of Leipzig (1737–1740) and a year of travel in Germany, he agreed to try to combine his scientific and humanistic interests with his father's dynastic ambitions and entered the family firm. Characteristically, he plunged into a thorough historical and mathematical investigation of the arts of calligraphy, engraving and printing. This study was to occupy him throughout his life and was soon to make him one of the leading authorities on the art of printing. He saw his role as the restorer of good taste and beauty in German typography through knowledge, inventiveness and practical experimentation. When he was twenty-six, his father put the entire printing establishment into his hands and he was to make it "the most complete in the world." It was not long before the "Golden Bear" was an international symbol.

Breitkopf maintained contact with the leading minds of Germany, such as Gottsched (with whom he had studied at the University), Cramer, Lessing, Winckelmann and Goethe.[4] He built a personal library of almost 20,000 volumes, astonishing for his time. His interests and activities included the development of a method of printing maps and charts typographically, the designing of a set of Chinese letters for printing purposes, the reproduction of portrait drawings using typographical characters, the printing of playing cards of many different kinds, the manufacture of colored papers for various decorative and utilitarian uses, such as wallpaper, book paper, drawing paper, etc.

On Breitkopf's personality and philosophy, Hase has written, "He deserves praise for breaking with the brutal hazing practices taken over from the University. He did not torture his apprentices with horned skullcaps, jawbreakers, wooden spoons, etc." Despite the initial irritation of fellow guildsmen, his example was followed throughout Germany "and the instruments of torture and folk humor disappeared into the attic."[5]

Breitkopf also fought successfully for freedom of the press: "He must have been very pleased," wrote Hase, "when he could announce in the first copy of his new periodical, *Magazin des Buch- und Kunst- Handels*, July 1780: 'His Highness the Elector of Saxony has lifted the very strict oath which the censorship required until now from the book printers in Leipzig, Wittenberg and the whole country, and has transformed this into a mere

---

[3] The most complete history of the firm, whence most of the facts in this section are drawn, may be found in Oskar von Hase's *Breitkopf & Härtel Gedenkschrift und Arbeitsbericht,* 4. Auflage, Leipzig, Breitkopf & Härtel, 1917.

[4] See Goethe's *Dichtung und Wahrheit,* Book Eight, for a description of a visit to the Breitkopf home. Goethe's earliest poems were set to music by J. G. Immanuel's oldest son, Bernhard Theodor, and printed with Immanuel's music type characters.

[5] Hase, *op. cit.,* p. 97.

Introduction to the Dover Edition

declaration under oath; he has instructed the censors not to alter or strike anything in the works submitted to them, but instead, in matters of doubt, to return the manuscript.'"[6]

Breitkopf summed up his philosophy as a printer in the speech he customarily read to his own apprentices: "The art of the book printer preserves all the other arts from decay; it instructs in the basic principles of religion and morals, and preserves for eternity the noble actions of good men of all classes. So this art does a lot of good, and the fruits it produces prove its inestimable value. But it does this only in the hands of honest men, while in the hand of an evil person it is just as capable of doing evil."

BREITKOPF AND MUSIC

The old ledgers of the Breitkopf firm show many transactions between J. S. Bach and Bernhard Christoph Breitkopf. Breitkopf senior published Bach's music in the *Musikalisches Gesangbuch*, edited by Schemelli (1736), as well as the texts to several of his cantatas. But it was not until the time of Johann Gottlob Immanuel Breitkopf that the firm really became a music house. Soon after taking over the printing department, J. G. Immanuel, who had an excellent musical background and played clavier tolerably well, applied his inventive brain to the problem of the printing of music. By 1754, after careful study, computation and experimentation, he produced a set of type characters for music that were movable and divisible in a multitude of ways. He believed he had far surpassed Petrucci, Attaingnant, and other predecessors by finding a versatile solution to the age-old problem of publishing music that avoided the difficulties and expense of engraving and music copying. His first important publication employing the new characters was a luxurious opera score with the following title and imprint: *Il trionfo della fedeltà. Dramma per musica di E.T.P.A.* [the pseudonym—in full, "Ermelinda Talia Pastorella Arcada"—of the future Electress Maria Antonia Walpurgis of Saxony]. *Stampato in Lipsia nella stamperia di Giov. Gottlob Immanuel Breitkopf inventore di questa nuova maniera di stampar la musica con carratteri separabili e mutabili è questo dramma pastorale la prima opera stampata di questa nuova guisa; comminciata nel mese di luglio 1755, e terminata nel mese d'aprile 1756.* Breitkopf tells us further, in a statement published in 1755 accompanying a sonnet by J. F. Graefe with music also by E.T.P.A.:

> The previously used music type has come into disuse somewhat, as it does not have the external elegance which is demanded nowadays, nor does it sufficiently meet the needs of today's perfected tonal art. The book printers themselves have not been very satisfied with it, because ... it cannot be used by the setter without much patching up and artifice. The multiplicity of old characters, which amounted to several hundred, has been reduced to less than half, yet with this amount everything in contemporary music can be represented, including even all the newer French piano styles; the procedure is so simple and uniform that one will only need one hundredweight of the new type per page compared to the previously needed three to four and one-half hundredweight; and yet with this much smaller quantity much more can be achieved, and with greater ease.

Breitkopf began publishing music in a steady stream. Within a few years there appeared the *Berlinische Oden und Lieder*, a *Recueil d'Airs à Danser*, as well as compositions and theoretical works by Rutini, d'Alembert, C. H. Graun, Galuppi, Löwe and Sarti. He printed some works for distribution by his own house, some at the expense of individual composers[7] and some on orders from other publishers. The following composers, listed by Hase, entered into close relations with the Breitkopf firm during these years, and with some of them the association lasted for life: Johann Mattheson, Georg Philipp Telemann, Johann Joachim Quantz, Johann Gottlieb and Carl Heinrich Graun (1760, *The Death of Jesus*), Gottfried August Homilius, Carl Philipp Emanuel Bach, Johann Christoph Friedrich Bach, Johann Heinrich Rolle, Leopold Mozart, Johann Friedrich Agricola, Johann Lorenz Albrecht, Ernst Wilhelm Wolf, Karl Ditters von Dittersdorf, Friedrich Wilhelm Rust, Johann Gottlieb Naumann, Karl Stamitz, Johann Abraham Peter Schulz, Christian Gottlob Neefe, Johann Nikolaus Forkel, Johann Friedrich Reichardt, Federigo Fiorillo, Johann Gottfried Schicht, Christian Kalkbrenner, Johann Rudolf Zumsteeg, Karl Cannabich, etc. It must be understood, however, that in most instances Breitkopf made and sold *manuscript* copies of these composers' works rather than printing them. This points up the irony of the story: Breitkopf's hopes for his music type were never realized. According to Gerber, writing in 1790,

---

[6] Hase, *op. cit.*, p. 99.

[7] For example: *Sechs Sonaten für das Klavier von Nathanael Gottfried Gruner in Gera. Leipzig, auf Kosten des Autors, und in Commission bey Johann Gottlob Immanuel Breitkopf, 1781* (copy in the Universitätsbibliothek, Halle).

the Breitkopf music presses printed relatively few works.[8] The excellence of his results was more in his mind's eye than on paper, as a glance at the pages of the Thematic Catalogue which follow will prove. The inevitable hairline spaces between the tiny segments of staff (and between most other particles of type) are not conducive to elegance or continuity of line. Furthermore, no matter how much of an advance his method was over older music printing procedures, it could not compete with the improved engraving processes which in the 1770's and 1780's, and until the invention of lithography, came to rule the reproduction of music. Several other printers in this period tried their hand at creating music type characters with equal or far greater lack of success.[9] This was to be expected when not even Breitkopf's experience and enthusiasm for movable type printing could succeed in overcoming the economic impracticality and the aesthetic limitation of its application to music.

The history of the production and distribution of manuscript and printed music in the second half of the eighteenth century is fascinating and little known; it reflected profound social changes in an increasingly music-hungry Europe. Recent researches by H. C. Robbins Landon, Jan LaRue, Cari Johansson, Cecil Hopkinson, Claudio Sartori and Alexander Weinmann, among others, have illuminated many of its aspects. In the earlier eighteenth century, the principal method of music dissemination was the manuscript copy prepared on direct order by the professional copyist. Printing from type or engraving by tin or copper plate was less common and more expensive. With the rise of the bourgeoisie and the development of public concert life, an enormous demand for music arose from *Kenner und Liebhaber* as well as from beginners of all ages. Germany, Austria-Hungary and Italy clung longest to the copying procedure, while in such cities as Amsterdam, London and especially Paris the engraver began gradually to replace the copyist. In Leipzig, Breitkopf played a doubly conservative role. Not only did he try to further his own music printing method at the expense of the engraving process, but, as will be seen below, he maintained one of the greatest copying establishments in Europe.

In this period Leipzig was a major German cultural crossroads. Arnold Schering, writing about the period after 1780, states:

There was no shortage of connoisseurs with a thorough knowledge of music, who played well, and knew how to distinguish good from bad. These connoisseurs were found in various strata of upper middle class society: merchants, higher officials, book and art dealers, literati, professors, doctors, lawyers and others who had enjoyed a higher education.

In these circles the better type of *Hauswerk* was often performed. The female members of the family especially began to sing and play at an early age. Books about art were read, merits of composers and virtuosi argued, and doors opened wide and willingly to artists with letters of recommendation. It was felt that the enjoyment [of the arts] conferred a certain obligation upon recipients thereof. Singers, composers, performers loved to visit [Leipzig].[10]

The Non-Thematic Catalogues

Leipzig in the eighteenth century was the center of the German publishing industry. Its Book Fairs were the largest in the country. The trade catalogues (*Messkataloge*) prepared for these fairs often included music publications and provide the background for the later specialized music catalogues.[11] Indeed, Breitkopf's first music catalogues closely resembled the regular book lists; they were non-thematic and were issued in conjunction with the Book Fairs. He continued to publish these more conventional *Verzeichnisse* throughout and after the twenty-five-year period in which the twenty-two volumes of the Thematic Catalogue appeared. They are prototypes of many put out by German music publishers and commission merchants in the last third of the century. Unlike French and English publishers, who added a one or two-page tightly spaced catalogue to their engraved scores and parts, the German music printers and dealers, more closely allied to the book trade, issued their music catalogues separately as pamphlets or books, some with hundreds of pages.[12] These catalogues, which never have been adequately investigated, are the direct forerunners of the Meysel-Whistling-Hofmeister *Handbuch der Musikalischen Literatur* series begun in 1817.

---

[8] *Historisch-Biographisches Lexicon,* Leipzig, 1790, Vol. I, Column 202.

[9] E.g., Enschedé in Holland and Loiseau in France; see C. Enschedé, *Fonderies de caractères,* Haarlem, 1908, and B. Brook, *La Symphonie Française,* Paris, 1962.

[10] Arnold Schering, *Musikgeschichte Leipzig's,* Dritter Band (1723–1800), Kistner & Siegel, Leipzig, 1941, p. 596.

[11] The early history of *Messkataloge* as related to music has been documented by Albert Göhler, *Verzeichnis der in den Frankfurter und Leipziger Messkatalogen der Jahre 1564 bis 1759 angezeigten Musikalien,* Leipzig, 1902.

[12] E.g., Westphal (Hamburg, 1782, 287 pp.), Traeg (Vienna, 1799, 233 pp.), Unser (Königsberg, 1809, 202 pp.), Werckmeister (Berlin, 1809, 172 pp.).

Introduction to the Dover Edition

The Breitkopf non-thematic *Verzeichnisse* are particularly significant for us because they are closely related to their thematic counterparts and often furnish more detailed information than do the *Cataloghi* about individual composers or works. To give but a single obvious example, on page 8 of our Thematic Catalogue, Parte I^ma, 1762, one reads, "VI. Sinfonie del Georg. Gebel, Maestr. di Cap. di Pr. di Schw. Rs," followed by the six incipits. On page 46 of the *Erste Ausgabe* of the non-thematic *Verzeichniss Musicalischer Werke* (see below), published one year *earlier*, in 1761, name and title are given in full and price is added: "Gebel, Georgio, Maestro di Capella di Princ. di Schwarzburg–Rudolst. VI Sinfonie à 4, 6 & 8 Voci. à 5 thl. 8 gl."

Breitkopf published over two dozen non-thematic catalogues before 1800. They fall into four groups of which the first three (1760–1780) roughly parallel in time and content the Thematic Catalogue (1762–1787):

Group I. *Catalogue of [Printed] Music Books concerning both Theory and Practice...*, published in six parts, 1760–1780.

Group II. *Catalogue of [Manuscript] Musical Works for Practical Performance...*, published in four parts, 1761–1780.

Group III. *Catalogue of Latin and Italian Church Music [in Manuscript]...*, published in one volume in 1769.

Group IV. A series of some fifteen smaller catalogues published between 1792 and 1801.

It should be added that these important works are as difficult to find as the Thematic Catalogue. Their full German titles read:[13]

[Group I]
Verzeichniss musikalischer Bücher, sowohl zur Theorie als Praxis, und für alle Instrumente, in ihre gehörigen Classen ordentlich eingetheilet; welche bei Johann Gottlob Immanuel Breitkopf [Parts three and four read "*Bernh. Christoph Breitkopf & Sohn*"] *in Leipzig um beystehende Preise in Louis d'or à 5 Thlr zu bekommen sind.*

Erste Ausgabe, Leipzig, in der Neujahr-Messe 1760 [pp. 1–33]. [Title pages for Ausgaben II to VI identical except where noted.]

Zweyte Ausgabe, Leipzig, in der Oster-Messe 1761 [pp. 33–56].
Dritte Ausgabe, Leipzig, nach der Ostermesse 1763 [pp. 57–88].
Vierte Ausgabe, Leipzig, in der Oster-Messe 1770 [pp. 89–116].
Fünfte Ausgabe, Leipzig, nach der Oster-Messe 1777 [pp. 117–148; add after the word *Instrumente*: "*davon die Anfänge in dem V. VI. VII. VIII. IX. und Xten Supplemente zu finden sind*"].
Sechste Ausgabe, Leipzig, nach der Ostermesse 1780 [pp. 149–172; add after the word *Instrumente*: "*davon die Anfänge in dem XI. XII. und XIII. Supplemente zu finden sind*"].

[Group II]
Verzeichniss Musicalischer Werke, allein zur Praxis, sowohl zum Singen, als für alle Instrumente, welche nicht durch den Druck bekannt gemacht worden, in ihre gehörige Classen ordentlich eingetheilet; welche in richtigen Abschriften bey Joh. Gottlob Immanuel Breitkopf [Part three reads "*Bernh. Christoph Breitkopf & Sohn*"] *in Leipzig, um beystehende Preisse zu bekommen sind in Louis d'ors à 5 Thlr.*

Erste Ausgabe, Leipzig, in der Michaelmesse 1761 [64 pp.].
Zweyte Ausgabe, Leipzig, in der Neujahrmesse 1764 [54 pp.].
Dritte Ausgabe, Leipzig, nach der Michaelmesse 1770 [45 pp.].
Vierte Ausgabe, Leipzig, nach der Ostermesse 1780 [32 pp.].

[Group III]
Verzeichniss lateinischer und italiänischer Kirchen-Musiken, an Motetten, Hymnen und Liedern, Psalmen, Magnificat, Sanctus, Kyrie, Missen und Passions-Oratorien sowohl in Partitur als in Stimmen, alle in Manuscript; desgleichen an Präambulis, Fugen, Fugetten, Versetten und Interludiis nach den gewöhnlichen Kirchentönen, Sonatinen, Sonaten und Concerten vor die Orgel, gedruckt und in Kupfer gestochen; welche bey Bernh. Christoph Breitkopf und Sohn in Leipzig um beystehende Preisse in Louis d'ors à 5 Thlr. zu bekommen sind. Leipziger Ostermesse, 1769 [24 pp.].

[Group IVa]
Verzeichniss neuer Musicalien welche in der Breitkopfischen Buchhandlung in Leipzig zu bekommen sind [in thirteen parts].
[1] Ostermesse, 1792.
[2] Ostermesse, 1793.
[3] Michaelis-Messe, 1793.
[4] Ostermesse, 1794.

---

[13] In Kathi Meyer's aforementioned article (see footnote 2) these titles contain some unfortunate errors. In the first group, for example, the Fünfte and Sechste Ausgaben have been omitted and the word *Anfänge* is given as *Anhänge*, confusing the relationship to the incipits in the Thematic Catalogue.

[5] Michaelis-Messe, 1794.
[6] Ostermesse, 1795.
[7] Michaelis-Messe, 1795.
[8] Ostermesse, 1796.
[9] Michaelis-Messe, 1796.
[10] Michaelis-Messe, 1797.
[11] Jubilate-Messe, 1798.
[12] Jubilate-Messe, 1800.
[13] Jubilate-Messe, 1801.

[Group IV*b*]
Verzeichniss von Wiener Musikalien, welche in der Breitkopfischen Buchhandlung in Leipzig zu bekommen sind [ca. 1800].

[Group IV*c*]
Verzeichniss Musikalischer Schriften welche von der Breitkopfischen Buchhandlung am alten Neumarkte in Leipzig verlegt, oder doch in mehrerer Anzahl bey ihr zu bekommen sind [in two parts].
[1] 1792 [20 pp.]
[2] 1794 [22 pp.]

A complete concordance of the entries in the above non-thematic *Verzeichnisse* with those of the thematic *Cataloghi* would be a worthwhile undertaking, perhaps only feasible with digital computer assistance. It is worth noting that the non-thematic catalogues all employ German title pages and headings, while the thematic *Cataloghi*, perhaps because they contain actual notes, are in Italian.

THE THEMATIC CATALOGUE

The imaginative accomplishment represented by the Breitkopf Thematic Catalogue has not been fully appreciated in its time nor in ours. For one thing, Breitkopf seems to have been the first to use the word *theme* to represent the introductory bars of a piece.[14] He opens his *Nacherinnerung in Parte I*ᵐᵃ by speaking of works *"die ich durch die* Themata [Breitkopf prints this word in boldface] ... *kenntlich zu machen ... gesucht habe."*

The good Dr. Burney, that perceptive foreign correspondent, did grasp the significance of the Catalogue on his visit to Leipzig in 1772:

... M. Breitkopf, the most considerable vendor of musical compositions in Europe, whom I visited immediately on my arrival in this city; but I found him rather taciturn than communicative. ... he seems ... to have been the first who gave to his catalogues an index *in notes*, containing the *subjects* or two or three first bars, of the several pieces in each musical work; by which a reader is enabled to discover not only whether he is in possession of an entire book but of any part of its contents.

Besides *printed* copies of works of the most celebrated composers of all nations, he sells, in manuscript, at a reasonable price, single pieces of any work already printed, as well as of innumerable others which have never been published.[15]

A perusal of the entire Catalogue reveals a musical culture of an extraordinary, and to most of us an unsuspected, breadth and diversity. One is struck by the fact that only about three or four per cent of its contents represents works written by Haydn and Mozart. One may be surprised to learn that a number of names (Benda, Dittersdorf, Graun, Hasse, Vaňhal and Ernst Wilhelm Wolf [!]) are followed by lists of works equal to or larger than that for Haydn (Mozart is way down in this popularity poll and J. S. Bach—of Leipzig—is represented by only four works).

Some of the very earliest compositions of Mozart, Haydn and Beethoven are included, e.g., Köchel Nos. 1, 7, 8 and 9, Op. I and II, listed as *"intagliate in Parigi,"* 1767 (p. 287), or Haydn's *Divertimento in A* (p. 120) or the *"Variations da Louis van BETTHOVEN* [sic]*, age de dix ans. Mannheim"* (p. 808).

Further perusal of the Catalogue reveals the presence of such fascinating instruments as: Flauto d'Amore, Sampogne, Trommel, Zinche e Tromboni, Violino discordato. The lute is honored with an eight-page, specially numbered section of its own (pp. 369–376) listing sixty-six *Partite,* including a group by Sylvius Leopold Weiss in a sequence of twelve different keys; the incipits are given in Breitkopf's specially designed type characters for lute tablature.

In 1766, a Sign. Romano offers a sinfonia with no fewer than sixteen parts (p. 218)! Some rather uncommon genre headings catch one's eye: Madrigali, Cosac, Ricercare, Concertini, etc. Specific titles worth noting include: *Sinf[onia] Hypochondr[iaca]* by Schmittbauer (p. 762); *Sinfonia Nazionale* by Dittersdorf (p. 302); *Sinfonia Pantomima* by Vaňhal (p. 471);

---

[14] This did not escape the unerring attention of Prof. Deutsch; see his article, "Thematische Kataloge," in *Fontes Artis Musicae,* 1958/2, pp. 73–79.

[15] Charles Burney, *The Present State of Music in Germany, the Netherlands and United Provinces,* 2nd ed., London, 1775 (2 vol.), Vol. 2, pp. 73–74.

Introduction to the Dover Edition

Sinf[*onia*] *Russa* by dall'Oglio (p. 216); *Das Kosackenlager oder der verunglückte Stutzer* (The Cossack Camp, or The Unlucky Dandy) by Mašek (p. 863).

The twenty-five-year period spanned by the Catalogue, so valuable for dating purposes, also permits us to observe changes in fashion and taste, such as the vagaries of genre and composer popularity, the rapid increase in woodwind concertos in the 1780's, the rise of music engraving, etc.

Breitkopf's "Nacherinnerung"

Breitkopf tells us a great deal about himself, his times and his Catalogue in the *Nacherinnerung* (Afterword) to Parte I^{ma} (see pp. 29–32), herewith translated in full:

> I present herewith the first of the promised *musical catalogues* of all *practical works* by *various authors* which may be found in my offices; I have tried to make them recognizable by their *themes* in so far as space will allow, and to differentiate one from another as one differentiates books by their titles. Fair judges will realize that it is sufficiently troublesome just to assemble a rather considerable stock of such items, or to wrest them, so to speak, from the hands of certain musicians; but that it is even more troublesome, and is a rather difficult task, to arrange them into some kind of order. How many conflicts does one not have to resolve, how many concealed obstacles does one not have to surmount if one desires to give each composer his due and if one seeks to ascribe pieces appearing under *various names* to their true authors! And when inquiries do not bring clarification in such doubtful cases, which I came upon quite often, how easy it is for one's judgment to lead one astray just as often as in the proper direction!
>
> I must therefore ask forgiveness of connoisseurs and amateurs of music, and even of a few of the composers themselves whose names appear in this catalogue, or will appear in the future, for certain unavoidable errors. At the same time I beseech them, if some of their own pieces or those of others have been incorrectly set down, to let me have a note to that effect so that, in case there is a new edition of this *Catalogue*, old errors may be rectified and new ones avoided. For this reason I have printed only a small number of copies of this first effort, and have gladly sacrificed profit for love of accuracy.
>
> If famous composers would themselves not mind compiling a catalogue of their practical works in a free hour and would be kind enough to send it to me, I would not only acknowledge this with many thanks, but would also continue my endeavors all the more encouraged in proportion to the possibility of my relying on the accuracy of such communications. It does not matter that I would not yet possess the items which appear in such a catalogue, because I would take steps to acquire these at once, should there be any demand for them among music lovers.
>
> It is not only the incorrectness of names, however, which may have occasionally led me into error, but also the *instruments* and the *number of voices* which I have indicated above each and every theme. Who does not know of the liberties this or that musician takes in a piece by now omitting, now adding voices, or by transcribing pieces intended for this or that instrument for another one? I have myself found sufficient traces of such arbitrary alterations; and how many may I not have discovered, all of which account for so many errors in my Catalogue?
>
> I must, therefore, in this connection have recourse again to the kindness of those who are more precisely informed. The pleasure they would give me with reliable communications (suppositions are of little use to me except when they concern matters about which complete certainty is impossible) is at the same time a kindness rendered to the whole of music; bibliography [*Bücherkenntniss*] has often been the concern of many learned men, and some prolific authors have themselves compiled a complete catalogue of their works and writings to protect the world from errors, so that today *Historia litteraria*, that immense subject, has been brought into such an excellent state of order that we can only hope for the same in music at this time. Should the worshippers of this noble art, for some of whom music is their chief concern, be less zealous in contributing their share toward casting a light upon music literature that they lacked until now?
>
> In this first section of my Catalogue I have had to keep within the limits of my own stock, and I have decided to continue in this way until I am in a position, through communications from others, to furnish more complete and correct catalogues. Proceeding along the lines of my previously published *Catalogues of Musical Printed Books and Unprinted Works*, and following the order used in them, I will continue to submit to the musical world with their *themes* the practical works that were listed in the previous catalogues by title only. This first attempt includes the symphonies that were listed by the names of their composers *from the 45th to the 49th page of the Catalogue of Musical Works That Have Not Been Made Known Through Printing*. Next in line will be *trios* for *violins* and *flutes*. *Piano pieces, solos, duets, quartets, concertos* on *various instruments* will follow in their turn. The quite considerable stock that I have of sacred and secular *vocal items*, and especially of *operas*, will likewise be listed aria by aria. From time to time one will find that the number of symphonies with themes will be greater or smaller than the number given in the [non-thematic] Title Catalogues. When the number is greater, it is because in the time which has passed

between the publication of that catalogue and this one I have received from many authors more than I then had, and I did not wish to leave any blank lines [staves], having decided that the arrangement [of the incipits] should be by half-dozens; when the number is smaller, it is because I have discovered some incorrect statements for which substitutions could not immediately be found. The difference in the price which must arise from this, will be easily grasped if one considers that I have fixed the price at 4 gl. per sheet, and that I charge for a full sheet for each main voice, such as violin, viola, bass viol, oboe, but only for half a sheet for horns and other reinforcing voices; so that everyone will be able to find the costs of his choices easily, since I will maintain these prices as long as the [stability of the] currency permits.

Everyone who is not a stranger to these matters will easily see how much trouble, time and expenditure are involved here and how much I need to be encouraged by the reasonable approval and kind support of sensible men. But if there be those who would indulge in censure and ridicule at my expense because they consider themselves better qualified and more experienced in this field, I will then take the liberty likewise to cast ridicule and censure because no one before me came upon an idea which so redounds to the honor and profit of music and of famous composers, which in execution is as difficult as it is troublesome, and which has all the more claim to a kindly judgment since there was no foundation upon which to build, but it was necessary to break the ice and struggle through a multitude of doubts and uncertainties.

Leipzig, New Year's Fair, 1762
Joh. Gottlob Immanuel Breitkopf.

ACCURACY OF CHRONOLOGY AND ATTRIBUTION

Breitkopf himself has just given us fair warning! Nowhere is scholarly caution more necessary than when using the Breitkopf Catalogue! There are errors and pitfalls galore, some due to the compiler's own carelessness, others the fault of documents received from composers (e.g., wrong notes, incorrect instrumentation). Often the times themselves were responsible (consistency in spelling was unknown). Once all this has been said, one may appropriately add that it is astonishing that there are not many *more* mistakes than do actually exist. The percentage of errors is in fact low.

How dependable is the Breitkopf Catalogue for establishing chronology?

To answer this difficult question one must recall the circumstances surrounding its publication over a quarter of a century and add equal parts of conjecture and common-sense analysis of the available evidence. The Catalogue's six initial parts, each covering a different genre, appeared between 1762 and 1765. Most of the items named therein were already in stock when the Catalogue was begun. Indeed, many had already been listed in the 1761 non-thematic catalogue entitled *Verzeichniss Musicalischer Werke*. Some of the composers represented were long dead. Thus the time lag between the creation of a work and its appearance in the first six volumes of the Catalogue varies from about two to a dozen or more years.

The first ten supplements appeared yearly between 1766 and 1775. In the first supplement there could in some instances be an enforced delay of five years or more; symphonies, for example, had not been listed in Parts II to VI. They had been accumulating since the appearance of Parte I^ma in 1762. For the second through the tenth supplement the delay may be said to have stabilized to around one to two years (with the usual exceptions). Supplements XI to XVI were published from one to three years apart; thus the basic time lag could vary between one and four years. Even the oft-stated and apparently obvious point that the Breitkopf chronology represents the latest possible dating for a work needs examination. It was quite possible for a composer to send in incipits of works still in progress or hardly begun, especially since Breitkopf liked to list themes by the half-dozen. Confusion also arises when an incipit appears two or more times in different sections of the Catalogue; usually this represents different editions or manuscripts of the work.

Robbins Landon has stated that after the autographs and dated authentic parts, the Breitkopf Catalogue is scarcely of less importance than the Entwurf Katalog as the primary source for the dating of Haydn's work. "The catalogue remains invaluable for chronology," he writes, "even if . . . its worth is negative in that it is able to provide only the latest possible date." [16] Finally let us not forget that in many instances Breitkopf's is the *only* date available.

How dependable is the Breitkopf Catalogue with respect to attributions?

Johann Gottlob Immanuel himself provides the best clue to the answer in the *Nacherinnerung* to Parte I^ma (pp. 29–32) translated above and in the *Nachricht* to Supplemento IX (p. 560), herewith translated in full:

The publication of Supplement IX was delayed this long contrary to expectation; we wished to avoid the reproach that we were mingling old works with the new or listing others under the wrong names, and therefore proceeded all the more carefully. This reproach has always been made about *manuscript works*, but those amateurs who think they are thus safer

---

[16] H. C. Robbins Landon, *The Symphonies of Joseph Haydn*, London, Rockliff, 1955, p. 69.

Introduction to the Dover Edition

with *engraved and printed music* are invited to examine pages 11, 16, 24, 35 of this Supplement [equals pp. 531, 536, 544 and 555, containing internally conflicting attributions] in order to decide the question; since Herr Cammerm[usicus] EICHNER of Berlin assures us that the two clavier concertos on the last-indicated page [35, equals 555] are not his. In any case we assure the public that we do not perpetrate this kind of inexactitude intentionally and indeed that we earnestly endeavor to uncover such errors rather than to profit therefrom.

Leipzig, July 25, 1775   B.C.B. and S[on]

There is a sizable number of misattributions and internal conflicts in the Catalogue, sometimes within a few pages of one another.[17] Originally the feasibility of indicating errors in the body of the Catalogue was considered. However, since correcting all or even most of the mistakes was clearly an impossibility at this time, it was decided not to attempt a partial job, but to leave the original intact. A number of clarifications and identifications have been incorporated into the General Index (see below). The obvious need for a "corrected" Breitkopf will be met by a Corrigenda Supplement scheduled to appear ca. 1970. The ready availability of the present volume combined with the upsurge of eighteenth-century research now going on will, it is hoped, greatly facilitate this undertaking. Scholars are hereby invited to send in corrigenda in all categories, identification of anonymi, conflicting parentage solutions, etc. Furthermore, the contents of the Breitkopf Catalogues are ideally suited to analysis by automatic data processing equipment. This would make possible automatic transposition and conflict detection of the entire corpus of incipits as well as all manner of tabulation, concordance and manipulation of non-thematic information. Perhaps the results of such a computer-aided study, if undertaken, could be included in the projected Supplement.

On Indexes and Pagination

For reasons stated above, Breitkopf's original Catalogue has been left intact except for the addition to each page of the number and date of the supplement or part in which it appears and a new consecutive pagination for all of the volumes. *Each page will thus show both an internal and an overall pagination plus date and a part or supplement number.* (Each page of this volume contains two facing pages of the original Catalogue.)

The Catalogue contains, as already indicated, a total of 888 pages, with almost 15,000 musical incipits and 1300 first lines representing over one thousand composers. As an aid to organizing and using this information, three indexing tools have been prepared for this edition:

(1) An *Outline of Contents*, appearing just *before* the Catalogue itself (pp. xvii–xxvii) and indicating all the major and minor headings of its twenty-two parts and supplements;

(2) An *Index of First Lines* appearing just *after* the Catalogue (pp. xxix–xlviii) and giving text underlays for all vocal incipits;

(3) A *General Index* of names and titles (pp. xlix–lxxxi).

At the risk of belaboring the obvious, it may be pointed out that the Outline of Contents gives a much needed survey of the entire Catalogue and permits consultation of specific sections in each part or supplement on the basis of instrument or genre. The Index of First Lines has already been of help in the identification of anonymous vocal works. The General Index is worthy of special comment since it contains identifications and clarifications that go beyond the Catalogue itself. A vague title or an incomplete composer's name appearing with an incipit can often be clarified by checking the entry for that incipit in the General Index. For example: Which Bach is the composer of the incipit on p. 252 given as "Trio del Sigr. Bach."? If it has been properly identified, the incipit is indexed under the composer's full name, in this instance Carl Philipp Emanuel. If it had *not* been identified, the incipit would appear under "Bach" without indication of first name.

---

[17] As an example, Jan LaRue had kindly provided the following list of such conflicts as regards incipits of symphonies from his invaluable *Union Catalogue of 18th Century Symphonies* (conflicts in other genres are similarly coming to light in Prof. LaRue's concerto and chamber music files):

Rugietz (p. 593) equals Sonnleithner (524)
Martino (21) equals Pergolesi (216)
Luchesi (486) equals Spiller (594)
Baisiello (702) equals Galuppi (442)
Querfurth (217) equals Graaf (445)
Schmidtbauer (564) equals Sterkel (762)
Reluzzi (23) equals Gluck (9)
Hofmann (483) equals Ordonez (262)
Kunz (20) equals Querfurth (217)
Hennig (338) equals Houpfeld (447)
Ardina (590) equals Brodsky (522)
Rutini (264) equals G. A. Graun (12)
Polazzi (217) equals Martino (22)

On the next page, 253, a composer's name is given as "Sig[no]ra Agnesi." The Index will provide the full name thus: "Agnesi [-Pinottini, Maria Teresa]." Or take the name "Iust" (p. 799) in the Catalogue, which could refer to either of two composers, Just or Yost. Although the letters "J" and "I" are often interchanged, this is not the case here and the Index will identify "Iust" properly as "Yost" on the basis of external evidence. Another example may be seen on page 285, where an incipit is indicated thus: "Sinf. di Hasse, Nell' Opera Clelia." The word "Clelia" in the Index refers one to "Trionfo di Clelia, Il," where one finds four page entries; two of these pages contain the incipits of twenty arias in the opera.

ACKNOWLEDGMENTS

The notion of reprinting the Breitkopf Thematic Catalogue had its birth during conversations with Albert Vander Linden at the Brussels Conservatoire a decade ago. We speculated about the unlikelihood of finding a publisher at all and the improbability of doing so in time for the bicentenary of the publication of the Catalogue's Parte I^{ma}, 1962. Mr. Vander Linden not only helped foster the idea but generously made available for microfilming the Brussels Conservatoire copy of the Catalogue, as well as Alfred Wotquenne's old handwritten index thereof. The present indexes have been completely redone and owe much to the scrupulous care of the late David Stimer, who, between concert engagements, found working on them relaxing. Jan LaRue checked the entire General Index and made a number of invaluable suggestions. Gustave Reese kindly read through the Introduction and made many constructive comments. Wolfgang Matthäus graciously provided information from his as yet unpublished research on Frankfurt and Leipzig printers. Harold Spivacke, Chief, Music Division, Library of Congress, and Ruth Watanabe, Music Librarian, Sibley Library, Eastman School of Music, kindly made their holdings of the parts and supplements of the Breitkopf Thematic Catalogue available for photographic reproduction for this edition. Finally, thanks are due to the President and superb staff of Dover Publications, who accepted without blinking the AMS-MLA Reprint Committee's recommendation to publish this rather esoteric work, and who, whenever production problems arose, always managed to surmount the insurmountable.

Queens College,
City University of New York,
Flushing, N.Y.
June 1966

BARRY S. BROOK

OUTLINE OF CONTENTS OF CATALOGUE

	Internal Pagination	Overall Pagination
1762: Parte I^{ma}. *Catalogo delle Sinfonie.*	1	1
Nacherinnerung.	29	29
1762: Parte II^{da}. *Catalogo dei Soli, Duetti, Trii e Concerti per il Violino, il Violino piccolo, e discordato, Viola di Braccia, Viola d'Amore, Violoncello piccolo e Violoncello, e Viola di Gamba.*	1	33
Soli ò Sonate a Violino Solo col Basso.	2	34
Duetti.	11	43
Trii.	12	44
Concerti.	28	60
Violino piccolo.	39	71
Violino discordato.	39	71
Viola.	40	72
Viola d'Amore.	41	73
Violoncello.	43	75
Violoncello piccolo, ò Violoncello da Braccia.	44	76
Viola da Gamba.	47	79
1763: Parte III^{za}. *Catalogo de' Soli, Duetti, Trii e Concerti per il Flauto Traverso, Flauto piccolo, Flauto d'Amore, Flauto dolce, Flauto-Basso, Oboe, Oboe-d'Amore, Fagotto, Sampogne, Corno di Caccia, Tromba, Zinche e Tromboni.*	1	81
Soli ò Sonate a Flauto Traverso Solo coll Basso.	2	82
Duetti a Flauto Traverso.	4	84
Trii o Sonate a 2. Flauti Traversi e Basso.	8	88
Trii o Sonate a Flauto Traverso, Violino e Basso.	12	92
Concerti a Flauto Traverso concertato 2. Violini Viola e Basso.	16	96
Flauto piccolo.	21	101
Flute douce.	21	101
Oboe.	25	105
Soli.	25	105
Trii.	25	105
Quadri.	26	106
Concerti.	27	107
Oboe d'Amore.	29	109
Partite e Sonate.	29	109
Trii.	30	110
Concerti.	30	110
Bassono ô Fagotto.	31	111
Soli.	31	111
Trii.	31	111
Quadri.	32	112
Concerti.	32	112
Sampogne.	33	113
Corno da Caccia.	33	113
Tromba.	34	114
Zinche e Tromboni.	34	114
1763: Parte IV^{ta}. *Catalogo de' Soli, Duetti, Trii, Terzetti, Qvartetti e Concerti per il Cembalo e l'Harpa.*	1	115
Soli ô Sonate a Cembalo Solo.	2	116
Duetti a due Clavicembali concertati.	11	125
Trii a Clavicembalo obligato con Flauto ô Violino.	12	126
Terzetti a Cembalo obligato con altri Stromenti obligati.	16	130
Quartetto a Cembalo obligato con altri Stromenti obligati.	16	130
Concerti a Cembalo obligato con altri Stromenti obligati.	17	131
Harpa.	23	137
Soli.	23	137
Duetti.	23	137
Trii.	24	138
Partite e Concerti.	24	138
1765: Parte V^{ta}. *Catalogo de' Qvadri, Partite, Divertimenti, Cassat. Scherz. ed Intrade ô Francese Ouvertvres a Diversi Stromenti.*	1	139
Quadri a Diversi Stromenti concertanti.	2	140
Partite a Diversi Stromenti.	5	143

xvii

Outline of Contents of Catalogue

	Internal Pagination	Overall Pagination
Divertimenti.	15	153
Cassationes ô Notturni.	15	153
Scherzandi.	16	154
Ouvertures.	17	155
1765: Parte VIᵗᵃ. *Catalogo delle Arie, Duetti, Madrigali e Cantate, con Stromenti Diversi e con Cembalo Solo.*	1	163
Arie, con Stromenti.	2	164
I. Soprano. con II. Violini, Viola e Basso.	2	164
II. Alto. con II. Violini, Viola e Basso.	14	176
III. Tenore. con II. Violini, Viola e Basso.	17	179
IV. Basso. con II. Violini, Viola e Basso.	18	180
Duetti. con II. Violini, Viola e Basso.	18	180
Tercetti. con II. Violini, Viola e Basso.	19	181
Qvaterno. con II. Violini, Viola e Basso.	19	181
Arie. a Voce con Cembalo.	20	182
Cantate con Diversi Stromenti.	24	186
Cantate a Voce con Cembalo.	28	190
Duetti a Voce con Cembalo.	32	194
Madrigali a 2.3.4 e 5 Voci con Cembalo.	34	196
Deutsche scherzhaffte Cantaten.	36	198
1766: Supplemento I. *dei Catalogi delle Sinfonie, Partite, Ouverture, Soli, Duetti, Trii, Quattri e Concerti per il Violino, Flauto Traverso, Cembalo ed altri Stromenti.*	1	201
Sinfonie con II. Violini, Viola e Basso.	2	202
Violino.	24	224
Soli col Basso.	24	224
Duetti.	27	227
Trii.	28	228
Concerti a Violino concertat. Con II. Violini, Viola e Basso.	33	233
Violino piccolo. Concerti.	38	238
Viola.	38	238
Violoncello. Soli.	38	238
Viola da Gamba. Quattro.	39	239
Flauto Traverso.	39	239
Soli.	39	239
Duetti a II. Flauti.	41	241

	Internal Pagination	Overall Pagination
Trii a II. Flauti e Basso.	42	242
Trii a Flauto, Violino e Basso.	43	243
Concerti a Flauto Traverso.	44	244
Quattri a Flauto, Violino, Viola e Basso.	45	245
Sinfon. Cassat. &c. a Flauto Traverso.	46	246
Flauto piccolo.	46	246
Oboe.	47	247
Soli.	47	247
Trii.	48	248
Quattro.	48	248
Concerti.	48	248
Oboe d'Amore.	49	249
Fagotto.	49	249
Soli.	49	249
Trii.	50	250
Concerti.	50	250
Corno.	50	250
Cembalo.	51	251
Soli.	51	251
Trii a Cembalo obligato con Violino.	52	252
Terzetti a Cembalo obligato.	53	253
Concerti a Cembalo concertat. II. Viol. Viola, Basso.	53	253
Harpa.	55	255
Trio.	55	255
Partite.	55	255
1767: Supplemento II. *dei Catalogi delle Sinfonie, Partite, Overture, Soli, Duetti, Trii, Quattri e Concerti per il Violino, Flauto Traverso, Cembalo ed altri Stromenti.*	1	257
I. Sinfonie.	2	258
II. Partite, Divertimenti, Cassationes, Concertini.	10	266
Violino.	13	269
Soli con Basso.	13	269
Duetti a due Violini.	15	271
Trii. a due Violini con Basso.	16	272
Quattri.	20	276
Quintetti.	21	277
Concerti. per il Violino concertato.	22	278

xviii

Outline of Contents of Catalogue

	Internal Pagination	Overall Pagination
Violino discordato. Viola e Violoncello.	23	279
Flauto Trav.	24	280
Trii.	24	280
Concerti. à Flauto concertato.	25	281
Cembalo.	26	282
Soli.	26	282
Partite Accomodate al Cembalo Solo.	28	284
Sonate a Cembalo Solo, intagliate in Parigi.	31	287
Sonates pour le Clavecin Seul, avec l'Accompagn. d'Instrum. par Mr. Schobert à Paris.	32	288
Trii a Cembalo obligato con Violino ô Traverso.	34	290
Terzetti a Cembalo obligato con Violino ô Flauto e Basso.	35	291
Concerti a Cembalo concertato, a Due Violini, Viola e Basso.	36	292
Harpa.	38	294
Arie e Canzoni.	38	294
Arie nell'Opere di Hasse.	39	295
Arie nell'Oratorio, di Nic. Iomelli.	42	298

1768: Supplemento III. *dei Catalogi delle Sinfonie, Partite, Overture, Soli, Duetti, Trii, Quattri e Concerti per il Violino, Flauto Traverso, Cembalo ed altri Stromenti.*

	Internal Pagination	Overall Pagination
	1	301
Sinfonie.	2	302
Sinfonie intagliate in Parigi, &c.	4	304
Cassationes, Divertimenti, Concertini.	6	306
Minuetti, Balli, &c.	7	307
Violino.	8	308
Soli con Basso.	8	308
Duetti. a duoi Violini.	10	310
Trii. a due Violini con Basso.	12	312
Quattri.	15	315
Quintetti.	16	316
Concerti. per il Violino concertato.	17	317
Viola d'Amore.	18	318
Duetti.	18	318
Trii.	18	318
Violoncello.	19	319
[Soli] Intagliati in Parigi.	19	319
Intagliati in Lüttich.	19	319
Duetti.	20	320
Trii.	20	320
Concerti.	20	320
Flauto Traverso.	20	320
Soli.	20	320
Duetti.	21	321
Trii. a Flauto, Violino e Basso.	21	321
Quattri.	23	323
Concerti à Flauto concertato.	23	323
Cembalo.	24	324
Soli.	24	324
Trii a Cembalo obligato. con Violino o Traverso.	27	327
Terzetti a Cembalo obligato. con Violino o Flauto e Basso.	27	327
Concerti a Cembalo concertato. con piu Stromenti.	28	328
Arie e Cantate con Piu Stromenti.	30	330
Arie nell'Opera Parthenope del Sgr. Hasse.	33	333
Arie nell'Opera Amore e Psiche del Sgr. Flor. Gasmann, in Vienna.	34	334
Arie, nell'Opera, il Barone di Torre Forte, del Sgr. Nic. Piccini.	36	336

1769: Supplemento IV. *dei Catalogi delle Sinfonie, Partite, Overture, Soli, Duetti, Trii, Quattri e Concerti per il Violino, Flauto Traverso, Cembalo ed altri Stromenti.*

	Internal Pagination	Overall Pagination
	1	337
Sinfonie.	2	338
Sinfonie intagliate in Parigi, &c.	4	340
Partite, Divertimenti, Cassationes &c.	7	343
Violino.	8	344
Soli con Basso.	8	344
Soli, intagliati in Parigi &c.	8	344
Duetti. a duoi Violini.	11	347
Duetti, intagliati in Parigi.	12	348
Trii. a due Violini con Basso.	13	349
Trii, intagliati in Parigi, &c.	13	349
Quattri, intagliati in Parigi &c.	16	352
Concerti, per il Violin concertato.	18	354
Concerti, intagliati in Parigi &c.	18	354

Outline of Contents of Catalogue

	Internal Pagination	Overall Pagination
Viola d'Amore.	19	355
Violoncello.	19	355
Soli, intagliati in Parigi, &c.	19	355
Duetti.	20	356
Flauto Traverso.	21	357
Soli.	21	357
Duetti.	21	357
Trii. a due Flauti e Basso.	22	358
Quattri, intagliati in Parigi &c.	23	359
Quintetti, intagliati in Parigi &c.	23	359
Concerti a Flauto Traverso Concertato.	24	360
Oboe.	25	361
Corno.	25	361
Fagotto.	25	361
Cembalo.	26	362
Soli.	26	362
Trii. a Cembalo obligato con Violino.	28	364
Concerti e Concertini a Cembalo concertato con più Stromenti.	29	365
Harpa.	31	367
Arie dell'Intermezzo Piramo e Tisbe del Sgr. Hasse.	31	367
Partite per il Liuto Solo.	1 [33]	369

1770: Supplemento V. *dei Catalogi delle Sinfonie, Partite, Overture, Soli, Duetti, Trii, Quattri e Concerti per il Violino, Flauto Traverso, Cembalo ed altri Stromenti.*

	Internal Pagination	Overall Pagination
	1	377
Sinfonie.	2	378
Sinfonie intagliate in Parigi, &c.	4	380
Violino.	6	382
Soli con Basso.	6	382
Duetti. a due Violini.	7	383
Duetti intagliati in Parigi &c.	8	384
Trii. a due Violini con Baso intagliati in Parigi &c.	10	386
Quattri.	12	388
Quattri, intagliati in Parigi &c.	12	388
Quintetti.	13	389
Concerti, per il Violino concertato.	14	390
Violoncello.	14	390

	Internal Pagination	Overall Pagination
Soli.	14	390
Duetti.	16	392
Trii.	16	392
Concerti, per il Violoncello concertato.	17	393
Flauto Traverso.	18	394
Solo.	18	394
Duetti.	18	394
Trii. a due Flauti e Basso.	18	394
Trii a Flauto, Violino e Basso.	19	395
Quattri, intagliati in Parigi &c.	19	395
Quintetti.	21	397
Concerti. a Flauto Traverso concertato.	21	397
Concerti, intagliati in Amsterdam.	21	397
Oboe.	22	398
Cembalo.	23	399
Soli.	23	399
Trii.	26	402
Terzetti, a Cembalo obligato.	27	403
Quattri e Divertimenti.	28	404
Concerti, a Cembalo concertato, con più Stromenti.	29	405
Arie dell'Opera il Vilano Geloso, del Sign. G. A. Naumann, Dresd. 1770.	31	407
Arie dell'Opera La Pescatrice del Sigr. Piccini.	32	408
Il Liuto.	32	408

1771: Supplemento VI. *dei Catalogi delle Sinfonie, Partite, Overture, Soli, Duetti, Trii, Quattri e Concerti per il Violino, Flauto Traverso, Cembalo ed altri Stromenti.*

	Internal Pagination	Overall Pagination
	1	409
Sinfonie.	2	410
Minuetti.	3	411
Sinfonie intagliate in Amsterdam.	4	412
Sinfonies Periodiques, intagl. in Lond.	4	412
Concertini e Divertimenti.	5	413
Violino.	5	413
Soli con Basso.	5	413
Duetti. a due Violini.	6	414
Duetti intagliati in Parigi &c.	7	415
Trii. a due Violini con Basso.	8	416

Outline of Contents of Catalogue

	Internal Pagination	Overall Pagination
Quattri.	10	418
Concerti, per il Violino concertato.	11	419
Viola.	12	420
Violoncello.	13	421
Soli.	13	421
Duetti.	14	422
Trii.	14	422
Concerti, per il Violoncello concertato.	15	423
Flauto Traverso.	16	424
Soli.	16	424
Duetti.	16	424
Trii.	17	425
Quattri.	18	426
Quintetti.	19	427
Concerti. a Flauto Traverso concertato.	19	427
Oboe.	20	428
Quintetti.	20	428
Concerti.	21	429
Cembalo.	21	429
Soli.	21	429
Trii.	22	430
Terzetti, a Cembalo obligato.	23	431
Quattri et Divertimenti.	23	431
Concerti, a Cemb. conc. con piu Stromenti.	23	431
Arie dell'Opera: L'Isola d'Amore del Sgr. Saccini.	25	433
Guitarre.	26	434
Die Laute. Arien aus Herrn Hillers Operetten in die Laute übersetzt.	27	435

1772: Supplemento VII. *dei Catalogi delle Sinfonie, Partite, Overture, Soli, Duetti, Trii, Quattri e Concerti per il Violino, Flauto Traverso, Cembalo ed altri Stromenti.*

	Internal Pagination	Overall Pagination
Sinfonie.	1	441
Sinfonie intagliate e stampate.	2	442
Sinfonies Periodiques. Amst.	5	445
Partite, Overt. Divertimenti.	8	448
Violino.	9	449
Soli con Basso.	10	450
Soli, intagliati.	10	450
Duetti.	10	450
Duetti, intagliati.	12	452
Trii. a due Violini con Basso.	16	456
Quattri.	18	458
Quattri, intagliati.	18	458
Concerti, per il Violino concertato.	20	460
Concerti intagliati e stampati.	20	460
Viola.	21	461
Violoncello.	22	462
Soli.	22	462
Duetti.	22	462
Concerti, per il Violoncello concertato.	23	463
Flauto Traverso.	24	464
Duetti.	24	464
Duetti, intagliati.	25	465
Trii.	26	466
Quattri, a Flauto, Violino, Viola e Basso.	27	467
Quattri, intagliati.	28	468
Concerti a Flauto Traverso concertato.	29	469
Oboe.	30	470
Clarinetto.	30	470
Fagotto.	30	470
Harpa.	31	471
Cembalo.	31	471
Soli.	31	471
Sonate, intagliate e stampate.	31	471
Trii, a Cembalo obligato con Violino o Flauto	33	473
Trii, intagliati.	34	474
Terzetti, a Cembalo obligato, con Violino o Flauto e Basso.	35	475
Terzetti, intagliati.	35	475
Quattri e Divertimenti.	37	477
Concerti, a Cemb. conc. con più Stromenti.	37	477
Opera: Lucio Vero. del Sigr. Trajetta.	40	480

1773: Supplemento VIII. *dei Catalogi delle Sinfonie, Partite, Overture, Soli, Duetti, Trii, Quattri e Concerti per il Violino, Flauto Traverso, Cembalo ed altri Stromenti.*

	Internal Pagination	Overall Pagination
Sinfonie.	2	482
Sinfonie intagliate e stampate.	4	484

Outline of Contents of Catalogue

	Internal Pagination	Overall Pagination
Divertimenti. Cassationes, Overture &c.	8	488
Soli con Basso.	8	488
Violino.	9	489
Soli.	9	489
Duetti, intagliati.	9	489
Trii. per due Violini con Basso.	11	491
Trii intagliati.	13	493
Quattri.	16	496
Quattri intagliati.	17	497
Quintetti.	20	500
Quintetti, intagliati.	21	501
Concerti, per il Violino concertato.	21	501
Viola.	22	502
Violoncello.	22	502
Soli.	22	502
Duetti.	23	503
Concerti, per il Violoncello concertato.	24	504
Flauto Traverso.	25	505
Soli.	25	505
Duetti.	25	505
Trii.	26	506
Quattri, a Flauto, Violino, Viola e Basso.	27	507
Quattri intagliati.	27	507
Concerti a Flauto Traverso concertato.	29	509
Concertini.	29	509
Oboe.	29	509
Clarinetto.	30	510
Soli.	30	510
Trii.	30	510
Quattri.	30	510
Corno.	31	511
Cembalo.	32	512
Soli.	32	512
Sonate, intagliate e stampate.	32	512
Trii.	34	514
Trii, intagliati.	34	514
Terzetti intagliati.	36	516
Quattri e Divertimenti.	36	516

	Internal Pagination	Overall Pagination
Quattri intagliati.	37	517
Concerti a Cemb. con più Stromenti.	37	517
Concerti intagliati.	39	519
Opera Alceste, dal Sigr. Schweitzer.	40	520
1774: Supplemento IX. *dei Catalogi delle Sinfonie, Partite, Overture, Soli, Duetti, Trii, Quattri e Concerti per il Violino, Flauto Traverso, Cembalo ed altri Stromenti.*	1	521
Sinfonie.	2	522
Sinfonie intagliate e stampate.	5	525
Divertimenti, Concertini, Partite, &c.	7	527
Violino.	7	527
Soli con Basso.	7	527
Soli intagliati.	7	527
Duetti intagliati.	9	529
Trii a due Violini con Basso.	10	530
Quattri intagliati.	13	533
Quintetti intagliati.	16	536
Concerti per il Violino concertato.	16	536
Concerti intagliati.	17	537
Viola.	18	538
Violoncello.	19	539
Soli.	19	539
Concerti per il Violoncello concertato.	19	539
Flauto Traverso.	20	540
Soli.	20	540
Duetti intagliati.	20	540
Trii.	21	541
Trii intagliati.	21	541
Quattri a Flauto, Violino, Viola e Basso.	22	542
Quattri intagliati.	23	543
Concerti a Flauto Traverso concertato.	25	545
Concerti intagliati.	25	545
Fagotto.	26	546
Solo.	26	546
Trio.	26	546
Concerti.	26	546
Cembalo.	27	547
Soli.	27	547

Outline of Contents of Catalogue

	Internal Pagination	Overall Pagination
Sonate intagliate e stampate.	28	548
Trii, a Cembalo obligato con Violino o Flauto.	29	549
Trii intagliati.	30	550
Terzetti.	30	550
Terzetti intagliati.	30	550
Divertimenti e Partite.	32	552
Quattri intagliati.	33	553
Concerti, a Cemb. con più Stromenti.	33	553
Concerti intagliati.	34	554
Harpa.	36	556
Arie dell'Opera La Contessina dal Sign. Floriano Gasmann.	36	556
Folgende Stücke sind in Partitur und in Stimmen zu haben. Italiänische Opern. Teutsche Opern. Italiänische Oratoria. Teutsche Oratoria.	39	559
Nachricht.	[40]	560

1775: Supplemento X. *dei Catalogi delle Sinfonie, Partite, Overture, Soli, Duetti, Trii, Quattri e Concerti per il Violino, Flauto Traverso, Cembalo ed altri Stromenti.*

	Internal Pagination	Overall Pagination
	1	561
Sinfonie.	2	562
Sinfonie intagliate e stampate.	6	566
Sinfonies Periodiques.	7	567
Violino.	7	567
Soli.	7	567
Trii. a due Violini con Basso.	8	568
Trii intagliati.	8	568
Quattri.	9	569
Quattri intagliati.	11	571
Concerti per il Violino concertato.	11	571
Violoncello.	12	572
Flauto Traverso.	12	572
Duetti intagliati.	12	572
Quattri a Flauto, Violino Viola e Basso.	13	573
Concerti a Flauto Traverso concertato.	13	573
Oboe.	14	574
Concerti a Oboe concertato.	14	574
Clarinetto.	16	576
Cembalo.	16	576
Soli. Sonate intagliate e stampate.	16	576
Trii e Terzetti.	19	579
Quattri e Divertimenti.	19	579
Quattri intagliati.	19	579
Concerti, a Cemb. con più Stromenti.	20	580
Concerti intagliati.	21	581
Harpa.	22	582
Arie e Cantate con più Stromenti.	23	583
Opera.	24	584
Folgende Stücke sind theils in Partitur und in Stimmen theils aufs Clavier zu haben. 1. Operetten. 2. Geistliche Gedichte.	28	588

1776 ed 1777: Supplemento XI. *dei Catalogi delle Sinfonie, Partite, Overture, Soli, Duetti, Trii, Quattri e Concerti per il Violino, Flauto Traverso, Cembalo ed altri Stromenti.*

	Internal Pagination	Overall Pagination
	1	589
Sinfonie.	2	590
Sinfonie intagliate e stampate.	7	595
Sinfonies Periodiques.	8	596
Violino.	9	597
Soli con Basso.	9	597
Soli intagliati.	10	598
Duetti intagliati.	10	598
Trii intagliati.	11	599
Quattri.	11	599
Quattri intagliati.	13	601
Quintetti intagliati.	14	602
Concerti per il Violino concertato.	15	603
Concerti intagliati.	16	604
Viola.	17	605
Violoncello.	17	605
Soli intagliati.	17	605
Trii intagliati.	18	606
Concerti per il Violoncello concertato.	18	606
Flauto Traverso.	19	607
Duetti intagliati.	19	607
Trii.	19	607

xxiii

Outline of Contents of Catalogue

	Internal Pagination	Overall Pagination
Trii intagliati.	20	608
Concerti, a Flauto Traverso concertato.	20	608
Concerti intagliati.	20	608
Cembalo.	21	609
Soli.	21	609
Sonate intagliate e stampate.	22	610
Trii. a Cembalo obligato con Violino o Flauto.	24	612
Trii intagliati.	24	612
Terzetti intagliati.	26	614
Quintetti e Divertimenti.	29	617
Quintetti e Divertimenti intagliati.	29	617
Concerti, a Cemb. con più Stromenti.	30	618
Concerti intagliati.	30	618
Harpa.	31	619
Arie e Cantate con più Stromenti.	31	619
Arie dell'Opera Romeo e Giulia. dal Sign. Giov. Schwanberger.	33	621
Opera.	34	622
Folgende Stücke sind theils in Partitur und in Stimmen theils aufs Clavier zu haben. 1. Operetten. 2. Geistliche Gedichte.	36	624

1778: Supplemento XII. *dei Catalogi delle Sinfonie, Partite, Overture, Soli, Duetti, Trii, Quattri e Concerti per il Violino, Flauto Traverso, Cembalo ed altri Stromenti.*

	Internal Pagination	Overall Pagination
	1	625
Sinfonie.	2	626
Minuetti.	4	628
Sinfonie intagliate e stampate.	4	628
Sinfonies Periodiques.	5	629
Divertimenti, Concertini etc.	6	630
Violino.	7	631
Soli con Basso intagliati.	7	631
Duetti intagliati.	8	632
Trii intagliati a due Violini con Basso.	11	635
Quattri intagliati.	12	636
Quintetti intagliati. Concerti.	16	640
Concerti intagliati.	17	641
Viola.	18	642
Duetti.	18	642

	Internal Pagination	Overall Pagination
Concerti a Viola.	18	642
Violoncello.	19	643
Soli intagliati.	19	643
Duetti.	19	643
Concerti, per il Violoncello concertato.	20	644
Flauto Traverso.	21	645
Soli intagliati.	21	645
Duetti intagliati.	22	646
Trii.	23	647
Quattri a Flauto, Violino, Viola e Basso.	23	647
Quattri intagliati.	24	648
Quintetti.	24	648
Concerti a Flauto Traverso concertato.	25	649
Concerti intagliati.	26	650
Oboe.	27	651
Corno.	27	651
Fagotto.	28	652
Cembalo.	28	652
Soli.	28	652
Sonate intagliate e stampate.	30	654
Trii a Cembalo obligato con Violino o Flauto.	32	656
Trii intagliati.	34	658
Terzetti.	36	660
Terzetti intagliati.	36	660
Quattri e Divertimenti.	38	662
Quattri intagliati.	38	662
Concerti, a Cemb. con più Stromenti.	40	664
Concerti intagliati.	41	665
Harpa.	43	667
Folgende Stücke sind in Partitur und in Stimmen zu haben. 1. Operetten. 2. Geistliche Gedichte. Italiänische.	44	668

1779 ed 1780: Supplemento XIII. *dei Catalogi delle Sinfonie, Partite, Overture, Soli, Duetti, Trii, Quattri e Concerti per il Violino, Flauto Traverso, Cembalo ed altri Stromenti.*

	Internal Pagination	Overall Pagination
	1	669
Sinfonie.	2	670
Minuetti.	4	672

xxiv

Outline of Contents of Catalogue

	Internal Pagination	Overall Pagination
Sinfonie intagliate e stampate.	4	672
Sinfonies Periodiques.	6	674
Divertimenti, Concertini etc.	7	675
Violino.	8	676
Soli con Basso intagliati.	8	676
Duetti.	8	676
Duetti intagliati.	9	677
Trii.	10	678
Trii intagliati. a due Violini con Basso.	10	678
Quattri.	12	680
Quattri intagliati.	12	680
Quintetti intagliati.	13	681
Sestetti.	14	682
Concerti per il Violino concertato.	14	682
Concerti intagliati.	15	683
Viola.	15	683
Violoncello.	15	683
Concerti per il Violoncello concertato.	15	683
Flauto Traverso.	16	684
Soli intagliati.	16	684
Duetti intagliati.	16	684
Trii intagliati.	17	685
Quattri intagliati.	17	685
Concerti a Flauto Traverso concertato.	18	686
Concerti intagliati.	18	686
Oboe.	19	687
Fagotto.	20	688
Cembalo.	20	688
Soli.	20	688
Sonate intagliate e stampate.	20	688
Trii a Cembalo obligato con Violino o Flauto.	24	692
Terzetti.	26	694
Quattri e Divertimenti.	28	696
Quattri e Quintetti intagliati.	29	697
Concerti, a Cemb. con più Stromenti. Concerti intagliati.	30	698
Harpa.	31	699
Arie e Cantate con più Stromenti.	31	699
Folgende Stücke sind in Partitur und in Stimmen zu haben. Operetten. Deutsche Französische. Italiänische.	32	700

	Internal Pagination	Overall Pagination
1781: Supplemento XIV. *dei Catalogi delle Sinfonie, Partite, Overture, Soli, Duetti, Trii, Quattri e Concerti per il Violino, Flauto Traverso, Cembalo ed altri Stromenti.*	1	701
Sinfonie.	2	702
Minuetti.	5	705
Sinfonie intagliate e stampate.	6	706
Sinfonies Periodiques.	7	707
Divertimenti, Concertini etc.	9	709
Violino.	10	710
Soli con Basso.	10	710
Duetti.	11	711
Duetti intagliati.	11	711
Trii.	15	715
Trii intagliati. a due Violini con Basso.	16	716
Quattri intagliati.	17	717
Sestetti.	20	720
Concerti per il Violino concertato.	20	720
Concerti intagliati.	21	721
Violoncello.	22	722
Soli.	22	722
Quattri.	23	723
Concerti per il Violoncello concertato.	23	723
Flauto Traverso.	24	724
Soli.	24	724
Soli intagliati.	25	725
Duetti intagliati.	25	725
Trii.	26	726
Quattri e Quintetti intagliati.	27	727
Concerti a Flauto Traverso concertato.	27	727
Oboe.	29	729
Soli.	29	729
Trio.	29	729
Concerti, a Oboe concertato.	29	729
Clarinetto.	31	731
Corno.	31	731

Outline of Contents of Catalogue

	Internal Pagination	Overall Pagination
Fagotto.	33	733
Cembalo.	33	733
Soli.	33	733
Sonate intagliate e stampate.	36	736
Trii. a Cembalo obligato con Violino o Flauto.	43	743
Trii intagliati.	47	747
Terzetti.	50	750
Terzetti intagliati.	50	750
Quattri intagliati.	52	752
Concerti a Cembalo con più Stromenti.	53	753
Concerti intagliati.	54	754
Harpa.	56	756
Arie e Cantate con più Stromenti.	57	757
Folgende Stücke sind in Partitur und in Stimmen zu haben. Operetten. 2. Geistliche Gedichte.		
Weltliche.	58	758

1782. 1783 ed 1784: Supplemento XV. *dei Catalogi delle Sinfonie, Partite, Overture, Soli, Duetti, Trii, Quattri e Concerti per il Violino, Flauto Traverso, Cembalo ed altri Stromenti.*

	Internal Pagination	Overall Pagination
	1	759
Sinfonie.	2	760
Minuetti.	6	764
Sinfonie intagliate e stampate.	7	765
Sinfonies Periodiques.	9	767
Divertimenti, Concertini Cassationes etc.	9	767
Violino.	12	770
Soli con Basso.	12	770
Duetti.	12	770
Duetti intagliati.	13	771
Trii.	15	773
Trii intagliati. a due Violini con Basso.	15	773
Quattri.	18	776
Quattri intagliati.	20	778
Quintetti.	24	782
Concerti per il Violino concertato.	25	783
Concerti intagliati.	26	784
Viola.	27	785
Duetti.	27	785

	Internal Pagination	Overall Pagination
Concerti.	28	786
Violoncello.	28	786
Solo.	28	786
Duetto.	28	786
Trii.	28	786
Quattri.	29	787
Concerti per il Violoncello concertato.	29	787
Flauto Traverso.	31	789
Allegro.	31	789
Aria.	31	789
Soli intagliati.	31	789
Duetti.	32	790
Duetti intagliati.	33	791
Trii intagliati.	33	791
Quattri. a Flauto, Violino, Viola e Basso.	35	793
Quattri intagliati.	36	794
Quintetti.	36	794
Quintetti intagliati.	37	795
Concerti a Flauto Traverso concertato.	37	795
Oboe.	39	797
Sonata.	39	797
Partita.	39	797
Divertimenti.	39	797
Concerti, a Oboe concertato.	39	797
Clarinetto.	40	798
Quartetti.	40	798
Quintetto.	40	798
Concerto a Clarinetto concertato.	41	799
Corno.	42	800
Duetti.	42	800
Duos e Airs.	42	800
Trii.	42	800
Quattri.	42	800
Concerti.	43	801
Fagotto.	44	802
Solo.	44	802
Quattri.	44	802
Concerti.	45	803

xxvi

Outline of Contents of Catalogue

	Internal Pagination	Overall Pagination
Trommel.	47	805
Cembalo.	48	806
Soli.	48	806
Sonate intagliate e stampate.	49	807
Trii a Cembalo obligato con Violino ô Flauto.	54	812
Trii intagliati.	55	813
Terzetti.	58	816
Terzetti intagliati.	60	818
Quattri e Divertimenti.	63	821
Sestetti et Concertini intagliati.	64	822
Concerti a Cembalo con più Stromenti.	65	823
Concerti intagliati.	66	824
Harpa.	68	826
Arie e Cantate con più Stromenti.	69	827
Opera.	72	830
Folgende Stücke sind in Partitur und in Stimmen zu haben. Deutsche Operetten. Italiänische. Italiänische Oratoria. Deutsche Oratoria.	82	840

1785. 1786 ed 1787: Supplemento XVI. *dei Catalogi delle Sinfonie, Partite, Overture, Soli, Duetti, Trii, Quattri e Concerti per il Violino, Flauto Traverso, Cembalo ed altri Stromenti.*

	Internal Pagination	Overall Pagination
	1	841
Sinfonie.	2	842
Minuetti.	4	844
Sinfonie intagliate e stampate.	5	845
Sinfonies Periodiques.	6	846
Divertimenti, Concertini etc.	7	847
Violino.	7	847
Soli con Basso.	7	847
Duetti intagliati.	7	847
Trii intagliati. a due Violini con Basso.	8	848
Quattri intagliati.	8	848
Quintetti intagliati.	12	852
Concerti per il Violino concertato.	13	853
Concerti intagliati.	14	854
Viola.	14	854
Concerti a Viola.	14	854
Violoncello.	15	855
Concerti per il Violoncello concertato.	15	855
Flauto Traverso.	16	856
Duetti.	16	856
Trii.	17	857
Quattri intagliati.	17	857
Concerti a Flauto Traverso concertato.	18	858
Oboe.	18	858
Concerti, a Oboe concertato.	18	858
Clarinetto.	19	859
Quattri.	19	859
Partite.	19	859
Concerti a Clarinetto concertato.	20	860
Fagotto.	21	861
Quattri.	21	861
Concerti.	21	861
Concerti intagliati.	22	862
Cembalo.	23	863
Soli.	23	863
Sonate intagliate e stampate.	23	863
Trii a Cembalo obligato con Violino intagliati.	28	868
Terzetti.	30	870
Terzetti intagliati.	30	870
Quattri e Divertimenti.	31	871
Quattri intagliati.	31	871
Concerti a Cembalo con più Stromenti.	31	871
Concerti intagliati.	32	872
Arie e Cantate con più Stromenti.	33	873
Opera.	35	875
Folgende Stücke sind in Partitur und in Stimmen zu haben. Italiänische Operetten. Deutsche Oratoria.	46	888

xxvii

CATALOGO
DELLE
SINFONIE,
CHE SI TROVANO
IN MANUSCRITTO
NELLA OFFICINA MUSICA
DI
GIOVANNO GOTTLOB IMMANUEL BREITKOPF,
IN LIPSIA.

PARTE Ima.

1762.

SINFONIE.

VI. Sinfonie del Giov. AGRELL, *Maeſt. di Capella in Norimberga.*

I a 6 Voci. 2 Corni.

II. a 4 Voci.

III. a 6 Voci. 2 Corni.

IV. a 6 Voci.

V. a 4 Voci.

VI. a 4 Voci.

VI. Sinfonie del Giov. ADAM, *Compoſ. di Ball. di Ré di Polon.*

V. a 10 Voc. 2 Corni. 2 Flaut. 2 Oboi.

II. a 6 Voci.

III. a 6 Voci. 2 Oboi.

IV. a 6 Voci. 2 Corni.

VI. a 4 Voci. 2 Corni.

VI. a 6 Voci.

VI. Sinfonie del C. F. E. BACH, *Muſico di Camera di Ré di Pruſſ.*

I. a 4 Voci.

II. a 4 Voci.

III. a 4 Voci.

IV. a 6 Voci. 2 Corni.

V. a 4 Voci.

VI. a 4 Voci.

VI. Sinfonie del G. BENDA, *Maeſt. di Cap. di Duca di Gotha.*

I. a 4 Voci.

II. a 6 Voci. 2 Corni.

III. a 6 Voci. 2 Corni.

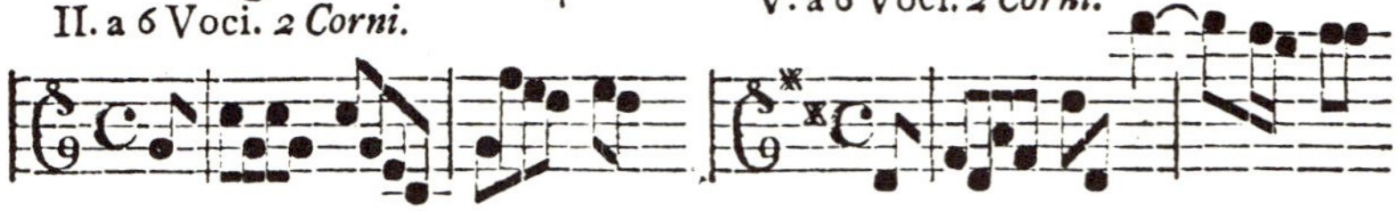

IV. a 6 Voc. 2 Corni.

V. a 6 Voci. 2 Corni.

VI. a 8 Voci. 2 Corni. 2 Fl.

VI. Sinfonie del Fr. BENDA, *Muſ. di Cam. di Ré di Pruſſ.*

I. a 4 Voci.

II. a 4 Voci.

III. a 4 Voci.

IV. a 4 Voci.

V. a 4 Voci.

VI. a 4 Voci.

VI. Sinfonie del BERNASCONI. *Raccolta I.*

I. a 4 Voci.

II. a 4 Voci.

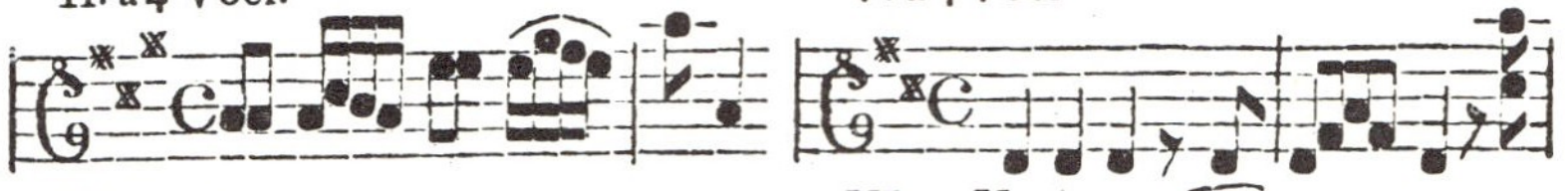

III. a 4 Voci.

IV. a 4 Voci.

V. a 4 Voci.

VI. a 4 Voci.

Part I: 1762

SINFONIE.

VI. Sinfonie del BERNASCONI. Raccolta II.
IV. Sinfonie del Wenceslao Raimondo BIRCK, in Vienna.
VI. Sinfonie del BRIOSCHI. Raccolta I.

VI. Sinfonie del BRIOSCHI. Raccolta II.
VI. Sinfonie del BRIOSCHI. Raccolta III.
VI. Sinfonie del CAMMERLOHER, Musico di Cam. d'Elect. di Bavaria. Raccolta I.

Part I: 1762

SINFONIE.

VI. Sinfonie del CAMMERLOHER, *Musico di Cam. d'Elect. di Bavaria.* *Raccolta I.*

I. a 4 Voci.   IV. a 4 Voci.

II. a 4 Voci.   V. a 4 Voci.

III. a 4 Voci.   VI. a 4 Vc.

VI. Sinfonie del CAMMERLOHER, *Musico di Cam. d'Elect. di Bavaria.* *Raccolta II.*

I. à 4 Voci.   IV. a 4 Voci.

II. a 4 Voci.   V. a 4 Voci.

III. a 4 Voci.   VI. a 4 Voci.

VI. Sinfonie del CAMMERLOHER, *Musico di Cam. d'Elect. di Bavaria.* *Raccolta III.*

I. a 4 Voci.   IV. a 4 Voci.

II. a 4 Voci.   V. a 4 Voci.

III. a 4 Voci.   VI. a 4 Voci.

Clamor Asinorum.

VI. Sinfonie del Pietro CONTI. *Raccolta I.*

I. a 4 Voci.   IV. a 4 Voci.

II. a 4 Voci.   V. a 4 Voci.

III. a 4 Voci.   VI. a 4 Voci.

VI. Sinfonie del Christof. FOERSTER, *Maestr. di Capell. di Pr. di Schwarzb. Rudolst.* *Raccolta I.*

I. a 4 Voci.   IV. a 4 Voci.

II. a 4 Voci.   V. a 6 Voci. *2 Corni.*

III. a 4 Voci.   VI. a 4 Voci.

VI. Sinfonie del Christ. FOERSTER, *Maestr. di Cap. di Pr. di Schw. Rud.* *Raccolta II.*

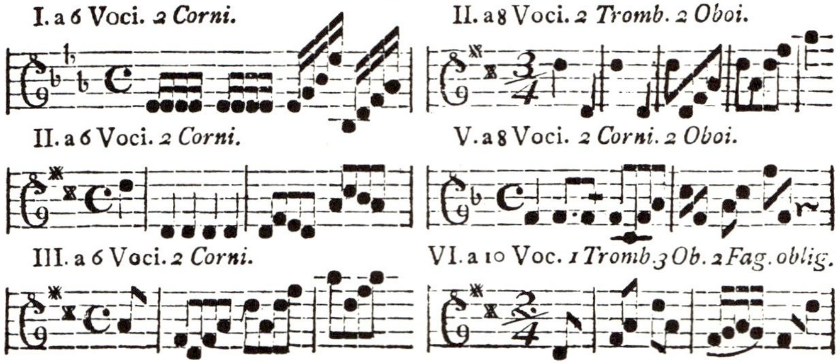

I. a 6 Voci. *2 Corni.*   II. a 8 Voci. *2 Tromb. 2 Oboi.*

II. a 6 Voci. *2 Corni.*   V. a 8 Voci. *2 Corni. 2 Oboi.*

III. a 6 Voci. *2 Corni.*   VI. a 10 Voc. *1 Tromb. 3 Ob. 2 Fag. oblig.*

Part I: 1762

SINFONIE.

VI. Sinfonie del C. E. GRAUN, *Maeſtr. di Cap. di Ré di Pruſſ. Racc. III.*

XIII. nel Opera Galatea.

XVI. nel Op. Coriolano a 6 Voc. *2 Corni.*

XIV. nel Op. Ifigenia, a 8 Vo. *Cr. Ob. Fl.*

XVII. nel Op. Fetonte a 4 Voci.

XV. nel Op. Angelica, a 6 Voc. *2 Corn.*

XVIII. nel Op. Mitridate. a 6 Vo. *Corn.*

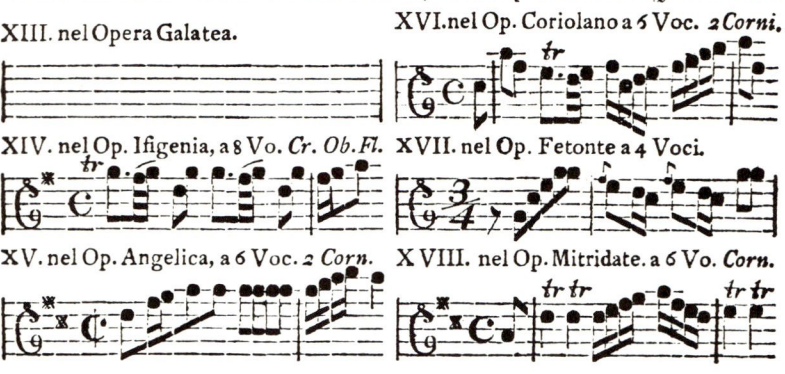

VI. Sinfonie del C. E. GRAUN, *Maeſtr. di Cap. di Ré di Pruſſ. Racc. IV*

XIX. nel Op. Armida. a 8 Voc. *Fl. Fag.*

XXII. nel Op. Paride. a 8 Voc. *2 Cor. 2 Fl.*

XX. nel Op. Britanuico. a 6 Voc. *2 Cor.*

XXIII. nel Op. Sylla.

XXI. nel Op. Orfeo. a 6 Voc. *2 Corni.*

XXIV. nel Op. Semiramide a 6 Vo. *Cor.*

IV. Sinfonie del C. E. GRAUN, *Maeſtr. di Cap di Ré di Pr. Racc. V.*

XXV. nel Op. Montezuma. a 8 V. *Fl. Fg.*

XXVII. nel Op. Fratelli nemici.

XXVI. nel Op. Ezio. a 6 Voci. *Corni.*

XXVIII. nel Op. Merope. a 8 V. *Fl. Corn.*

SINFONIE.

VI. Sinfonie del Giov. Amad. GRAUN, *Maeſtro di Concerto di Ré di Pruſſia. Raccolt. I.*

I. a 4 Voci.

IV. a 4 Voci.

II. a 4 Voci.

V. a 4 Voci.

III. a 4 Voci.

VI. a 4 Voci.

VI. Sinfonie del Giov. Amad. GRAUN, *Maeſtro di Concerto di Ré di Pruſſ. Raccolta II.*

I. a 6 Voci. *2 Corni.*

IV. a 6 Voci. *2 Corni.*

II. a 6 Voci. *2 Corni.*

V. a 6 Voci. *2 Corni.*

III. a 6 Voci. *2 Corni.*

VI. a 6 Voci. *2 Corni.*

VI. Sinfonie del Giov. Amad. GRAUN, *Maeſtro di Concerto di Ré di Pruſſ. Racc. III.*

I. a 6 Voci. *2 Corni.*

IV. a 6 V. *2 Corni.*

II. a 6 Voci. *2 Oboi. o Flaut.*

V. a 6 Voci. *2 Corni.*

III. a 6 Voci. *2 Oboi o Flaut.*

VI. a 6 Voci. *2 Corni.*

Part I: 1762

VI. Sinfonie del G. A. HASSE, *Primo Maeſtro di Capella di S. M. il Ré di Polon. Elett. di Saſſonia.* Raccolta I.

I. nel Opera Cleofide. a 8 Voc. 2 Cr. 2 Ob.   IV. nel Op. Aſteria a 8 Voc. 2 Cor. 2 Ob·

II. nel Op. Fabricio, a 6 Voci. 2 Corni.   V. nel Op. Atalanta. a 10 Voc. 2 C. 2 Ob. 2 Fl.

III. nel Opera Senocrita.   VI. Op. la Clem. di Tito. a 9 V. 2 O. 2 F. 1 F.

VI. Sinfonie del G. A. HASSE. *Raccolta II.*

VII. nel Op. Irene. Ouv. 10 Vc. 2 C 2 O. 2 Fl.   X. nel Op. Artaſſerſe a 6 Voci. 2 Corn.

VIII. nel Op. Alfonſo a 10 Vc. 2 C. 2 O. 2 F.   XI. nel Op. Numa. a 8 Voci.

IX. nel Op. Demetrio a 10 V. 2 C. 2 O. 2 F.   XII. nel Op. Luc. Papirio 12 Voc. 2 C. 2 Ob. 2 Fl. 2 Fag.

VI. Sinfonie del G. A. HASSE. *Raccolta III.*

XIII. nel Opera Didone aband. a 9 Voci 2 Corn. 2 Ob. 1 Fag.   XVI. nel Opera Arminio a 6 Voc. 2 Cor.

XIV. nel Op. Aſilo d'amore a 6 V. 2 Cr.   XVII. nel Opera Semiramide a 10 Voci. 2 Corni. 2 Ob. 2 Fl.

XV. nel Opera Antigono, a 8 Voci. 2 Corn. 2 Flauti.   XVIII. nel Opera la Spartana a 10 Voci, 2 Corni. 2 Oboi. 2 Flaut.

VI. Sinfonie del G. A. HASSE. *Raccolta IV.*

XIX. nel Op. Leucippo, a 8 V. 2 Cor. 2 Ob.   XXII. nel Op. Attilio Regolo. a 6 Voci. 2 Corni.

XX. nel Op. Demofonte, a 6 Voc. 2 Cor.   XXIII. nel Opera Ciro ricon. a 9 Voci, 2 Corni. 2 Oboi. 1 Fag.

XXI. nel Op. Il Natal. di Giove a 8 Voci. 2 Corni. 2 Oboi.   XXIV. nel Opera Ipermeſtra, a 9 Voci. 2 Corni. 2 Oboi. 1 Fagott.

IV. Sinfonie del G. A. HASSE. *Raccolta V.*

XXV. nel Opera Adriano, a 10 Voci. 2 Corni. 2 Oboi. 2 Flauti.   X VII. nel Op. l'Eroe Cineſe, a 6 Voci. 2 Corni.

XXVI. nel Opera Solimanno, a 6 Voci. 2 Oboi.   XXVIII. nel Opera Artemiſia, a 10 Voc. 2 Corn. 2 Ob. 2 Fl.

IV. Sinfonie del G. A. HASSE. *Raccolta VI.*

XXIX. nel Op. Ezio. a 10 Voc. 2 Corni. 2 Oboi. 2 Flauti.   XXXI. nel Opera Olimpiade Ouverture a 10 Voci. 2 Corni. 2 Ob. 2 Fl.

XXX. nel Opera il Ré Paſtore a 11 Voci. 2 Corni. 2 Ob. 2 Fl. 1 Fagotto.   XXXIII. nel Opera Alcide al Bivio, Ouverture.

Part I: 1762

SINFONIE.

VI. Sinfonie del HOLZBAUER, *Maestr. di Cap. d'El. Pal. Racc. II.*

I. a 6 Voci. *2 Corni.*

IV. a 8 Voci. *2 Corni. 2 Oboi.*

II. a 7 Voci. *2 Corni. Violoncello Oblig.*

V. a 8 Voci. *2 Corni. 2 Oboi.*

III. a 8 Voci.

VI. a 11 Voc. *2 Clar. Tymp. 2 Cor. 2 Ob. 2 Fl.*

VI. Sinfonie del HORN, *Direttore della Musica di S. E. il Comte di Brühl in Dresda.*

I. a 4 Voci.

IV. a 6 Voci. *2 Corni.*

II. a 5 Voci. *1 Flauto.*

V. a 8 Voci. *2 Corni. 2 Oboi.*

III. a 6 Voci. *2 Corni.*

VI. a 8 Voci. *2 Corni.*

VI. Sinfonie del Giov. Amad. JANITZSCH, *Mus. di Cam. di Ré di Pruss. Raccolta I.*

I. a 4 Voci.

IV. a 4 Voci.

II. a 4 Voci.

V. a 4 Voci.

III. a 4 Voci.

VI. a 4 Voci.

SINFONIE.

VI. Sinfonie del Giov. Amad. JANITZSCH, *Musico di Camera di Ré di Pruss. Raccolta. II.*

I. a 4 Voci.

IV. a 4 Voci.

II. a 4 Voci.

V. a 6 Voci. *2 Corni.*

III. a 4 Voci.

VI. a 6 Voci.

III. Sinfonie di Nic. JOMELLI, *Primo Maest. di Cap. di Duca di Wurtenberg.*

I. a 6 Voci. *2 Corni.*

II. a 6 Voci. *2 Corni.*

III. a 6 Voci. *2 Corni.*

IV. Sinfonie del JULINI.

I. a 6 Voci. *2 Corni.*

III. a 6 Voci. *2 Corni.*

II. a 6 Voci. *2 Oboi.*

IV. a 6 Voci. *2 Corni.*

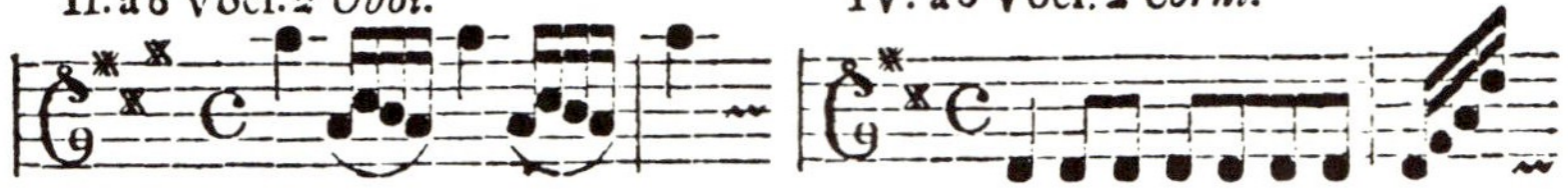

SINFONIE.

IV. Sinfonie del KRAUSE, *Organista in Zittau.*

III. Sinfonie del KUNZ, *Direttore della Musica in Lubeck.*

VI. Sinfonie del LAMPUGNANI.

IV. Sinfonie del Pietro LOCATELLI, *da Bergamo.*

VI. Sinfonie del Joh. Batt. MARTINO, *in Milano.*   Racc. I.

VI. Sinfonie del Joh. Batt. MARTINO, *in Milano.*
Raccolta II.

Part I: 1762

SINFONIE.

VI. Sinfonie 2. del J. B. MARTINO, & 4. del MARTINI.
Raccolta III.

I. a 8 Voci. 2 Tromb. 2 Oboi. Martino. IV. a 4 Voci.

II. a 8 Voci. 2 Corni. 2 Oboi. V. a 4 Voci.

III. a 4 Voci. Martini. VI. a 3 Voci.

VI. Sinfonie del L. MOZART, *Muf. di Cam. d'Arcivesc. di Salzburg.*

I. a 4 Voci. IV. a 4 Voci.

II. a 4 Voci. V. a 4 Voci.

III. a 4 Voci. VI. a 6 Voci. 2 Corni.

VI. Sinfonie del Georg. NERUDA, *Musico di Cam. di S. M. il Ré di Pol. Elett di Saff.*

I. a 4 Voci. IV. a 6 Voci. 2 Corni.

II. a 4 Voci. V. a 6 Voci. 2 Corni.

III. a VI. Voci. 2 Oboi. VI. a 6 Voci. 2 Corni.

SINFONIE.

VI. Sinfonie del RELUZZI, *Mufico in Praga.* Raccolta I.

I. a 6 Voci. Corni. IV. a 6 Voci. 2 Corni.

II. a 6 Voci. Corni. V. a 6 Voci. 2 Corni.

III. a 6 Voci. 2 Corni. VI a 6 Voci.

VI. Sinfonie del RELUZZI, *Mufico in Praga.* Raccolta II.

I. a 4 Voci. IV. a 6 Voci. 2 Corni.

II. a 6 Voci. 2 Corni. V. a 8 Voci. 2 Corni. 2 Flaut.

III. a 6 Voci. 2 Corni. VI. a 8 Voci. 2 Corni. 2 Fl.

VI. Sinfonie del F. X. RICHTER, *Mufico di Camera d'Elettor. Palat.*

I. a 4 Voci. IV. a 4 Voci.

II. a 4 Voci. V. a 6 Voci. 2 Corni.

III. a 4 Voci. VI. a 6 Voci. 2 Corni.

Part I: 1762

SINFONIE.

VI. Sinfonie del STEINMETZ, *Musico in Dresda.*

VI. Sinfonie del Giuf. UMSTADT, *Musico in Dresda.*

V. Sinfonie del D. Anton. VIVALDI.

VI. Sinfonie del Chriftof. WAGENSEIL, *Comp. della Cam. d.S. M. Imp. Raccolta.*

VI. Sinfonie del Chrift. WAGENSEIL, *Comp. della Cam. d. S. M. Imp. Raccolta II.*

VI. Sinfonie del Chrift. WAGENSEIL, *Comp. della Cam. di S. M. Imp. Racc. III.*

Part I: 1762

SINFONIE.

Nacherinnerung.

Ich mache hier den Anfang mit den versprochenen musicalischen Verzeichnisse aller practischen Werke der verschiedenen Autoren, die sich in meiner Officin befinden, und die ich durch die Themata, so viel der Raum verstatten will, kenntlich zu machen, und von einander zu unterscheiden gesucht habe, so wie man die Bücher nach ihren Titeln unterscheidet. Billige Beurtheiler werden von selbst einsehen, daß es Mühe genung koste, einen in etwas beträchtlichen Vorrath von dergleichen Sachen zusammen zu bringen, oder, so zu sagen, gewissen Musikern aus den Händen zu winden: daß es aber noch mehr Mühe koste, und eine ziemlich beschwerliche Arbeit sey, sie in eine gewisse Ordnung zu bringen. Wie manchen Streit hat man nicht auszumachen, und wie manchen geheimen Kampf zu überwinden, wenn man einem jeden Verfasser das Seinige geben, und die unter verschiedenen Nahmen vorkommenden Stücke ihren wahren Meistern zueignen will? Und wenn man in so zweifelhaften Fällen, dergleichen mir gar oft vorgekommen sind, durch Nachfragen nicht viel heraus bringt, wie leicht wird man alsdann von seiner Beurtheilungskraft eben so oft irre geführt als sicher geleitet?

Ich muß daher bey Kennern und Liebhabern der Musik, ja bey einigen Componisten selbst, deren Nahmen in diesem Verzeichnisse vorkommen, oder künftig vorkommen werden, wegen gewisser unvermeidlicher Fehler um Vergebung bitten, und sie zugleich ersuchen, daß, wenn einige ihrer Stücke selbst, oder auch anderer Verfasser, unrichtig angegeben worden, sie mir darüber mit einer kleinen Nachricht zu statten kommen,

da=

damit bey einer etwan zu wiederholenden Auflage dieses **Catalogs** die alten Fehler verbessert, und neue vermieden werden mögen. Ich habe deswegen nur eine kleine Anzahl Exemplarien von diesem ersten Versuche gedruckt, und den Nutzen der Liebe zur Richtigkeit gern aufgeopfert.

Wollten berühmte Componisten sich gefallen lassen, bey einer müßigen Stunde, ein Verzeichniß ihrer practischen Werke selbst aufzusetzen, und mir es freundschaftlich mitzutheilen: so würde ich es nicht allein mit allem Dank erkennen, sondern auch in meiner Bemühung um so viel muthiger fortfahren, je sicherer ich mich auf solche Nachrichten verlassen könnte. Es hindert nichts, daß ich alsdann die Sachen noch nicht haben würde, die in einem solchen Verzeichnisse stünden, weil ich mich auf den Fuße setzen würde, mir dieselben sogleich anzuschaffen, wenn sich einige Nachfrage unter den Musikliebhabern dazu finden sollte.

Doch die Unrichtigkeit des Nahmens ist es nicht allein, die mich bisweilen zu Fehlern verleitet haben wird, sondern auch die **Instrumente, und die Anzahl der Stimen,** die ich über jedwedem Themate angegeben habe. Wer weiß nicht, welche Freyheit sich dieser oder jener Musiker nimmt, bey einem Stücke bald Stimmen hinweg zu lassen, bald zuzusetzen; bald Stücke, die auf dieses oder jenes Instrument gesetzt sind, auf ein anderes über zu tragen? Auch von dergleichen willkührlichen Veränderungen habe ich Spuren genung gefunden; und wie viele können mir unentdeckt geblieben seyn, die alsdann in meinem Verzeichnisse eben so viele Fehler ausmachen?

Ich muß daher in diesem Stücke meine Zuflucht wiederum zu der Gütigkeit derer nehmen, die genauer davon unterrichtet sind. Das Vergnügen, das sie mir durch ihre aufrichtigen Nachrichten (denn mit Vermuthungen ist mir nicht viel

viel gedient, sie müßten denn Dinge betreffen, die man zu keiner völligen Gewißheit bringen könnte,) erweisen, ist zugleich eine Gefälligkeit die sie der ganzen Musik erzeigen: Die Bücherkenntniß ist so oft die Beschäftigung vieler gelehrten Männer gewesen, und einige fruchtbare Autoren haben selbst, um die Welt vor Irrthümern zu bewahren, ein vollständiges Verzeichniß ihrer Werke und Schriften gemacht, so daß heut zu Tage die Historia litteraria, dieses unübersehliche Feld, dennoch in eine so vortreffliche Ordnung gebracht ist, die wir der Musik zur Zeit nur noch wünschen können. Sollten nun die Verehrer dieser edlen Kunst, und die zum Theil dieselbe ihr Hauptgeschäfte seyn lassen, weniger eifrig seyn, das ihrige beyzutragen, um der musikalischen Litteratur ein Licht anzuzünden, dessen sie bisher noch entbehren müssen?

Ich habe mich mit dieser ersten Abtheilung meines Catalogs in den Grenzen meines Vorraths halten müssen, und habe beschlossen in denselben so lange fortzufahren, bis ich durch auswärtige Nachrichten in den Stand gesetzt werde, vollständigere und richtigere Verzeichnisse zu liefern. Ich werde nach Maaßgebung meiner bisher bekannt gemachten **Verzeichnisse musikalischer gedruckter Bücher und ungedruckter Werke,** und der darinnen beliebten Ordnung fortfahren, die daselbst nur dem Nahmen nach verzeichneten practischen Arbeiten mit den **Thematen** der musikalischen Welt vorzulegen. Dieser erste Versuch begreift die Sinfonien, welche, nach dem Namen ihrer Verfasser, **auf der 45. bis 49sten Seite des Verzeichnisses der musikalischen Werke, welche nicht durch den Druck bekannt gemacht worden,** stehen. Die Reihe wird zuerst an die **Trios, auf Violinen und Flöten** kommen. **Claviersachen; Solos, Duetten, Quadros, Concerte, auf allerley Instrumente** sollen alle zu ihrer Zeit nachfolgen. Der ziemliche Vorrath, den ich von geistlichen und weltlichen **Singesachen,**

beson=

besonders von **Opern** habe, soll auf gleiche Weise, Arie vor Arie in ein Verzeichniß gebracht werden. Hin und wieder wird man finden, daß etliche Sinfonien in Noten mehr oder weniger stehen, als in dem Nahmen Verzeichnisse angegeben worden. Erstes rühret daher, daß ich in der Zeit, welche zwischen der Ausgabe jenes und dieses Catalogs verstrichen ist, von manchem Autor mehrere bekommen, als ich dazumal hatte, und nicht gern leere Zeilen lassen wollte, da ich die Einrichtung einmal zu halben Dutzenden gemacht hatte; das letzte aber kömmt von der Entdeckung einiger falschen Angaben, deren Stelle ich nicht sogleich ersetzen konnte. Der Unterschied des Preises, welcher daher entstehen muß, wird leicht zu heben seyn, wenn man zum Grunde setzt, daß ich jeden Bogen zu 4 gl. bestimme, und zu jeder Hauptstimme, als Violine, Viole, Baß, Oboe, einen Bogen, zu den Hörnern, und andern Ausfüllstimmen aber, nur halbe Bogen rechne; so daß ein jeder die Kosten des Verlangten leicht finden wird, da ich bey solchen Preise so lange, als es nur die Münze gestattet, bleiben werde.

Jedweder, der in diesen Sachen kein Fremdling ist, wird leicht einsehen, wie viel Mühe, Zeit und Kosten darzu erfodert werde, und wie sehr ich nöthig habe, durch einen vernünftigen Beyfall und eine gütige Unterstützung verständiger Männer ermuntert zu werden. Will man sich aber, auf meine Unkosten, mit Tadeln und Spotten etwas zu gute thun, weil man sich zu so einer Arbeit für geschickter und erfahrner hält: so werde ich mir die Freyheit nehmen, ebenfalls darüber zu spotten und zu tadeln, daß man nicht lange vor mir auf einem Einfall gerathen ist, der der Musik und berühmten Componisten so sehr zur Ehre und Nutzen gereicht, der in der Ausführung eben so schwer als verdrüßlich ist, und der ein so viel größeres Recht zu einer gütigen Beurtheilung hat, weil man nichts vorgearbeitet gefunden, sondern das Eis selbst brechen, und sich durch mancherley Zweifel und Ungewißheiten hindurch winden müssen.

Leipziger Neujahrsmesse, 1762.

Joh. Gottlob Jmmanuel Breitkopf.

CATALOGO
DEI
SOLI, DUETTI,
TRII
E
CONCERTI
PER
IL VIOLINO,
IL VIOLINO PICCOLO, E DISCORDATO,
VIOLA DI BRACCIO, VIOLA D'AMORE,
VIOLONCELLO PICCOLO E VIOLONCELLO,
E VIOLA DI GAMBA.
CHI
SI TROVANO IN MANUSCRITTO
NELLA OFFICINA MUSICA DI BREITKOPF
IN LIPSIA.

PARTE IIda.
1762.

SOLI ò SONATE
A VIOLINO SOLO
COL BASSO.

VI. Sonate, a Violino Solo con Basso, di Joh. **AGRELL.**
Direttore della Musica in Norimberga.

VI. Sonate a Violino Solo con Basso, di Fr. **BENDA.**
Muf. di Camera di Ré di Pruffia. Racc. I.

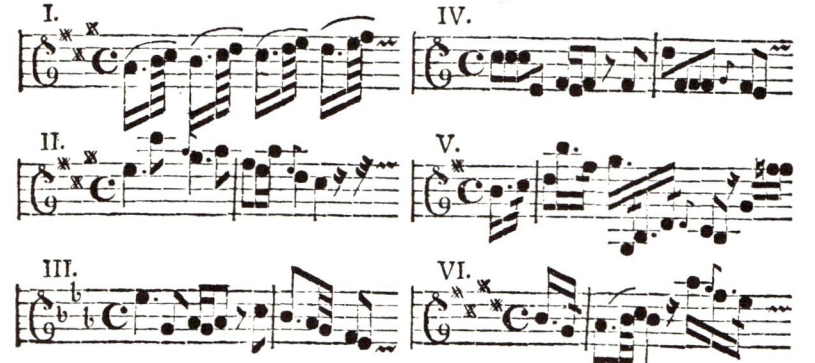

SOLI a VIOLINO.

VI. Sonate a Violino Solo con Baffo, di Fr. **BENDA.**
Muf. di Cam. di Ré di Pruff. Racc. II.

VI. Sonate a Violino Solo con Baffo, di Fr. **BENDA.**
Muf. di Cam. di Ré di Pruff. Racc. III.

VI. Sonate a Violino Solo con Baffo, di Fr. **BENDA.**
Muf. di Cam. di Ré di Pruff. Racc. IV.

Part II: 1762

SOLI a VIOLINO.

VI. Sonate a Violino Solo con Basso, di Fr. BENDA.
Mus. di Cam. di Ré di Pruss. Racc. V.

VI. Sonate a Violino Solo con Basso, di Fr. BENDA.
Mus. di Cam. di Ré di Pruss. Racc. VI.

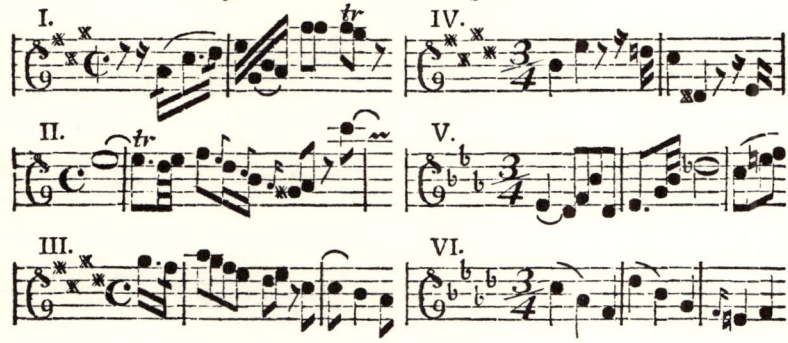

VI. Sonate a Violino Solo con Basso, di Fr. BENDA.
Mus. di Cam. di Ré di Pruss. Racc. VII.

SOLI a VIOLINO.

VI. Sonate a Violino Solo con Basso, di Fr. BENDA.
Mus. di Cam. di Ré di Pruss. Racc. VIII.

XVI. Capricetti a Violino Solo, del Sign. Fr. BENDA.

Part II: 1762

Part II: 1762

SOLI a VIOLINO.

VI. Sonate a Violino Solo con Basso, di Giov. Amad. GRAUN, *Maestr. di Conc. di Rè di Pruss. Racc. I.*

VI. Sonate a Violino Solo con Basso, di Giov. Amad. GRAUN, *Maestr. di Conc. di Rè di Pruss. Racc. II.*

VI. Sonate a Violino Solo con Basso, di Dismas HATASCH, *Musico di Cum. di S. Maestà, il Duca di Gotha. Racc. I.*

SOLI a VIOLINO.

VI. Sonate a Violino Solo con Basso, di Giuseppi CASELLI.

VIII. Sonate a Violino Solo con Basso, del Sign. GIOVANINI.

SOLI a VIOLINO.

VI. Sonate a Violino Solo con Baſſo, di Carl HOECKH.
Maeſtro di Conc. di S. A. S. il Princ. d'Anhalt Zerbſt. Racc. I.

VI. Sonate a Violino Solo con Baſſo, di C. HOECKH.
M. d. Con. d. S. A. S. il P. d. A. Z. Racc. II.

VI. Sonate a Violino Solo con Baſſo, di Giov. Giorg. NERUDA. *Muſ. di Cam. di Rè di Pol. Racc. I.*

VI. Sonate a Violino Solo con Baſſo, del Sign. SUCCARI, o ZUCCARI.

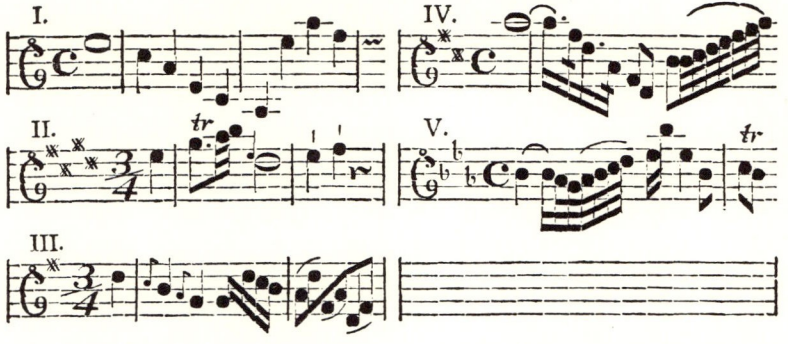

II. Sonate, di ORSLER *Muſico in Vienna.*   **III. Sonate, da diverſi Maeſtri. Racc. I.**

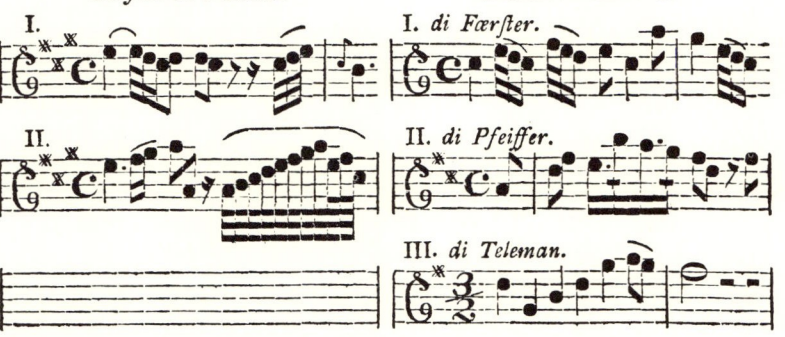

VI. Sonate a Violino Solo con Baſſo, da diverſi Maeſtri. Raccolta. II.

Part II: 1762

SOLI a VIOLINO.

VI. Son. a Viol. Solo con Baſſo, da diverſi Maeſtri. *Racc. III.*

I. *di Gravina.*
IV. *di Moſelle.*
II. *di Gravina.*
V. *di Nardini*
III. *di Moſelle*
VI. *di Nardini.*

VI. Son. a Viol. Solo con Baſſo, da diverſi Maeſtri. *Racc. IV.*

I. *di Amorevoli.*
IV. *di Emis.*
II. *di Albinoni.*
V. *di Galuppi.*
III. *di Barbella.*
VI. *di Marcello.*

IX. Ricercari a Violino Solo, del ANONYMO.

I.
VI.
II.
VII.
III.
VIII.
IV.
IX.
V.

D U E T T I.

VI. Sonate a due Violini ſenza Baſſo, del Sign. Antonio MOSELLE.

I.
IV.
II.
V.
III.
VI.

IV. Sonate a due Violini ſenza Baſſo.

I. *di Fauner. in Vienna.*
III. *di Pietr. Conti.*
II. *di Pietr. Conti.*
IV. *di Georg. Czarth.*

Part II: 1762

TRII.

VI. Sonate a due Violini et Basso, del Sign.
G. BENDA.

VII. Sonate a due Violini et Basso, del Sign.
BRIOSCHI.

TRII a VIOLINO.

VI. Son. a due Viol. et Basso, del Sign. CAMMERLOCHER.
M. d. C. d'El. di Bav. Racc. I.

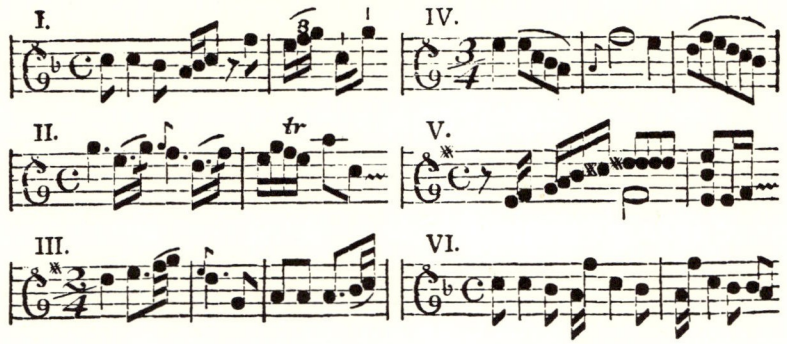

VI. Sonate a due Violini et Basso, del Sign.
CAMMERLOCHER. *Racc. II.*

VI. Sonate a due Violini et Basso, del Sign.
CAMMERLOCHER. *Racc. III.*

Part II: 1762

TRII a VIOLINO.

VI. Sonate a due Violini et Baſſo, del Sign. CAMMERLOCHER. Racc. IV.

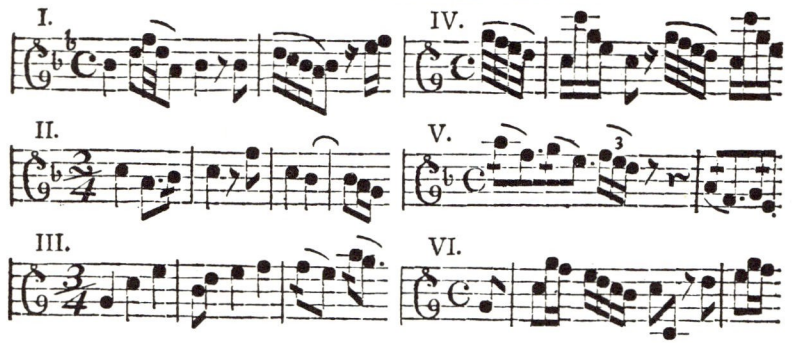

VI. Sonate a due Violini et Baſſo, del Sign. FASCH.
M. d. Conc. di Princ. d'Anh. Zerbſt.

VI. Sonate a due Violini et Baſſo, di Adelb. FAUNER. in *Vienna.*

TRII a VIOLINO.

IV. Sonate a due Violini et Baſſo, di Georg. GEBEL.
Maeſtr. di Cap. di Princ. di Schwarzb.

VI. Sonate a due Violini et Baſſo, di G. A. GRAUN.
Maeſtro di Concerto di Rè di Pruſſia. Racc. I.

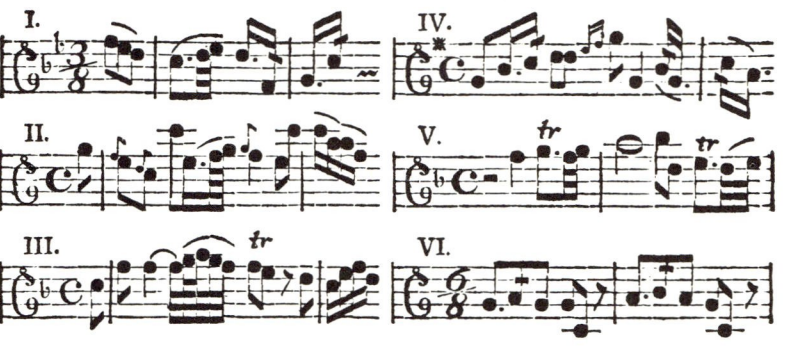

VI. Sonate a due Violini et Baſſo, di G. A. GRAUN.
M. di Conc. di Rè di Pr. Racc. II.

Part II: 1762

TRII a VIOLINO.

VI. Sonate a due Violini et Basso, di G. A. GRAUN.
M. di Con. di Ré di Pr. Racc. III.

VI. Sonate a due Violini et Basso, di G. A. GRAUN.
M. di Con. di Ré di Pr. Racc. IV.

VI. Sonate a due Violini et Basso, di GRAVINA.
M. di Cam. di Duca di Wurtenberg.

VI. Divertimenti a due Violini et Basso, del Sign. HELMANN.

VII. Partite a due Violini et Basso, di Carl. HOECKH.
Maest. di Cap. di Pr. d' Anh. Zerbst.

IV. Sonate a due Violini et Basso, di KOHAUT.
Musica in Vienna.

Part II: 1762

TRII a VIOLINO.

III. Sonate a due Violini et Baſſo, di
KRAUSE.

VI. Sonate a due Violini et Baſſo, di
MARTINO. *Racc. III.*

VI. Sonate a due Violini et Baſſo, di
MARTINO. *Racc. I.*

VI. Sonate a due Violini et Baſſo, di
MARTINO. *Racc. IV.*

VI. Sonate a due Violini et Baſſo, di
MARTINO. *Racc. II.*

VI. Sonate a due Violini et Baſſo, di
MARTINO. *Racc. V.*

Part II: 1762

VI. Sonate a due Violini et Basso, del Sign. Antonio MOSELLE.

VI. Sonate a due Violini et Basso, di Joh. Georg. NERUDA. Musico di Cam. di Ré di Polon. Racc. I.

VI. Sonate a due Violini et Basso, di Joh. Georg. NERUDA. Muf. di Cam. di Ré di Pol. Racc. II.

VI. Sonate a due Violini et Basso, con Fuge, di Joh. Georg. NERUDA. Muf. di Cam. di Ré di Pol. Racc. III.

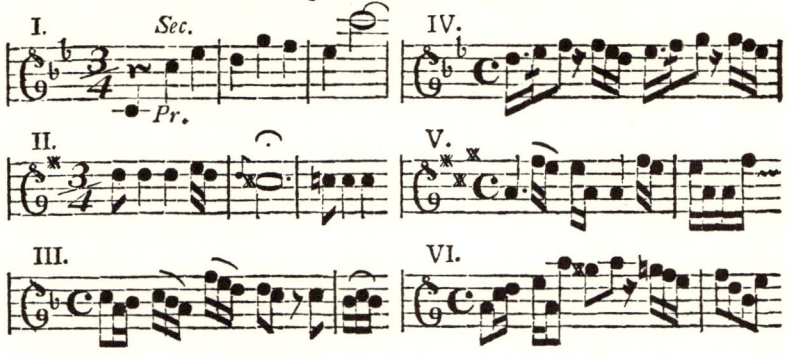

III. Sonate a due Violini et Basso, con Variazioni, di J. G. NERUDA. Muf. di Cam. di Ré di Pol. Racc. IV.

VI. Sonate a due Violini et Basso, di Joh. Georg. ORSLER. Raccolta I.

TRII a VIOLINO.

VI. Sonate a due Violini et Baſſo, di Joh. Georg. ORSLER. *Racc. II.*

VI. Sonate a due Violini et Baſſo, di Joh. Georg. ORSLER. *Racc. III.*

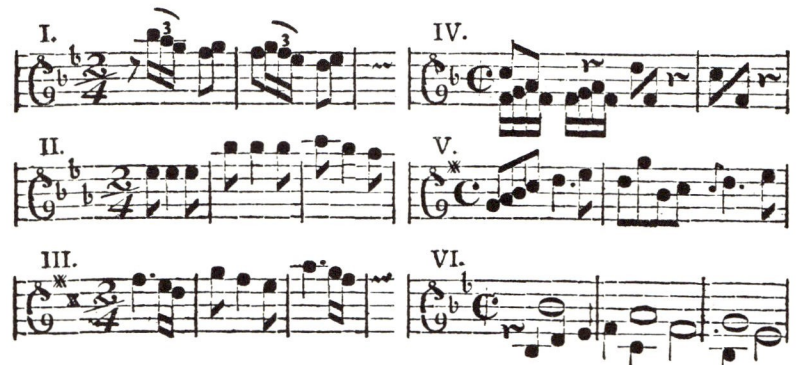

IV. Sonate a due Violini et Baſſo, di Joh. Georg. ORSLER. *Racc. IV.*

TRII a VIOLINO.

VI. Sonate a due Violini et Baſſo, di PICHLER. in *Vienna.*

VI. Sonate a due Violini et Baſſo, del Sign. RELUZZI. *Racc. I.*

III. Sonate a due Violini et Baſſo, del Sign. RELUZZI. *Racc. II.*

Part II: 1762

TRII a VIOLINO.

VI. Sonate a due Violini et Basso, di Christoph WAGENSEIL.
Comp. di Cam. di S. M. Imper. Racc. I.

VI. Sonate a due Violini et Basso, di Christ. WAGENSEIL.
Comp. di Cam. di S. M. Imper. Racc. II.

IV. Sonate a due Violini et Basso, di Christ. WAGENSEIL.
Comp. di Cam. di S. M. Imper. Racc. III.

SOLI a VIOLINO

VI. Sonate a due Violini et Basso, di Christ. WAGENSEIL.
Comp. di Cam. di S. M. Imper. Racc. IV.

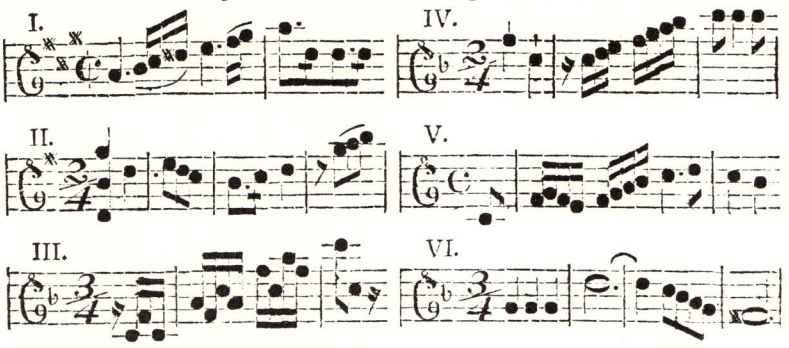

V. Sonate a due Violini et Basso, di Christ. WAGENSEIL.
Comp. di Cam. di S. M. Imper. Racc. V.

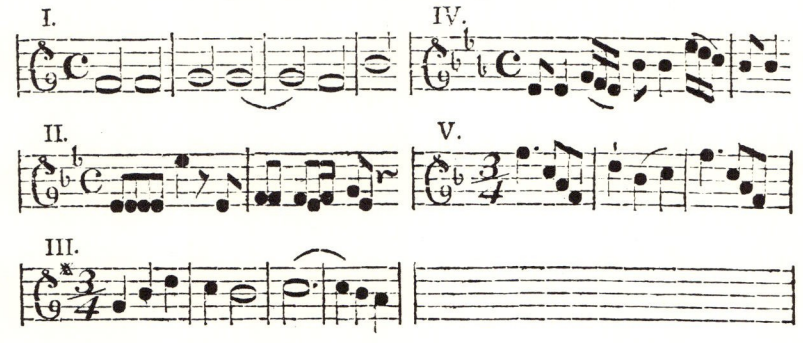

VI. Sonate a due Violini et Basso, da diversi Autori. *Racc. I.*

Part II: 1762

Part II: 1762

CONCERTI.

CONCERTI a VIOLINO.

Part II: 1762

CONCERTI a VIOLINO.

III. Con. di FOERSTER. R. I.
I. a Viol. Conc. 2 Viol. V. B.

II.

III.

III. Con. di FOERSTER. R. II.
I. a Viol. Conc. 2 Viol. V. B.

II.

III.

III. C. di FOERSTER. R. III.
I. a Viol. Conc. 2 Viol. V. B.

II.

III.

III. C. di FOERSTER. R. IV.
I. a Viol. C. Fl. Trav. Obl. 2 Viol. V. B.

II. a Viol. C. Fl. Tr. Obl. 2 Viol. V. B.

III. Viol. picc. C. Oboe Obl. 2 Viol. V. B.

III. Con. di FOERSTER. R. V.
I. 2 Viol. Conc. 2 Viol. rip. V. B.

II. a Viol. Conc. 2 Corni. 2 Viol. V. B.

III. a Viol. C. 2 Corn. 2 Oboi 2 Viol. V. B.

II. Concerti, di GALLO.
I. a Viol. Conc. 2 Viol. V. B.

II.

CONCERTI a VIOLINO.

III. Conc. di GRAUN. R. I.
I. a Viol. Conc. 2 Viol. V. B.

II.

III.

III. Conc. di GRAUN. R. II.
I. a Viol. Conc. 2 Viol. V. B.

II.

III.

III. Conc. di GRAUN. R. III.
I. a Viol. Conc. 2 Viol. V. B.

II.

III.

III. Conc. di GRAUN. R. IV.
I. a Viol. Conc. 2 Viol. V. B.

II.

III.

III. Conc. di GRAUN. R. V.
I. a Viol. Conc. 2 Viol. V. B.

II.

III.

III. Conc. di GRAUN. R. VI.
I. a Viol. Conc. 2 Viol. V. B.

II.

III.

Part II: 1762

CONCERTI a VIOLINO.

Part II: 1762

CONCERTI a VIOLINO.

III. Conc. di STAMITZ. R. IV.

I. a Viol. Conc. 2 Viol. V. B.

II. 2 Corni.

III.

II. Conc. di WODIZKA.

I. a Viol. Conc. 2 Viol. V. B.

II.

IV. Concerti di ZUCCARI.

I. a Viol. Conc. 2 Viol. V. B.

II.

III.

IV.

V.

VIOLINO PICCOLO.

IV. Sonate a Violino piccolo, *con più Stromenti.*

I. di Janitsch. a 4 V. Viol. picc. Ob. V. B.

III. di Rosetti. a 4 V. Viol. picc. 2 Ob. V. B.

II. di Krause. a 4 V. Viol. picc. 2 Viol. B.

IV. di Doles. a 3 V. Viol. picc. Viol. B.

I. Partie di Harrer. a 5 V. Viol. picc. C. 2 Viol. V. B.

I. Concerto di Foerster. a Viol. picc. C. Ob. d'Amor. 2 Viol. V. B.

VI. Concerti di PFEIFFER. a Violino piccolo Concertato.

I. a Viol. picc. Conc. 2 Viol. V. B.

IV.

II.

V.

III.

VI.

VIOLINO DISCORDATO.

I. Sonate di Koenig, a Viol. discord. Flauto e Basso.

Part II: 1762

VIOLA

IV. Sonate a Viola Sola coll Cembalo, da diversi Autori. R. I.

I. *di Anonymo a Viola Sola con Basso.*   III. *di Anonymo.*

II. *di Anonymo.*   IV. *di Fasch.*

IV. Sonate a Viola Sola con Basso, da diversi Autori. R. II.

I. *di Benda a Viola Sola con Basso.*   III. *di Ratti.*

II. *di Ratti.*   IV. *di Quantz.*

VI. Sonate a Viola. con più Stromenti.

I. *di Anonymo. 2 Viole. 2 Violini. Violonc. Oblig. et Cembalo.*   IV. *di Janitsch. a Viola. Violonc. Cemb.*

II. *di Grimm. a Viola. Violonc. e Cemb.*   V. *di Leo. a Viola. Trav. et Violonc.*

III. *di Hendel. a Viola. e Cemb. Oblig.*   VI. *di Pfeiffer. a Viola. Violino et B.*

CONCERTI a VIOLA

Part II: 1762

CONCERTI a VIOLA D'AMORE.

IV. Sonate a Viola d'Amore e Baſſo.

I. del Sgr. Harrer.

III. del Sgr. Krumlowsky.

II. del Sgr. Harrer.

IV. del Sgr. Krumlowsky.

IV. Partite a Viola d'Amore, *con altri Stromenti.*

I. del Sg. Harrer, *a 1 C. 1 Fl. V. d. A. e B.*

III. del S. Wentzel, *a V. d. A. 2 V. e B.*

II. del Sr. Krumlowsky, *a V. d. A. 2 V. c. B.*

IV. del S. Wentzel, *a V. d. A. 2 V. e B.*

V. Concerti del Sgr. HOFFMANN.

I. *a Viola d'Amor. 2 Ob. d'Amor, Viola con Cemb.*

IV. *a 2 Viol. d'Amor. 2 Fagot. 6 Flaut. Baſſ. e Cemb.*

II. *a 2 Viole d'Amor. 2 Oboi d'Amor. Viola e Cemb.*

V. Intrada, *a 2 V. d. A. 2 C. Ingl. 1 Ob. Violon. o Fag.*

III. *a 2 Viole d'Amor. 2 Ob. d'Amor. Viola con Cemb.*

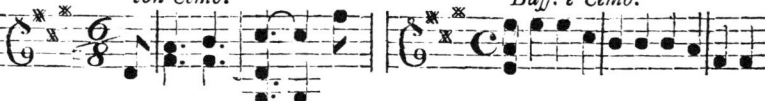

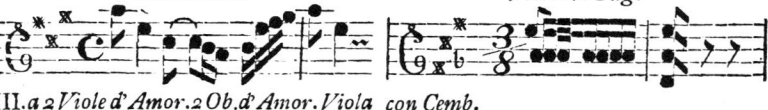

II. Conc. del Sgr. WENTZEL, a Viola d'Amore *con Stromenti.*

I. *a Viol. d'Am. Flaut. Violin. c. B.*

II. *a V. d'Am. Liuto, Fl. 2 C. 2 V. V. e B.*

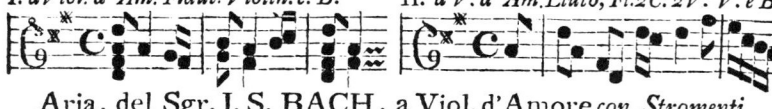

Aria, del Sgr. J. S. BACH, a Viol. d'Amore *con Stromenti.*

I. *a Viola d'Amore, Violin. Conc. 2 Violin. Sopr. Viola et Baſſo.*

VIOLONCELLO.

V. Sonate a Violoncello Solo coll Baſſo da diverſi Autori.

I. del Sgr. Steiner, *con Violino conc.*

IV. del Sgr. Lanzetti, *coll B.*

II. del Sgr. Graf, *Violon. Sol. c. B.*

V. del Sgr. Lanzetti, *c. B.*

III. del Sgr. Lanzetti, *coll Baſſo.*

III. Sonate a 2 Violoncelli del ANONYMO italiano.

I.

III.

II,

V. Sonate a 2 Violoncelli e Baſſo del ANONYMO.

I.

IV.

II.

V.

III.

Part II: 1762

II. Sonate a Violoncello con altri Stromenti dell' ANONYMO.

IV. Concerti del Sgr. RETZEL, a Violoncello conc. 2 Violini. Viola e Baſſo.

VIOLONCELLO PICCOLO, ò VIOLONCELLO DA BRACCIA.

IV. Sonate del ANONYMO, a Violoncello piccolo Solo c. Baſſo. Racc. I.

V. Sonate del ANONYMO, a Violoncello piccolo Solo c. Baſſo. Raccolta II.

V. Sonate da diverſi Autori a Violoncello piccolo Solo col Baſſo.

II. Trio da diverſi Autori a Violonc. Piccol. con altri Stromenti.

CONCERTI a VIOLONCELLO.

III. Quadri da diversi Autori a Violonc. picc. c. altri Strom.

I. del Anonym. *a Violonc. picc. Fl. Violin. coll Basso.*

III. del Sgr. Hering, *a Violonc. picc. Fl. Violin. c. Basso.*

II. del Anonymo, *2 Violon. picc. Flaut. Violin. coll Basso.*

Concerti a Violoncello picc. concertato con altri Stromenti.

III. Conc. da diversi Autori, *a Violonc. pic. conc. 2 Viol. V. c. B. Racc. I.*

II. Conc. da diversi Autori, *a Violonc picc. conc. Racc. II. 2 Viol. V. c. B.*

I. del Sgr. Fœrster.

I. del Sgr. Riedel.

II. del Sgr. Gœrner.

II. del Sgr. Riedel.

III. del Sgr. Graun.

III. Concerti da diversi Autori. *Racc. III. a Violonc. picc. conc. 2 Viol. Viola et Basso.*

III. Concerti da diversi Autori, *Racc. IV. a Violon. picc. conc. 2 Viol. Viola e Basso.*

I. del Sgr. Schwalbe.

I. del Sgr. Rondinelli.

II. del Sgr. Schwalbe.

II. del Sgr. Wiedner.

III. del Sgr. Schwalbe.

III. del Sgr. Wiedner.

CONCERTI a VIOLONCELLO.

III. Concerti del ANONYMO, *Racc. V. a Violonc. piccolo conc. Violini, Viol. e Basso.*

III. Concerti del ANONYMO. *Racc. VI. a Violonc. piccolo conc. 2 Violini, Viola e Basso.*

I.

I.

II.

II.

III.

III.

III. Concerti dell'ANONYMO *Racc. VII. a Violoncello picc. conc. 2 Violini Viola e Basso.*

II. Concerti dell'ANONYMO, *Racc. VIII. picc. conc. 2 Violini Viola e Basso.*

I.

I.

II.

II.

III.

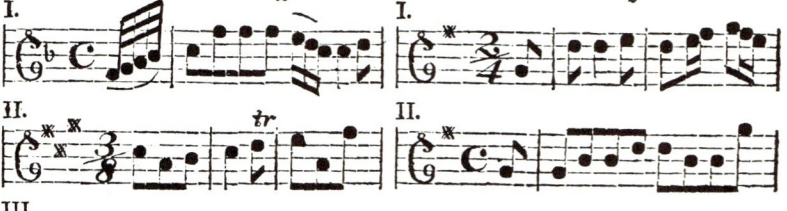

VIOLA DA GAMBA.

VI. Sonate del Sgr. MENTE, a Viola da Gamba Sola c. Basso.

I.

IV.

II.

V.

III.

VI.

Part II: 1762

CONCERTI a VIOLA DA GAMBA.

III. Suites del Sgr. MENTE, a Viola da Gamba Sola coll Basso.

I.
II.
III.

IV. Trio a Viola da Gamba con div. Stromenti.

I. del Sgr. Gebel, a V. d. . Ott. Ob. e B.   III. del Sgr. Pepusch, a Viol. d. G. Fl. e B.
II. del Sg. Hendel, a Cemb. obl. e V. d. G.   IV. del Sgr. Pfeiffer, a Cemb. obl. e V. d. G.

VI. Sonate del Sgr. REICHENHAUER, a Viola da Gamba, c. altri Stromenti.

I. a 2 Viole da Gamba, c. Cemb.   IV. a 1 V. d. G. Violonc. picc. c. Cembalo.
II. a 2 Viole da Gamb. c. Cemb.   V. a 1 V. d. G. 1 Violonc. picc. e Cembalo.
III. a 1 V. d. G. 1 Violonc. picc. c. Cemb.   VI. a 1 V. d. G. 1 Violone. picc. e Cemb.

II. Quadri, a Viola da Gamba, con altri Stromenti.

I. del Sg. Gebel, a V. d. G. picc. Flauti Violin. e Basso.   II. del Sg. Janitzsch, a Viola da Gamb. Ob. Viola c. Basso.

I. Partita del Sgr. HARRER.   I. Conc. del Sg. STÖLTZE.

I. a V. d. G. Ottav. Fl. Ob. Violin. c. B.   I. a V. d. G. conc. 2 Viol. Viola c. B.

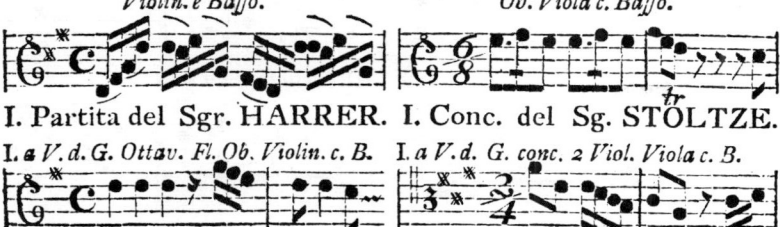

IL FINE.

CATALOGO
DE'
SOLI, DUETTI, TRII
E
CONCERTI
PER
IL FLAUTO TRAVERSO,
FLAUTO PICCOLO, FLAUTO D'AMORE, FLAUTO DOLCE, FLAUTO-BASSO, OBOE, OBOE-D'AMORE, FAGOTTO, SAMPOGNE, CORNO DI CACCIA, TROMBA, ZINCHE E TROMBONI.

CHE
SI TROVANO IN MANOSCRITTO
NELLA OFFICINA MUSICA DI BREITKOPF
IN LIPSIA.

PARTE IIIza.
1763.

SOLI ò SONATE
a
FLAUTO TRAVERSO
SOLO
COLL BASSO.

VIII. Sonate a Flauto Solo coll Baſſo, del Sgr. ABEL,
Muſic. de la Chamb. du Roy de Polon.

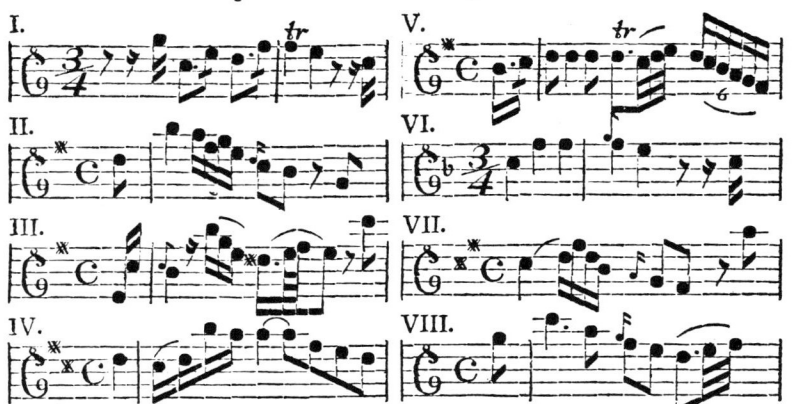

III. Sonate a Flauto Solo coll Baſſo, del Sgr. W. F. BACH.

IV. Sonate a Flauto Solo coll Baſſo, del Sgr. QUANTZ.

II. Sonate, a Flauto Solo coll Baſſo, del Sgr. RIEDT.

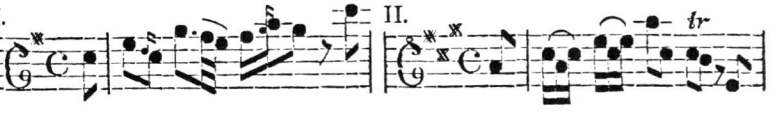

II. Sonate a Flauto Solo coll Baſſo, del TROMLITZ.

II. Sonate a Flauto Solo coll Baſſo, di ſua Maeſtà il Re di Pruſſia. *(come ſi dice)*

III. Sonate, *a Fl. Solo coll Baſſo.*   **III.** Sonate, *a Fl. Solo coll Baſſo.*

I. di Schultze.   I. di C. H. Graun.

II. di Schultze.   II. di Schale.

III. di Hendel.   III. di Giuſeppe Tarti.

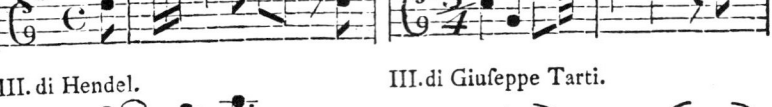

Part III: 1763

DUETTI a FLAUTO TRAVERSO.

VI. Sonate a Flauto Traverso Solo coll Basso del ANONYMI diversi.

DUETTI a FLAUTO TRAVERSO.

III. Duetti del Sgr. BOEHME.

VI. Duetti del Sgr. GRAUN, *Maestro di Cap. di Re di Prussia.* ó del Sgr. SUSS, *Musico in Cassel.*

VII. Duetti del Sgr. QUANTZ. (*come si dice.*)

III. Duetti del Sgr. SCHIRER.

VI. Duetti del Sgr. SCHRAMM, Musico in Dresda.

Raccolta I.

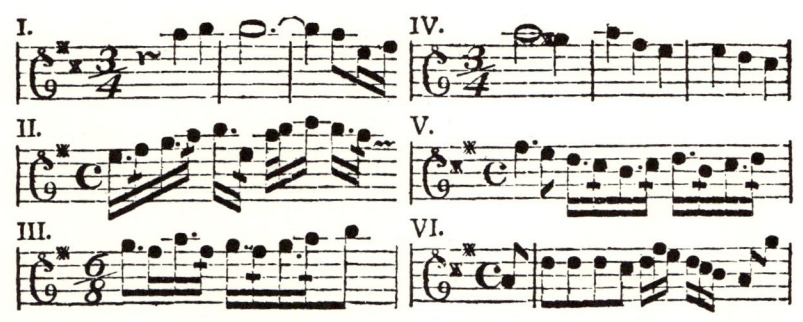

Part III: 1763

DUETTI a FLAUTO TRAVERSO.

VI. Duetti del Sgr. SCHRAMM, Muſico in Dresda.
Raccolta II.

VI. Duetti del Sgr. SCHRAMM, Muſico in Dresda.
Raccolta III.

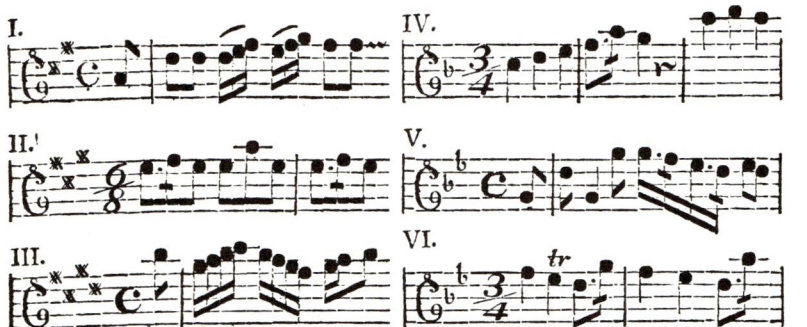

VI. Duetti del Sgr. TROMLITZ. Raccolta I.

DUETTI a FLAUTO TRAVERSO.

VI. Duetti del Sgr. TROMLITZ. Raccolta II.

VI. Duetti del Sign. TROMLITZ, Raccolta III.

II. Duetti del Sgr. HOLZBAUER et TROMLITZ.

Part III: 1763

TRII o SONATE
a
2. FLAUTI TRAVERSI e BASSO.

VI. Sonate a 2 Flaut. Trav. et Basso del C. H. ABEL, Muf. di Cam. di Ré di Polonia.

I. a 2 Flauti e Basso.
II. 2 Flauti e Basso.
III. 2 Flauti e Basso.
IV. 2 Flauti e Basso.
V. Flauto Violino e Basso.
VI. Flauto Violino e Basso.

III. Sonate a 2 Flaut. Trav. et Basso del J. A. HASSE, Primo Maestro di Cap. di Ré di Polonia.

I. 2 Flauti e Basso.
II. 2 Flauti e Basso.
III. 2 Flauti e Basso.

III. Sonate a 2 Flaut. Tr. et Basso del G. F. KLEINKNECHT Muf. di Cam. di Marg. di Brand. Culmb.

I. 2 Flauti e Basso.
II. 2 Flauti e Basso.
III. 2 Fl. e Basso.

TRII a FLAUTI TRAVERSI e BASSO.

VI. Sonate a 2 Flaut. Trav. e Basso, di G. Giac. QUANTZ, Musico di Cam. di Ré di Prussia. Racc. I.

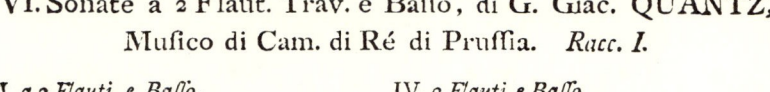

I. a 2 Flauti e Basso.
II. a 2 Flauti e Basso.
III. 2 Flauti e Basso.
IV. 2 Flauti e Basso.
V. 2 Flauti e Basso.
VI. 2 Flauti e Basso.

III. Sonate a 2. Flaut. Trav. e Basso, di G. G. QUANTZ, Muf. di Cam. di Ré di Prussia. Racc. II.

I. 2 Flauti e Basso.
II. 2 Flauti e Basso.
III. 2 Flauti e Basso.

III. Sonate a 2. Flaut. Trav. e Basso di F. W. RIEDT, Muf. di Camera di Ré di Prussia.

I. 2 Flauti e Basso.
II. 2 Flauti e Basso.
III. 2 Flauti e Basso.

TRII a FLAUTO TRAVERSO e BASSO.

VI. Sonate a 2. Flaut. Trav. e Baſſo di SCHAFFRATH, Muſ. di S. A. la Pr. Am. di Pruſſ.

VI. Sonate a 2. Flauti coll Baſſo di SORGE.

VII. Sonate a 2. Flauti coll Baſſo di Telemann.

TRII a FLAUTO TRAVERSO.

VI. Sonate a 2. Flauti coll Baſſo. (da diverſi Autori) Racc. I.

VI. Sonate, a 2 Flauti coll Baſſo, (da diverſi Autori.) Racc. II.

IV. Sonate a 2 Flauti coll Baſſo, (da diverſi Autori) Racc. III.

Part III: 1763

TRII o SONATE
a
FLAUTO TRAVERSO, VIOLINO
e
BASSO.

VI. Sonate a Flauto, Violino et Basso, del C. F. E. BACH, Muf. di Cam. di Ré di Pruffia.

V. Sonate a Flauto Violino et Basso, di FR. GIORG et GIOV. BENDA.

Part III: 1763

TRII a FLAUTO TRAV. VIOL. e BASSO.

III. Sonate, a Flauto Viol. coll Baſſo, di Giov. A. HASSE, Primo Maeſtro di Cap. di Ré di Polon.

III. Sonate a Flauto Violino coll Baſſo di KRAUSE.

III. Sonate a Flauto Violino coll Baſſo, di Giov. L. KREBS, Org. della Corte in Altenburg.

IV. Sonate a Flauto Violino, coll Baſſo di PICHLER, Muſico in Vienna.

TRII a FLAUTO TRAV. VIOL. e BASSO.

VI. Sonate a Flauto Violino coll Baſſo, di ROELLIG, Muſico in Dresda.

VI. Sonate, a Flauto Violino coll Baſſo, da diverſi Autori.
Raccolta I.

VI. Sonate, Flauto Violino, coll Baſſo, da diverſi Autori.
Raccolta II.

Part III: 1763

CONCERTI
a
FLAUTO TRAVERSO CONCERTATO
2. VIOLINI VIOLA e BASSO.

III. Concerti, di C. F. ABEL, Raccolta I.   III. Concerti di C.F. ABEL, Raccolta II.

I. *Flaut. Trav. concert. 2 Viol. Viola e B.*   I. *Flaut. Trav. conc. 2 Viol. Viola e B.*

III. Concerti di Fr. BENDA.   III. Conc. di C. FOERSTER.

I. *Flaut. Trav. conc. 2 Viol. Viola c. B.*   I. *Fl. Trav. conc. 2 Viol. Viola c. Basso.*

III. *Flaut. Trav. conc. Oboe conc. 2 Viol. Viola c. B.*

II. Concerti di GIRANECK, *Flauto conc. 2 Viol. Viola c. Basso.*

CONCERTI a FLAUTO TRAVERSO.

III. Conc. di C. H. GRAUN. Raccolta I.   III. Conc. di C. H. GRAUN. Raccolta II.

I. *a Flauto conc. 2 Viol. Viola col Basso.*   I. *Flauto conc. 2 Viol. Viola col Basso.*

IV. Concerti di HARTWIG, *a Flauto Trav. Conc. 2 Violino, Viola col Basso.*

III. Concerti di G. A. HASSE. Raccolta I.   III. Concerti di G. A. HASSE. Raccolta II.

I. *a Flaut. Concert. 2 Viol. Viola c. Basso.*   I. *Flaut. Trav. Conc. 2 Violini c. Basso.*

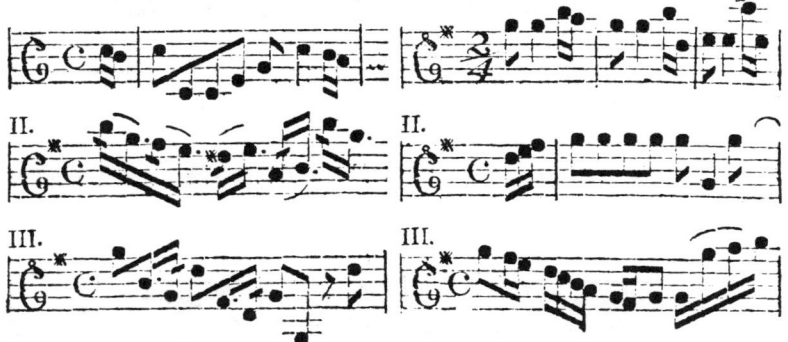

Part III: 1763

CONCERTI a FLAUTO TRAVERSO.

III. Concerti di G. A. HASSE. Raccolta III.
III. Concerti di KRAUSE.

I. 2 Flauti Trav. 2 Violini c. Baſſo.
I. Flaut. Tr. conc. 2 Viol. Viola c. Baſſo.

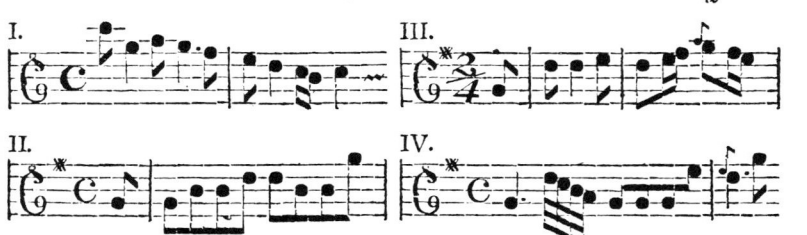

IV. Concerti di HORN, a Flauto Conc. 2. Violini col Baſſo.

III. Concerti d'Adamo MAHAUT, a Flaut. Trav. Conc. 2. Violini, Viola col Baſſo.

II. Concerti di Giov. PFEIFFER, a Flaut. Trav. conc. 2 Violini Viola col Baſſo.

CONCERTI a FLAUTO TRAVERSO.

IV. Concerti di Giov. Gioach. QUANTZ, Flaut. Trav. Conc. 2 Violini, Viola col Baſſo.

III. Concerti di ROELLIG, a Flauto Traverſo Conc. 2 Violini, Viola coll Baſſo.

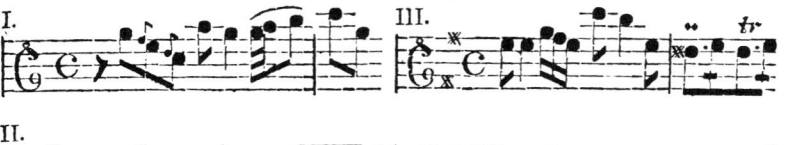

II. Concerti d'Adamo SCHURER.

I. a Flauto Trav. Conc. 2 Violini, Viola col Baſſo. II. ſenza Viola.

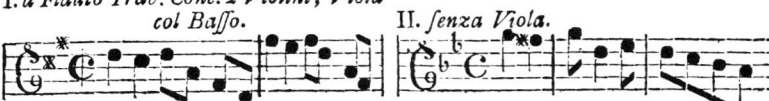

IV. Concerti di STAMITZ.

Part III: 1763

CONCERTI a FLAUTO TRAVERSO.

IV. Concerti di Giuseppe TOETTI, *a Flauto Trav. 2 Violini Viola col Basso.*

II. Concerti da diversi Autori. Raccolta I.
III. Concerti da diversi Autori. Raccolta II.

III. Concerti da diversi Autori. Raccolta III.
III. Concerti da diversi Autori. Raccolta IV.

FLAUTO PICCOLO.

III. Concerti a Flauto piccolo.

1. Concerto di Fehre, *a Flauto piccolo 2 Violini, Viola col Basso.*
I. Partita di Fehre, *a Flauto piccolo, 2 Violini, Viola col Basso.*

II. di Fœrster, *a Flauto picc. 2 Violini, Viola col Basso.*
I. Trio di Sorge, *a Flauto piccolo, Violino ò Oboe col Basso.*

III. di Montenari, *a Flaut. picc. 2 Viol. Viola col Basso.*

FLUTE DOUCE.

VI. Duetti di HARRER, *a due Flauti dolci. Racc. I.*

Part III: 1763

FLUTE DOUCE.

VI. Duetti di HARRER, *a due Flauti dolci.* *Racc. II.*

VI. Duetti di HARRER, *a 2. Flauti dolci.* *Racc. III.*

VI. Duetti di HARRER, *a 2. Flauti dolci. Racc. IV.*

FLUTE DOUCE.

VI. Duetti di HARRER, *a 2. Flauti dolci.* *Racc. V.*

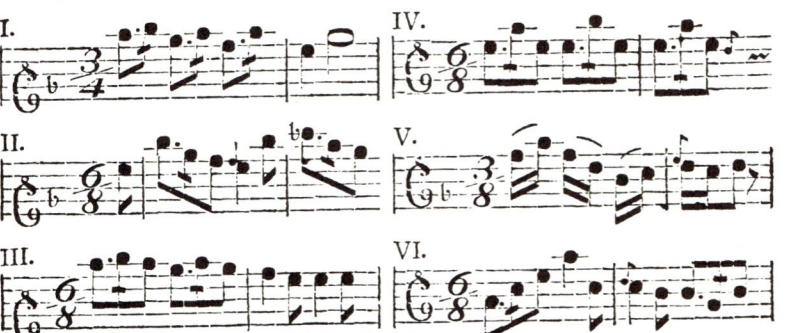

VI. Duetti di HARRER, *a 2. Flauti dolci.* *Raccolta VI.*

VI. Duetti di HARRER, *a 2. Flauti dolci.* *Racc. VII.*

Part III: 1763

FLUTE DOUCE.

VI. Duetti di HARRER, a 2. Flauti dolci.   Raccolta VIII.

III. Duetti di HARRER, a 2. Flauti dolci.

I. Trio di TELEMANN, a Flauto dolce, Oboe col Basso.

I. Concerto a Flauto Traverso d'Amore, 2 Violini Viola col Basso.

I. Trio di S. BACH, a Flauto Basso, Fagotto c. Violone.

OBOE.

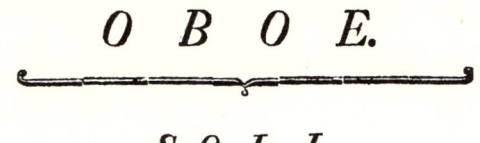

SOLI.

VI. Sonate a Oboe Solo col Basso.

TRII.

III. Sonate di HARRER, a Oboe, Violino col Basso.

III. Sonate da diversi, a Oboe con alt. Str. Racc. I.

I. a Oboe Viol. col Basso.

I. di Horn, a 2. Oboi col Basso.

II. a Oboe Violino col Basso.

II. di Janitzsch, a Oboe 2 Viol. c. Basso.

III. a 2 Oboi e Fagotto.

III. di Kœnig, a Oboe Violini c. Basso.

Part III: 1763

OBOE.

III. Sonate da diversi, a Oboe c. altri Strom. *Racc. II.*

I. di Krause, *a Oboe Fagotto e Basso.*

II. di Paganelli, *a Oboe Flauto c. Basso.*

III. di Stœltzel, *a Oboe Violino Cembalo.*

III. Sonate da diversi a Oboe c. altri Strom. *Racc. III.*

I. di Schaffrath, *a 2 Oboi c. Basso.*

II. di Schaffrath, *a Ob. Fagotto c. Basso.*

II. di Telemann, *a Ob. Flute douce, c. B.*

QUADRI.

III. Quadri, da diversi a Oboe c. altri Strom. *Racc. I.*

I. di Hasse, *a Oboe, Viol. Fag. Violonc.*

III. di Telemann, *a Oboe. Violino, Viola coll Basso.*

III. di Krause, *a Oqoe 2 Violini c. Basso.*

III. Quadri, da diversi, a Oboe c. altri Strom. *Racc. II.*

I. di Krause, *a 2 Oboi, Fagotto c. Basso.*

II. di Rosetti, *a 2 Ob. Violino picc. Basso.*

III. di Scheibe, *a Oboe, 2 Violini c. Basso.*

III. Quadri di JANITZSCH, a Oboe c. altri Strom.

I. *a Ob. Violi. picc. Viola 6 Viol. da Gamba c. Basso.*

III. *a Oboe, 2 Violino col Basso.*

II. *a Oboe, Violino, Violetta c. Fondamento.*

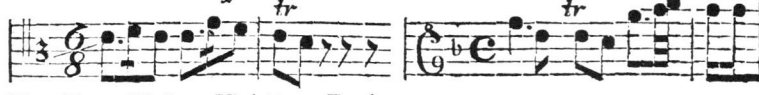

OBOE.

II. Quadri di JANITZSCH et TELEMANN.

I. di Janitzsch, *a Oboe Flauto, Violino col Basso.*

II. di Janitzsch, *a Oboe, Violetta, o Viola di Braccio, col Basso.*

CONCERTI.

III. Concerti di ADAM, a Oboe Conc. 2 Viol. V. c. B. *Racc. I.*

I.

II.

III.

II. Concerti di ADAM, a Oboe Conc. 2 Viol. V. B. *Racc. II.*

I.

II.

III. Concerti di DOMINICO, a Oboe Conc. 2 Viol. V. B.

I.

II.

III.

III. Conc. di FASCH, a Oboe Conc. 2 Violini V. B. *R. I.*

I.

II.

III. *a Ob. Conc. 1 Fl. Viol. Viola, Bassono oblig. Violonc.*

Musique de Table.

Part III: 1763

OBOE D'AMORE.

II. Sonate di TELEMANN, a 2 Oboi d'Amore. &c. &c.

I. *a 2 Oboi d'Amore, 2 Viole c. Violono.*   II. *a 2 Oboi d'Amore, 2 Violini, c. Viol.*

T R I I.

III. Sonate a Oboe d'Amore, Violino col Baſſo.

I. di Anonymo.   III. di Graun.

II. di Faſch.

C O N C E R T I.

III. Concerti, a Oboe d'Amore   III. Concerti a Oboe d'Amore,
c. altri Strom. *Racc. I.*   c. altri Strom. *Raccolta II.*

I. di Graun, *a Oboe d'Amore Conc. Vio-*   I. di Heinrici, *a 2 Oboe d'Amore, Conc.*
lini, Viola c. Baſſo.   *2 Viol. 2 Corni, c. Baſſo.*

II. di Graun, *a Oboe d'Amore Conc. 2 Viol.*   II. di Lotti, *a Oboe d'Amore, Conc.*
Viola c. Baſſo.   *2 Violini, Viola c. Baſſo.*

III. di Hofmann, *a 2 Oboe d'Amore,*   III di Quantz, *a Oboe Conc. 2 Violini*
2 Flauti, 2 Viol. Viola c. Baſſono Cemb.   *Viola c. Baſſo.*

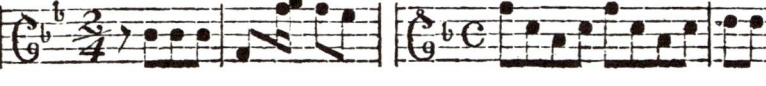

BASSONO ô FAGOTTO.

S O L I.

IV. Sonate a Fagotto Solo con Cembalo.

I. di Anonymo.   III. di Benda.

II. di Benda.   IV. di Benda.

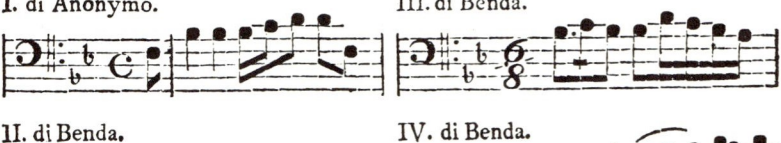

T R I I.

III. Sonate di SCHAFFRATH, a Fagotto oblig.

I. *a Fagotto, Flauto col Baſſo.*   III. *a Fagotto, Violino c. Baſſo.*

II. *a Fagotto, Oboe c. Baſſo.*

IV. Sonate da diverſi a Fagotto obligato.

I. di Bach, *a Fag. oblig. Flauto Baſſo,*   III. di Graun, *a Fagotto oblig. Violino*
Cembalo.   *c. Cembalo.*

II. di Graun, *a Fagotto oblig. Violino*   IV. di Krauſe, *a Fagotto Oboe col*
col Baſſo.   *Baſſo.*

Part III: 1763

BASSONO ó FAGOTTO.

QUADRI.

VI. Quadri di REINICKE, a Fagotto, 2 Violini e Baſſo.

IV. Quadri da diverſi a Fagotto obligato.

I. di Hartwig, *a Fagotto 2 Flauti, col Cembalo.* III. di Hendel, *a Fagotto, 2 Oboi col Baſſo.*
II. di Haſſe, *a Fagotto, Oboe, Violino, Violoncello.* IV. di Krauſe, *a Fagotto, 2 Oboi, col Baſſo.*

CONCERTI.

III. Concerti da diverſi a Fagotto oblig.

I. di Mengis, *a Fagotto oblig. 2 Violino Viola c. Baſſo.* III. di Rœllig, *a Fagotto oblig. 2 Violini, Viola c. Baſſo.*
II. di Mengis, *a Fagotto oblig. 2 Oboi c. Baſſo.*

SAMPOGNE e CORNO.

II. Concerti di SCHAFFRATH, a Fagotto Conc.

I. *Fagotto, 2 Violini, Viola c. Baſſo.*   II. *Fagotto, 2 Violini, Viola c. Baſſo.*

SAMPOGNE.

I. Concerto del TELEMANN, *a 2 Sampogoni, Violini Uniſoni c. Baſſo.*

CORNO DA CACCIA.

VI. Duetti, del ANONYMO, 2 Corni da Caccia.

VI. Duetti, del ANONYMO, 2 Corni da Caccia.

Part III: 1763

TROMBA, ZINCHE e TROMBONI.

III. Concerti a Corno Concertato.

I. di Graun, *a Corno Conc. Oboe Violini col Baſſo.*   III. di Quantz, *a Corno Conc. 2 Violini Viola c. Baſſo.*

II. di Vogler, *a Corno Conc. Oboe Solo 2 Violini, Viola c. B.*

TROMBA.

I. Trio di PEPUSCH, a Tromba, *Violino col Baſſo.*

II. Concerti, a Tromba obligata, *2 Violini, Viola c. Baſſo.*

I. di Hartwich.   II. di Schencke.

ZINCHE e TROMBONI.

II. Ricercari del Luigi BATTIFERI.

a 5. Soggetti.   a 6. Soggetti.

FINE.

CATALOGO
DE'
SOLI, DUETTI,
TRII,
TERZETTI, QVARTETTI
E
CONCERTI
PER
IL CEMBALO
E
L'HARPA.
CHE
SI TROVANO IN MANOSCRITTO
NELLA OFFICINA MUSICA DI BREITKOPF
IN LIPSIA.

PARTE IVta.
1763.

SOLI ô SONATE
A CEMBALO SOLO.

III. Partite di C. P. E. BACH, per il Cembalo Solo. *Raccolta I.*

VI. Sonate di C. P. E. BACH, per il Cemb. Solo. *Racc. II.*
VI. Sonate di C. P. E. BACH, per il Cemb. Solo. *Racc. III.*

SOLI a CEMBALO SOLO.

VI. Sonate di Ch. Sigm. BINDER, per il Cembalo Solo. *Raccolta I.*

VI. Sonate di Ch. Sigm. BINDER, per il Cembalo Solo. *Racc. II.*

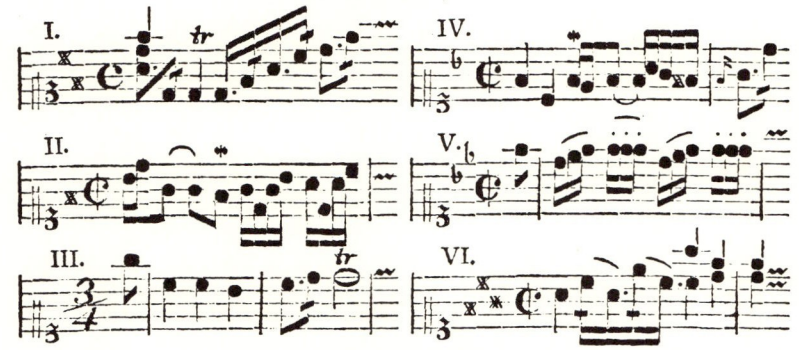

VI. Sonate di Ch. Sigm. BINDER, per il Cembalo Solo. *Racc. III.*

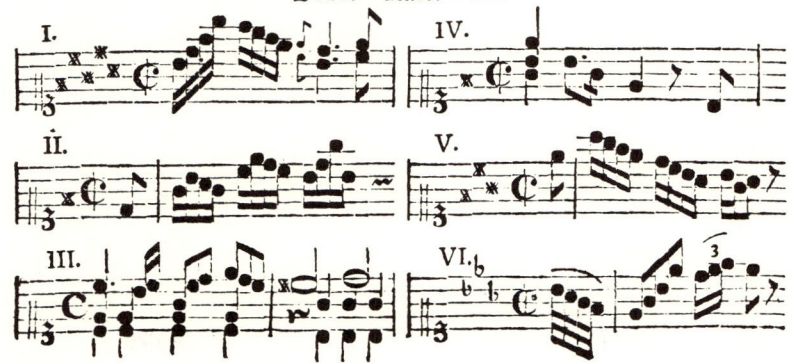

Part IV: 1763

SOLI a CEMBALO SOLO.

VI. Sonate di Chr, Sigm. BINDER, per il Cembalo Solo. *Racc. IV.*

VI. Sonate di Fortun. CHELLERY, per il Cembalo Solo. *Racc. I.*

III. Sonate di F. CHELLERY, per il Cemb. Solo. *Racc. II.*

II. Partite di FRITSCH, per il Cembalo Solo.

II. Sonate di Balth. GALUPPI, per il Cembalo Solo.

III. Partite di J.C. GERSTEN-BERGER, per il Cemb. S.

III. Sonate di G. HARRER, per il Cemb. Solo.

IV. Sonate di J. A. HASSE. per il Cemb. Solo, fatte per S. A. R. la Delphina di Fr. *Racc. I.*

IV. Sonate di J. A. HASSE, per il Cembalo Solo, *Racc. II.*

Part IV: 1763

SOLI a CEMBALO SOLO.

II. Sonate et I. Partita di HENDEL, per il Cemb. Solo.

Divertimento di Giuſ. HAYDEN, per il Cemb. Solo.

IV. Sonate di J. L. KREBS, per il Cembalo Solo.

II. Sonate di MARCELLO, per il Cembalo Solo.

II. Sonate di NICHELMANN, per il Cembalo Solo.

II. Sonate di Frid. Chr. MOHRHEIM, per il Cembalo Solo.

VII. Sonate di Giov. PLATTI, per il Cembalo Solo.

VII. Suites di J. H. ROLLE, per il Cembalo Solo.

Part IV: 1763

SOLI a CEMBALO SOLO.

V. Sonate di Chr. SCHAFFRATH, per il Cembalo Solo.

VII. Pieces di J. A. SCHEIBE, per il Cembalo Solo.

IV. Sonate di Jof. UMSTADT, per il Cembalo Solo.

SOLI a CEMBALO SOLO.

III. Sonate di TRANSCHEL, per il Cembalo Solo,

I. Sinfonia di SCHEIN-PFLUG, per il Cemb. S.

I. Sonata di SCHOBERTH, per il Cembalo Solo.

VI. Suites di WAGENSEIL, ô vero Divertimenti per il Cembalo Solo. *Raccolta I.*

VI. Suites de WAGENSEIL, à Clavefsin feul. *Recueil II.*

Part IV: 1763

SOLI a CEMBALO SOLO.

VI. Suites de WAGENSEIL, pour le Clavessin seul.
Raccolta III.

VI. Suites de WAGENSEIL, pour le Clavessin seul.
Raccolta IV.

III. Suites de WAGENSEIL, pour le Clavessin seul.
Raccolta V.

SOLI & DUETTI a CEMBALO SOLO.

VI. Sonate per il Cembalo Solo da diversi Compositori.
Raccolta I.

VI. Sonate per il Cembalo Solo da diversi Compositori.
Raccolta II.

DUETTI
A DUE
CLAVICEMBALI CONCERTATI.

I. Concerto di F. W. BACH, a due Clavicembali Concertati.
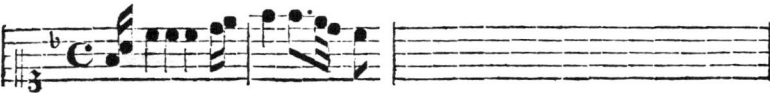

TRII

a Clavicembalo obligato con Flauto ó Violino.

I. Sonata del Sigr. C. P. E. BACH, *a Cl. ob. c. V.* **I. Sonata del Sigr. G. BENDA,** *a Cl. ob. c. Fl.*

VI. Sonate del Sigr. BINDER, *a Cl. ob. c. V.*

I. IV.

II. V.

III. VI.

I. Sonata del Sigr. ELTERLEIN, *a Cl. ob. c. V.* **III. Sonate del S. FRITSCH,** *a Cl. ob. c. Fl.*

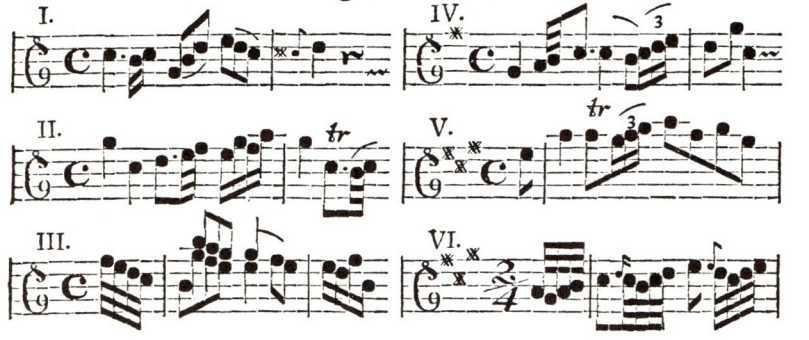

I.

I. Sonata del Sigr. EYSEL, *a Cl. ob. c. V.*

II.

I. Sonata del Sigr. FREISLICH, *a Cl. ob. c. V.*

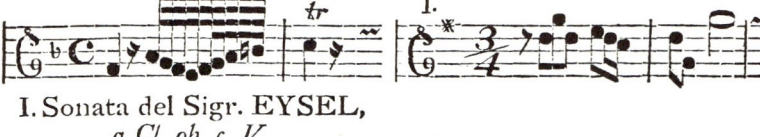

III.

TRII a CEMBALO OBLIGATO.

I. Sonata del Sigr. HENDEL, *a Cl. obl. con Viola ó Gamba.* **I. Sonata del Sigr. KUIHL,** *a Cl. ob. c. V.*

II. Sonate del Sigr. LEFFLOTH, *a Cl. ob. c. V.*

I. II.

I. Sonata del Sigr. MAHAUT, *a Cl. ob. c. V.* **IV. Sonate del Sigr. PFEIFFER,** *a Cl. obl.*

I. c. Viol. ó Oboe.

II. Sonate del Sigr. PICKEL, *a Cl. ob. c. V.*

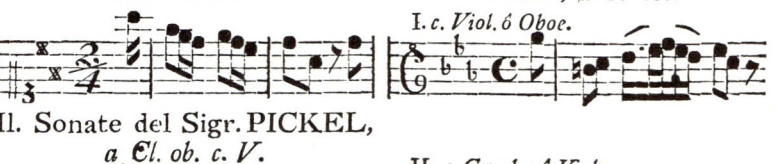

I. *II. c. Gamba ó Viola.*

II. *III. c. Violino.*

I. Sonata del Sigr. RIEPEL, *a Cl. ob. c. V.* *IV. c. Viol. ó Oboe.*

II. Sonate del Sigr. QUANTZ, *a Cl. obl. con Flauto Trav.*

I. II.

Part IV: 1763

TRII a CEMBALO OBLIGATO.

VI. Divertimenti del Sigr. ROELLIG, a Cemb. obl. c. Flauto o Violino.

VI. Partite del Sigr. ROELLIG, a Cemb. obl. c. Flauto Trav.

VI. Sonate del Sigr. ROLLE, a Cemb. obl. con Violino.

TRII a CEMBALO OBLIGATO.

I. Sonata del Sigr. ROTH, a Cl. obl. c. V.

I. Sonata del Sigr. SCHALE, a Cl. obl. c. V.

VII. Sonate del Sigr. SCHEIBE, a Cl. obl. c. V.

I. Sonata del Sigr. STAINMETZ, a Cl. obl. c. V.

I. Sonata del Sigr. SCHMIDT, a Cl. obl. c. V.

I. Sonata del Sigr. SEYFFERT, a Cl. obl. c. V.

I. Sonata del Sigr. WAGENSEIL, a Cl. obl. c. V.

III. Sonate del Sigr. WIEDNER, a Cl. obl. c. V.

II. Sonate del Sigr. WEINER, a Cl. obl. c. V.

Part IV: 1763

TERZETTI
a Cembalo obligato con altri Stromenti obligati.

III. Partite del Sigr. REICHERT, *a Cl. obl. c. Flauto. e Violino.*

III. Terzetti del Sigr. WAGENSEIL, *a Cl. obl. c. Violino e Viola.*

II. Partite del Sigr. ROELLIG, *a Cemb. obl. c. Violino e Violoncello.*

QUARTETTO
a Cembalo obligato con altri Stromenti obligati.

I. Quart. del Sigr. L. HOFFMANN, *a Cemb. obl. con Violino, Violoncello obl. et Baßo.*

CONCERTI
a Cembalo obligato con altri Stromenti obligati.

I. Concerto di J. ADAM, *a Cembalo obligato con 2 Violini, Viola e Baßo.*

III. Concerti di J. AGRELL, *a Cl. ob. c. 2 Viol. V. B. Racc. I.*

III. Concerti di J. AGRELL, *a Cl. ob. c. 2 Viol. V. B. Racc. II.*

III. Concerti di J. AGRELL, *a Cl. ob. c. 2 Viol. V. B. Racc. III.*

III. Concerti di J. AGRELL, *a Cl. ob. c. 2 Viol. V. B. Racc. IV.*

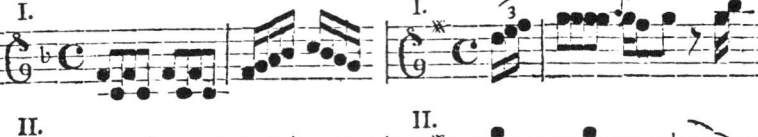

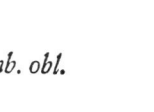

Part IV: 1763

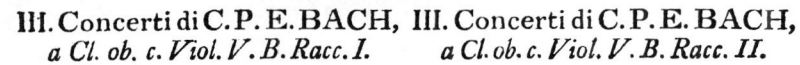

CONCERTI a CEMBALO OBLIGATO.

III. Concerti di C. H. GRAUN, a Cl. ob. c. 2 Viol. V. B. Racc. IV.

II. Concerti di GRUNERT, a Cl. ob. c. 2 Viol. V. B.

II. Concerti di HAYDEN in Vienna, a Cl. ob. c. 2 Viol. V. B.

I. Concerto di HOMILIUS, a Cl. ob. c. 2 Viol. V. B.

I. Concerto di JENICHEN, a Cl. ob. c. 2 Viol. V. B.

I. Conc. di J. F. KIRNBER-GER, a Cl. ob. c. 2 Viol. V. B.

I. Concerto di LEFFLOTH, a Cl. ob. c. 2 Viol. V. B.

II. Concerti di MATTHIELLI in Vienna, a Cl. ob. c. 2 Viol. V. B.

I. Conc. di F. C. MOHRHEIM, a Cl. ob. c. 2 Viol. V. B.

I. Conc. di NICHELMANN, a Cl. ob. c. 2 Viol. V. B.

CONCERTI a CEMBALO OBLIGATO.

II. Concerti di Giov. PLATTI, a Cl. ob. c. 2 Viol. V. B.

I. Concerto di Jof. RIEPEL, a Cl. ob. c. Viol. princ. 2 Viol. V. B.

III. Conc. di ROELLIG Jun. in Dresda, a Cl. ob. c. 2 Viol. V. B.

II. Concerti di G. E. ROLLE, a Cl. ob. c. 2 Viol. V. B.

III. Conc. di SCHAFFRATH, a Cl. ob. c. 2 Viol. V. B. Racc. I.

II. Conc. di SCHAFFRATH, a Cl. ob. c. 2 Viol. V. B. Racc. II.

IV. Concerti di Giov. Ad. SCHEIBE, a Cemb. obl.

I. c. 2 Flauti, V. e Baffo.

III. c. 2 Fl. e B.

II. c. 2 Viol. V. B.

IV. c. 2 Viol. V. B.

Part IV: 1763

CONCERTI a CEMBALO OBLIGATO.

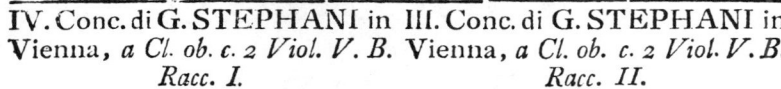

IV. Conc. di G. STEPHANI in Vienna, *a Cl. ob. c. 2 Viol. V. B.* Racc. I.

III. Conc. di G. STEPHANI in Vienna, *a Cl. ob. c. 2 Viol. V. B.* Racc. II.

I. Conc. di Giov. TISCHER, *a Cl. ob. c. 2 Viol. V. B.*

III. Conc. di C. WAGENSEIL, *a Cl. ob. c. 2 Viol. Violonc. Racc. I.*   III. Conc. di C. WAGENSEIL, *a Cl. ob. c. 2 Viol. Violonc. Racc. II.*

III. Conc. di C. WAGENSEIL, *a Cl. ob. c. 2 Viol. Violonc. Racc. III.*   III. Conc. di C. WAGENSEIL, *a Cl. ob. c. 2 Viol. Violonc. Racc. IV.*

SOLI e DUETTI a HARPA SOLA.

III. Concerti di WIEDNER, *a Cl. ob. c. 2 Viol. V. B. Racc. I.*   III. Concerti di WIEDNER, *a Cl. ob. c. 2 Viol. V. B. Racc. II.*

HARPA

SOLI.

I. Sonata di PERENNI, *a Harpa Sola.*   I. Sonata di Georg. Fil. TELEMANN, *a Harpa Sola.*

DUETTI.

II. Duetti di ERNESTI, *a due Harpe.*

Part IV: 1763

24 *TRII e CONCERTI a HARPA OBLIGATA.*

TRII.

I. Sonata di CONTIUS,
a Harpa obl. et Violino.

III. Sonate di HARRER,
a Harpa obl. c. Viol. et Fl.

I. Sonata di ERNESTI,
a Harpa obl. et·Flauto.

I. Sonata di Ant. MAHAUT,
a Harpa obl. et Viol.

PARTITE e CONCERTI.

I. Partita di ERNESTI,
a Harpa obl. 2 Viol. e Baſſo.

III. Partite di ROELLIG,
a Harpa obl. Fl. Viol. Baſſo.

I. Partita di HARRER, *a Harpa obl. Fl. Chalumeaux, Viol. Baſſo.*

I. Concerto di EYSEL, *a Harpa Concert. e Viola da Gamba.*

Il Fine.

CATALOGO
DE'
QVADRI,
PARTITE,
DIVERTIMENTI,
CASSAT. SCHERZ.
ED
INTRADE
Ô FRANCESE
OUVERTVRES
A
DIVERSI STROMENTI,
CHE
SI TROVANO IN MANOSCRITTO
NELLA OFFICINA MUSICA DI BREITKOPF
IN LIPSIA.

PARTE Vta.
1765.

QUADRI
A
DIVERSI STROMENTI CONCERTANTI.

II. Quadri, del Sigr. G. HARRER, Dirett. della Muſ. in Lipſia.
I. *a Flaut. 2 Viol. e B.* II. *a Carill. 2 Viol. e B.*

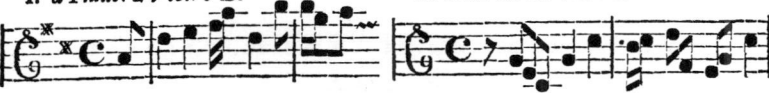

I. Quadro del Sigr. HARTWIG, in Zittav.
a 2 Fl. Fag. e B.

I. Quadro del Sigr. HENDEL, in Londra.

III. Quadri, del Sigr. J. A. HASSE, Maeſt. di Cap. à Dresda.
I. *a Oboe, Viol. Fag. e B.* III. *a Fag. 2 Viol. e B.*

II. *a Flaut. 2 Viol. e B.*

VIII. Quadri, del Sigr. GIVS. HAYDEN, in Vienna.
a 2 Violini, Viol. e B.

I. V.
II. VI.
III. VII.
IV. VIII.

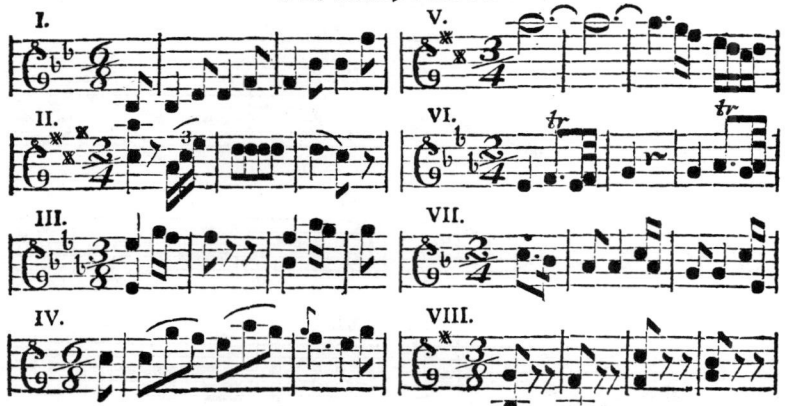

VI. Quadri del Sigr. JANITZSCH, in Berolino.

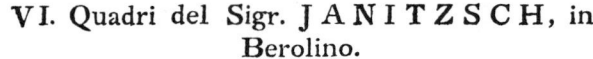

I. *a Ob. Viol. picc. Viola ò Gamb. e B.*   IV. *a Oboe, 2 Viol. e B.*
II. *a Viol. Oboe, Violetta e B.*   V. *a Flaut. Oboe, Violino e B.*
III. *a Flaut. Violin. Viol. e B.*   VI. *a Fl. Viol. Viola e B.*

V. Quadri, del Sigr. KRAUSE.
I. *a Oboe, 2 Viol. e B.*   IV. *Ob. Viol. Fag. Baſſ.*
II. *Viol. 2 Fagotti e B.*   V. *Ob. 2 Viol. B.*
III. *Viol. Viola, Fag. Baſſ.*

VI. Quadri, del Sigr. REINICKE, Org. in Hamb.
a 2 Violini, Fagotto e B.

I. IV.
II. V.
III. VI.

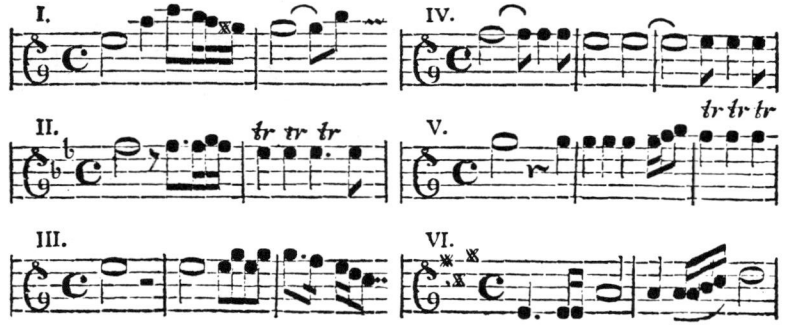

Part V: 1765

QUADRI.

II. Quadri, del Sigr. ROSETTI.

I. a 2 Ob. Viol. picc. B.　　II. a 2 Violin. Flaut. B.

II. Quadri, del Sigr. TELEMANN.

I. a Oboe, Violin. V. B.　　II. a 2 Viol. V. B.

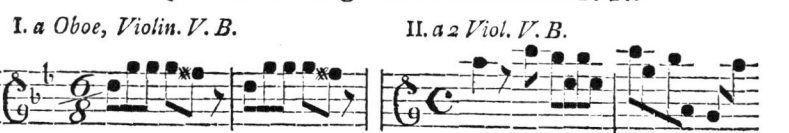

VI. Quadri, del Sigr. TOESCHI, a Flauto trav.
Violino, Viola e B.

II. Quadri da diverfi.

I. del Sigr. SCHEIBE, a Fl. 2 Viol. B.　　I. del Sigr. MALZART.

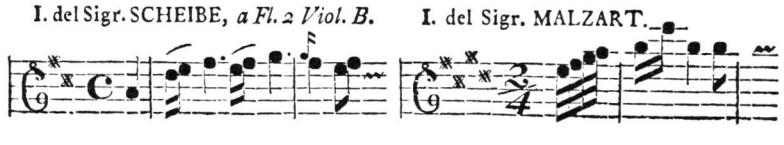

PARTITE
A
DIVERSI STROMENTI.

VI. Partite del Sigr. HARRER, a 4 e 6 Voci.
Raccolta I.

I. a 4 Voci. 2 Viol. Viola, Baffo,　　IV. a 6 Voci. 2 Flauti, 2 Viol. V. B.

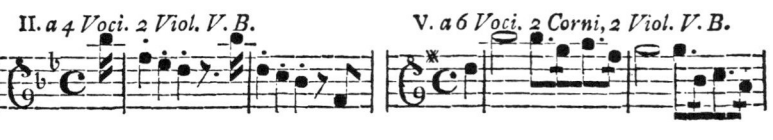

II. a 4 Voci. 2 Viol. V. B.　　V. a 6 Voci. 2 Corni, 2 Viol. V. B.

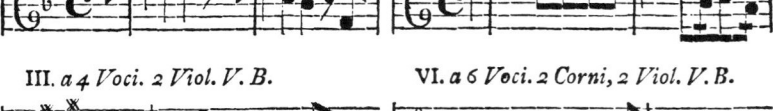

III. a 4 Voci. 2 Viol. V. B.　　VI. a 6 Voci. 2 Corni, 2 Viol. V. B.

VI. Partite del Sigr. HARRER, a 6 Voci. 2 Oboi, 2 Violini,
Viola, Baffo. Racc. II.

Part V: 1765

PARTITE.

VI. Partite del Sigr. HARRER, a 6 e 8 Voci.   Racc. III.

I. 2 Corni, 2 Violini, Viola, Basso.

IV. 2 Oboi, 2 Viol. V. B.

II. 2 Corni, 2 Ob. 2 Viol. V. B.

V. 2 Corni, 2 Viol. V. B.

III. 2 Corni, 2 Ob. 2 Viol. V. B.

VI. 2 Oboi. 2 Viol. V. B.

VI. Partite del Sigr. HARRER, a 4 Voci. 2 Violini, Viola, Basso.   Racc. IV.

I.

IV.

II.

V.

III.

VI.

VI. Partite del Sigr. HARRER, a 8 e 10 Voci.   Racc. V.

I. a 8 Voci. 2 Corni, 2 Oboi. 2 Viol. Viola, Basso.

IV. a 8 Voci. 2 Corni, 1 Fl. 1 Ob. Viola da Gamba all' Ottav. 2 Viol. c. B.

II. a 8 Voci. 2 Corn. 2 Ob. 2 Viol. V. B.

V. a 10 Voci. 2 Corn. 2 Ob. 1 Fl. tr. 1 Viol. da Gamb. 1 Violonc. oblig. 2 Viol. c. B.

III. a 8 Voci. 2 Corni, 2 Corni Inglesi, 2 Viol. V. B.

VI. a 10 Voci. 2 Corni, 2 Flauti, 2 Oboi, 2 Violini, V. B.

PARTITE.

IV. Partite del Sigr. HARRER, a 6, 7 e 9 Voci.   Racc. VI.

I. a 6 Voci. 2 Oboi, 2 Violini, Viola, Basso.

III. 7 Voci. Liuto oblig. 2 Flauti, 2 Viol. V. B.

II. a 6 Voci. 2 Oboi, 2 Violini, Viola, Basso.

IV. a 9 Voci. 2 Corni, 1 Fl. 1 Ob. 1 Viol. di G. 2 Viol. V. B.

VI. Partite del Sigr. HILLER, a 4 Voci. 2 Violini, Viola, Basso.   Racc. I.

I.

IV.

II.

V.

III.

VI.

VI. Partite del Sigr. HILLER, a 6 Voci.   Racc. II.

I. a 2 Corni, 2 Violini, Viola Basso.

IV. 2 Flauti, 2 Viol. V. B.

II. 2 Corni, 2 Viol. V. B.

V. 2 Fl. 2 Viol. V. B.

III. 2 Oboi, 2 Viol. V. B.

VI. 2 Fl. 2 Viol. V. B.

Part V: 1765

VI. Partite del Sigr. HORN, a 8 e 6 Voci.

I. 2 Corni, 2 Oboi, 2 Viol. V. B.   IV. 2 Oboi, 2 Viol. V. B.

II. 2 Flauti, 2 Fagotti, 2 Viol. V. B.   V.

III. 2 Flauti.   VI. 2 Oboi, 2 Viol. V. B.

VI. Partite del Sigr. KRAUSE, a 4 e 5 Voci.   Racc. I.

I. 2 Viol. V. B.   IV. 2 Viol. V. B.

II. 2 Viol. V. B.   V. 2 Corni, 2 Viol. B.

III. 2 Viol. V. B.   VI. 2 Oboi, 2 Viol. B.

VI. Partite del Sigr. KRAUSE, a 6. 8 e 10 Voci.   Racc. II.

I. 2 Oboi, 2 Viol. V. B.   IV. 2 Corni, 2 Flauti, 2 Viol. V. B.

II. 2 Oboi, 2 Fagotti, 2 Viol. V. B.   V. 2 Oboi, 2 Fagotti, 2 Viol. V. B.

III. 2 Corni, 2 Oboi, 2 Viol. V. B.   VI. 2 Corni, 2 Fl. 2 Ob. 2 Viol. V. B.

VI. Partite del Sigr. PFEIFFER, a 4. 5 e 6 Voci.

I. Violino Princip. 2 Viol. V. B.   IV. 2 Viol. V. B.

II. 2 Viol. V. B.   V. 2 Oboi, 2 Viol. V. B.

III. 2 Viol. V. B.   VI. 2 Corn. 1 Ob. d'Amore, 2 Viol. V. B.

VI. Partite del Sigr. ROELLIG, a 4 Voci. Flauto Oblig.
2 Violini, Baſſo.   Racc. I.

I.   IV.

II.   V.

III.   VI.

VI. Partite del Sigr. ROELLIG, a 4 Voci.   Racc. II.

I. Flauto, 2 Viol. e B.   IV. 3 Violini, B.

II. 3 Violini, e B.   V. 2 Violini, V. B.

III. 2 Viol. V. B.   VI. 2 Violini, V. B.

Part V: 1765

PARTITE.

VI. Partite del Sigr. WIEDNER, *a 6 e 4 Voci.*

VI. Partite da diversi Autori.   *Raccolta I.*

VI. Partite da diversi Autori.   *Racc. II.*

PARTITE.

V. Partite da diversi Autori.   *Racc. III.*

VI. Partite da diversi Autori.   *Racc. IV.*

IV. Partite da diversi Autori.   *Racc. V.*

Part V: 1765

PARTITE.

VI. Partite da diversi Autori. Racc. VI.

V. Partite da diversi Anonymi, *a 6 Voci.* Racc. VII.

DIVERTIMENTI.

VI. Divertimenti del Sigr. Antonio KAMMEL, *a 2 Corni, 2 Violini, 2 Viole e Basso.*

CASSATIONES Ô NOTTURNI.

VI. Cassationes del Sigr. Gius. HAYDEN.

Part V: 1765

SCHERZANDI.

VI. Scherzandi del Sigr. Gius. HAYDEN, a 2 Corni, 2 Oboi, 1 Flauto, 2 Viol. e Baſſo.

VI. Scherzandi, ò Burlesques, del Anonymo.

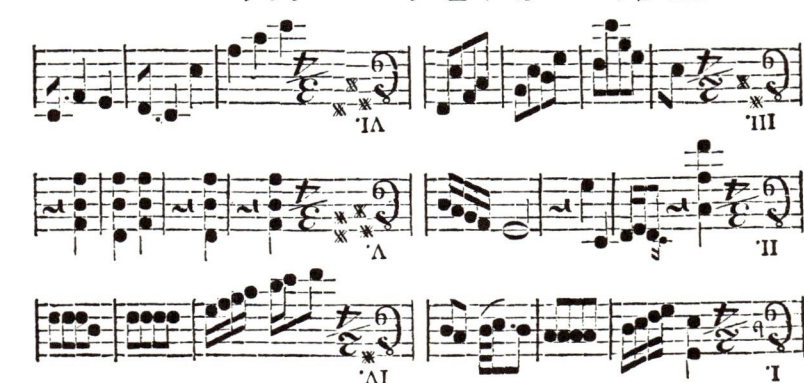

OUVERTURES.

IV. Ouvertures di Anonymo, a 4. 6 e 7 Voci. Raccolta I.

III. Ouvertures di Anonymo, a 7. 8. 9 Voci. Racc. II.

VI. Ouvertures del Sigr. FASCH, a 7 Voci, 2 Oboi, 2 Viol, Viola, Fagotto e Baſſo. Racc. I.

OUVERTURES.

VI. Ouvertures del Sigr. FASCH, *a 7 Voci. 2 Oboi, 2 Viol. Viola, Fagotto e Basso.* Racc. II.

VI. Ouvertures del Sigr. FASCH, *a 7 Voci. 2 Oboi, 2 Viol. Viola, Fagotto e Basso.* Racc. III.

VI. Ouvertures del Sigr. FASCH, *a 7 Voci. 2 Oboi, 2 Viol. Viola, Fagotto e Basso.* Racc. IV.

VI. Ouvertures del Sigr. FASCH, *a 8. 9 e 10 Voci.* Racc. V.

VI. Ouverturds del Sigr. FASCH, *a 11 Voci.* Racc. VI.

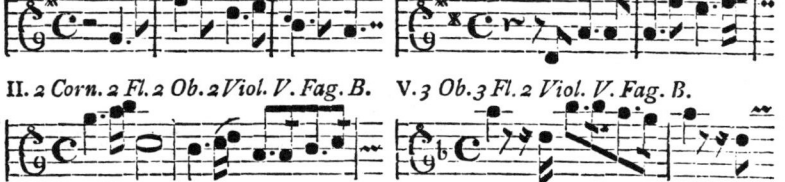

VI. Ouvertures del Sigr. FOERSTER, *a 6. 7 e 8 Voci.* Racc. I.

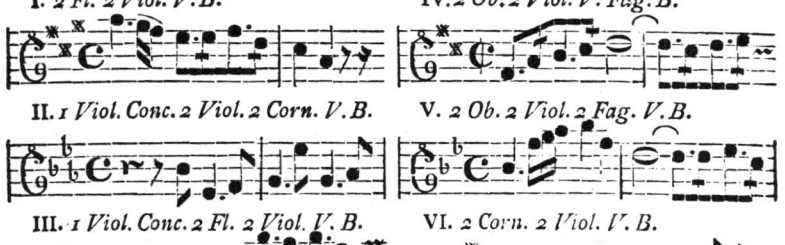

Part V: 1765

VI. Ouvertures del Sigr. GRAUN, *a 8 Voci.* **Racc. I.**

I. 2 Cor. 2 Ob. 2 Viol. V.B. Op. Cato.   IV. 2 Viol. V.B. Op. Papirio.

II. 2 Ob. 2 Viol. V.B. Op. Polidor.   V. 2 Corn. 2 Ob. 2 Viol. V.B.

III. 2 Viol. V.B. Op. Pharao.   VI: 2 Violini, V.B.

III. Ouvertures del Sigr. GRAUN, *a 4. 6 e 8 Voci.* **Racc. II.**

I. 2 Corni, 2 Viol. V.B.

II. 2 Corni, 2 Ob. 2 Viol. V.B.

III. 2 Viol. V.B.

VI. Ouvertures del Sigr. HARTWIG, *a 4 Voci. 2 Violini, Viola, Basso.* **Racc. I.**

I.   IV.

II.   V.

III.   VI.

VI. Ouvertures del Sigr. HARTWIG, *a 4. 5 e 8 Voci.* **Racc. II.**

I. 2 Viol. V.B.   IV. Viol. Conc. 2 Viol. V.B.

II. 2 Viol. V.B.   V. 2 Clar. Princ. Tymp. 2 Viol. V.B.

III. Viol. Conc. 2 Viol. V.B.   VI. 2 Corn. 2 Ob. 2 Viol. V.B.

V. Ouvertures del Sigr. HARTWIG, *a 6 Voci.* **Racc. III.**

I. 2 Oboi, 2 Viol. V.B.   IV. 2 Corni, 2 Viol. V.B.

II. 2 Corni, 2 Viol. V.B.   V. 2 Oboi, 2 Viol. V.B.

III. 2 Corni, 2 Viol. V.B.   VI. 2 Corn. 2 Violini, V.B.

V. Ouvertures del Sigr. HASSE, *a 8. 10 e 13 Voci.*

I. 2 Corni, 2 Viol. V.B.   IV. 2 C. 2 O. 2 Fl. 2 V. V.B. Op. Olymp.

II. 2 Oboi, 2 Viol. V.B.   V. 2 Cl. Ty. 2 C. 2 O. 2 Fl. &c. Op. Alcide.

III. 2 C. 2 O. 2 Fl. 2 V. V.B. Op. Irene.

24   *OUVERTURES.*

VI. Ouvertures da diversi Autori.   *Racc. I.*

I. di Fuchs, *a 7 Voci. 2 Ob. 2 Viol.*
Viola, Baffono, Violono.

IV. di Hendel, *a 6 Voci. 2 Oboi,*
2 Viol. V. B.

II. di Gebel, *a 7 Voci. Fl. dolce. Fl. trav.*
Ob. 2 Viol. V. B.

V. di Hendel, *a 4 Voci. 2 Violini,*
Viola, Baffo.

III. di Heinfio, *a 4 Voci. 2 Violini,*
Viola, Baffo.

VI. di Leo, *a 5 Voci. 2 Corni,*
2 Violini, Baffo.

VI. Ouvertures da diversi Autori.   *Racc. II.*

I. di Schale, *a 4 Voci. 2 Violini.*
Viola, Baffo.

IV. di Stölzel, *a 4 Voci. 2 Violini.*
Viola, Baffo.

II. di Stölzel, *a 5 Vobi. Viol. Conc.*
2 Viol. V. B.

V. di Schneider, *a 4 Voci. 2 Viol.*
Viola, Baffo.

III. di Stölzel, *a 6 Voci. Viol. Conc.*
2 Viol. V. Violonc. oblig. e Cemb.

VI. di Wiedner, *a 4 Voci. 2 Viol.*
Viola, Baffo.

Il Fine.

CATALOGO

DELLE

ARIE, DUETTI,

MADRIGALI

E

CANTATE,

CON

STROMENTI DIVERSI

E CON

CEMBALO SOLO,

CHE

SI TROVANO IN MANOSCRITTO

NELLA OFFICINA MUSICA DI BREITKOPF

IN LIPSIA.

PARTE VIta.

1765.

ARIE, CON STROMENTI.

I. SOPRANO.
CON II. VIOLINI, VIOLA E BASSO.

Part VI: 1765

ARIE.

PORPORA.
II. Op. Camilla.
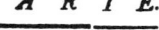
Và per le vene il sangue

12.

Voi che le mie vi-cende

RUTTINI.
I.

No no non ve-dre-te-

2.

Ve-di quel pianto oh Dio

RINALDO.
I.

Basta co-si t'in-tendo, t'in-

2.

Pallido e mesto in volto di

RISTORI.
I.

La mano di fa-et-ta

SCARLATTI.
2.

Non spinoso alpestre calle,

RISTORI.
3. 2 Fl.
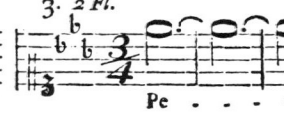
Pe . . . . no in

4. 2 Fl.
Qual di sogno ombra leg-

5.

Scherzò, scherzò scherzò fortuna

6.
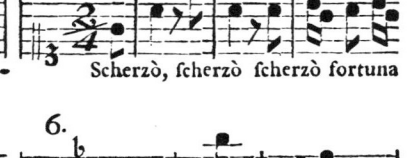
Se volgo ta-lo-ra a

7.

So ch'è stanco na-vi-

SANTO LAPIS.
I.
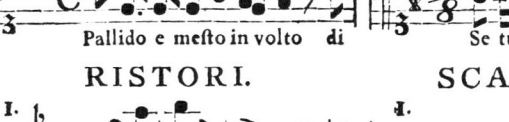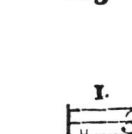
Se tutti i ma-li miei

SCALABRINI.
I.

A trionfar mi chiama

SCARLATTI.
I. Op. Issipile.

Impallidisce in cam - po

SOPRANO.

SCARLATTI.
I.
Vedrò del tuo sem-bian-te

SELETTI.
I. Op. Capranica.
Qual torbi-do tor-ren-te

TERRADELLAS.
I.
Al-lor che tu ve-drai

2. Op. L'Astarto.
A quell'ingrato core, che

3.

Jo son qual Peregri-no, di

UMSTEDT.
I.
Pensa a serbami o ca-ra i

VINCI.
I.
Bell'alma vergl'er-ran-ti

2.
Destrier che all'armi usa -

VINCI.
3. Op. Alessandro.
Se il Ciel mi divide dal ca-ro

4.
Torto-rella se ri-mira

VIVALDI.
I.
Lan-gue, mise-ro - -

WAGENSEIL.
I.
Quanto fi-do l'a-dorai

ZOPPIS.
I. 2 Corni.
A - gita - to il mio

2.
Dal sen dal caro sposo

3. Op. Siroë, di Metastasio.
D'o-ni ama-tor la

4. Op. Siroë.

Fra dubbi affet-ti miei

Part VI: 1765

ARIE

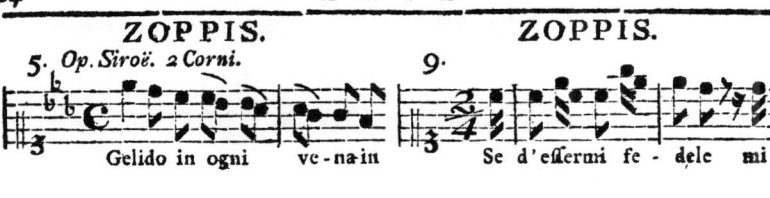

II. ALTO.
CON II. VIOLINI, VIOLA E BASSO.

ARIE

LATILLA.

5. *Op. Romolo. 2 Tromb. 2 Ob.*

Quell' inimico auda ---

6. *Op. Romolo. 2 Corn. 2 Ob.*

Sde --- gna chiamato

LEO.

Mi vuol già mi - sera il

Vede che l'onda fre -

LOPROSCINO.

Vorrei del caro bene

PORPORA.

I. *Op. d'Alib. 1 Ob.*

Pensa, pensa che fono amante e

RISTORI.

Tiran - - - - - - na

TERADELLAS.

Care pupille ama - te il

VIVALDI.

Non trova mai ripo - fo l'a-

Vi - vi dette a giufti

TENURE

III. TENORE.

CON II. VIOLINI, VIOLA E BASSO.

ANONYMO.

Ah trop - po, piacemi

BERNASCONI.

1. 4 Corn. 2 Ob.

Odo il fuo - no de queruli

2. Op. Ales. sev.

Finge il Leon tall' o - ra

GALUPPI.

Gelido in ogni ve - na

Veggo le orribili

JOMELLI.

1. 2 Corn. 2 Ob.

Super - bo deftriero ch'ag-

LATILLA.

1. 2 Corn. 2 Ob.

Se il mio paterno amo - re

2. Op. Orazio.

Ma Canta - ti - na quando'e

PERGOLESI.

Premi o Tiranna altero, tiranna

PORTA.

Fan le colpe una

PORPORA.

A la forra d'un com-

VIVALDI.

Roma invita ma clemente,

Part VI: 1765

ARIE

IV. BASSO.
CON II. VIOLINI, VIOLA E BASSO.

ANONYMO.

Mentre l'er-bet-ta / Maravigliatevi quanto vi

PERGOLESI.

Non si muove non rifiata / Penche sempre crudel meco

PFEIFFER.

LATILLA.

La fra-vo-let-ta,

DUETTI.
CON II. VIOLINI, VIOLA E BASSO.

ANONYMO.

Deh sa-pesti amato bene / La destra ti chiedo

LAMPUGNANI.

Se non t'a-vessi amato

PERGOLESI.

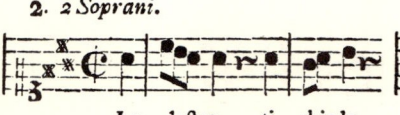

Ne giorni tuoi fe-lice,

TERCETTI, QUATERNO.

RINALDO.

TERRADELLAS.

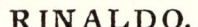

Non pen-sar I-dolo / Ca-ra non tan-to sdeg-

SELLITTI.

Deh t'achet-ta e non

TERCETTI.
CON II. VIOLINI, VIOLA E BASSO.

LATILLA.

PFEIFFER.

Ferma ove corri ingrato / Per-don in grazia per-

QUATERNO.
CON II. VIOLINI, VIOLA E BASSO.

VINCI.

Jo cru-del io giusto

ARIE

ARIE.
A VOCE CON CEMBALO.

ANONYMO. **ANONYMO.**

1. *Sopr. solo.* — Confusa, smarita, spie-garti
7. Ombra ca - - - - ra
2. Dovea svenarti all'ora, che
8. Per darvi alcun pegno di affet-
3. *Alto solo.* — Gia sai gia sai che lusinga
9. Pensa di chi sei Figlia, e d'esser
4. *Sopr. solo.* — La Torto-rel-la-se
10. Par - - - - - to
5. Mi conos-ci? sai chi sono?
11. Ri-cordati ben mio quan-to
6. Mi lu-sin-ga il cor d'affetto
12. Se in campo arma - - to

CON CEMBALO.

GIACOMELLI. **GIACOMELLI.**

1. Mi par sentir la bella dol - a
9. Benche sia donna è Moglie
2. Nel mio cor stanco à consiglio
10. Vedrà quell' alte - ro che
3. Stando à canto all' Idol mio deh?

LATILLA.

1. Sol due ri - cor - di io di vuo dire
4. Cignal nella fo - re - sta

ORLANDINI.

1. Vedrò più lie - te è bel - le
5. No sleal più non t'as-
2. Non pensi quell'al - te - ra
6. Da te ò trombe il suon guer-
3. Vi sen - to vi sento
7. Addio, addio persem-
4. Non dif - pe - ri Pe-
8. Se mi di - rai ch'io speri
5. Quel cor quel cor che mi do-

Part VI: 1765

CANTATE
CON
DIVERSI STROMENTI

ANONYMO.

1. *Sopr. folo, Violino, Viola, Cembalo.*
Porgi ò bella a chi t'adora,

2. *Alto folo, Oboe d'Amore, Cemb.*
Lufinga questo cor -

3. *Alto folo, 2 Viol. Cemb.*
Pa - fto - rel - la, va - ga

4. *Baffo folo, 2 Viol. Cemb.*
Pafto - rel - la fola fo - la

5. *Sopr. folo, 2 Viol. V. Cemb.*
Vezzo - fi Lu - mi a vagheg

BADIA.

1. *Sopr. Cemb. 2 Viol. Viola.*
Fefteggian - - - - do

BONONCINI.

1. *Sopr. Cemb. 2 Viol.*
Direi che fei il mio be -

2. *Sopr. Cemb. Viol. Violonç. oblig.*
Sò d'effermi d'Amor, Bel

CONTI.

1. *Sopr. Cemb. Chal. Viol. ford.*
Con più luci di cando - ri

2. *Sopr. Chalmeaux Fl. Viol. ford. Liuti Francefi e Cemb.*
Lontanan - za dell' ama - to

FOERSTER.

1. *Sopr. Baffo, 1 Tromb. 2 Viol. 2 Oboi, Viola, Cemb.*
Ini - mi - ca d'amore

2. *Sopr. folo, 2 Viol. V. Cemb.*
Zef - fi - ret - ti che

FOERSTER.

3. *Recit. Sopr. folo, 2 Viol. V. Baffo.*
Clori, fei tutta bella,

4. *Sopr. f. 2 Fl. abec, 2 Ob. 2 Viol. V. C.*
Vieni ò mor - te a

GAJARECK.

1. *Sopr. f. 2 Viol. V. Cemb.*
Per - me parlan, quest'a-

2. *Recit. Sopr. f. 2 Viol. V. Cemb.*
E pur vivo e non fpiro?

3. *Rec. Alto f. 2 Viol. V. Cemb.*
Lilla mi parto addio

4. *Alto folo, 2 Viol. V. Cemb.*
Il piu crudo d'ogni affan-

GRAUN.

1. *Baffo f. Violino, Viola, Cemb.*
Deh mio bene ancor che

2. *Baffo f. 2 Viol. unis. V. Cemb.*
Eh la miei fpirti

GRAUN.

3. *Sopr. f. Viol. conc. 2 Viol. V. Cemb. B.*
Mefto e fo - lo - il Ruffignuo

4. *Sopr. f. 2 Viol. V. B.*
Qual ti - mor - - - -

5. *Baffo f. 2 Viol. V. Cemb.*
Hor che l'Hefpera luce tuf

HARRER.

1. *Sopr. f. 2 Viol. 2 Ob. ad lib. V. B.*
Doril - la tanti e tan - ti,

HASSE.

1. *Rec. Sopr. f. Fl. trav. Cemb.*
Quel vago feno, ò Fille

2. *Rec. Sopr. f. 2 Viol. V. Gemb.*
Tacete pur, ta - cete o

3. *Baffo f. 2 Viol. V. Cemb.*
Ti chiedo un guardo

HEINCHEN.

1. *Recit. Sopr. f. Viol. f. Cemb.*
Nice, fe il tuo bel labro,

Part VI: 1765

CANTATE CON STROMENTI.

Part VI: 1765

CANTATE

CANTATE
A
VOCE CON CEMBALO.

Part VI: 1765

CANTATE CON CEMBALO.

GRAUPNER.
1. Dal lagrimoso Lido, sul

HARRER.
1. Rec. Ch'io non speri, ch'io non speri

HASSE.
1. Rec. O pace del mio Cor, dove?

HEINCHEN.
1. Doppo tante e tante pene
2. Rec. Mi ahime adorata se mai
3. Rec. La dove in grembo, al colle l'ac.

HENDEL.
1. Rec. Stanco di più soffrire, mil-
2. Rec. Lucretia Romana. O Numi eterni, oh stelle

HENDEL.
3. Rec. Dal fatale momento che ti mi-
4. Rec. Lungi dal mio bel Nume
5. Rec. Dal bell Idolo mio,
6. Rec. Filli adorata e cara Filli
7. Rec. Manca pur quanto sai

HURLEBUSCH.
1. Rec. Tu parti amato Tirsi?
2. Rec. Tu parti, Idolo mio?

KAISER.
1. Duetto. Caro Autor-

KELLERI.
1. Jo son semplice Pastorel-

LEPORATI.
1. Rec. Non è bella ne vezzosa

LINICKE.
1. Crudo amor crudo amor dici

MANCINI.
1. Rec. Udite Alme dolenti
2. Astri per me si fieri per

MARCELLI.
1. Duetto. Chi chi puo resister chi a

MARENNI.
1. Rec. Dite, perche begl'occhi in

PERTI.
1. Rec. Piante, voi più non siete

PORPORA.
1. D'amor la bella pace
2. Rec. Dal primo foco in cui penai molt'-
3. Rec. Sopra un colle fiorito al di cui
4. Tu ten vai così
5. La viola, che lan-
6. Rec. Ecco, ecco l'infausto lido,

PORSILE.
1. Vogli ad un altro cor amor

PERTI.
2. Rec. Sovra funesta Pyra

Part VI: 1765

MADRIGALI.

STEFFANI.

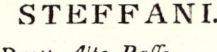

Sia ma-le-detto Amor

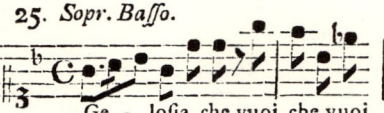

Ge-losia, che vuoi, che vuoi

STEFFANI.

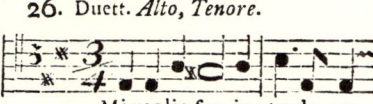

Mi voglio far in-tende-re

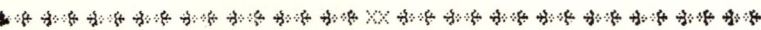

MADRIGALI
A
2. 3. 4 e 5 VOCI CON CEMBALO.

ANONYMO.
L'inganni d'Umanità.

Alla tromba di Marte

Che vo-lete o cru-de

Chi vuol a-ver feli-ce-e

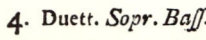

Dir che gio-vi al mal

ANONYMO.

La Ca-tena ch'allettan-

Peggio far non mi può-

Sol di pian - - to inondo

Tesoro te-soro di

Deutsche scherzhaffte Cantaten.

1. ANONYMI. Der klagende Bauer, a 1 Viol. 2 V. A. T. B. Cemb.

2. — Der betrogene Geld=Freyer, a 2 Viol. V. Baß. ſ. e Fond.

3. — Die Gevatterinnen, a 3 Sopr. 1 Baß. con Cemb.

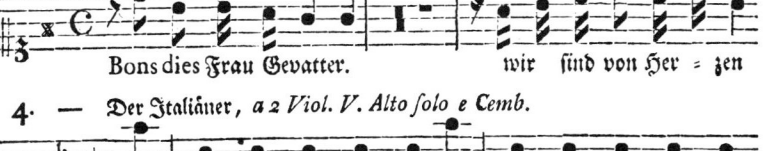

Bons dies Frau Gevatter.   wir sind von Her = zen

4. — Der Italiäner, a 2 Viol. V. Alto solo e Cemb.

O schö = ne Ra = ri = tät, o schö = ne Ra = ri = tät,

5. — Der weibliche Magister, a 2 Viol. 1 Baß. solo e Cemb.

Ach wer flöſ = ſet mei = nen Lip = pen

6. — Der verliebte Nachtwächter, a 2 Viol. V. Baß. solo e Cemb.

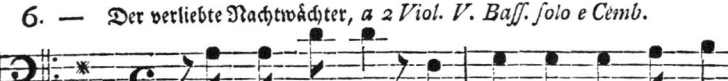

Ich glau = be nicht, daß je = mand in der Stadt

7. — Der junge Soldat, a 2 Ob. 1 Viol. Baß. solo e Cemb.

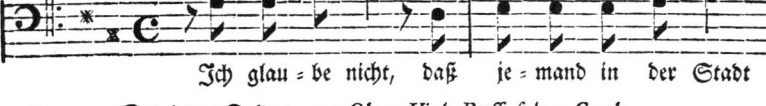

Ich fol = ge der Trommel,   Ich folge der Trommel,

8. — Die Wurmkuchen=Frau, a Baſſo e Cemb.

Lie = be Landsleut,   jetzt iſt die be = ſte

9. ANONYMI. Der Zahnarzt. a 2 Viol. V. Baſſo solo e Cemb.

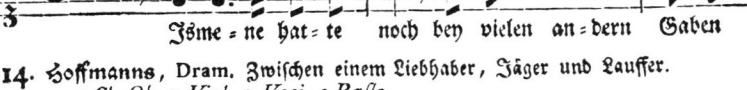

Heran, Heran,   Heran, Heran,

10. — Duetto, Recit. Der verliebte Zanck, a Viol. 2 V. e B.

Ich mag mich nicht ver = lie = ben.

11. Grauns, Glücksbude des Cupido, a 2 C. 2 Viol. V. Sopr. e Cemb.

Wer bey mir will schachern recht wohlfeil und gut der

12. Haſſens Filidor, a 2 Viol. V. Sopr. e Baſſo.

O macht es so viel Pla = ge der

13. Herbings, Die Widersprecherinn, a 2 Viol. V. 2 Fag. Sopr. e B.

Jsme = ne hat = te noch bey vielen an = dern Gaben

14. Hoffmanns, Dram. Zwischen einem Liebhaber, Jäger und Lauffer.
a Cl. Ob. 2 Viol. 3 Voci. e Baſſo.

15. Kuhnaus, Il perfetto Musico. a 2 Viol. Fag. Tenor. e Baſſo.

O, O, o, der al = lerrein = ſten Luſt,

16. Leleis, Der Jenaische Bursche, a 2 Viol V. Sopr. Alt. e Baß.

17. Marpurgs, Die schlauen Mädchen, a 2 Viol. V. Ten. e Baß.

Zwey Mädchen brach = ten ih = re Ta = ge, bey ei = ner

Part VI: 1765

SVPPLEMENTO I.
DEI
CATALOGI
DELLE
SINFONIE, PARTITE, OUVERTURE, SOLI, DUETTI, TRII, QUATTRI
E
CONCERTI
PER IL
VIOLINO, FLAUTO TRAVERSO, CEMBALO
ED ALTRI STROMENTI.
CHE
SI TROVANO IN MANOSCRITTO
NELLA OFFICINA MUSICA DI BREITKOPF
IN LIPSIA.

1 7 6 6.

SINFONIE
CON II. VIOLINI, VIOLA E BASSO.

I. Sinf. del Sigr. AGRELL,
M. di C. in Nor. a 4 V. Racc. II.

I. Sinfonia del Sigr. ALBI-NONI, a 6 Voci.

VI. Sinf. del Sigr. ASPELMEYER, a 8 e 9 Voci.

I. a 8 Voci. 2 C. 2 Ob.

IV. a 8 V. 2 C. 2 Ob.

II. a 8 V. 2 C. 2 Ob.

V. a 8 V. 2 C. 2 Ob.

III. a 9 V. 2 C. 2 Ob. 2 V. Violonc. B.

VI. a 8 V. 2 C. 2 Ob.

II. Sinf. del Sigr. C. P. E. BACH, M. di C. in Berol. Racc. II.

I. a 4 Voci.

II. a 4 Voci.

VI. Sinf. del Sigr. J. C. BACH, M. di C. in Londra. a 4. 6 e 8 V.

I. a 8 Voci. 2 C. 2 Ob.

IV.

II.

V.

III. a 8 V. 2 C. 2 Ob.

VI. a 6 Voci. 2 c. oblig.

SINFONIE

I. Sinf. del S. BATONI,
a 3 Voci. 2 Viol. Fag.

I. Sinf. del Sigr. BARBA,
a 3 Voci.

VI. Sinf. del Sigr. BENDA, M. di C. in Gotha. Racc. II.

I. a 8 Voci. 2 C. 2 Ob.

IV. a 8 V. 2 C. 2 Ob.

II. a 8 V. 2 C. 2 Fl.

V. a 8 V. 2 C. 1 Ob. 1 Fl.

III. a 8 V. 2 C. 1 Ob. 1 Fl.

VI. a 4 Voci.

V. Sinf. del Sigr. BENDA, M. di C. in Gotha. R. III.

I. a 6 V. 2 Fl.

IV. a 6 V. 2 Ob.

II. a 4 Voci.

V. a 8 V. 2 C. 2 Fl.

III. a 4 Voci.

I. Sinf. del S. Fr. BENDA,
in Berol. a 4 Voci.

I. Sinf. del S. BEHRWALD,
a 4 Voci.

I. Sinf. del S. BERTONI, a 4 V.

I. Sinf. del S. BONNO, a 4 V.

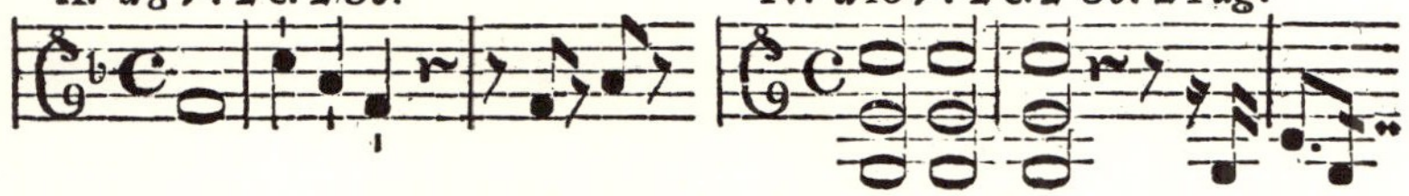

Supplement I: 1766

Supplement I: 1766

SINFONIE.

I. Sinf. del S. HAYMANN.
a 4 V.

I. Sinf. del S. HERTEL, M. di C. in Schwerin.
a 4 V.

I. · II.

II. Sinf. del Sigr. HILLER, in Lipsia.
I. · II.

VI. Sinf. del Sigr. Gius. HAYDEN, Muf. di Cam. del Princ. Esterhasy. Racc. I.
I. a 8 V. 2 C. 2 ob. · II. a 8 V. 2 C. 2 ob. · III. a 8 V. 2 C. 2 ob. · IV. a 8 V. 2 C. 2 ob. · V. a 11 V. 2 C. Ty. 2 C. 2 ob. · VI.

VI. Sinf. del Sigr. Gius. HAYDEN, Muf. di Cam. del Princ. Esterhasy. Racc. II.
I. a 8 V. 2 C. 2 ob. · II. a 8 V. 2 C. 2 ob. tr. · III. a 8 V. 2 C. 2 ob. · IV. a 9 V. 2 C. 2 ob. Violone. · V. a 8 V. 2 C. 2 ob. · VI. a 11 V. 2 C. Ty. 2 C. 2 ob.

SINFONIE.

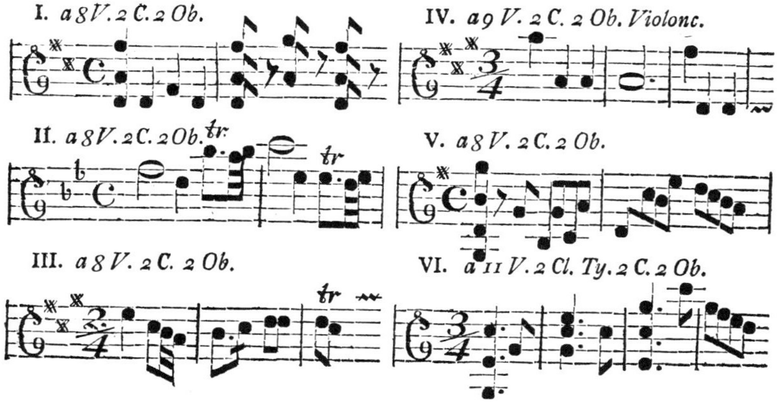

II. Sinf. del S. HORN, M. di C. de Cont. d. Brühl, R. II.
I. a 4 V. · II. a 4 V.

III. Sinf. del Sigr. HEMPEL, M. di C. in Gotha.
I. a 4 V. · II. a 4 V. · III. a 8 V. 2 C. 2 F.

VI. Sinf. del Sigr. Leop. HOFFMANN in Vienna. Racc. II.
I. a 8 V. 2 C. 2 ob. · II. a 8 V. 2 C. 2 ob. · III. a 8 V. 2 C. 2 ob. · IV. a 8 V. 2 C. 2 ob. · V. a 6 V. 2 C. · VI. a 8 V. 2 C. 2 ob.

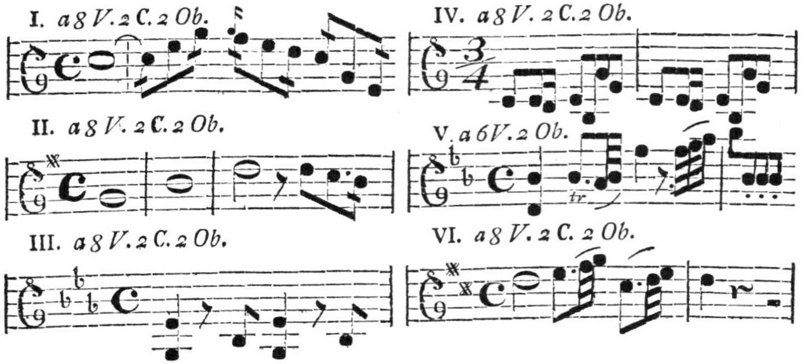

VI. Sinf. del Sigr. Leop. HOFFMANN in Vienna. R. III.
I. a 8 V. 2 C. 2 ob. · II. a 4 V. · III. a 4 V.

Supplement I: 1766

Supplement I: 1766

Supplement I: 1766

Supplement I: 1766

SINFONIE.

I. Sinf. del Sigr. TORTI.

I. Sinf. del Sigr. VINCI.

VI. Sinf. del Sigr. WAGENSEIL, *M. di Cap. in Vienna.*
Raccolta IV.

VI. Sinf. del Sigr. WAGENSEIL, *M. di Cap. in Vienna.*
Raccolta V.

II. Sinf. del Sigr. WAGENSEIL, *M. di Cap. in Vienna.*
Raccolta VI.

SINFONIE.

IVI Sinf. del Sigr. VAN - MALTRE, *a 4 Voci.*

I. Sinf. del Sigr. WIRBACH.

I. Sinf. del Sigr. ZANI.

I. Sinf. del Sigr. ZARTH, *in Berolino.*

I. Sinf. del Sigr. ZOPPIS. *a 9 Voci. 2 Tromb. 2 Ob. Fag.*

III. Sinf. del Sigr. ZACH, *in Mogonza.*

III. Sinf. del S. ZIEGLER, *in Vienna. a 8 Voci, 2 C. 2 Ob.*

Supplement I: 1766

VIOLINO.

SOLI COL BASSO.

I. Solo del Sigr. AGRELL.

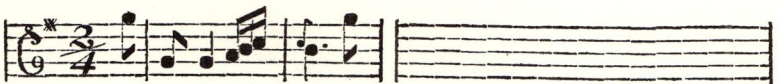

VI. Soli del Sigr. BENDA, *Racc. IX.*

VI. Soli del Sigr. BENDA, *Racc. X.*

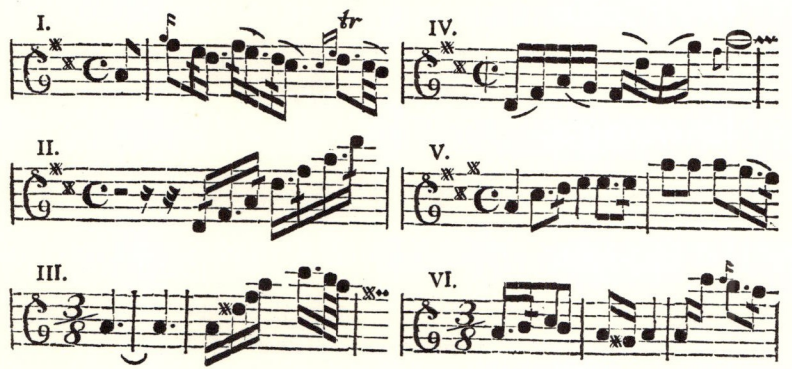

V. Soli del Sigr. BENDA, *Racc. XI.*

XVII. Capricio, *a Viol. solo senza Basso.*

II. Soli del Sigr. DEGIARDINO.

VII. Soli del Sigr. ENDERLE.

Supplement I: 1766

Supplement I: 1766

VIOLINO.

TRII.

II. Trii del Sigr. APPELMEYER, a 2 Violini e Basso.

VI. Trii del Sigr. BACH, a 2 Viol. e Basso. Racc. I.

VI. Trii del Sigr. BACH, a 2 Viol. e Basso. Racc. II.

I. Trio del Sigr. BENDA.   I. Trio del Sigr. FASCH.

VIOLINO.

III. Trii del Sigr. GASMANN, a 2 Violini e Basso.

VI. Trii del Sigr. GASPARINI, a 2 Viol. e Basso.
Raccolta I.

V. Trii del Sigr. GASPARINI, a 2 Viol. e Basso.
Raccolta II.

II. Trii del Sigr. GEBEL, a 2 Viol. e Basso.

Supplement I: 1766

VIOLINO.

II. Trii del Sigr. GRAUN, *a 2 Viol, e Baſſo. Racc. V.*

VI. Trii del Sigr. HEYDEN, *a 2 Viol. e Baſſo.*

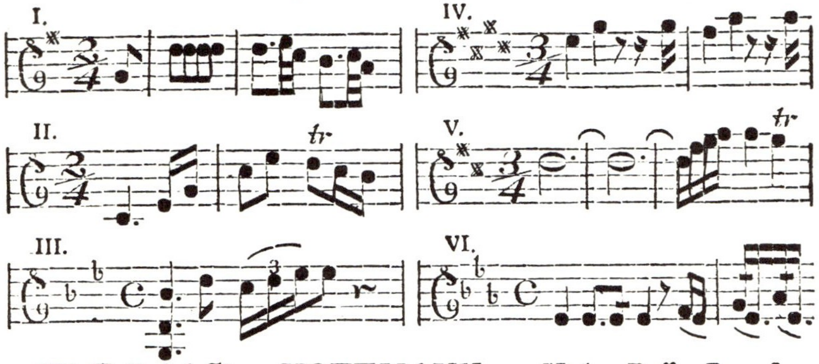

VI. Trii del Sigr. HOFFMANN, *a 2 Viol. e Baſſo. Racc. I.*

VI. Trii del Sigr. HOFFMANN, *a 2 Viol. e Baſſo. Racc. II.*

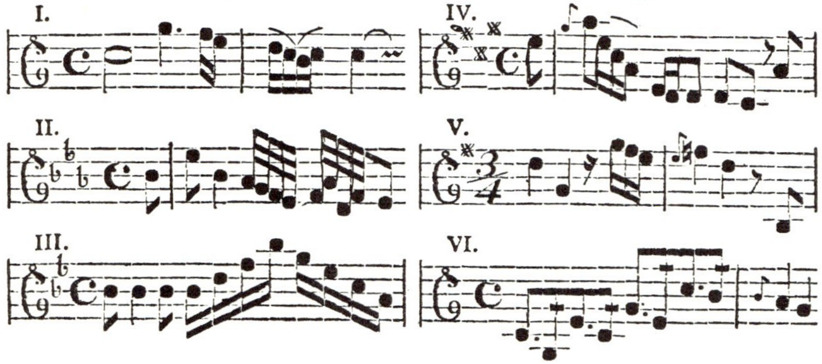

VIOLINO.

V. Trii del Sigr. HOECK, *a 2 Violini e Baſſo.*

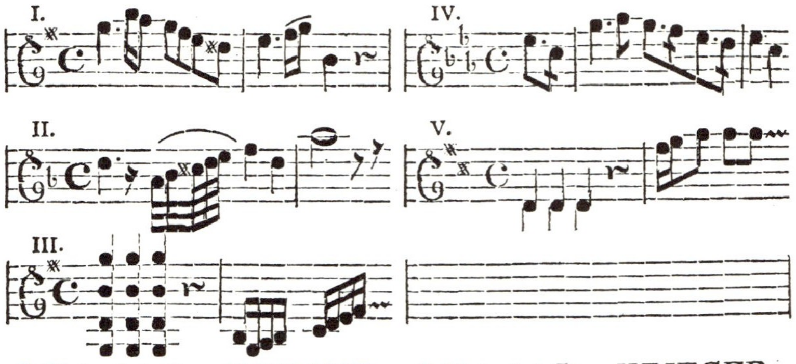

I. Trio del Sigr. KOHAUT.   **I. Trio del Sigr. KRIEGER.**

VI. Trii del Sigr. MARTINI, *a 2 Viol. e Baſſo. Racc. VI.*

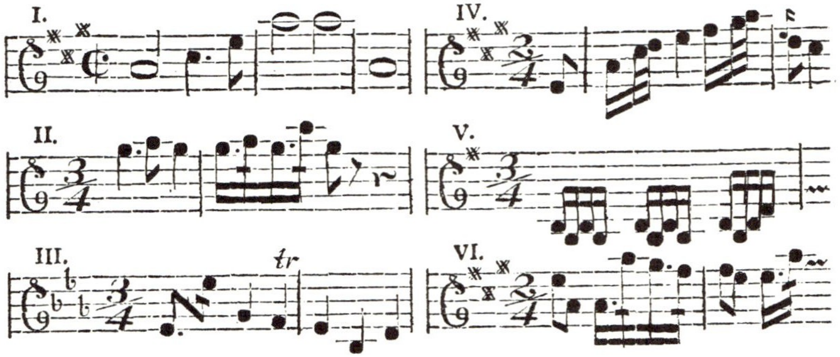

I. Trio del Sigr. ORSLER.   **I. Trio del Sigr. PERGOLESI.**

I. Trio del Sigr. POSTEL.

Supplement I: 1766

VIOLINO.

VI. Trii del Sigr. SEIFFERT, a 2 Viol. e Baſſo.

IV. Trii del Sigr. WAGENSEIL, a 2 Viol. e Baſſo.

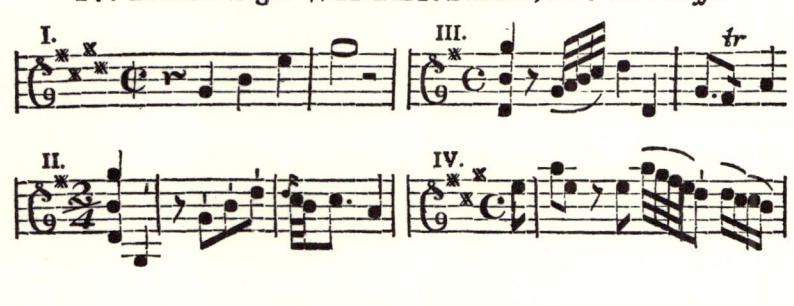

VIOLINO.

CONCERTI
A VIOLINO CONCERTAT.
CON II. VIOLINI, VIOLA E BASSO.

I. Conc. del Sigr. ANTINONI.
a Viol. pr. 2 Viol. conc. B.

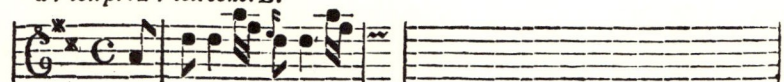

III. Conc. del Sigr. Fr. BENDA, a Viol. conc. 2 Viol. Viola, Baſſo. Racc. V.

I. Conc. del S. BIANCOLINI.   I. Conc. del S. BISHENDEL.

I. Conc. del S. BOSHOFF.   I. Conc. del Sigr. CONTI.

I. Conc. del Sigr. DIO.

Supplement I: 1766

VIOLINO.

VI. Conc. del Sigr. DITTERS.

I. *Viol. pr. 2 Viol. obl. 2 Viol. rip. 2 C. V. B. obl. B. rip.*

IV. *2 Viol. princ. 2 Viol. rip. 2 Ob. 2 Corn. V. B.*

II. *Viol. conc. 2 C. 2 Ob. 2 Viol. V. B.*

V. *Viol. conc. 2 Viol. V. B.*

III. *Viol. conc. 2 Viol. V. B.*

VI. *Viol. pr. 2 C. 2 Ob. 2 Viol. V. B.*

I. Conc. del Sigr. DOARI.
I. Conc. del Sigr. ENDERLE.

I. Conc. del S. FERRONATI.
Viol. pr. Viol. 2 do conc. 2 Viol. rip. Viola, Baſſo.

I. Conc. del Sigr. FIORILLO.
Viol. conc. 2 Viol. V. B.

II. Conc. del Sigr. FOERSTER, *a Viol. princ. 2 Viol. V. B.*

I.

II.

I. Conc. del S. GRAUN.
Viol. princ. 2 Viol. V. B.

I. Conc. del Sigr. GRAVINA.
Viol. princ Viol. conc. 2 do. Viol. 3 to. B.

II. Conc. del Sigr. GIRANECK. *a Viol. conc. 2 Viol. V. B.*

I.

II.

VIOLINO.

I. Conc. del Sigr. HARTWIG.
I. Conc. del Sigr. HASSE.

II. Conc. del Sigr. HARRER.

I. *a Viol. conc. 2 Viol. rip. 2 Viole, 2 Violonc. Cemb.*

II. *a Viol. pr. 2 C. 2 Ob. 2 Fag. 2 Viol. V. 2 Violonc. Cemb.*

I. Conc. del Sigr. HEIL.
Viol. pr. 2 Viol. conc. 2 V. rip 2 C. V. B.

I. Conc. del Sigr. HERING.
Viol. conc. 2 Viol. V. B.

I. Conc. del Sigr. HORN.
I. Conc. del Sigr. HOFFMANN.

I. Conc. del Sigr. KREBS.
I. Conc. del S. KRUMLOWSKY.

I. Conc. del Sigr. MAHAUT.
I. Conc. del Sigr. NARDINI.

IV. Conc. del Sigr. NERUDA, *a Viol. conc. 2 Viol. V. B. Racc. II.*

I.

III.

II.

IV.

I. Conc. del Sigr. PERETZ.
a Viol. conc. 3 Viol. Viol. obl. 2 C. B.

Supplement I: 1766

VI. Conc. del Sigr. PFEIFFER, a Viol. conc. 2 Viol. V. B.
Raccolta V.

I. Conc. del Sigr. PUGNANI.
a Viol. princ. 2 Viol. V. B.

I. Conc. del Sigr. RIEPEL.
a Viol. conc. 2 Ob. 2 Viol. V. B.

I. Conc. del Sigr. RUSSO.   I. Conc. del S. SCHAFFRATH.
a Viol. conc. 3 Viol. B.   *a Viol. conc. 2 Viol. V. B.*

I. Conc. del Sigr. SCHEIBE.   I. Conc. del Sigr. SEYFFERT.

V. Conc. del Sigr. STAMITZ, a Viol. conc. 2 Viol. V. B.

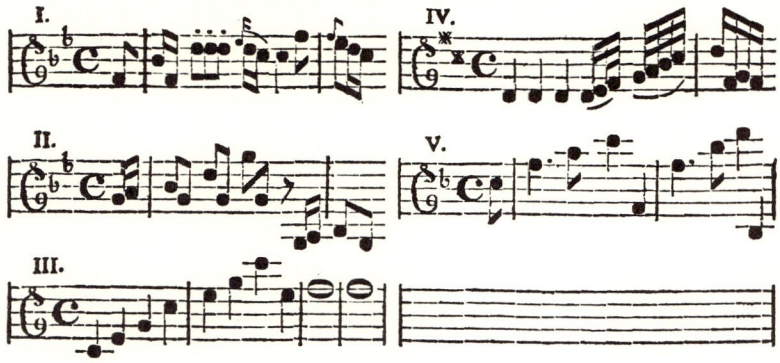

I. Conc. del Sigr. TISCHER.

I. Conc. del Sigr. TZARTH.

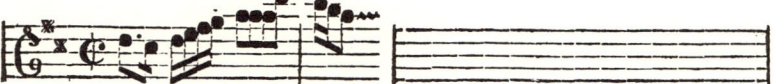

I. Concerto del Sigr. ZELLER.

VIOLINO PICCOLO.

CONCERTI.

III. Conc. del Sigr. PFEIFFER, *a Viol. picc. 2 Viol. Vola, Baſſo.*

VIOLA.

I. Trio, del Sigr. FERRANDINI, *a Viola oblig. Violino, Baſſo*

VIOLONCELLO.

SOLI.

II. Soli del Sigr. GRETSCH, *a Violoncello, Baſſo.*

I. Solo del Sigr. VIVALDI.

VIOLA da GAMBA.

QUATTRO.

I. del Sigr. PEPUSCH, *a V. da G. 2 Violini con Cembalo.*

IV. Partite del Sigr. HARRER.

I. *a 10. V. 2 C. 2 Ob. Ingl. V. de Gamb. Liuto. 2 Viol. V. c. B.*   III. *a 8 V. 2 C. 2 Fl. 1 Ob. 1 Viol.d.G. all'Ottav. 2 V. c. B.*

II. *a 10 V. 2 C. 2 Ob. 2 Fl. 1 V. da Gb. 1 Violonc. obl. 2 Viol. c. B.*   IV. *a 9 V. 2 C. 1 Fl. 1 Ob. 1 V. d.Gamb. 2 Viol. V. B.*

FLAUTO TRAVERSO.

SOLI.

III. Soli, del Sigr. BLOCHWITZ.

FLAUTO TRAVERSO.

I. Solo del Sigr. BOEHME.   I. Solo del Sigr. FASCH.

I. Solo del Sigr. FREYTAG.   I. Solo del Sigr. FOERSTER.

VIII. Soli, del Sigr. QUANTZ.

VI. Soli, del Sigr. WENDLING.

FLAUTO TRAVERSO.

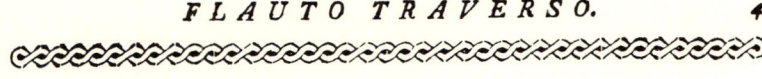

DUETTI
A II. FLAUTI.

VI. Duetti del Sigr. SIMONETTI. *Raccolta I.*

VI. Duetti del Sigr. SIMONETTI. *Raccolta II.*

Supplement I: 1766

FLAUTO TRAVERSO.

TRII
A II. FLAUTI E BASSO.

I. Trio del Sigr. ABEL. *Raccolta II.*

III. Trii del Sigr. KLEINKNECHT, *a 2 Flauti e Basso.*

I. Trio del Sigr. LOCATELLI.   I. Trio del Sigr. QUANTZ.

VI. Trii del Sigr. RICHTER, *a 2 Flauti e Basso.*

FLAUTO TRAVERSO.

TRII
A FLAUTO, VIOLINO E BASSO.

V. Trii del Sigr. GRAUN, *a Flauto, Violino e Basso.*

V. Trii del Sigr. L. HOFMANN, *a Flauto, Violino e Basso.*

I. Trio del Sigr. KEGE.

II. Trii del Sigr. PICHLER, *a Flauto, Violino e Basso.*

II. Trii del Sigr. SCHULTZE, *a Flauto, Viol. e Basso.*

Supplement I: 1766

CONCERTI.
A FLAUTO TRAVERSO.

QUATTRI
A FLAUTO, VIOLINO, VIOLA E BASSO.

Supplement I: 1766

46 *FLAUTO PICCOLO.*

SINFON. CASSAT. &c.
A FLAUTO TRAVERSO.

II. Sinf. del Sigr. MALZARD, *a 2 Corn. Fl. Viol. V. B.*

I. Sinfonie del Sigr. MONN, *Flaut. 2 Viol. V. B.*

I. Caffatio, del Sigr. GEWEY, *2 Corn. 2 Fl. 2 Viol. V. B.*

II. Dell'Academia, del Sigr. MARTINO, *a 2 Corn. 2 Flaut. 2 Viol. B.*

FLAUTO PICCOLO.

V. Trii del ANONYMO, *a 2 Flauti e Baſſo*

I. Quattro, *a Flauto trav. 2 Violette ou 2 Flute a bec col Cembalo.*

47

OBOE.

SOLI.

I. Solo del Sigr. FOERSTER. *a Oboe, Cembalo.*

I. Solo del Sigr. HEINCHEN. *a Oboe folo, Baſſono.*

I. Solo del Sigr. HENDEL. *a Oboe folo, Cemb.*

III. Soli del Sigr. QUANTZ, *a Oboe folo, Baſſono.*

I. Solo del Sigr. LOCATELLI. *a Oboe folo, Baſſo.*

I. Solo del Sigr. STUTICK. *a Oboe folo, Baſſo.*

I. Solo del Sigr. STRICKER. *a Oboe folo, Baſſo.*

Supplement I: 1766

OBOE.

TRII.

I. Trio del Sigr. FASCH.
a 2 Oboi e Bassono.

I. Trio del Sigr. HENDEL.
a 2 Oboi e Basso.

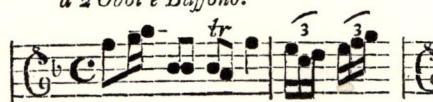

I. Trio del Sigr. LINICKE.
Oboe, Violino, Basso.

I. Trio del Sigr. PEPUSCH.
Oboe, Flauto, Basso.

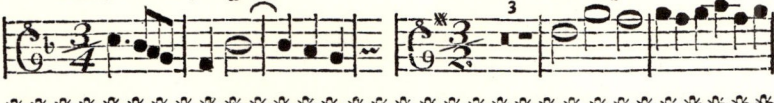

QUATTRO.

I. Quadro del Sigr. FASCH, a 2 Oboi, 2 Bassoni.

CONCERTI.

I. Conc. del Sigr. BACH, Oboe conc. Viol. princ. 2 Viol. Viola, Basso.

II. Conc. del Sigr. FOERSTER.

I. Ob. conc. 2 Viol. V. B.   II. Ob. conc. 2 Viol. V. B.

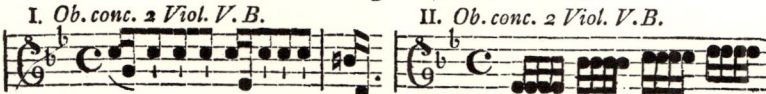

I. Conc. del Sigr. TELEMANN, Ob. conc. 1 Viol. conc. 2 Viol. V. B.

OBOE d'AMORE.

I. Trio del Sigr. LOTTI.
a Ob. d'am. Flute trav. e Basso.

I. Conc. del Sigr. FASCH.
a Ob. d'amore, 2 Ob. e Basso.

I. Conc. del Sigr. ULICH, a Grand Oboe, 2 Violini, Viola, Basso.

FAGOTTO.

SOLI.

IV. Soli del ANONYMO, a Fagotto solo con Cembalo.

Supplement I: 1766

FAGOTTO.

TRII.

I. Trio del Sigr. BENDA, *Fagotto oblig. Violino e Cemb.*

II. Trii del Sigr. HASSE, *a Fag. obl. Viol. o Oboe con Basso.*

II. Trii del Sigr. KRAUSE.

I. Fag. obl. Ob. Viol. c B.   *II. Fag. obl. Viol. B.*

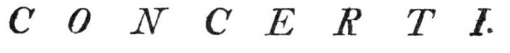

CONCERTI.

I. Conc. del ANONYMO, *a Fagott. conc. 2 Viol. Viola, Basso.*

I. Conc. del Sigr. LAUBE.
Fag. conc. 2 Viol. V. B.   **I. Conc. del Sigr. SUHL.**
                     Fag. conc. 2 Viol. V. B.

CORNO.

I. Conc. del Sigr. TISCHER, *a 2 Corni, 2 Violini, Violone.*

CEMBALO.

SOLI.

I. Solo del Sigr. AGREL.   **I. Solo del Sigr. BERLIN.**

II. Soli del Sigr. GALUPPI.

I. Concerto del Sigr. HARRER, *a Cemb. folo.*

V. Soli del Sigr. HAYDEN, *a Cemb. folo.*

II. Soli del Sigr. KEUNER, *a Cemb. folo.*

Supplement I: 1766

CEMBALO.

I. Conc. del Sigr. HARRER, *con 2 Viol. Viola, Baſſo.*

III. Conc. del Sigr. HAYDEN.

I. *c. 2 Viol. V. B.*

III. *c. 2 Corn. 2 Viol. B.*

I. Conc. del Sigr. KEHL.

II. *c. Viol. princ. 2 Viol. V. B.*

c. 2 Viol. V. B.

I. Conc. del Sigr. LELEIN.
c. 2 Viol. V. B.

I. Conc. del Sigr. LANG.
c. 2 Viol. V. B.

I. Conc. del Sigr. SCHOBERT.
c. 2 Viol. V. B.

I. Conc. del Sigr. SENFFT.
c. 2 Viole, B.

III. Conc. del Sigr. STEFFANI. *Racc. III.*

I. *c. Viol. princ. 2 Viol. B.*

III. *c. 2 Viol. V. B.*

II. *c. 2 Corn. 2 Viol. V. B.*

I. Conc. del Sigr. STAMITZ.
c. 2 Corn. 2 Fl. 2 Viol. V. B.

III. Conc. del Sigr. WAGENSEIL, *con 2 Viol. e Baſſo. Racc. V.*

I.

III.

II.

CEMBALO.

III. Conc. del Sigr. WAGENSEIL, *con 2 Viol. V. B. Racc. VI.*

I.

III.

II.

III. Conc. del Sigr. WAGENSEIL, *con 2 Viol. Baſſo. Racc. VII.*

I.

III.

II.

I. Conc. del Sigr. WIEDNER.

HARPA.

I. Trio del Sigr. KIRCHHOF, *a Harpa oblig. con Flaut. o Violino.*

PARTITE.

III. Partite del Sigr. FUSS, *a Harpa oblig. con più Stromenti.*

I. *c. Fl. Viol. B.*

III. *c. 2 Viol. B.*

II. *c. Fl. Viol. B.*

Supplement I: 1766

HARPA.

IV. Partite del Sigr. GRENTZ, a Harpa oblig. con più Strome

VI. Partite del Sigr. KIRCHHOF, a Harpa oblig. con 2 Viol. Baſſo.

ARIA, a Harpa oblig. con 2 Violini e Baſſo.

Il Fine.

SVPPLEMENTO II.
DEI
CATALOGI
DELLE
SINFONIE, PARTITE, OVERTURE, SOLI, DUETTI, TRII, QUATTRI
E
CONCERTI
PER IL
VIOLINO, FLAUTO TRAVERSO, CEMBALO
ED ALTRI STROMENTI.
CHE
SI TROVANO IN MANOSCRITTO
NELLA OFFICINA MUSICA DI BREITKOPF IN LIPSIA.

1 7 6 7.

I. SINFONIE.

VI. Sinfonie di BACH, in Londra. *Raccolta II.*
a 2 Violini, Viola, Basso, Corni, Ob. Fl.

SINFONIE.

II. Sinfonie di DITTEES.

Supplement II: 1767

SINFONIE.

I. Sinfonie di KEHL.
a 2 Corn. 2 Fl. 2 Viol. V. e B.

I. Sinfonie di KUNTZ.
a 2 Clarini. 2 Viol. V. e B.

III. Sinfonie di Fr. Xav. RICHTER. *2 Corn. 2 Viol. V. e B.*
I. III.

VI. Sinfonie di LANG. *Raccolta I.*

I. *2 Corn. 2 Ob. 2 Viol. V. e B.*

IV. *2 Corni. 2 Fl. 2 Viol. V. e B.*

II.

I. Sinf. di PIRLINGER.

II. *2 Corn. 2 Ob. 2 Violin. V. e B.*

V. *2 Corn. 2 Fl. 2 Viol. V. e B.*

VII. Sinfonie di RIEGEL.

I. *2 Corni. 2 Fl. 2 Violini. V. e Basso.*

V. *2 Corn. 2 Fl. 2 Viol. V. e B.*

III. *2 Corn. 2 Ob. 2 Viol. V. e B.*

VI. *2 Corn. 2 Ob. 2 Violin. V. e B.*

II. *2 Corn. 2 Fl. 2 Viol. V. e B.*

VI. *2 Corn. 2 Fl. 2 Viol. V. e B.*

I. Sinf. di MAZZONE.
a 2 Corn. 2 Ob. 2 Viol. V. e B.

I. Sinf. di MALZART.
a 2 Corn. 2 Viol. 2 Ob. V. e B.

III. *2 Corn. 2 Fl. 2 Viol. V. e B.*

VII. *2 Corn. 2 Viol. V. e B.*

I. Sinfonie di NOEL.
a 2 Corn. 2 Ob. 2 Fl. 2 Viol. Fag. V. B.

IV. *2 Corn. 2 Fl. 2 Viol. V. e B.*

I. Sinf. di RONDINELLO.
a 2 Violin. V. e Basso.

I. Sinf. dall' OGLIO.
a 2 Clar. Tymp. 2 Violin. B.

I. Sinf. di ORDONEZ.
a 2 Corn. 2 Ob. 2 Viol. V. B.

I. Sinf. di ROSENKRANTZ.
a 2 Viol. Viol. Basso.

I. Sinf. di ROY.
a 2 Corn. 2 Ob. 2 Vol. V. e B.

I. Sinf. di PEREZ.
a 2 Tromb. 2 Corn. 2 Fl. 2 Viol. V. B.

I. Sinf. di PESCH.
a 2 Corn. 2 Fl. 2 Viol. V. B.

IV. Sinf. di SCHUBERTH.

I. *a 2 Corn. 2 Viol. V. e B.*

III. *a 2 Corni. 2 Fl. 2 Viol. V. e B.*

I. Sinf. di PFEIFFER.
a 2 Corn. 2 Ob. 2 Fl. 2 Fag. V. B.

I. Sinf. di PICCINI.
a 2 Trombe. 2 Ob. 2 Viol. V. B.

II. *a 2 Corn. 2 Viol. V. e B.*

IV. *a 2 Viol. V. e B.*

Supplement II: 1767

II. PARTITE, DIVERTIMENTI, CASSATIONES, CONCERTINI.

VI. Sinfonie di van MALDERE, a 2 Corni, 2Oboi, 2 Violini, Viola, Baffo.

II. PARTITE, DIVERTIMENTI, CASSATIONES, CONCERTINI.

I. Partita di FILTZ.
a 2 Corn. 2 Ob. 2 Viol. V. B.

VI. Divertimenti di HAYDN. Racc. I.
I. a 2 Corn. 2 Ob. 2 Viol. 2 Viole, B. IV. a 2 Corn. 2 Flaut. 2 Violini, B.

II. a 2 Corn. 2 Flaut. 2 Viol. 2 Fagot. V. a 2 Viol. 1 Trav. 1 Ob. Violonc. B.

III. 2 Corn. 2 Corn. Ingl. 2 Viol. V. B. VI. a 2 Viol. 1 Flaut. 2 Viole, B.

I. Div. di HAYDN, a Echo. I. Divert. di Leop. HAYDN.
a 4 Violini, 2 Baffi. a 2 Corn. 2 Flaut. 2 Viol. B.

I. Concertino di HAYDN.
a 2 Corn. 2 Ob. 1 Flaut. 4 Viol. Viola, Violonc. Fag. Violono.

VI. Conc. di Leop. HOFFMANN. Racc. I.
I. a 2 Viol. conc. 1 Viola conc. Violonc. IV. 1 Viol. conc. Viola conc. Violonc.
conc. 2 Viol. 2 Ob. 2 Corn. B. conc. 2 Viol. V. B.

II. 2 Viol. conc. 1 Viola conc. Violonc. V. 1 Viol. conc. Violonc. conc. 2 Viol.
conc. 2 Viol. 2 Ob. 2 Corn. B. 2 Ob. 2 Corn. B.

III. 1 Viol. conc. Viola conc. Violonc. VI. 1 Viol. conc. Viola conc. Violonc.
conc. 2 Viol. 2 Ob. 2 Corn. B. conc. 2 Violini, B.

III. Partite di HILLER. Racc. III.
I. a 2 Corn. 2 Ob. 2 Viol. V. B. III. a 2 Corn. 2 Ob. 2 Fl. 2 Viol. V. B.

II. a 2 Ob. 2 Flaut. 2 Viol. V. B. ### I. Divert. di HILLER.
a 2 Corn. 2 Ob. 2 Fl. 2 Viol. Fag. V. B.

I. Divert. di KAMMEL.
a 2 Corn. Viol. princip. 2 Viol. 2 Viole, B. ### I. Serenate di KIRMAIR.
a 2 Flaut. 2 Corn. 2 Viol. V. B.

I. Partita di LELEI.
a 2 Corn. 2 Ob. 2 Flaut. 2 Viol. V. B. ### I. Divert. di MOZART, a Quattro Inftrum. Conc. a Viol. Violonc.
2 Corn. B.

II. Partite di ROSENCRANTZ, a 2 Flaut. 2 Viol. V. B.
I. II.

Supplement II: 1767

PARTITE, DIVERTIMENTI &c.

VI. Conc. di SEIFFERH.

I. a 1 Flaut. 2 Viol. V. B.   IV. a 2 Corn. 1 Flaut. 2 Viol. V. B.

II. a 1 Flaut. 2 Viol. V. B.   V. a 2 Corn. 1 Flaut. 2 Viol. V. B.
III. a 1 Flaut. 2 Viol. V. B.   VI. a 2 Corn. 1 Flaut. 2 Viol. V. B.
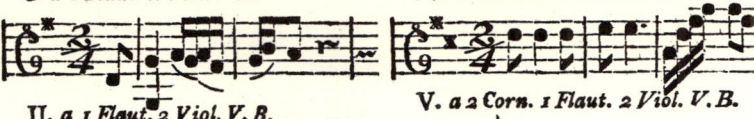

III. Partite di SIMON.

I. a 2 Corn. 2 Viol. V. B.   III. Ob. obl. Fag. obl. 2 Viol. V. B.

II. Ob. obl. Fag. obl. 2 Viol. V. B.   I. Partita di WIEDNER.
a 2 Corn. 2 Viol. V. B.

XVI. Minuetti di HAYDEN.   I. Serenata di SEIFFERT.
a 2 Corn. 2 Ob. 2 Viol. Traver. Flautini,   a 2 Corn. 2 Fl. 2 Ob. 2 Viol. V. B.
Fagotti e Baffo.

XXIV. Simonetti, Dresdner   XXIV. Simonetti, Dresdner
Redouten Menuetten e Trios   Redouten Polonoifen di
de anno 1767.   anno 1762.
a 2 Tromb. 2 Ob. 2 Fl. trav. 2 Fl. picc. B.   con pari Inftrumenti.

XXV. Simonetti, Steyerifch. Mafur. Cofac. Strasburg
di anno 1767.   a 2 Corn. 2 Viol. Baffo.

VIOLINO.

SOLI con BASSO.

II. Soli di BENDA.

III. Soli di ENDERLE.
I. Solo di ERNST.

III. Soli di GRAUN.
I. Solo di HORN.

VI. Soli di HOECKH.

Supplement II: 1767

SOLI.

VI. Soli di Giov. Lud. KREBS.

I. Solo di RAZZO.   I. Solo di SCHIEK.

II. Soli di SEIFFERT.

VI. Soli di STAMITZ.   *Racc. I.*

III. Soli di STAMITZ.   *Racc. II.*

270

DUETTI.

DUETTI.
A DUE VIOLINI

I. Duetto di BENDA.

XI. Duetti di SEIDEL.

VI. Duetti di PESCH.

Supplement II: 1767

271

TRII.
A DUE VIOLINI CON BASSO.

VI. Trii di ASPLMEYR.
VI. Trii di BODE.
VI. Trii di FESTONI. Racc. I.

VI. Trii di FESTONI. Racc. II.

VI. Trii di Ant. FILTZ. intagliati in Parigi.

I. Trio di FELICI.   I. Trio Pastorella di EN-DERLEIN.

II. Trii di GALUPPI.

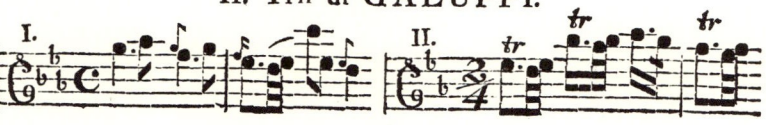

II. Trii di DITTERS.

Supplement II: 1767

TRII a VIOLINO.

VI. Trii di GALEOTTI.

VI. Trii di HAYDEN.

II. Trii con Variazioni di HAYDEN.

II. Trii di MARTINO.

II. Trii di PESCH.

TRII a VIOLINO.

VI. Trii di LIDARTI.

VI. Trii di MISLEWECEK.

VI. Trii di WENTO.

Supplement II: 1767

CONCERTI a VIOLINO.

CONCERTI.

PER IL VIOLINO CONCERTATO.

III. Conc. di CANNABICH.
I. *a Viol. Conc. 2 Corn. 2 Viol. V. e B.*

II. *a Viol. Conc. 2 Viol. V. e B.*

III. *a Viol. Conc. 2 Viol. V. e B.*

III. Concerti di DITTERS.
I. *a Viol. Conc. 2 Viol. V. e B.*

II. *a Viol. Conc. 2 Viol. V. e B.*

III. *a Viol. Conc. 2 Viol. e Baſſo.*

I. Concerto di HASSE.
a Viol. Conc. 2 Viol. rip. V. e B.

I. Concerto di KREBISCH.
a Violin. Conc. 2 Violin. V. e B.

I. Concerto di NERUDA.
a Viol. Conc. 2 Viol. V. e B.

I. Concerto di RIEGEL.
a Viol. Conc. 2 Corn. 2 Fl. 2 Vl. V. e B.

I. Concerto di RONDINELLI.
a Viol. Conc. 2 Viol. V. e B.

I. Concerto di PESCH.
a Viol. conc. 2 Cor. 2 Viol. V. e B.

II. Concerti di STAMITZ.
I. *a Viol. Conc. 2 Viol. V. e B.*

II. *a Viol. Conc. 2 Viol. V. e B.*

VIOLINO discordato.
VIOLA e VIOLONCELLO.

I. Trio di FRIEDEL.
a Viol. discordato. Liuto oblig. e Violonc.

I. Trio Paſtorello di HAGEN.
a Viol. discordato Viol. e Violoncello.

I. Solo di HERTEL.
a Viola con Baſſo.

I. Solo di GRAVEL.
a Viola con Baſſo.

VII. Trii di IVANSCHIZ. *a Violetta. Violino, e B.*
I.

III.

II.

IV.

V.

VI.

VII.

I. Divertimento di KOHAUT.
a Viola. Liuto oblig. e Violoncello.

I. Concerto di KRAUSE.
a Viola Conc. 2 Violini. V. e B.

VI. Trii di FILTZ, *a Violoncello ſolo. Flauto e Baſſo.*
I.

IV.

II.

V.

III.

VI.

Supplement II: 1767

FLAUTO TRAV.

TRII.

VI. Trii, di FILTZ. *a Flauto Violino e Violoncello.*

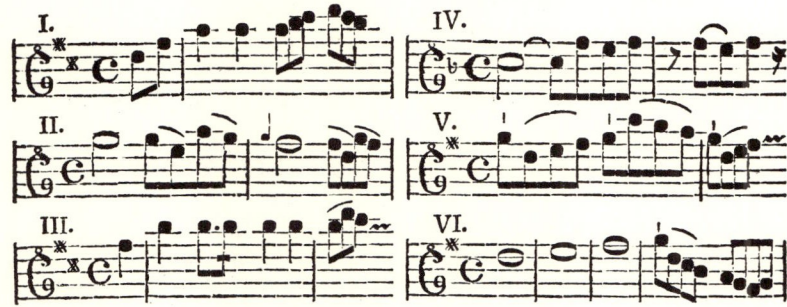

III. Trii di Leop. HOFMANN. *a 2 Flauti col Basso.*

II. Trii di RIEDEL, *a Flauto, Violino e Basso.*

II. Trii di SCHWARTZ.

I. *a Flaut. Viol. e B.*   **II.** *a 2 Flauti col Basso.*

CONCERTI. à FLAUTO CONCERTATO.

I. Concerto di CONCINNIANO.
a Flauto Conc. 2 Violini e Basso.

III. Concerti di FILS, *a Fl. 2 Viol. V. e B.*

VI. Concerti di GRAF, *a Flaut. Trav. 2 Violin. V. e B.*

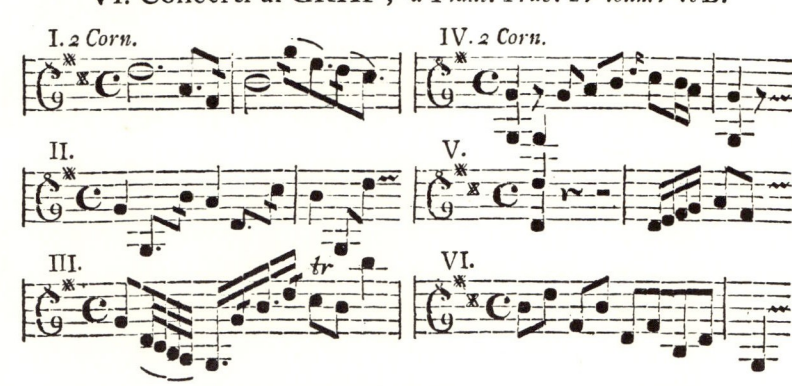

I. Concerto di HOFMANN.   I. Concerto di RIEDEL.
a Flaut. Conc. 2 Viol. V. e B.   *a Flaut. Conc. 2 Viol. V. e B.*

Supplement II: 1767

CEMBALO.
SOLI.

II. Sonate per il Cembalo Solo di AGNESI.

I. Sonata per il Cembalo Solo di ALBERTI.

VI. Divertimenti per il Cembalo Solo di C. S. BINDER.

VI. Sonate per il Cemb. Solo di GALUPPI. *Racc. I.*

VI. Sonate per il Cemb. Solo di GALUPPI. *Racc. II.*

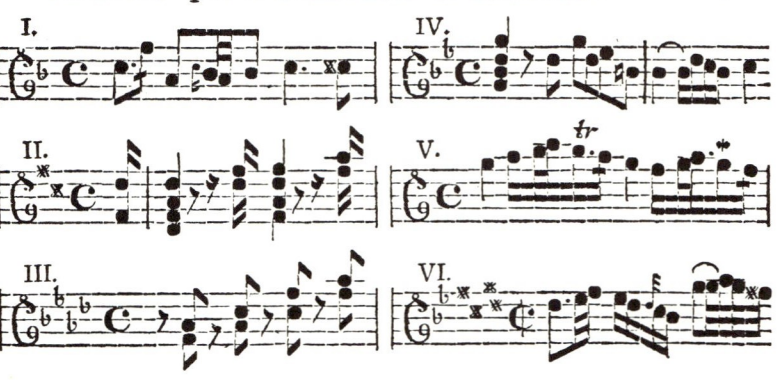

V. Sonate per il Cemb. Solo di HAYDEN.

VI. Divertimenti per il Cemb. Solo di HUNGER.

Supplement II: 1767

SOLI a CEMBALO.

PARTITE ACCOMODATE al CEMBALO SOLO.

II. Sinf. per il Cemb. Solo di DITTERS.

VI. Scherzandi accomodati per il Cemb. Solo di HAYDEN.
IV. c. Violino e Corn. ad lib.

I. Fantasia per il Cemb. nello Circolo degli XXIV modi musici di GRAUN.

Specimen Contrapuncti duplicis in Octava di HARRER.

I. Sonata per il Cemb. Solo di KLEINKNECHT.

Pieces de Clavecin seul par SILBERMANN.

II. Sonate per il Cemb. Solo di WAGENSEIL.

Arietta con XI. Variazioni di ANONYMO.

XII. Sinf. di GRAUN, accomodate per il Cemb. Solo.

I. Nell' Opera Angelica.
II. Nell' Opera Adriano.
III. Nell' Opera Alessandro.
IV. Nell' Opera Artaserse.
V. Nell' Opera C. Fabricio.
VI. Nell' Opera Merope.
VII. Nell' Opera Cinna.
VIII. Nell' Opera Demofonte.
IX. Nell' Opera Festi Galanti.
X. Nell' Opera Ifigenia.
XI. Nell' Opera Rodelinda.

VI. Sinf. di HASSE, accomodate per il Cemb. Solo.

I. Nell' Opera Clelia.
II. Nell' Op. Zenobia.
III. Nell' Op. Nitteti.
IV. Nell' Op. Siroe.
V. Nell' Op. Egeria.
VI. Nell' Op. Romolo.

SOLI a CEMBALO.

VI. Sinfonie accommodate per il Cembalo Solo.

I. di PICCINI.

II. di PICCINI.

III. di PALLAVICINI.

IV.

V.

VI. di GALUPPI.

II. Sinfonie di E. T. P. A. accomodate per il Cembalo Solo.

I. *Nell' Op. il Trionfo della fedeltà.*

II. *Nell' Op. Taleſtri.*

I. Partita accomod. per il Cemb. di WIEDNER.

SOLI a CEMBALO.

SONATE a CEMBALO SOLO,

intagliate in Parigi.

VI. Sonates par Mr. ECCARD.

I.

II.

III.

IV.

V.

VI.

VI. Sonates par Mr. HONAÜER.

I.

II.

III.

IV.

V.

VI. *avec l' accompagnement d' un Violon.*

IV. Sonates pour le Clavecin avec l'Accompagnement de Violon par Mr. MOZARD.

I.

II.

III.

IV.

Supplement II: 1767

SONATES pour le Clavecin Seul, avec l'Accompagn. d'Instrum. par Mr. SCHOBERT á Paris.

Opera I. *con Violino non obligato.*

I. II.

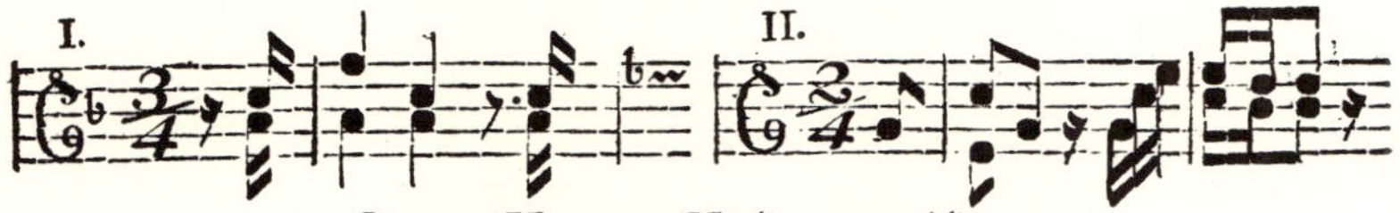

Opera II. *con Violino non obligato.*

I. II.

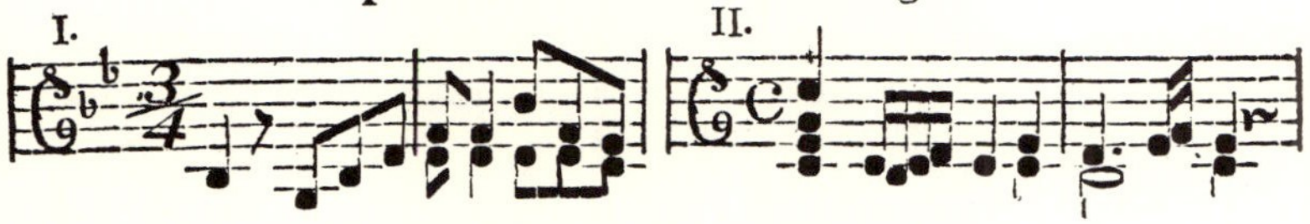

Opera III. *con Violino non obligato.*

I. II.

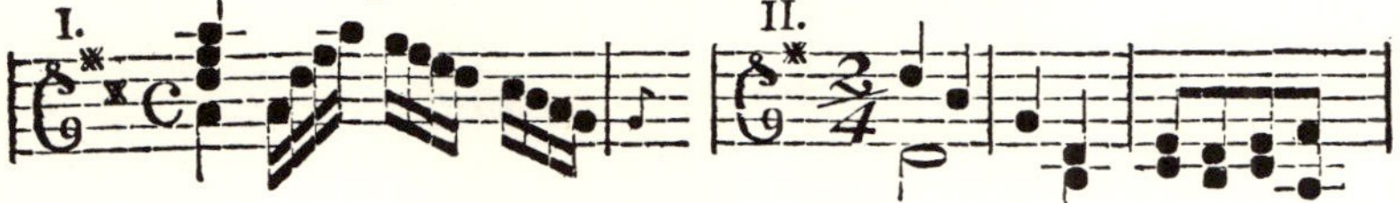

Opera IV. *senza Violino.*

I. II.

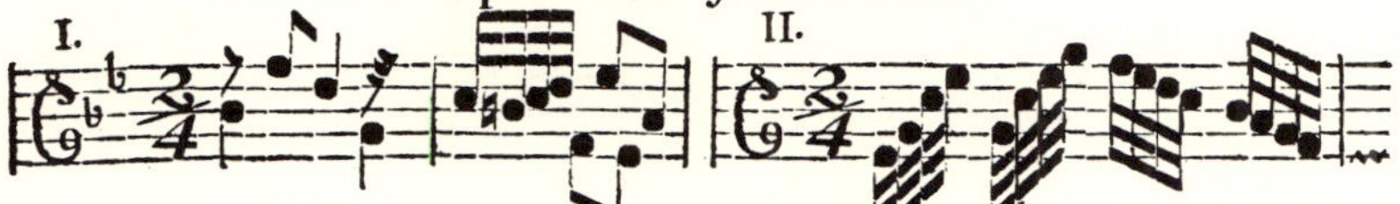

Opera V. *senza Violino.*

I. II.

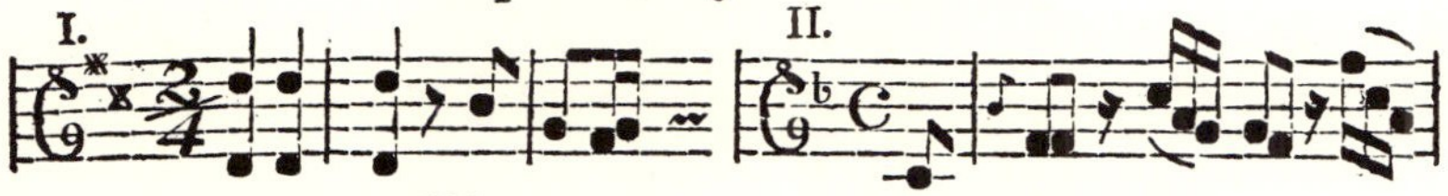

Opera VI.
I. *con Violino e Basso ad libitum.*

Opera VII.
II. *con 2 Violini e Basso.*

II. III.

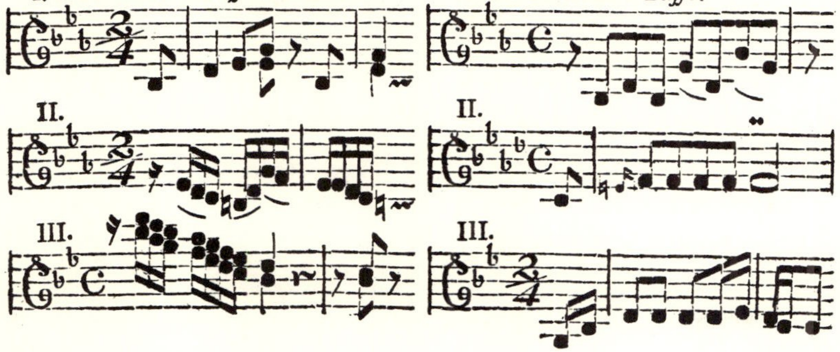

Opera VIII. *con Violino.*

I. II.

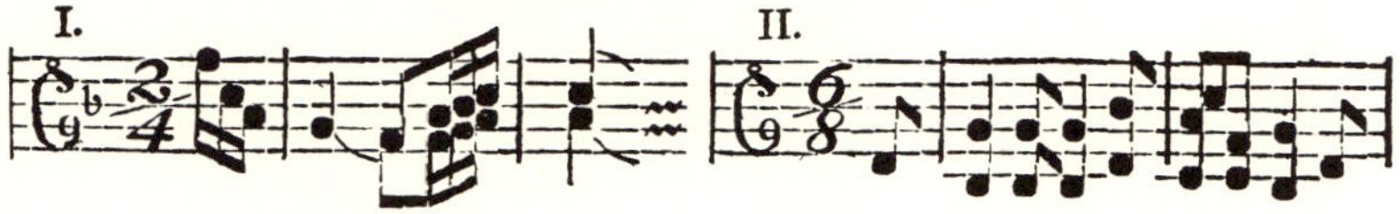

Opera IX.
I *Concerto a Cembalo Conc. 2 Ob. 2 Viol. Viol. e Basso.*

Opera XI.
I *Concerto a Cemb. Conc. 2 Corni. 2 Viol. Viol. e Basso.*

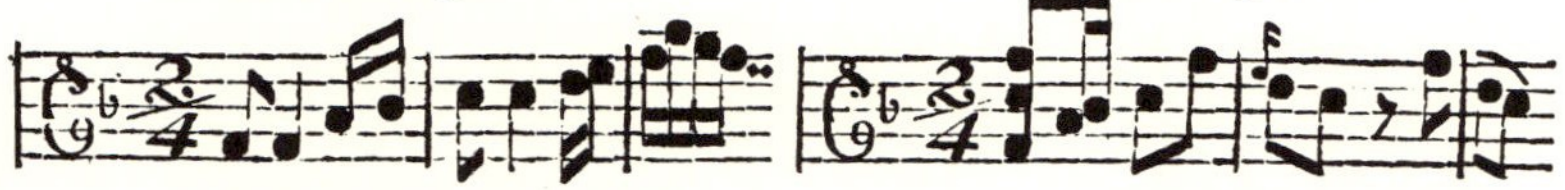

Opera XII.
I. *Concerto a Cemb. Conc. 2 Corni. 2 Ob. 2 Viol. V. e B.*

Opera XIII.
I. *Concerto Pastorale a Cemb. Conc. 2 Violini. V. e B.*

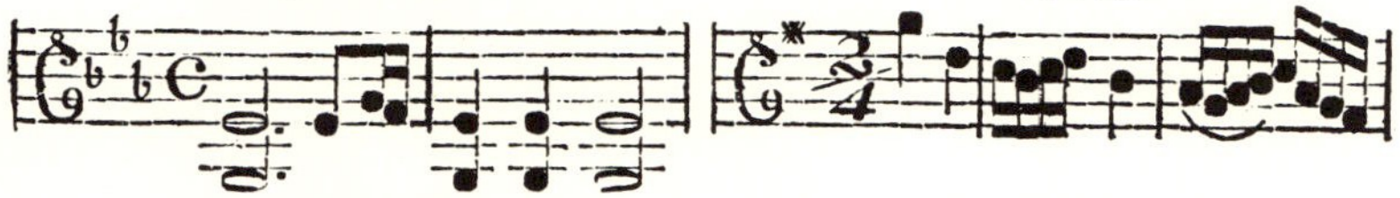

Opera XIV.
III. *Sinfonie pour le Clavecin con Violino 2 Corni ad libitum.*

Opera XV.
III. *Sinfonie pour le Clavecin con Violin. 2 Corn. ad libitum.*

I. II. III.

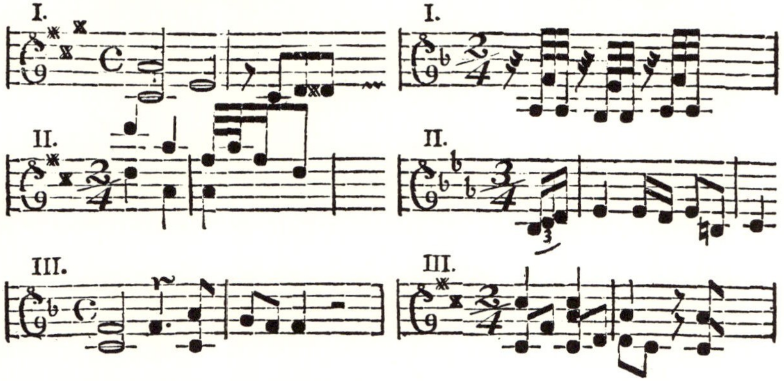

TRII a CEMBALO.

TRII a CEMBALO OBLIGATO con VIOLINO ó TRAVERSO.

I. Trio di BENDA, a Cembalo oblig. con Violino. **I. Trio di KLEINKNECHT**, a Cemb. oblig. con Flauto.

III. Trii di FALKENHAGEN, a Cembalo oblig. con Liuto oblig.

I. Trio di KUFFNER, a Cemb. obligato con Viol.

II. Trii, di SEIFFERTH, a Cembalo oblig. con Violino.

I. Trio di SCHAFFRATH, a Cemb. oblig. con Flauto. **I. Trio di SCHWANENBERG** a Cemb. oblig. con Violino.

VI. Trii di ZACH, a Cembalo obligato con Violino.

VI. con Violino, et Viola.

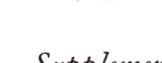

TERZETTI a CEMBALO.

TERZETTI a CEMBALO OBLIGATO con VIOLINO ó FLAUTO e BASSO.

I. Terzetto di BENDA. a Cemb. oblig. con Violino e Baßo. **I. Terzetto di HAYDEN.** a Cemb. oblig. con Violino e Baßo.

III. Terzetti di HOFMANN. a Cemb. oblig. con Viol. o Trav. e Baßo. **III. Terzetti di KIRSTEN.** a Cemb. oblig. Viol. o Trav. e Baßo.

VI. Terzetti di SEIFFERT, a Cembalo oblig. con Viol. e Baßo.

I. Terzetto di STEFFANI. a Cemb. oblig. con Viol. e Baßo. **I. Terzetto di WAGENSEIL.** a Cemb. oblig. con Viol. e Baßo.

Supplement II: 1767

CONCERTI a CEMBALO.

CONCERTI a CEMBALO CONCERTATO, A DUE VIOLINI, VIOLA e BASSO.

Supplement II: 1767

HARPA.

II. Concerti di GRENTZ, *a Harpa concertat. Flauto, Violino Violoncello.*

I. Concerto di CONTE, *a Harpa concert. Flauto Violino e B.*

ARIE e CANZONI.

I. Aria di Giov. BACH, *nell'Opera Orione, a Canto 2 Flauti. 2 Violini Viola e B.*

An - dro dall colle al pra - to le ag-nel-le a

I. Aria di COCCHI, *nell'Opera Semiramide, a Canto 2 Violini Viola e Baſſo.*

Che quel cor quel ci - gli - o al

II. Arie di CONCILIANI, *a Canto 2 Violini Viola e Baſſo.*

In que - ſto e - ſtremo ad - di - o.

La ra - gion gli affetti a - ſcol - ta

ARIE NELL' OPERE di HASSE.

OPERA IL TRIONFO di CLELIA.

I. *2 Violini Viola Canto Baſſo.*
Si ta - ce - rò ſe vuoi!

2. *2 Violini e Oboi Viola Canto e Baſſo.*
Ah ce - lar la bella

3. *2 Violini e Oboi Viola Alto e Baſſo.*
Reſta o ca - ra, e per

4. *2 Corni 2 Oboi 2 Viol. V. Canto e B.*
Tempeſte il mar mi - nac

5. *2 Corni 2 Oboi 2 Viol. Viol. Ten. e B.*
Sai che ſpie - gar ſi vede

6. *2 Corni 2 Fl. 2 Violini Viol. Alto e B.*
Sa - per di ba - ſti o cara

7. *2 Violini 2 Ob. Viola Canto e Baſſo.*
Mil - le dubbi mi

8. *2 Ob. 2 Fl. 2 Fag. 2 Viol. Vl. Alt. e B.*
Dei di Ro - ma ah

9. *2 Corn. 2 Fl. 2 Ob. 2 V. V. Cant. A. e B.*
Si, ſi ti ſi - do

10. *2 Viol. 2 Ob. Viol. Ten. e Baſſo.*
Sol del Te - bro in

11. *2 Viol. 2 Ob. Viol. Canto e B.*
Di - co che ingiu - ſto ſei

12. *2 Corn. 2 Ob. 2 Fl. 2 Viol. Vl. Alt. e B.*
Vor - rei che almen per

13. *2 Viol. 2 Ob. Viola Canto e B.*
Io nemica a

14. *2 Corn. 2 Ob. 2 Viol. Viol. Canto e B.*
Non ſpe - ri onuſto il pino

Supplement II: 1767

ARIE e CANZONI.

OPERA EGERIA.

OPERA ROMOLO ed ERSILIA.

Supplement II: 1767

15. 2 Corn. 2 Ob. 2 Viol. V. Ten. B.
Re - ſpi - ra al ſolo a - ſpetto 

19. 2 Tromb. Tymp. 2 Corn. 2 Ob. 2 Viol. Viola, Sopr. Alt. Ten. Baſſ. Baſſ.
Serbate o Numi l'Eroe - che

16. 2 Ob. 2 Viol. V. Sopr. B.
Perdo - no al pri - mo ecceſſo.

20. 2 Tromb. Tymp. 2 Corn. 2 Ob. 2 Viol. Viola, Alt. B.
Il te - nor de fati in-

17. 2 Corn. 2 Ob. 2 Viol. V. Sopr. B.
Frà quelle te - ne - re do-

21. 2 Tromb. Tymp. 2 Corn. 2 Ob. 2 Viol. Viola, Sopr. Alt. Ten. Baſſ. Cemb.
Numi che intenti ſiete le forti

18. 2 Ob. 2 Viol. V. Sopr. B.
Un'ì - ſtan - te al Cor tal -

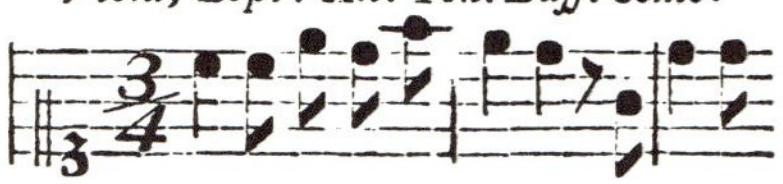

ARIE NELL'ORATORIO, di Nic. IOMELLI.

LA PASSIONE DI GESU CRISTO.

1. 2 Corn. 2 Ob. 2 Viol. V. Ten. B.
Giac - che mi tre - mi mi

3. 2 Viol. Viola, Sopr. Violonc.
Vorrei dirti il mio do-

2. 2 Viol. Viola, Sopr. Alt. Ten. Baſſo, Violonc.
Quan - to co - ſta il tuo de-

4. 2 Corn. 2 Ob. 2 Viol. Viola, Baſſo, Violonc.
Tor - bi - do mar, che

5. 2 Viol. Viola. Alt. Violonc.
Come a vi - ſta di pene

11. 2 Corn. 2 Ob. 2 Viol. V. Baſſ. Violonc.
All' i - dea de tuoi

6. 2 Corni, 2 Ob. 2 Viol. Viola. Sopr. Violonc.
Po - tea quel pian - to

12. 2 Viol. Viola, Ten. Violonc.
Se la pu - pilla in-

7. 2 Viol. Viola, Ten. Violonc.
Tu nel duol nel duol fè-

13. 2 Viol. Viola, Alt. Violonc.
Do - vun - que il guardo il

8. 2 Viol. Viola, Sopr. Ten. Violonc.
Vi ſen - to oh Dio vi

14. 2 Viol. Viola, Sopr. Violonc.
Ai paſ - ſi er - ran - ti

9. 2 Corn. 2 Ob. 2 Viol. Viola, Sopr. Alt. Ten. Baſſ. Violonc.
Di qual ſangue o mortale

15. 2 Corn. 2 Ob. 2 Viol. V. Ten. Violonc.
Se a li - brar - - - - -

10. 2 Viol. Viola, Alt. Violonc.
Ri - tor - ne - rà fra voi

16. 2 Corn. 2 Viol. Viola, Sopr. Alt. Ten. Baſſ. Violonc.
Santa ſpeme, tu ſei

ARIE e CANZONI.

XIV. Arie di SCHWANENBERG.

1. a Canto. 2 Viol. V. B.

Non ri-trovo un al-ma

2. a Cant. 2 Corn. 2 Viol. V. B.

Nell af-fanno oh Dio nell

3. a Cant. 2 Corn. 2 Ob. 2 Viol. V. B.

Nu-mi se giusti

4. a Cant. 2 Corn. 2 Ob. 2 Viol. V. B.

Sprezza il furor del

5. a Cant. 2 Corn. 2 Ob. 2 Viol. V. B.

Che fa il mio bene per

6. a Cant. 2 Corn. 2 Ob. 2 V. B.

Sempre m'avrai sul ciglio.

Nell' Op. Solimann.
7. a Sopr. 2 Viol. V. B.
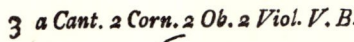
Ah fra ti-mo-ri tuoi

Nell' Op. Solimann.
8. a Sopr. 2 Viol. V. B.

Serbami ô ca-ra ô ca-ra

Nell' Op. Zenobia.
9. a Canto, 2 Viol. V. B.

A negli occhi un tale

Nell' Op. Zenobia.
10. a Canto, 2 Viol. V. B.

Quel ge-loso in-certo

Nell' Op. Zenobia.
11. a Sopr. 2 Viol. V. B.

Non so se la

Nell' Op. Zenobia.
12. a Sopr. 2 Viol. V. B.

Sal-vo tu vuo-i lo

Nell' Op. Didone.
13. a Sopr. 2 Corn. 2 Ob. 2 Viol. V. B.

Di quell'ac-cia-ro

Nell' Op. Didone.
14. a Sopr. 2 Corn. 2 O. V. B.

A tri-on-far

Il Fine.

SVPPLEMENTO III.
DEI
CATALOGI
DELLE
SINFONIE, PARTITE,
OVERTURE, SOLI,
DUETTI, TRII, QUATTRI
E
CONCERTI
PER IL
VIOLINO, FLAUTO TRAVERSO,
CEMBALO
ED ALTRI STROMENTI.
CHE
SI TROVANO IN MANOSCRITTO
NELLA OFFICINA MUSICA DI BREITKOPF
IN LIPSIA.

1 7 6 8.

SINFONIE.

V. Sinfonie di Carlo DITTERS.
a 2 Corn. 2 Ob. 2 Violini, Viola e Basso.

I. *Nazionale*, a 2 Cor. 2 Ob. 2 Viol. V. e B.   IV. a Viol. Principale, 2 C. 2 Ob. 1 V. V. e B.

II. a 2 Cor. 2 Ob. 2 Viol. V. e B.   V. a 2 Ob. 2 Viol. V. e B.

III. a 2 Cor. 2 Ob. 2 Viol. V. e B.

II. Sinfonie di Anton. DUNI.

I. a 2 Corn. 2 Ob. 2 Viol. V. e B.   II. a 2 Corn. 2 Ob. 2 Viol. 2 Viole e B.

I. Sinf. di GASMANN.   I. Sinf. di Giov. Adolf. HASSE.
a 2 Tromb. Tymp. 2 Cor. 2 Ob. 2 Fl. 2 Viol.   *dell' Opera Partenope.*
Viola 1 Fag. e B.   a 2 Tromb. Tymp. 2 Cor. 2 Viol. Viol. e B.

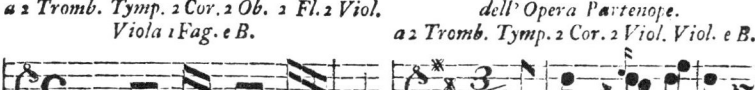

II. Sinfonie di Giuf. HAYDEN.

I. a 2 Cor. 2 Ob. 2 Viol. V. e B.   II. a 2 Cor. 2 Ob. 2 Viol. V. e B.

II. Sinf. di Leop. HOFMANN.
I. a 2 Cor. 2 Ob. 2 Viol. V. e B.   II. a 2 Cor. 2 Ob. 2 Viol. V. e B.

II. Sinfonie di Jean Gab. MEDER.
I. a 2 Cor. 2 Ob. 2 Viol. V. e B.   II. a 2 Cor. 2 Ob. 2 Viol. V. e B.

I. Sinf. di Nicolo PICCINI.   I. Sinf. di PIRLINGER.
a 2 Tromb. 2 Ob. 2 Viol. V. e B.

II. Sinf. di SCHMIDTBAUER.
I. a 2 Cor. 2 Ob. 2 Fl. 2 Fag. 2 Viol. V. e B.   II. a 2 Cor. 2 Ob. 2 Fl. 2 Fag. 2 Viol. V. e B.

II. Sinf. di TOESCHI.
I. a 2 Cor. 2 Fl. 2 Viol. V. e B.   II. a 2 Cor. 2 Ob. 2 Viol. V. e B.

I. Sinf. di TRAJETTA.
a 2 Cor. 2 Viol. V. e B.

II. Sinf. di Giov. VANHALL.
I. a 2 Cor. Tymb. 2 Clav. 2 Ob. 2 Viol. V. e B.   II. a 2 Cor. 2 Ob. oblig. 2 Viol. V. e B.

Supplement III: 1768

SINFONIE INTAGLIATE IN PARIGI, &c.

VI. Sinf. di Gaudenz. COMI, *a 2 Cor. 2 Ob. 2 V. V. e B.*

VI. Sinfonie di E. F. DELANGE, *a 2 Cor. 2 Viol. V. e B.*

VI. Sinfonie di GRAF, *a 2 Corn. 2 Ob. 2 Viol. V. e B.*

VI. Sinfonie di Giuſ. LIDARTI, *a 2 Viol. V. e Baſſo.*

VI. Sinf. di F. X. RAMBACH, *a 2 Cor. 2 Ob. 2 Viol. V. e B.*

II. Sinfonie di SCHMIDT, *a 2 Corn. 2 Ob. 2 Viol. V. e B.*

III. Sinf. di Carlo STAMITZ, *a 2 Corn. 2 Ob. 2 Viol. V. e B.*

Supplement III: 1768

SINFONIE.

VI. Sinfonie di SCHWINDEL, a 2 Corn. 2 Ob. 2 Viol. Viol. e B.

✱✱✱✱✱✱✱✱✱✱✱✱✱✱✱✱✱✱✱✱✱✱✱✱✱✱✱

CASSATIONES, DIVERTIMENTI, CONCERTINI.

IX. Caffation. di Giuf. HAYDEN.

DIVERTIMENTI.

III. Divertimenti di Giuf. HAYDEN.

I. Concertino di HAYDEN, a 2 Cor. 2 Viol. V. e B.

I. Concertino notturno di Carlo FERRARI, a 2 Cor. 2 Fl. 2 Viol. e B.

I. Serenada di HAYDEN, a 2 Corn. 2 Fl. 2 Viol. V. e B.

II. Caffation di Anton. ROSETTI, a 2 Corn. 1 Fl. 2 Viol. e B.

✱✱✱✱✱✱✱✱✱✱✱✱✱✱✱✱✱✱✱✱✱✱✱✱✱✱✱

MINUETTI, BALLI, &c.

Ballo, Il Filofofo amorofo. a 2 Corn. 2 Ob. 2 Fl. 2 Viol. V. e B.

Ballo, la Circe ed Ulyffe. a 2 Corn. 2 Ob. 2 Fl. 2 Viol. Viol. e B.

Ballo Pigmalion. a 2 Cor. 2 Ob. 2 Fl. 2 Viol. V. e B.

XXIV. Polonoife di FISCHER. a 2 Cor. 2 Ob. 2 Fl. piccoli 2 Fag. 2 Viol. e B.

XXIV. G. A. ADAM Dresdn. Redouten, Menuetten Ao. 1769.

XXIV. Dresdner Redouten Menuetten, XXIV. Polonoifen, Steyerifch, Mafur. von SIMONETTI Ao. 1768.

XXVI. Dresdner Redouten Menuetten VI. Polonoifen, Steyerifch, Mafur. von SIMONETTI, A. 1769. a 2 Cor. 2 Ob. 2 Fl. 2 V. e B.

Supplement III: 1768

VIOLINO.

SOLI con BASSO.

I. Solo di Georg. BENDA.   I. Solo di Giuſ. HAYDEN, arioſo con variaz.

III. Soli di MANFREDINI.

I. Solo di TZARTH.

Soli intagliati in Parigi &c.

VI. Soli di AVOLIO.

VI. Soli di Anton. GRONEMANN.

VI. Soli di LOLLI.

III. Soli di Franceſco LAMOTTA.

VI. Soli di Guilielmo NAVOIGILLE.

Supplement III: 1768

VIOLINO.

III. Soli di SPADINA.

DUETTI.

a duoi VIOLINI.

IV. Duetti di MOSELLE.

DUETTI, intagliati in Parigi &c.

VI. Duetti di G. KENNIS.

VIOLINO.

VI. Duetti di F. M. B. de ROME.

VI. Duets de differents AUTEURS.

Supplement III: 1768

TRII.
A DUE VIOLINI CON BASSO.

III. Trii di Leop. HOFFMANN.

I. Trio di FASCH.

V. Trii di ROESER.

Trii intagliati in Parigi etc.
VI. Trii di BERTRAND.

VI. Trii di Luigi BOCCHERINI.
a 2 Viol. e Basso obligato.

VI. Trii di Luigi BOCCHERINI.

VI. Sinfonie à Tre, di Luigi BOCCHERINI.

Supplement III: 1768

TRII A VIOLINO.

VI. Sinfonie a Tre, di Gaudenz. COMI.

VI. Trii par le DUC l'ainé.

VI. Trii del Conte Giuf. d'URSENBECK et MASSINI.

QUATTRI.

VI. Quattri di ASPELMEURE. *a 2 Viol. Viol. e Baſſo.*

I. Quattro di BISCHOFF. *a 2. Viol. Viol. e Baſſo.*   I. Quattro di HAYDEN. *a 2. Viol. e Baſſo.*

I. Quattro di KIRMAYER. *a 2 Violin. Viol. e Baſſo.*

Quattri intagliati in Parigi etc.

VI. Quattri di Luigi BOCCHERINI *a 2 Viol. Viol. obl. e Violonc. obl.*

II. Quattri di SCHMIDT *a 2 Violin. Viol. e Baſſo.*

Supplement III: 1768

QUINTETTI.

I. Quintetti di KIRMAYER. *a 2 Violin. Viola e Basso.*

II. Quintetti di ZANETTI. *a 3 Viol. 2 Violoncelli.*

Quintetti intagliati in Parigi.

VI. Quintetti di Giuſ. MISLEWECEK.
a 2 Violini 2 Viole e Basso.

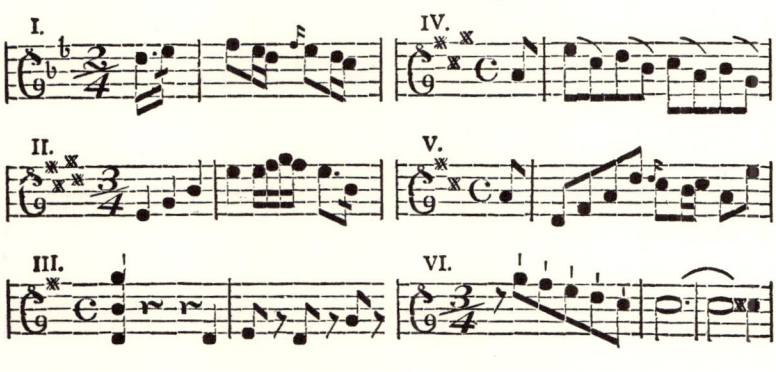

II. Quintetti di SCHMIDT. *a 2 Cor. 2 Viol. 2 Viol. e Basso.*

CONCERTI.

PER IL VIOLINO CONCERTATO.

I. Conc. di CROENER.   **I. Conc. di Carlo DITTERS.**
a Viol. conc. 2 Viol. V. e B.   *a Viol. conc. 2 Cor. 2 Viol. V. e B.*

I. Conc. di Leop. HOFFMANN. *a Viol. conc. 2. Viol. V. e B.*

II. Conc. di Giov. Batt. NERUDA. *a Viol. conc. 2 Viol. V. e B.*

I. Conc. di RIEPEL.

V. Conc. di Giuſ. TOESCHI.
I. a Viol. conc. 2. Viol. V. e B.   *IV. a Viol. conc. 2. Viol. V. e B.*

II. a Viol. conc. 2. Viol. V. e B.   *V. a Viol. c. 2 Cor. 2 Fl. 2 Fag. 2 V. V. B.*

III. a Viol. conc. 2 Viol. V. e B.

II. Conc. di FRAENZEL. *Intagliati in Parigi.*

Supplement III: 1768

DUETTI.

II. Duetti di Leop. HOFFMANN. *a Violonc. e Violino.*

TRII.

I. Trio di L. HOFFMANN.
a Violonc. Violino e Baſſo.

I. Trio di KIRSTEN.
a Viola, Violonc. e Violono.

CONCERTI.

I. Conc. di HOFFMANN. *a Violonc. conc. 2 Viol. e Baſſo.*

FLAUTO TRAVERSO.

VI. Soli di Meſſiandro BESOZZI.

DUETTI.

I. Duetto di BERTONI, *a 2 Flauti.*

IV. Duetti di Leop. HOFFMANN.

I. Duetto di MANCINELLI.

TRII.
a Flauto, Violino e Baſſo.

I. Trio di BERINGER.

VI. Trii di BUTINI.

Supplement III: 1768

FLAUTO TRAVERSO.

VI. Trii di Anton. FILS.

I.

II.

III.

IV.

V.

VI.

III. Trii di Leop. HOFFMANN.

I. a 2 Flauti e Baſſo.

II. a 2 Flauti e Baſſo.

III. a Flauto, Viol. e Baſſo.

I. Trio di Giuſ. HAYDEN.
a Flauto, Viol. e Baſſo.

VI. Trii di WENDLING, a Fl. Viol. e B.

I.

II.

III.

IV.

V.

VI.

FLAUTO TRAVERSO.

QUATTRI.

II. Quattri di Giuſ. TOESCHI.

I. a Flauto Viol. V. e B.

II. a Flauto Viol. V. e B.

CONCERTI
à
FLAUTO CONCERTATO.

III. Concerti di FILS.

I. a Flauto conc. 2 Viol. Viol. e Baſſo.

II. a Fl. conc. 2 Cor. 2 Viol. V. e B.

III. a Flauto conc. 2 Corn. 2 Viol. Viol. e B.

V. Concerti di GRAF. a Fl. conc. 2 Viol. Viol. e B.

I.

II.

III. 2 Corni.

IV.

V.

I. Concerti di KLEINKNECHT.
a Fl. conc. 2 Viol. V. e B.

I. Conc. di RICHTER.

Supplement III: 1768

CEMBALO.

SOLI.

VI. Soli di J. C. BACH Milanese.

II. Soli di BINDER.

II. Soli di CORNELIUS.

VI. Soli di Giov. SCHWANBERG jun.

VI. Soli di Giov. SCHWANBERG. jun.

VI. Soli di STEFFANI.

Soli intagliati in Parigi.

VI. Soli di Don Idelfonso de ROSSI.

CEMBALO.

VIII. Soli di Domenico ALBERTI.

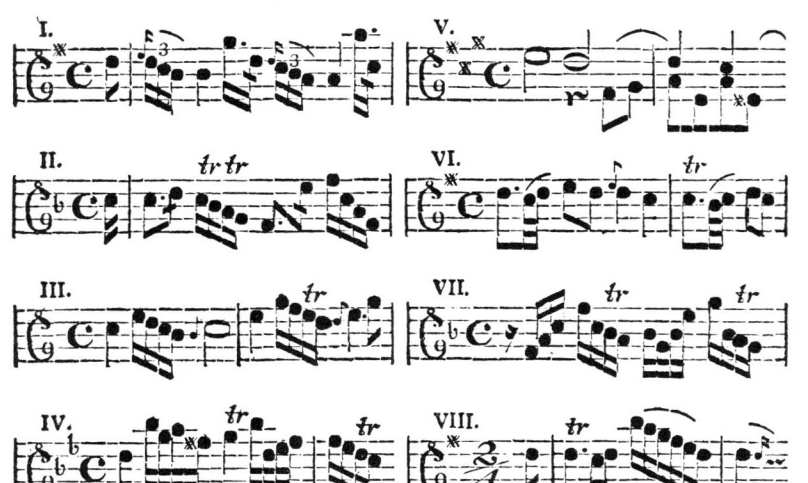

XXIV. Polonesi di GOLDBERG.

Sonata per dui in uno Clavicembalo.

Cembalo Primo.

Cembalo Secondo.

CEMBALO.

TRII a Cembalo obligato.
CON VIOLINO O TRAVERSO.

I. Trio di GRAF. *a Cemb. e Viol.*   I. Trio di SCHWINDEL. *a C. e Fl.*

Intagliati in Amsterdam.
VI. Trii di Wolffgang. MOZARD. *a Cemb. e Violino.*

TERZETTI a Cembalo obligato.
CON VIOLINO O FLAUTO E BASSO.

I. Terzetto di BODE.   I. Terzetto di GRAUN.
a Cemb. Viol. e Basso.   *a Cemb. Viol. e Basso.*

III. Terzetti di KREISIG. *a Cemb. Violino e Basso.*

Supplement III: 1768

CEMBALO.

Intagliati in Parigi etc.
IV. Terzetti di SCHOBERT. a Cemb. Viol. e Basso.

CONCERTI a Cembalo concertato.
CON PIU STROMENTI.

IV. Conc. di BINDER.

I. Conc. di DURANT.

I. Conc. di FILS.

I. Conc. di FORSTMEYER. a Cemb. conc. 2 Cor. 2 Viol. e Basso.

III. Conc. di Leop. HOFFMANN.

CEMBALO.

II. Conc. di JOMELLI.

II. Conc. di MICHAELIS. a Cemb. conc. 2 Viol. Viola e Basso.

II. Conc. di POCORNI.

I. Conc. di RICHTER.   **I. Conc. di SEIFERT.**
a Cemb. conc. 2 Viol. V. e B.   a Cemb. conc. Fl. conc. 2 Cor. 2 Viol. V. e B.

I. Conc. di STAMITZ.   **I. Conc. di SCHOBERT.**
a Cemb. conc. 2 Viol. V. e B.   a Cemb. conc. 2 Cor. 2 Fl. 2 Viol. V. e B.

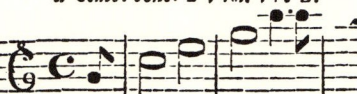

I. Conc. di WAGENSEIL.   **I. Conc. di WOLF.**
a Cemb. conc. 2 Cor. 2 Ob. 2 Fl. 2 V. 2 V. e B.   a Cemb. conc. 2 Viol. Viola e Basso.

I. Partita di SIMONETTI.
a Cemb. oblig. Viola oblig. Violonc. oblig. 2 Flaut. e Violono.

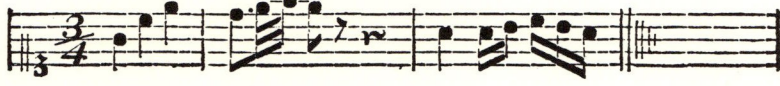

Supplement III: 1768

ARIE E CANTATE.

CON PIU STROMENTI.

I. Cantata di CONTI. *a Sopr. 2 Violin. Viol. e Baſſo.*

Tir-ſi, po-ve-ro Tir-ſi

II. Cantate di FOERSTER. *a Sopr. 2 Viol. V. e Baſſo.*

I.
Zef - fi-ret-to

II.
Sei gen-ti - le ſeivez-

I. Cantata di GAJARECK. *a Sopr. 2 Viol. uniſ. V. e B.*

Nu-me ar-cie-ro in trat-tar

V. Cantate di GRAUN. *a Sopr. 2 Viol. Viol. e Baſſo.*

I.
Per far di me vendet - ta

IV.
Non deggio lu-ſingarmi ne

II.
Nul-la piu di Spe-ran-za

V.
Stando a canto a l'idol mio

III.
Sotto un furor poſ-ſen-te

V. Cantate di HASSE.

I. *a Alto ſolo e Flaut. Trav.*
Bell' au -ro - ra che

IV. *a Sopr. 2 Viol. uniſ. e Baſſo.*
Di - re - i di - re - i

II. *a Sopr. 2 Viol. Viol. e Baſſo.*
Dell a-mante Ca-li-ſte

V. *a Sopr. Violino e Baſſo.*
La fiamma che nell ſeno

III. *a Sopr. 2 Viol. Viol. e Baſſo.*
Pria dell'u-ſa-to ſuo ſorge l'au-

III. Arie di HENDEL.

I. *a Sopr. 2 Viol. Viol. e Baſſo.*
E ſi dolceil mio contento

III. *a Sopr. 2 Viol. uniſ. e Baſſo.*
A - mi-coil fa-to mi

II. *a Sopr. 2 Viol. e Baſſo.*
Paſ-ſagier ch'in ſel-va

III. Cantate di HENDEL.

I. *a Sopr. 2 Viol. e Baſſo.*
Dica il fal - - ſo di-ca il

III. *a Sopr. 2 Viol. Viol. e Baſſo.*
Gio - - ie ve - ni - te in

II. *a Sopr. 2 Viol. Viol. e Baſſo.*
Crudel ti-ranno a-mor

ARIE E CANTATE.

I. Cant. di HURLEBUSCH. *a Sopr. 2. Viol. Viol. e Basso.*

Bel-la ma ingra-ta Fil-li

I. Cantata di LOTTI. *a Sopr. Oboe obl. 2 Viol. V. e B.*

Fa-vel-la al tu-o co-re e

II. Arie di RISTORI.

I. *a Sopr. 2 Viol. unis. Viol. e Basso.*

Tu ot-tien-ti fra le

II. *a Sopr. 2 Viol. Viol. e Basso.*

A-sper-se il di rug-gia-da.

Der Schulmeister in der Singschule del Sign. FEHRE.
a Basso voce, 2 Viol. Viola e Basso.

Die zwey Wächter. di Sign. HERBING.
a Soprano, 2 Viol. Viola e Basso.

ARIE e CANZONI.

ARIE NELL' OPERA PARTHENOPE del Sgr. HASSE.

Supplement III: 1768

ARIE NELL'OPERA AMORE e PSICHE
del Sgr. Flor. GASMANN, in Vienna.

1. 2 Cor. 2 Fl. 2 Ob. 2 Fag. 2 Viol. Viola e B.
Ve-nite, venite al bel giorno,

Coro.
2. 2 Cor. 2 Fag. 2 Fl. 2 Viol. Viola, S.A.T. B. e Fond.
Oh fortu-nata che in fra le

3. 2 Cor. 2 Ob. 2 Fag. 2 Viol. Viola e B.
Quand' apra al di le ciglia

4. 2 Fl. 2 Cor. 2 Fag. Viola e Baffo.
Chi per pieta mi di-ee, la

5. 2 Cor. 2 Ob. 2 Viol. 2 Fag. Viola e B.
Me-co al vo-ler del fato

6. 2 Ob. 2 Viol. Viol. e Baffo.
Fre ma in faccia al fuo pe-

7. 2 Tromp. Tymp. 2 Cor. 2 Ob. 2 Viol. V. e B.
Quel guerra fu-ne-fta

Coro.
8. 2 Corni, 2 Flauti, 2 Oboi, 2 Fag. 2 Viol. 2 Viole e Baffo.
Oh qual t'adorna del fuo fplen-

9. 2 Cor. 2 Ob. 2 Fag. 2 Viol. 2 Viole e Baffo.
Torno a voi fe-li-ci

Duetto.
10. 2 Cor. 2 Ob. 2 Viol. Viola e Baffo.
Ah fe pu-nir mi

Coro.
11. 2 Cor. 2 Ob. 2 Viol. 4 Voci e Baffo.
Piega la fronte al Nume

12. 2 Flaut. 2 Fag. 2 Ob. 2 Viol. Viol. e B.
Ma l'i-ra ve-ftra o Dei!

13. 2 Ob. 2 Fag. 2 Viol. 2 Viole e Baffo.
Cara figlia ah do-ve

14. 2 Corn. 2 Ob. 2 Fag. 2 Viol. Viola e B.
Mentre al indegni appreffo,

15. 2 Ob. 1 Fag., 2 Viol. 2 Viol. e B.
Ah fe puo fol la morte

Coro.
16. 2 Tromb. Tymp. 2 Ob. 2 Flaut. 2 Violin. 2 Viol. 4 Voci e Baffo.
La vi-va fa-ce ac-

17. 2 Cor. 2 Ob. 2 Fl. 2 Viol. 1 Fag. 2 V. e B.
Bel-la in un va-go rifo,

18. 2 Flaut. 2 Fag. 2 Viol. Viol. e B.
Ceffino i voftri pianti

Quartetto.
19. 2 Cor. 2 Ob. 2 Fl. 2 Fag. 2 Violin. 2 Viola, e 4 Voci e Baffo.
Oh Dei che facefti?

Terzetto.
20. 2 Ob. 2 Viol. 2 Fag. Viola, 3 Voci e B.
Vieni o Pfiche alle valle

21. 2 Cor. 2 Ob. 2 Viol. Viol. e Baffo.
Do-ver-fi oh Dio di-

22. 1 Fag. 2 Viol. Viola Baffo.
Chi non cede a quelle

Duetto.
23. 2 Corn. 2 Flauti. 2 Viol. Viola e Baffo.
Sma-ri-to in rea fo-refta,

Duetto.
24. 2 Cor. 2 Ob. 2 Fl. 2 Viol. Viol. e B.
Cef-fa-te, cef-fa-te,

Coro.
25. 2 Tromb. Tymp. 2 Corn. 2 Ob. 2 Flaut. 2 Violin. 2 Viole, 4 Voci e Baffo.
Imme-ne-o la fa-ce

SVPPLEMENTO IV.
DEI
CATALOGI
DELLE
SINFONIE, PARTITE,
OVERTURE, SOLI,
DUETTI, TRII, QUATTRI
E
CONCERTI
PER IL
*VIOLINO, FLAUTO TRAVERSO,
CEMBALO*
ED ALTRI STROMENTI.
CHE
SI TROVANO IN MANOSCRITTO
NELLA OFFICINA MUSICA DI BREITKOPF
IN LIPSIA.

1769.

SINFONIE.

Supplement IV: 1769

SINFONIE intagliate in Parigi, &c.

VI. Sinfonie di Giov. BACH, *a 2 Cor. 2 Ob. 2 Viol. V. e B.*
Opera VI.

VI. Sinf. di Carolo DITTERS, *a 2 Cor. 2 Ob. 2 Viol. V. e B. Opera IV.*

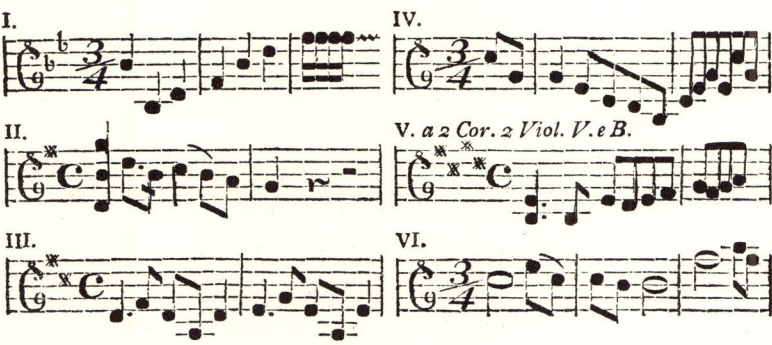

III. Sinf. di Carlo DITTERS, *a 2 Cor. 2 Ob. 2 Viol. V. e B.*
Opera V.

VI. Sinf. di GOSSEK, *a 2 Cor. 2 Ob. 2 Viol. V. e B.*
Opera XII.

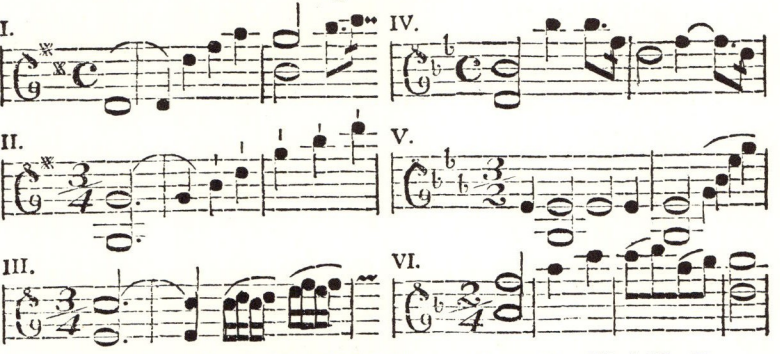

VI. Sinf. di Giuſ. HAYDEN, *a 2 Cor. 2 Ob. 2 Viol. V. e B.*
Oper. VII.

VI. Sinf. di Ignatio HOLZBAUER, *a 2 Cor. 2 Ob. ò Flauti, 2 Viol. V. e B.   Opera III.*

Supplement IV: 1769

SINFONIE.

III. Sinfonie di Ignatio HOLZBAUER. *Opera IV.*

VI. Sinf. di MARTINI, *il Fedesco* a 2 Viol. V. e B. Opera V.

VI. Sinf. di Xavieri RICHTER, *a 2 Cor. 2 Ob. 2 Viol. V. e B.*
Opera VII.

SINFONIE.

II. Sinfonie di Giuf. TOESCHI.

VI. Sinf. di VANMALDERE, *a 2 Cor. 2 Ob. 2 Viol. V. e B.*
Opera V.

I. Sinf. di VANNAL, *a 2 Viol. V. e B.*

PARTITE, DIVERTIMENTI, CASSATIONES &c.

I. Partita di B. T. BREITKOPF, *a 2 Cor. 2 Flauti, 2 Viol. V. e B.*

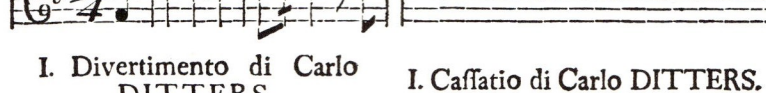

I. Divertimento di Carlo DITTERS.
a 2 Cor. Violino Solo, Oboe Solo, 2 Viole, e Baſſo.

I. Caffatio di Carlo DITTERS.
a 2 Corni, Violino, Viola e Baſſo.

Supplement IV : 1769

VIOLINO.

SOLI con BASSO.

VIII. Soli di Carolo DITTERS.

SOLI, intagliati in Parigi &c.

VI. Soli di BERTHEAUME.

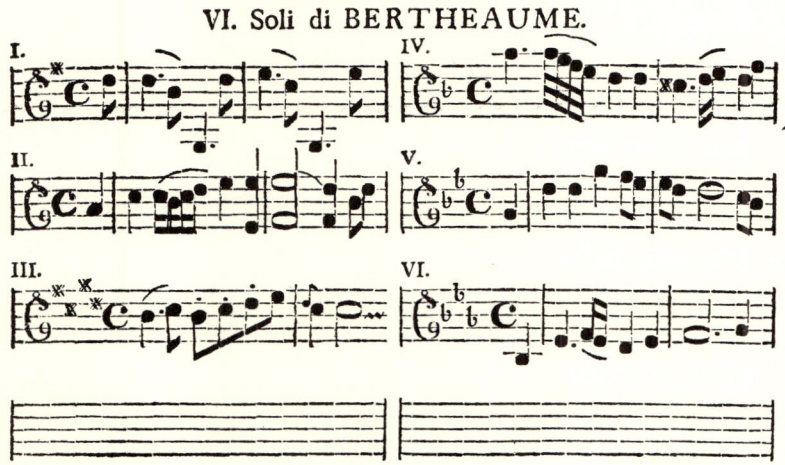

VI. Soli di Conrad BREUNIG. Opera II.

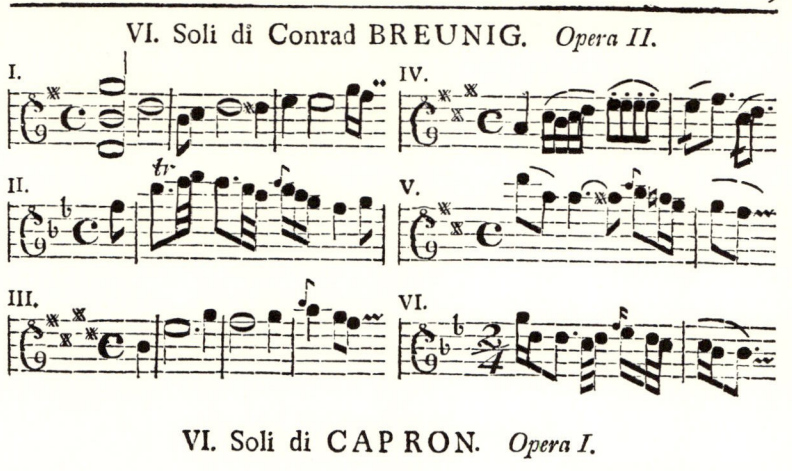

VI. Soli di CAPRON. Opera I.

VI. Soli di DEMACHI. Opera I.

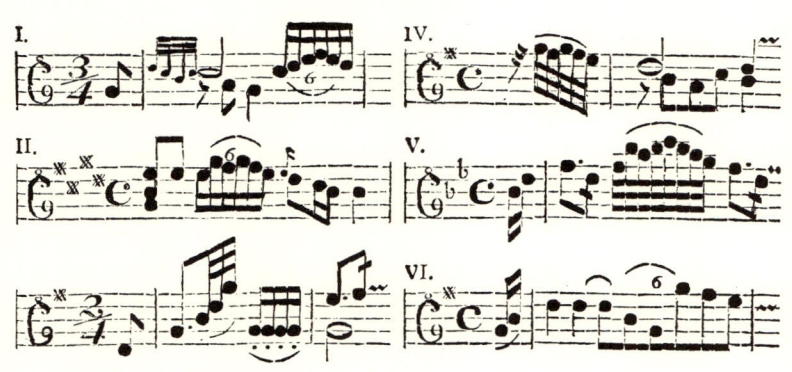

VI. Soli di KLEINKNECHT.

VI. Soli di Filippo MANFREDI. *Opera I.*

VI. Soli dell'Abbate Alexandro ROBINEAU.

VI. Soli di VACHON. *Opera III.*

DUETTI
A DUOI VIOLINI.

VI. Duetti di EISELT.

DUETTI, intagliati in Parigi.

VI. Duetti di Conrad BREUNIG. Opera I.

VI. Duetti di Felice DEGIARDINO. Opera X.

VI. Duetti di REY, a Violino I & II. ò Violoncello.

TRII.
A DUE VIOLINI CON BASSO.

VI. Trii di Carolo DITTERS.

VI. Trii di Giuſ. MISLEWECEK.

TRII, intagliati in Parigi, &c.

VI. Trii di Guillelme CRAMER. Opera I.

Supplement IV: 1769

VI. Trii di Bartolomeo MENESINI, *London.*

VI. Sinfonie a trè di Andrea OCH. *Opera I.*

VI. Trii di Giov. Andrea SABATINI, *London.*
Opera I.

VI. Trii di SCHLEGER. *Opera I.*

VI. Trii di Gregorio SCIROLI. *Opera I.*

VI. Trii di Ludovico SIRMEN. *Opera I.*

Supplement IV: 1769

VI. Trii di Francesco UTTINI, *Opera I. London.*

QUATTRI, intagliati in Parigi &c.

VI. QUATTRI di ASPELMAYR, *a 2 Viol. V. e B. Opera II.*

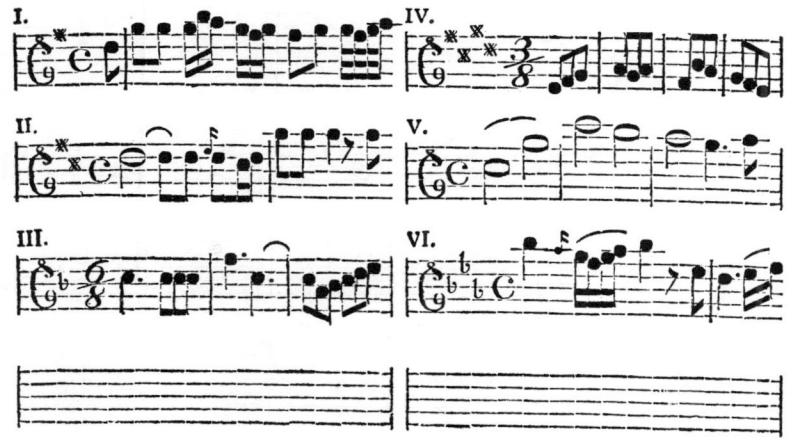

VI. Quattri di BARBICI, *a 2 Viol. V. e B. Opera I.*

VI. Quattri di Giov. FRANCISCONI, *a 2 Viol. V. e B. Opera II.*

VI. Quattri di GEBART, *a 2 Viol. V. e B. Opera I.*

Supplement IV: 1769

VIOLINO.

CONCERTI, per il Violino concertato.

II. Concerti di Giuſ. HAYDEN. | II. Conc. di Leop. HOFFMANN.
a Viol. conc. 2 Viol. V. e B. | *a Viol. conc. 2 Corni, 2 Viol. V. e B.*

I. Conc. di Giuſ. MISLEWECEK. | I. Conc. di PESCH.
a Viol. conc. 2 Ob. 2 Viol. V. e B. | *a Viol. conc. 2 Viol. V. e B.*

II. Conc. di STAMITZ, il figlio. | I. Conc. di Giuſ. TOESCHI.
a Viol. conc. 2 Viol. V. e B. | *a Viol. conc. 2 Viol. V. e B.*

CONCERTI, intagliati in Parigi &c.

II. Conc. di Ant. LOLLI, *a Viol.* | II. Conc. di FRAENZEL, *a Viol.*
conc. 2 Viol. V. e B. Opera IV. | *conc. 2 Cor. 2 Ob. 2 Viol. V. e B. Op. I.*

VIOLA d'AMORE.

I. Trio di NOVY. | I. Concerto di KRUMLOFFSKY.
a Viola d'Amore, Flauto Trav. e B. | *a Viola d'Amore conc. 2 Viol. V. e B.*

VIOLONCELLO.

SOLI, intagliati in Parigi, &c.

VI. Soli di PIN, *a Violoncello e Baſſo.* | VI. Soli di REY, *a Violoncello e Baſſo.*

VIOLONCELLO.

DUETTI.

VI. Duetti di NEYDING, a due Violoncelli.

VI. Duetti di NEYDING, a Flaut. Trav. e Violoncello.

II. Duetti di NEYDING, a Violoncello e Violino.

I. Trio di Leop. HOFFMANN, a Violoncello, Violino e Basso.

FLAUTO TRAVERSO.

VI. Soli di Filippo PROVER, intagliati in Parigi. Opera I.

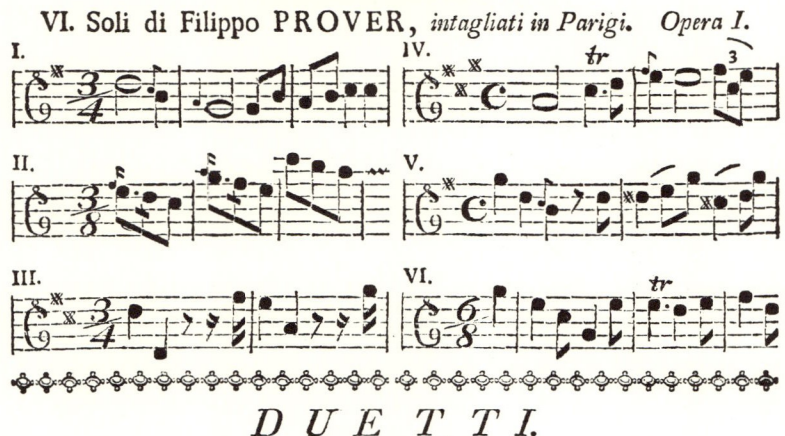

DUETTI.

III. Duetti di Leop. HOFFMANN, a due Flauti.

VI. Duetti di KLEINKNECHT, a 2 Flauti Traversi.

Supplement IV: 1769

FLAUTO TRAVERSI.

TRII.

A DUE FLAUTI e BASSO.

VI. Trii di KLEINKNECHT, *a 2 Flauti e Baſſo.*
intagliati in Parigi. Opera III.

A FLAUTO, VIOLINO e BASSO.

V. Trii di Leop. GASMANN, *a Flauto, Violino e Baſſo.*

II. Trii di Giuſ. HAYDEN.

I. *a Flauto, Violino e Baſſo.*   II. *a Flauto, Viola e Baſſo.*

I. Trio di Leop. HOFFMANN, *a Flauto Violino e Baſſo.*

FLAUTO TRAVERSI.

III. Trii di STALDER, *a Flauto, Violino e Baſſo.*

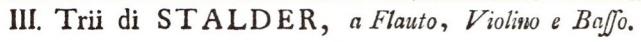

QUATTRI, *intagliati in Parigi &c.*

VI. Quattri di Leop. GASMANN. *Opera I.*

QUINTETTI, *intagliati in Parigi &c.*

VI. Quintetti di Chriſtiano CANNABICH, *a 2 Flauti, Violino, Viola & Violoncello obligato. Opera VII.*

Supplement IV: 1769

CONCERTI.

A FLAUTO TRAVERSO CONCERTATO.

I. Concerto di CANNABICH, *a Flauto conc. 2 Viol. V. e B.*

II. Concerti di Anton. FILS, *a Fl. conc. 2 Cor. 2 Viol. V. e B.*

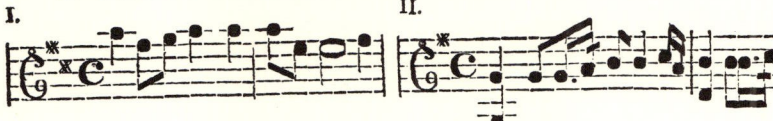

V. Concerti di Leop. HOFFMANN.

I. *a Fl. conc. 2 V. Viola oblig. e Basso.*   IV. *a Fl. conc. 2 Cor. 2 Viol. V. e B.*

II. *a Fl. conc. 2 Viol. V. e B.*   V. *a Fl. conc. 2 Cor. 2 Viol. V. e B.*

III. *a Fl. conc. 2 Viol. V. e B.*

II. Concerti di HOLZBOGEN.

I. *a Fl. conc. 2 Cor. 2 Viol. V. e B.*   II. *a Fl. conc. 2 Viol. V. e B.*

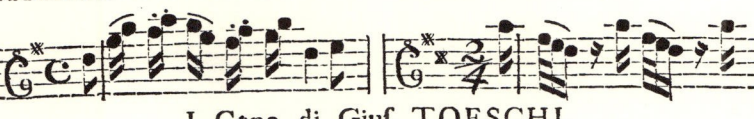

I. Conc. di Giuſ. TOESCHI.

II. Concerti di WENDLING.

I. *a Flaut. conc. 2 Clar. Tymp. 2 Cor. 2 Ob. 2 Viol. V. e B.*   II. *a Flaut. conc. 2 Viol. V. e B.*

II. Conc. di WENDLING, *a Flaut. conc. 2 Cor. 2 Viol. V. e B. intagliati in Parigi. Opera IV.*

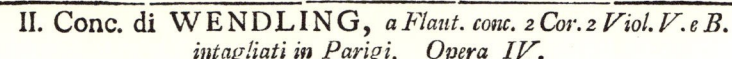

OBOE.

VI. Sonate a Oboe ſolo di PROVER, *vid. Flaut. Trav. p. 21.*

II. Conc. di FISCHER, *a Oboe conc. 2 Violini, Viola e B.*

I. Conc. di ROELLIG, *a Oboe conc. 2 Viol. V. e Basso.*

CORNO.

II. Concerti di HAMPEL, *a 2 Corn. concert. 2 Viol. V. e B.*

II. Concerti di LAU, *a Corno conc. 2 Viol. Viola e B.*

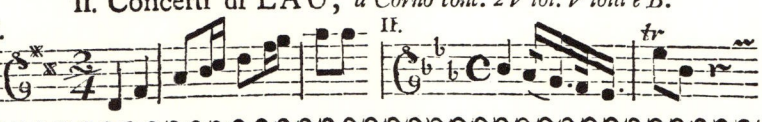

FAGOTTO.

I. Concerto di ZIMMERMANN, *a Fagotto conc. 2 Viol. V. e B.*

Supplement IV : 1769

CEMBALO.

SOLI

VI. Divertimenti di Leop. HOFMANN, a Claviciembalo solo.

I. Fantasia di STEFFANI a Cembalo solo.

Sonate, a Cembalo Solo, intagliate in Parigi &c.

VI. Sonate di BAMBINI, a Cembalo Solo.

III. Sonate della Sigra. BAYON, a Cembalo Solo, intagliate in Parigi. Opera I.

VI. Sonate di BEECKE, a Cembalo Solo. Opera V.

VI. Sonate di Giac. CROCE, a Cembalo Solo. Stampate in Londra.

CEMBALO.

III. Sonate di Giuſ. SARTI, *a Cembalo Solo.* *Stampate in Londra.*

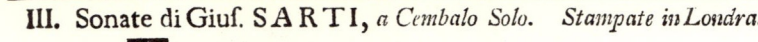

T R I I.
A CEMBALO OBLIGATO CON VIOLINO.

I. Trio di BINDER, *a Cembalo e Violino.*   **I. Terzetto di HAYDEN,** *a Cembalo, Violino e Baſſo.*

III. Trii della Sigra. BAYON, *a Cembalo e Violino, intagliati in Parigi. Opera I.*

VI. Trii di Luigi BOCHERINI, *a Cembalo e Violino. intagliati in Parigi.*

CONCERTI e CONCERTINI a Cembalo concertato con più Stromenti.

VI. Concerti di Chriſtiano BACH, *a Cemb. conc. 2 Cor. 2 V. V. e B.*

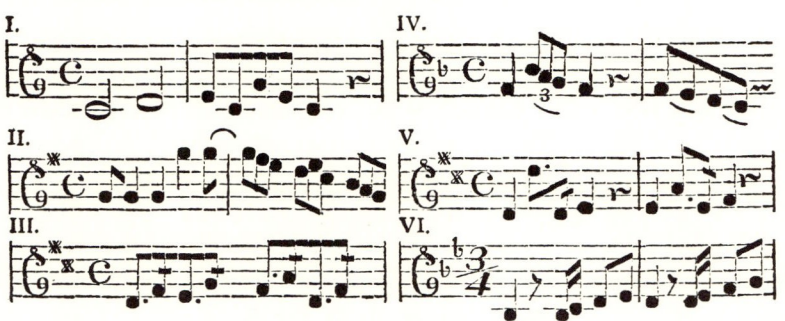

I. Conc. di BINDER.   **I. Conc. di CHARPENTIER.**
a Cemb. conc. 2 V. V. e B.   *a Cemb. conc. 2 V. e B.*

III. Concerti di Leop. HOFFMANN.

I. *a Cemb. conc. Oboe conc. 2 V. V. e B.*   III. *a Cemb. conc. 2 Cor. 2 V. V. e B.*

II. *a Cemb. conc. 2 Cor. 2 V. V. e B.*   **I. Concertino di L. HOFFMANN.** *a Cemb. Fl. Trav. Viol. Violonc. e B.*

II. Concerti di ROLLE, *a Cemb. conc. 2 V. V. e B.*

Supplement IV: 1769

CEMBALO.

I. Concerto di SCHALE.

II. Concertini di Giuf. STEFFANI.

I. *a Cemb. conc. 2 Cor. Flauto Trav.* II. *a Cemb. conc. Flauto Trav. Violino*
Violino e Baſſo. *e Violoncello.*

II. Concerti di WOLF.

I. *a Cemb. conc. 2 V. V. e B.* II. *a Cemb. conc. 2 Flaut. 2 V. V. e B.*

VI. Notturni di MARTINI, *a Cembalo oblig. o Harpa, 2 Viol.*
e Baſſo. intagliati in Parigi. Opera IV.

HARPA.

MOREAU *airs choiſis pour la Harpe,*
intagliate in Parigi.

VI. Sonate per l' Harpa e Violino di Franceſco PETRINI,
intagliate in Parigi. Opera I.

ARIE DELL' INTERMEZZO PIRAMO
e TISBE del Sgr. HASSE.

1. *2 Ob. 2 Flaut. 2 Viol. Viola, Sopr. e B.* 3. *2 Ob. 2 Viol. Viola. Sopr. Baſſo.*

2. *2 Ob. 2 Fl. 2 Viol. Viola, 2 Sopr. B.* 4. *2 Ob. 2 Cor. 2 Viol. Viola. Sopr. B.*

Duetto.

ARIE DELL' INTERM. PIRAMO.

PARTITE PER IL LIUTO SOLO.

LXVI. Partite del Sgr. S. L. WEISS.

VI. Partite grandi.

Supplement IV: 1769

D dur.

D moll.

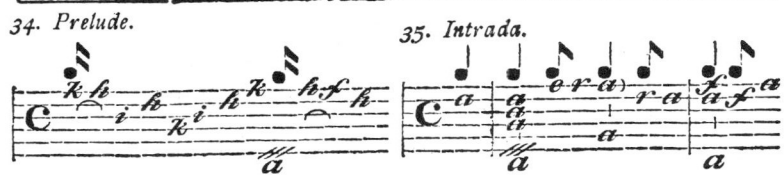

Dis dur.

F dur.

SVPPLEMENTO V.
DEI
CATALOGI
DELLE
SINFONIE, PARTITE,
OVERTURE, SOLI,
DUETTI, TRII, QUATTRI
E
CONCERTI
PER IL
VIOLINO, FLAUTO TRAVERSO,
CEMBALO
ED ALTRI STROMENTI.
CHE
SI TROVANO IN MANOSCRITTO
NELLA OFFICINA MUSICA DI BREITKOPF
IN LIPSIA.

1770.

SINFONIE.

II. Sinf. di George BENDA.

I. *a 2 Cor. 2 Fl. Trav. 2 Viol. V. e B.*   II. *a 2 Cor. 2 Viol. V. e B.*

II. Sinf. di Chriſtiano CANNABICH.

I. *a 2 Fl. Trav. oblig. 2 Viol. V. e B.*   II. *a 2 Cor. 2 Ob. 2 Viol. V. e B.*

I. Sinf. di Carlo DITTTRS, *a 2 Cor. 2 Ob. 2 Viol. e B.*

I. Sinf. di Flor. GASMANN, *a 2 Cor. 2 Fl. Trav. 2 Viol. V. e B.*

VI. Sinfonie di Frederico HENNIG.

I. *a 2 Ob. 2 Viol. V. e B.*   IV. *a 2 Cor. 2 Ob. 2 Flaut. 2 Viol. V. e B.*

II. *a 2 Cor. 2 Ob. 2 Viol. V. e B.*   V. *a 2 Cor. 2 Ob. 2 Fagott. 2 Viol. V. e B.*

III. *a 2 Clar. Tymp. 2 Ob. 2 Viol. V. e B.*   VI. *a 2 Cor. 2 Ob. 2 Viol. V. e B.*

II. Sinf. di G. A. HILLER.

I. *a 2 Cor. 2 Ob. 2 Viol. V. e B.*   II. *a 2 Cor. 2 Ob. 2 Fl. Tr. 2 Viol. V. e B.*

SINFONIE.

I. Sinf. di PESCH.   I. Sinf. di Gio. Amad. NAUMANN, *nell' Opera il Villano geloſo.*

a 2 Cor. 2 Ob. 2 Viol. V. e B.   *a 2 Cor. 2 Ob. 2 Flauti, 2 Viol. V. e B.*

I. Sinf. di Nicolo PICCINI, *nel opera la Peſcatrice.*
a 2 Tromb. 2 Cor. 2 Ob. 2 Viol. V. e B.

II. Sinf. di ROESER.

I. *a 2 Clar. 2 Cor. 2 Viol. V. e B.*   II. *a 2 Clar. 2 Cor. 2 Viol. V. e B.*

VI. Sinf. di VANHALL, *a 2 Cor. 2 Ob. 2 Viol. V. e B.*

I.   IV.

II.   V.

III.   VI.

I. Sinf. di WESTENHOLTZ.   I. Sinf. di WOLF.
a 2 Clar. Tymp. 2 Cor. 2 Fag. 2 V. V. e B.   *a 2 Cor. 2 Ob. 2 Viol. V. e B.*

MINUETTI.

XXIV Dresdn. Redout. Men. &c.   XII. Dresdn. Redout. Men. &c.
di SIMONETTI, ao. 1771.   del Sign. HENNIG, ao. 1771.

XII Polonoiſen del Sign. ENGEL, *in Varſovia, ao. 1771.*

SINFONIE intagliate in Parigi, &c.

VI. Sinfonie di I. C. BACH, *a 2 Cor. 2 Ob. 2 Viol. V. e B.*
Opera VI. Amsterd.

VI. Sinf. di Francesco BECK, *a 2 Cor. 2 Ob. 2 Viol. V. e B.*
Opera IV. Parigi.

VI. Sinf. di Gasparo FRITZ, *a 2 Cor. 2 Flaut. Trav. 2 Viol. V. e B.* Opera VI. Parigi.

VI. Sinf. di C. F. GRAAF, *a 2 Cor. 2 Flaut. 2 Viol. V e B.*
Opera IX. Amsterd.

I. Sinf. di GREINER. *Amsterd.* *a 2 Flaut. 2 Viol. 2 Viole e B.* **I. Sinf. di Giuf. TOESCHI.** *Pari.* *a 2 Cor. 2 Ob. 2 Viol. V. e B.*

Sinfon. Periodique, intagliati in Amsterdam.

I. di TOESCHI, *a 2 Cor. 2 Ob. 2 Viol. V. e B.* **V. di KREUSER**, *a 2 Cor. 2 Flaut. 2 Viol. V. e B.*

II. di SCHWINDEL, *a 2 Cor. 2 Ob. 2 Viol. V. e B.* **VI. di SCHWEITZER**, *a 2 Cor. 2 Ob. 2 Viol. V. e B.*

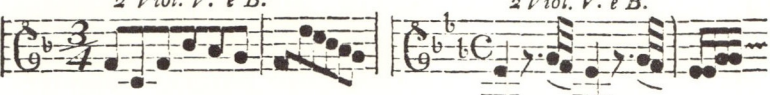

III. di KLOEFFLER, *a 2 Cor. 2 Flaut. 2 Viol. V. e B.* **VII. di HARTMANN**, *a 2 Cor. 2 Ob. 2 Viol. V. e B.*

IV. di DITTERS, *a 2 Cor. 2 Ob. 2 Viol. 2 Viole e B.* **VIII. di DITTERS**, *a 2 Cor. 2 Ob. 2 Viol. V. e B.*

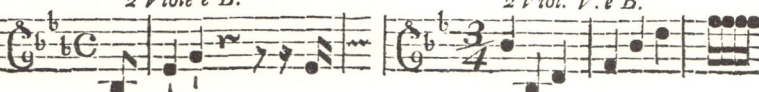

VIOLINO.

IX. di TOESCHI, *a 2 Cor. 2 Flaut.* XI. di SCHMIDT, *a2 Cor. 2 Ob. 2 Viol.*
2 Viol. V. e B. *V. e B.*

X. di DITTERS, *a 2 Cor. 2 Ob. 2 Viol.* XII. di DITTERS, *a 2 Cor. 2 Ob.*
V. e B. *2 Viol. V. e B.*

VIOLINO.

SOLI con BASSO.

VI. Soli di ANNONVILLE.

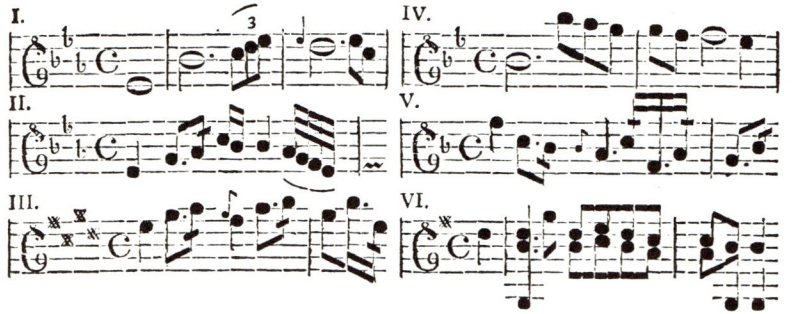

VI. Soli di Pietro NARDINI, *intagliati in Londra. Opera V.*

DUETTI.

A DUE VIOLINI.

VI. Duetti di GAVIGNE'.

VI. Duetti di Francefco LAMOTTA.

VI. Duetti di SIMON. *Racc. I.*

Supplement V: 1770

VI. Duetti di Antonio KAMMEL. *Opera II.* *Amsterd.*

VI. Duetti di LALOYAU. *Opera I.* *Parigi.*

T R I I.

A DUE VIOLINI CON BASO intagliati in Parigi &c.

VI. Converſazioni *a 2 Violini e Baſſo*, di L. BOCHERINI. *Opera VII.* *Parigi.*

VI. Trii di B. HUPFELD. *Opera II.* *Amsterd.*

VI. Trii di Giov. MARTINI, *il Tedeſco. Opera VI. Parigi.*

VI. Trii di Madame Lombardini SIRMEN. *Op. I. Amsterd.*
con Violoncello obligato.

Supplement V: 1770

VI. Trii di Carlo STAMITZ. Opera II. Parigi.

QUATTRI.

VI. Quattri di HENNIG, a 2 Viol. Viola e Basso.

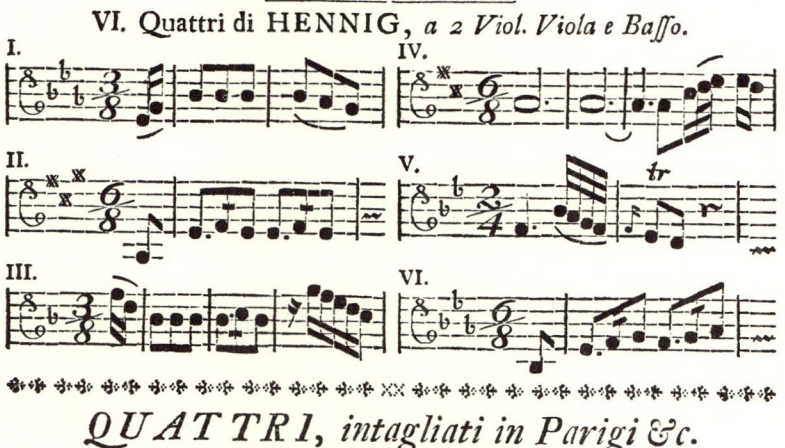

QUATTRI, intagliati in Parigi &c.

VI. Quattri di L. BOCHERINI, a 2 Viol. V. e Vlc. obl. Op. VI. Par.

VI. Quattri di Carlo STAMITZ, a 2 Viol. V. e B. Opera I. Parigi.

VI. Sonate da VELLA, Maltese, a 3 Violini e Basso. Opera I. Parigi.

QUINTETTI.

I. Quintetto di HENNIG, a 2 Viol. 2 Viole e Basso.

I. Quintetto di Giov. Chr. BACH, a 2 Viol. 6 Oboi, Viola, Violoncello ò Fagotto, e Basso. Parigi.

Supplement V: 1770

VIOLINO

CONCERTI, per il Violino concertato.

I. Conc. di FESTONI, a 2 C. 2 Ob. oblig. 2 Viol. e Violonc. concertati, 2 Viol. V. e B.

I. Conc. di Leop. HOFFMANN.
a Viol. conc. 2 Viol. V. e B.

I. Conc. di Giuf. MISLEWECEK.
a 2 Cor. 2 Ob. Viol. conc. 2 Viol. V. e B.

I. Conc. di PUGNANI.
a Viol. conc. 2 Viol. V. e B.

I. Conc. di SCOLARI.
a Viol. conc. 2 Viol. V. e B.

I. Conc. di Giuf. TOESCHI.
a 2 Cor. Viol. conc. 2 Viol. V. e B.

I. Conc. di VANHALL.
a Viol. conc. 2 Viol. V. e B.

I. Concerto di d'AVAUX, a Viol. conc. 2 Viol. V. e B. intagl. in Parigi.

VIOLONCELLO.

VI. Soli di GRETSCH, a Violoncello e Baßo.

VIOLONCELLO.

II. Soli di FILS, a Violoncello e Baßo.

I. Solo di HIMMELPAUR.
a Violoncello e Baßo.

I. Solo di MISLEWEZEK.
a Violoncello e Baßo.

I. Solo di PREYSING, a Violoncello e Baßo.

II. Soli di WERNER, a Violoncello e Baßo.

IV. Sonate di AVONDANO, a Violoncello folo e Baßo, e II. Duetti per due Violoncelli, intagliati in Parigi.

I. a 2 Violoncelli.

II. a 2 Violoncelli.

Supplement V: 1770

VIOLONCELLO.

DUETTI.

I. Duetto di SCHINDLER, a due Violoncelli. **I. Duetto di Giuſ. TOESCHI,** a due Violoncelli.

VI. Duetti di SCHWINDEL, a Violoncello e Violino, intagl. in Amſterdam. Op. VI.

TRII.

V. Trii di Leop. HOFFMANN, a Violoncello, Viol. e B.

VIOLONCELLO.

CONCERTI, per il Violoncello concertato.

II. Concerti di FILTZ.
I. a Violonc. conc. 2 Viol. V. e B.   II. a Violonc. conc. 2 C. 2 Ob. 2 Viol. V. e B.

I. Conc. di GRETSCH. a Violonc. conc. 2 C. 2 Clar. 2 V. V. e B.   **I. Conc. di KLEINKNECHT.** a Violonc. conc. 2 Viol. V. e B.

II. Concerti di Leop. HOFFMANN.
I. a Violonc. conc. 2 Viol. V. e B.   II. a Violonc. conc. 2 Viol. V. e B.

I. Conc. di MEGOLI. a Violonc. conc. 2 Cor. 2 Ob. 2 Viol. V. e B.   **I. Conc. di SCHINDLER.** a Violonc. conc. 2 Cor. 2 Viol. V. e B.

I. Concerto di TZSCHETKY, a Violonc. conc. 2 Viol. V. e Baſſo.

I. Concerto di L. BOCHERINI, a Violonc. conc. 2 Viol. V. e B. intagliati in Parigi.

Supplement V: 1770

FLAUTO TRAVERSO.

I. Solo di GRAFF, con XVIII. Variazioni.

VI. Duetti di T. GREINER, *a due Flauti. Op. I. Amsterd.*

I. ... **IV.** ... *tr*
II. ...
III. ...
V. ...
VI. ...

T R I I.

A DUE FLAUTI E BASSO.

I. Trio di Giac. Feder. KLEINKNECHT, *a 2 Flauti e Basso.*

VI. Trii di SCHWINDEL, *a 2 Flauti e Basso.*

TRII A FLAUTO, VIOLINO E BASSO.

IV. Trii di VANHALL, *a Flauto, Viol. e Basso.*

VI. Trii, III. *a Flauto, Violino e Basso, e III. a due Flauti e Basso,* di I. C. MULLER. *Op. I. Amsterdam.*

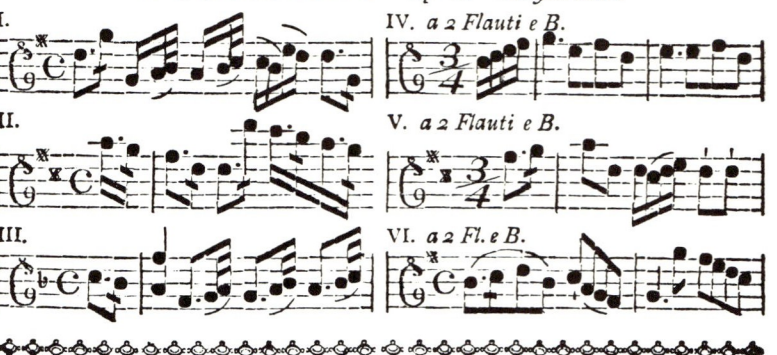

IV. *a 2 Flauti e B.*
V. *a 2 Flauti e B.*
VI. *a 2 Fl. e B.*

QUATTRI, *intagliati in Parigi &c.*

VI. Quattri di GOSSEC, *a Flauto ó Violino, Violino, Viola, e Basso. Op. XIV. Parigi.*

Supplement V: 1770

FLAUTO TRAVERSO.

V. Quattri di Giuf. HAYDEN, *a Flauto, Violino, Viola e Baſſo.*
Opera V. Amſterdam.

VI. Quattri di Giov. MARTINI, *Tedeſco, a Fl. Viol. Viola e Baſſo.* Opera I. Parigi.

VI. Quattri di Giuf. SCHMIDT, *a Flauto, Violino, Viola e Baſſo.* Opera III. Amſterd.

FLAUTO TRAVERSO.

QUINTETTI.

VI. Quint. di C. E. GRAAF, *a Fl. Viol. V. Violonc. e B. Op. VIII. Amſt.*

CONCERTI.
A FLAUTO TRAVERSO CONCERTATO.

I. Conc. di CANNABICH. **I. Conc. di FILTZ.**
a Fl. conc. 2 Viol. V. e B.   *a Fl. conc. 2 Cor. 2 Viol. V. e B.*

I. Conc. di GLOESCH, *a Fl. conc. 2 Viol. V. e B.*

II. Concerti di STAMITZ, *a Fl. conc. 2 Viol. V. e B.*

CONCERTI, intagliati in Amſterdam.

I. Conc. di B. HUPFELD, *a Fl. conc. 2 Cor. 2 Viol. V. e B.*

OBOE.

III. Conc. di KLOEFFLER, *a Fl. conc. 2 Cor. 2 Viol. V. e B. Op. II.*

I. Conc. di I. W. LEEDER.
a Fl. conc. 2 Cor. 2 Viol. V. e B.

OBOE.

VI. Sonate di Aleffandro BESOZZI, *a 2 Oboi e Baffo.*

VI. Trìì di BLAS, *a 2 Oboi e Baffo.*

II. Partite di SIMON, *a Oboe oblig. Fag. oblig. 2 Viol. e Baffo.*

CEMBALO.

CONCERTI.

I. Conc. di Leop. HOFFMANN.   **I. Conc. di FILS.**
a Oboe conc. 2 Viol. V. e B.   *a Oboe conc. 2 Cor. obl. 2 Viol. V. e B.*

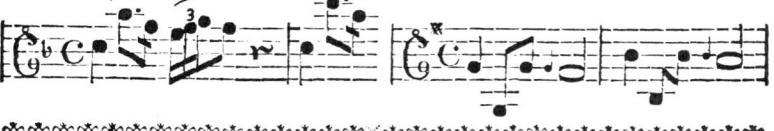

CEMBALO.

SOLI.

Sonate, a Cembalo Solo, intagliate in Amft. &c.

VI. Sonate di Carl Phil. Eman. BACH, *a Cemb. Solo. Op. I. Amfterd.*

VI. Sonate di Leontzi HONAUER, *a Cemb. Solo. Op. II. Amft.*

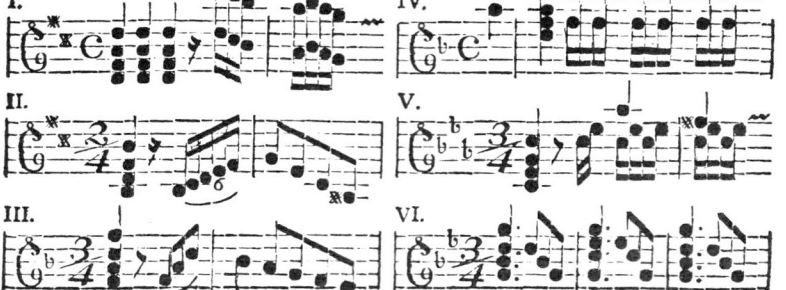

Supplement V: 1770

CEMBALO.

VI. Sonate di Ferdin. HORN, *a Cemb. Solo. Op. I. Londra.*

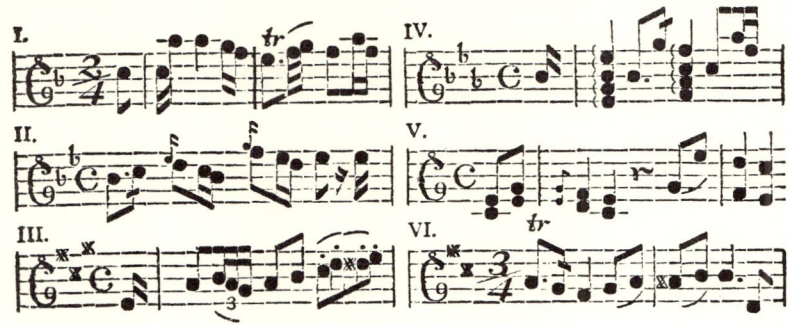

VI. Sonatines, *pour le Clavecin a l'usage des Commencans, par I. A. IUST, Amsterd.*

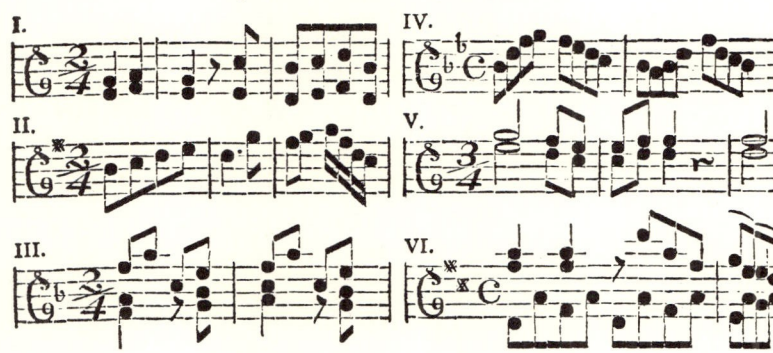

VI. Fuges par H. P. JOHNSEN, *pour les Orgues ou le Clavecin. Amsterd.*

CEMBALO.

VI. Partite di Giorg. Simon. LELEI, *per il Cembalo Solo, intagl. in Lipsia. Opera I.*

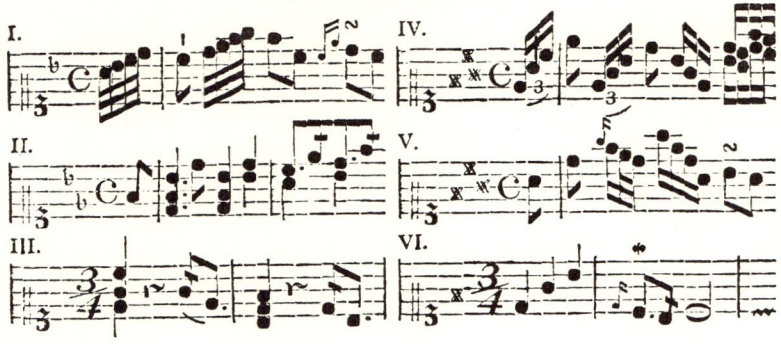

VI. Sonate di G. S. LELEI, *per il Cembalo. Op. II.*

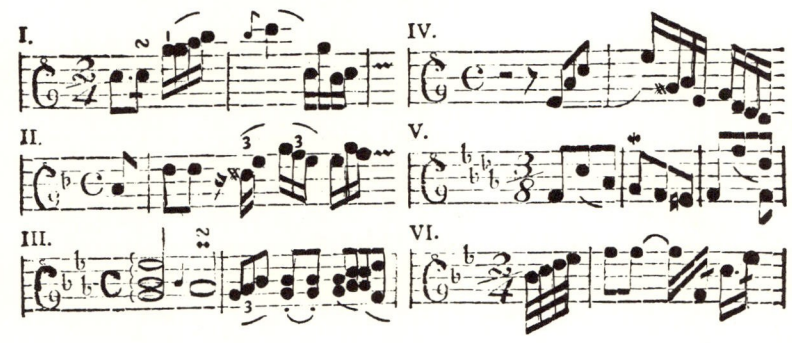

VI. Partite di G. S. LELEI, *Opera III.*

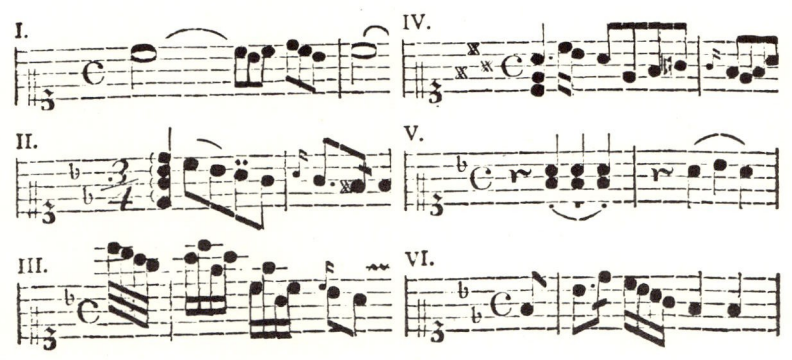

Supplement V: 1770

CEMBALO.

VI. Sonate di Bened. LEONI, a *Cembalo Solo.* *Londra.*

T R I I.

A CEMBALO OBLIGATO, CON VIOLINO O TRAVERSO.

I. Trio di BENDA, *a Cembalo e Flauto.*

IV. Trii di RUSCH, *a Cembalo e Violino.*

TRII, *intagliati in Amsterdam.*
VI. Trii di I. W. LEEDER, *a Cemb. e Viol. oblig. Amsterd.*

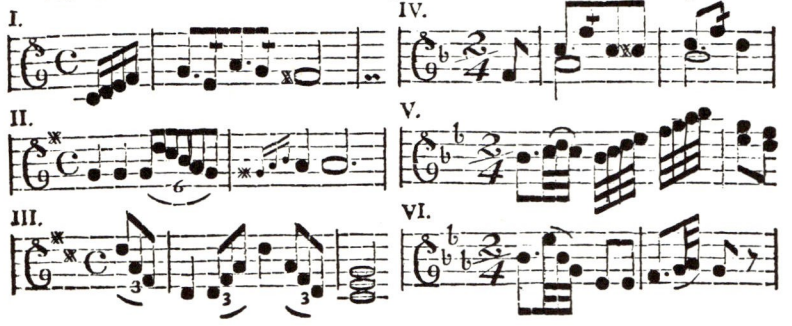

CEMBALO.

VI. Trii di SCHOBERT, *a Cemb. e Viol. Op. IV. Amsterd.*

TERZETTI, *a Cembalo obligato.*

CON VIOLINO ó FLAUTO e BASSO, *intagliati in Parigi &c.*

III. Sonate di Ern. EICHNER, *a Cemb. Violino e Violonc.* *Opera II. Parigi.*

III. Sonate di W. N. HAUEISEN, *a Cembalo, Violino, e Violoncello. Op. I. Amsterd.*

Supplement V: 1770

VI. Terzetti, di Giov. MARTINI, *Tedesco*. a Cembalo, Violino e Violoncello. Op. II. Parigi.

VI. Sonate di Gaetano PUGNANI, *a Cemb. Viol. o Fl. Trav. e Violoncello*. Op. VI. Amsterd.

QUATTRI E DIVERTIMENTI.

I. Divertim. di G. BENDA, *a Cemb. 2 Viol. V. e Basso*.

II. Divertim. di Leop. HOFFMANN.

I. à Cemb. 2 Violini e Basso. II. a Cemb. 2 Flaut. Trav. e Basso.

III. Quartetti di Giuf. BAUR, *a Cembalo ò Harpa, Fl. Trav. Violino e Basso*. Op. II. Parigi.

VI. Quattri di Pietro GUGLIELMI, *a Cemb. 2 Viol. e Basso, intagliati in Londra*.

IV. Divertim. di Giov. MARTINI, *Tedesco*, a Cembalo, 2 Violini e Basso. Op. III. Parigi.

CONCERTI, *a Cembalo concertato, con più Stromenti*.

I. Conc. di BAUER.
a Cemb. conc. 2 Cor. 2 Fl. 2 Viol. V. e B.

I. Conc. di Georg. BENDA.
a Cemb. conc. 2 Viol. V. e B.

CEMBALO.

I. Conc. di BINDER.
a Cemb. conc. 2 Ob. 2 Viol. V. e B.

I. Conc. di CHARPENTIER.
a Cemb. conc. 2 Viol. e Baſſo.

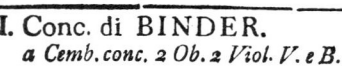

V. Concerti di Leop. HOFFMANN.

I. *a Cemb. conc. 2 Viol. e B.*

IV. *a Cemb. conc. 2 Viol. V. e B.*

II. *a Cemb. conc. 2 Cor. 2 Viol. V. e B.*

V. *a Cemb. conc. 2 Cor. 2 Viol. e B.*

I. Conc. di HOLTZBAUER.
a Cemb. conc. 2 Viol. V. e B.

I. Conc. di KUFFNER.
a Cemb. conc. 2 Viol. V. e B.

I. Conc. di POCORNI.
a Cemb. conc. 2 Cor. 2 Ob. 2 Viol. V. e B.

VI. Concerti di I. C. BACH, *a Cemb. conc. 2 Viol. e Violonc.*
Op. VII. intagliati in Amſterd.

I.

IV.

II.

V.

III.

VI.

I. Conc. di Ern. EICHNER, *a Cemb. ó Harp. 2 C. 2 Fl. 2 Viol. V. e B. Par.*

406

ARIE DELL' OPERA il VILANO GELOSO,
del Sign. G. A. NAUMANN, Dreſd. 1770.

Atto primo.

I. Terzetto. *a 2 Cor. 2 Fl. 2 Ob. 2 Viol. V. 2 Sop. B. Fond.*

La cam - pa - gna co - ſi

2. Aria. *a 2 C. 2 Ob. 2 Fl. 2 Vi. V. Fag. e B.*

Sono qual To - ro indormito.

3. Aria. *a 2 C. 2 Fl. 2 Ob. 2 Vi. V. Fag. e B.*

Se tu vedeſti il co - re

4. Aria. *a 2 Fl. 2 Ob. 2 Vi. V. Fag. e B.*

Semplicina, modeſtina, ſenza

5. Aria. *a 2 Ob. 2 Vi. Viola, Fag. e B.*

Donne ca - re, io non vi

6. Fin. *a 3 Sop. Ten. Bſſ. 2 Cor. 2 Ob. 2 Vi. Viola, Fag. e B.*

Se Giannina affè mi vuole,

Atto ſecondo.

7. Aria. *a 2 C. 2 Fl. 2 Ob. 2 Vi. V. Fag. e B.*

Per pietà bell' I - dol - mi - o

8. Aria. *2 Cor. 2 Ob. 2 Viol. V. Fag. e B.*

Quan - to mai fe - li -

9. Aria. *a 2 Fl. 2 Ob. 2 Viol. V. Fag. e B.*

Se cre - deſſi di vo - la - re

10. Aria. *a 2 C. 2 O. 2 Vi. V. 1 Fag. obl. e B.*

La not - te oh Di - o non

11. Aria. *a 2 Fl. 2 Ob. 2 Vi. V. Fag. e B.*

Jo fò quel che coſtumano

12. Aria. *a 2 Ob. 2 Violini, V. Fag. e B.*

Gianni - na lo ſpera

13. Aria. *a 2 C. 2 Ob. 2 Fl. 2 Vi. V. Fag. e B.*

Ado - ra - te mie capan - ne

14. Finale, *a 2 Sop. 2 Ten. Baſſ. 2 Cor. 2 Ob. 2 Violini, Viola, Fag. e Baſſo.*

Il caſo ſi fa brutto, e

Atto terzo.

15. Aria. *2 C. 2 Ob. 2 Vi. V. Fag. e B.*

Ah che pur troppo e vero

16. Aria. *2 Fl. 2 Ob. 2 C. 2 Viol. V. Fag. e B.*

Fra can - ti, ſuo - ni, e giubili

17. Finale, *a 2. Sop. 2 Ten. B. 2 C. 2 Fl. 2 Vi. V. Fag. e B.*

Vanne pur vanne pur laſcia d'a -

Supplement V: 1770

407

32. ARIE DELL' OPERA LA PESCATRICE.
del Sigr. PICCINI.

IL LIUTO.

Von Herrn Hillers Operetten sind auf die Laute aptirt zu haben:
- XIX. Arien von der Opera: Lottchen am Hofe.
- XVI. — — — — Die Liebe auf dem Lande.
- IX. — — — — Die Jagd.

SVPPLEMENTO VI.
DEI
CATALOGI
DELLE
SINFONIE, PARTITE, OVERTURE, SOLI, DUETTI, TRII, QUATTRI
E
CONCERTI
PER IL
VIOLINO, FLAUTO TRAVERSO, CEMBALO
ED ALTRI STROMENTI,
CHE
SI TROVANO IN MANOSCRITTO
NELLA OFFICINA MUSICA DI BREITKOPF
IN LIPSIA.

1 7 7 1.

SINFONIE.

II. Sinfonie di Carlo DITTERS, *a 2 Cor. 2 Ob. 2 Viol. V. e B.*

I. Sinf. di GRENTZER, *a 2 Cor. 2 Ob. 2 Viol. V. e B.*

II. Sinf. di B. HUPFELD.

III. Sinf. di Giov. Batt. NERUDA.

VI. Sinf. di Carlo STEGMANN. *Racc. I.*

III. Sinf. di Carlo STEGMANN. *Racc. II.*

I. Sinf. di TUERCKE, *a 2 Cor. 2 Ob. 2 Viol. V. e B.*

VIII. Sinf. di Giov. VANHALL.

MINUETTI.

XXIV. Dresdn. Redout. Men. etc. di SIMONETTI, ao. 1772.

VI. Polonoifen di SIMONETTI, ao. 1772.

Supplement VI: 1771

SINFONIE.

SINFONIE intagliate in Amsterdam.

VI. Sinfonie di C. Fr. ABEL, a 2 Cor. 2 Ob. 2 Viol. V. e B. Op. VII. Amſterd.

VI. Sinf. di KREUSSER, a 2 Cor. 2 Ob. 2 Viol. V. e B. Op. II. Amſt.

SINFONIES PERIODIQUES, intagl. in Lond.

I. d'ARNE, a 2 Cor. 2 Ob. 2 Fag. 2 Viol. V. e B.   I. di HERSCHEL, a 2 Cor. 2 Ob. 2 Viol. V. e B.

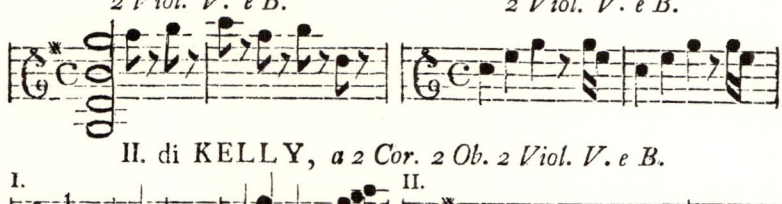

II. di KELLY, a 2 Cor. 2 Ob. 2 Viol. V. e B.

VIOLINO.

CONCERTINI e DIVERTIMENTI.

VI. Concertini di Leop. HOFFMANN.

I. a Violino conc. Violonc. conc. Viola conc. 2 Viol. 2 Cor. 2 Ob. e B.   IV. a Violino conc. Violoncello conc. Viola conc. 2 Violini e B.

II. a Violino conc. Violonc. conc. 2 Viol. 2 Cor. 2 Ob. Viola e B.   V. a Violonc. conc. Viola conc. 2 Viol. 2 Cor. 2 Ob. Tymp. e B.

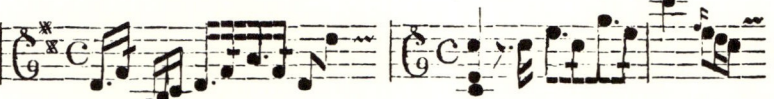

III. a Viola prima conc. Viola ſec. conc. Violonc. conc. 2 Viol. 2 C. 2 Ob. e B.   VI. a Violonc. conc. Viola conc. 2 Viol. e Baſſo.

I. Concertino di Giuſ. TOESCHI, a Fl. Viol. Viola, Violonc. obl. e B.

I. Divertim. di Giov. VANHALL.   I. Divert. di DUSCHECK, a 2 Cor. oblig. 2 Viol. V. e B.

SOLI con BASSO.

VI. Soli di Carlo DITTERS.

Supplement VI: 1771

VIOLINO.

I. Solo di Antonio KAMMEL.

II. Soli di Francesco LAMOTTA.

VI. Soli di VACHON, *intagliati in Londra.*

DUETTI.
A DUE VIOLINI.

VI. Duetti di PESCH.

II. Duetti di SCHIATTI.

VIOLINO.

DUETTI *intagliati in Parigi &c.*

VI. Duetti del Conte BENEVENTO. *Londra.*

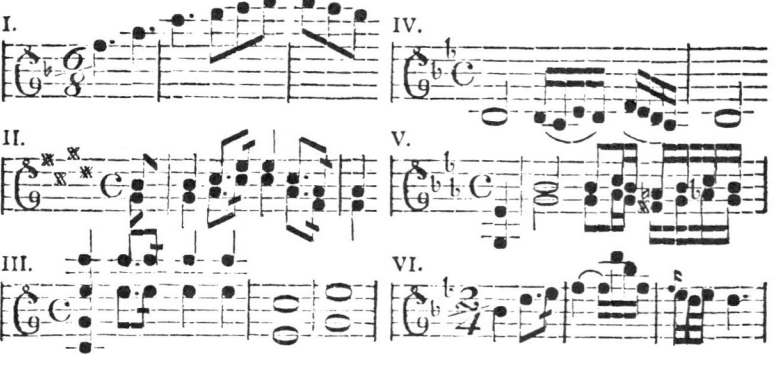

VI. Duetti di Luigi BOCHERINI. *Opera V. Parigi.*

VI. Duetti di I. G. BUERCKHOEFFER, *il Tedesco. Op. III. Parigi.*

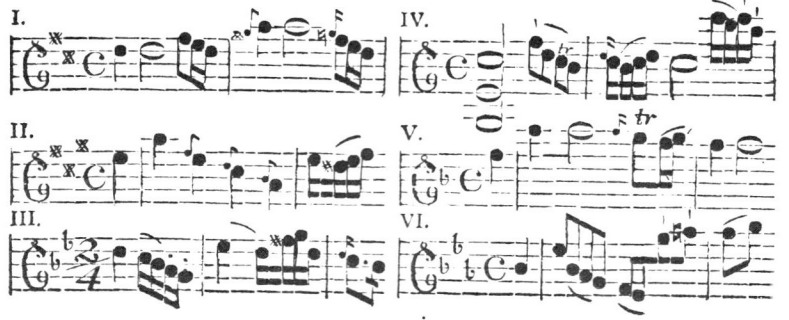

Supplement VI: 1771

VIOLINO.

QUATTRI.

II. Quattri di DUSCHEK, *a 2 Viol. Viola e Baſſo.*

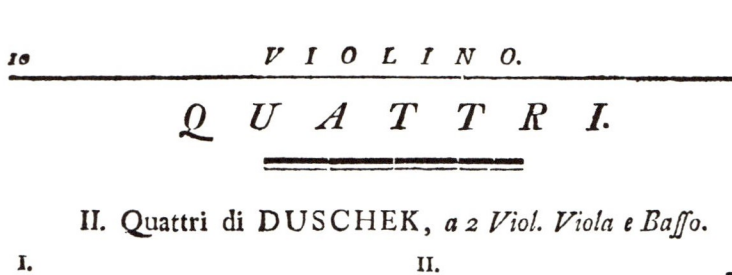

VI. Quattri di Giuſ. HAYDEN, *a 2 Viol. Viola e Baſſo.*

V. Quattri del Sigr. de KOSPOTH, *a 2 Viol. Viola e Baſſo.*

VIOLINO.

VI. Quattri di Giov. VANHALL, *a 2 Viol. Viola e Baſſo.*

VI. Quattri di Ant. KAMMEL, *a 2 Viol. V. e B. intagl. in Amſt. Op. IV.*

CONCERTI, *per il Violino concertato.*

IV. Concerti di Carlo DITTERS.

I. *a Viol. conc. 2 Viol. Viola e Baſſo.* III. *a Viol. conc. 2 Viol. V. e Baſſo.*

II. *a Viol. conc. 2 Cor. 2 Viol. V. e B.* IV. *a Viol. conc. 2 Cor. 2 Ob. 2 V. V. e B.*

I. Conc. di Anton. FILS, *a Viol. conc. 2 Cor. 2 Ob. 2 Viol. V. e B.*

Supplement VI: 1771

Supplement VI: 1771

VIOLONCELLO.

DUETTI.

VI. Duetti di CAMPIONI, a Violino e Violoncello.

I. Duetto di Ant. FILS,
a Viol. e Vioncello.

I. Duetto di KLEINKNECHT,
a 2 Violoncelli.

TRII.

II. Trii di ANONYMO.

I. *a Violoncello, Viola e Baſſo.*   II. *a Violoncello, Violino e Baſſo.*

I. Trio di Leop. HOFFMANN, *a 2 Violoncelli e Baſſo.*

II. Trii di SCHETTKY, *a Violoncello, Violino e Baſſo.*

II. Trii di SIPRATINI, *a 2 Violoncelli e Baſſo.*

VIOLONCELLO.

CONCERTI, *per il Violoncello concertato.*

I. Conc. di GRAF, *a Violoncello conc. 2 Viol. Viola e Baſſo.*

I. Conc. di Giuſ. HAYDEN, *a Violonc. conc. 2 Corni, 2 V. V. e B.*

III. Conc. di Leop. HOFFMANN, *a Violonc. conc. 2 Viol. V. e B.*

I.   III. 2 Corni.

II. 2 Corni.

I. Conc. di Ign. HOLTZBAUER,
a Violonc. conc. 2 Viol. V. e B.

I. Conc. di MEGOLI, *a Violonc. conc. 2 Cor. 2 Ob. 2 Viol. V. e B.*

IV. Conc. di SCHETTKY.

I. *a Violonc. conc. 2 Viol. V. e B.*   III. *a Violonc. conc. 2 Flaut. 2 V. e B.*

II. *a Violonc. conc. 2 Cor. 2 V. V. e B.*   IV. *a Violonc. c. 2 Cor. 2 Ob. 2 V. V. e B.*

II. Conc. di SCHINDLER, *a Violonc. conc. 2 Viol. V. e B.*

I.   II.

I. Conc. di WENTZEL, *a Violonc. conc. 2 Viol. V. e B.*

FLAUTO TRAVERSO.

IV. Soli di C. F. ABEL.

I. Solo di DOTEL.

III. Soli di Leop. HOFFMANN.

DUETTI.

VI. Duetti a due Flauti di LIBERT.

VI. Duetti di WOLF, a due Flauti.

TRII.

VI. Trii di Giuſ. TOESCHI, a 2 Flauti e Baſſo.

I. Trio di BRAUN, a Flauto, Violino e B. I. Trio di SCHWANENBERG, a Flauto, Violonc. e Baſſo.

II. Trii di MARTINI, a Flaut. Violoncello e Baſſo.

I. Trio di WOLF, a Flauto, Violino e Baſſo.

Supplement VI: 1771

VI. Trii di I. B. WENDLING, *a Flauto, Viol. e B. Op. II. Amst.*

QUATTRI.

III. Quattri di KELLNER.

I. *a Flauto, Violino Viola e Basso.* III. *a Flauto o Oboe, 2 Viol. e Basso.*

II. *a Flauto, Oboe, Violino e Basso.*

II. Quattri di WOLF, *a Flauto, Oboe, Fag. e Violoncello.*

VI. Quattri di Fred. SCHWINDEL, *a Flauto ó Viol. primo, Viol. second. Viola e B. intagl. in Amsterd. Op. VII.*

QUINTETTI.

VI. Quint. del Sig. de KOSBOTH, *a Fl. Viol. Viola, Violonc. e B.*

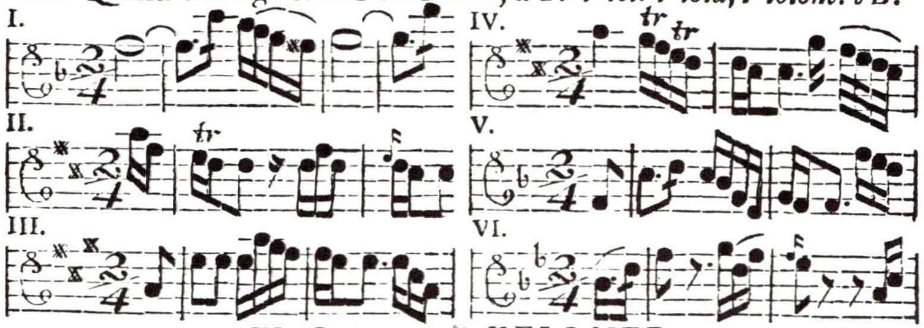

III. Quintetti di KELLNER.

I. *a Fl. Ob. Viol. Violoncello e Basso.* III. *a Flauto, Oboe, Viol. Viola e Basso.*

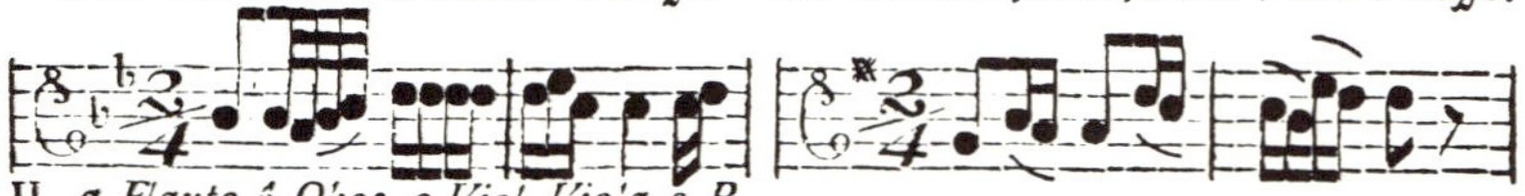

II. *a Flauto ó Oboe, 2 Viol. Viola e B.*

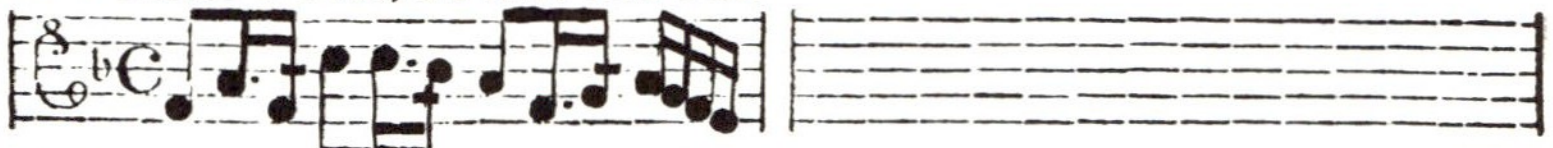

CONCERTI.

A FLAUTO TRAVERSO CONCERTATO.

I. Conc. di CANNABICH. *a Fl. conc. 2 Cor. 2 Viol. V. e B.* I. Conc. di Carlo DITTERS. *a Fl. conc. 2 Cor. 2 Viol. V. e B.*

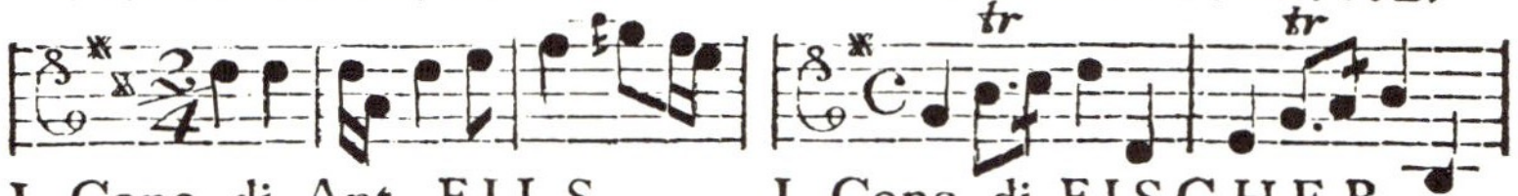

I. Conc. di Ant. FILS. *a Fl. conc. 2 Cor. 2 Viol. V. e B.* I. Conc. di FISCHER. *a Fl. conc. 2 Cor. 2 Viol. V. e B.*

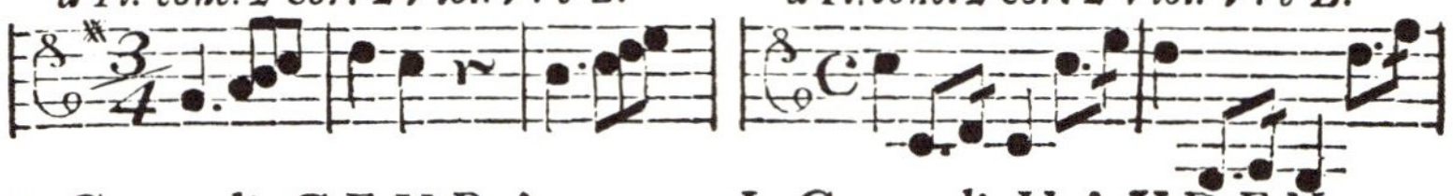

I. Conc. di GEHRA. *a Fl. conc. 2 Viol. V. e B.* I. Conc. di HAYDEN. *a Fl. conc. 2 Viol. V. e B.*

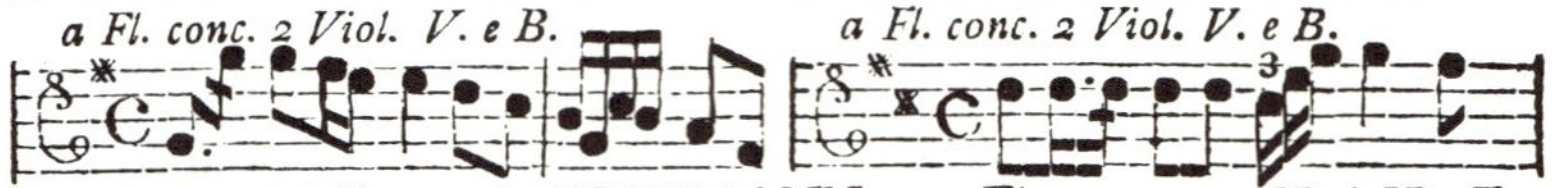

I. Conc. di Wenzesl. HOFFMANN, *a 2 Flaut. conc. 2 Viol. V. e B.*

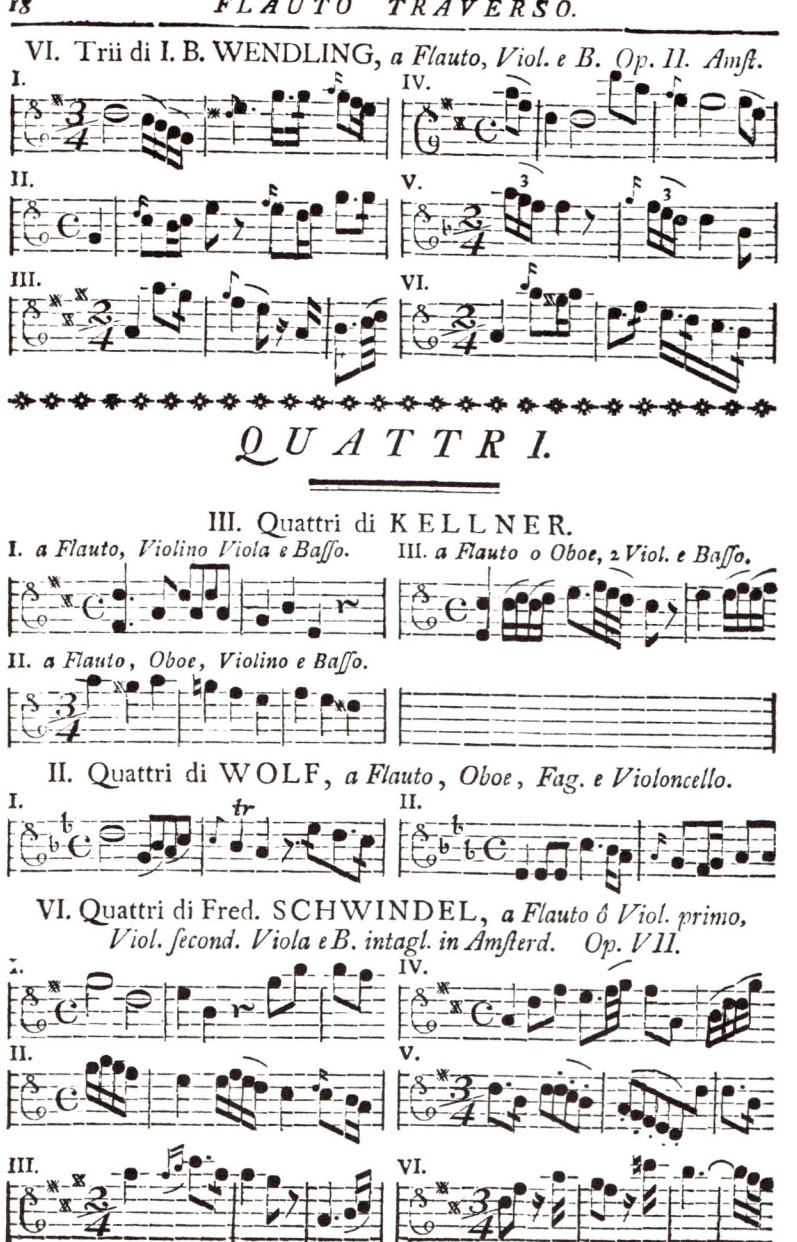

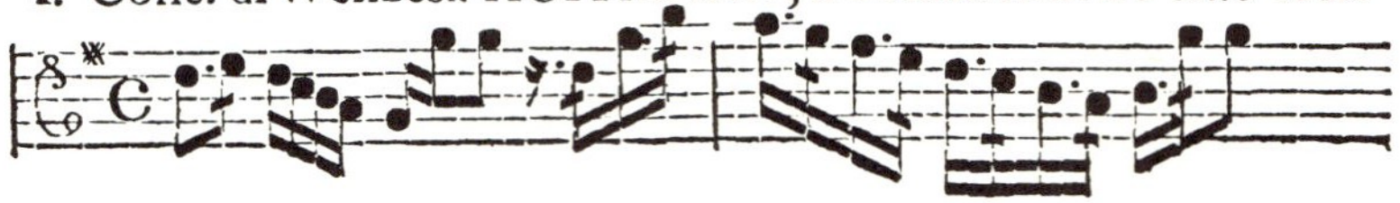

CEMBALO.

VI. Sonate di Giov. VANHALL, a Cembalo Solo.

VI. Fuges par I. C. KELLNER, pour l'Orgue ou le Clavecin.
intagliati in Amsterd.

T R I I.

VI. Trii di Pietro GUGLIELMI, a Cembalo e Violino,
intagl. in Londra.

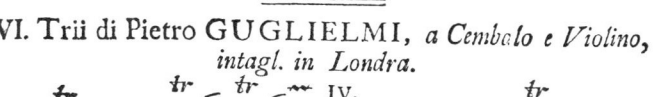

CEMBALO.

TERZETTI, a Cembalo obligato.

IV. Divert. di Giuf. HAYDEN, a Cemb. Violino e Baffo.

II. Terz. di Carlo BURNEY, a Cemb. Viol. e B. intagl. in Londra.

QUATTRI et DIVERTIMENTI.

I. Divertim. di G. BENDA, a Cemb. 2 Viol. Viola e Baffo.

II. Divert. di Leop. HOFFMANN, a Cemb. 2 Viol. e Baffo.

II. Quattri di LANGE, a Cemb. Flauto, Violino e Violonc. conc.

CONCERTI, a Cemb. conc. con piu Stromenti.

I. Conc. di G. BENDA.
a Cemb. conc. 2 Viol. V. e B.

III. Conc. di Giuf. HAYDEN.
I. a Cemb. conc. 2 Viol. e Baffo.

II. a Cemb. 2 Viol. e B.

III. a Cemb. conc. 2 Viol. V. e B.

Supplement VI: 1771

26   *A R I E.*

II. Arie di Antonio DUNI.

VI. Motetti di Ant. DUNI, *a Canto solo*, *2 Viol. V. e B.*

GUITARRE.

XII. Chansons françcos, tirés de differentes Opera comiques.

27

Die Laute.

Arien aus Herrn Hillers Operetten in die Laute überſeßt.

Aus der Jagd.

Es ist die Mode so.

Wie artig ist er nicht.

Auf unsrer Blumenreichen Flur.

Schelm beßre dich.

So wie die Glock im Dorfe schlägt.

Lebe wohl mit aller deiner Pracht.

Ein blendend Weiß mit sanftem roth.

O macht mir doch von ewger Treu.

Schon beym frühen Morgenroth.

Wie schön, wen Rang und Hoheit schmückt.

Das ist schön, ey das muß ich doch.

Rauschend geht er auf und zu.

Aus dem Aerndtekranze.

Vom Puder glänzt sein lockigt Haar.

Meine Tochter, traue nicht.

Das beste Guth im Dorf ist sein.

Wie schnell entfloh die schöne Zeit.

Seht den jungen Zephyr streichen.

Ich war ein Junge, kaum so groß.

Ein junges Bauermägdchen kam oft.

Ich bin ein kleiner Naseweiß.

Ich hab ein viel zu gutes Herz.

Hier seh ich, mir zu Füßen, Vergiß mein

Ich bin noch allzusehr ein Kind.

Ein Edelmann, sehr wohl gebaut.

SVPPLEMENTO VII.
DEI CATALOGI
DELLE
SINFONIE, PARTITE,
OVERTURE, SOLI,
DUETTI, TRII, QUATTRI
E
CONCERTI
PER IL
VIOLINO, FLAUTO TRAVERSO,
CEMBALO
ED ALTRI STROMENTI,
CHE
SI TROVANO IN MANOSCRITTO
NELLA OFFICINA MUSICA DI BREITKOPF
IN LIPSIA.

1 7 7 2.

SINFONIE.

III. Sinf. di Carlo DITTERS.
I. *a 2 Cor. 2 Ob. Fiauto, 2 Viol. V. e B.*   III. *a 2 Cor. 2 Ob. 2 Viol. V. e B.*

II. *a 2 Cor. 2 Ob. 2 Viol. V. e B.*

I. Sinf. di Ant. BORRONI.
a 2 Cor. 2 Ob. 2 Viol. V. e B.

II. Sinf. di Bald. GALUPPI.
I. *a 2 Cor. 2 Ob. 2 Viol. V. e B.*   II. *a 2 Cor. 2 Ob. 2 Viol. V. e B.*

III. Sinf. di Flor. GASMANN.
I. *a 2 Cor. 2 Ob. 2 Viol. V. e B.*   III. *a 2 Cor. 2 Ob. Fag. obl. 2 Viol. V. e B.*

II. *a 2 Cor. 2 Ob. 2 Viol. V. e B.*

I. Sinf. di Pietro GUGLIELMI.
a 2 Cor. 2 Ob. 2 Viol. V. e B.

III. Sinf. di Giuf. HAYDEN.
I. *a 2 Cor. 2 Ob. 2 Viol. V. e B.*   III. *a 2 Cor. 2 Ob. 2 Viol. V. e B.*

II. *a 2 Cor. 2 Ob. 2 Viol. V. e B.*

I. Sinf. di HEMBEL, *a 2 Cor. 2 Ob. 2 Viol. V. e B.*

III. Sinf. di G. A. HILLER.
I. *a 2 Cor. 2 Ob. 2 Fl. 2 Viol. V. e B.*   III. *a 2 C. Tymp. 2 Cl. 2 Ob. 2 Fl. 2 Fag. 2 Viol. V. e B.*

II. *a 2 Cor. 2 Ob. 2 Fl. 2 Viol. V. e B.*

I. Sinf. di Leop. HOFFMANN.
a 2 Cor. 2 Ob. 2 Viol. V. e B.

I. Sinf. di JUCHHEN.
a 2 Cor. 2 Ob. 2 Viol. V. e B.

I. Sinf. di Giuf. MISLEWECECK.
a 2 Cor. 2 Ob. 2 Clar. 2 Viol. V. e B.

I. Sinf. di Gio. Am. NAUMANN.
a 2 Cor. 2 Ob. 2 Viol. V. e B.

II. Sinf. di NEEFE, *a 2 Cor. 2 Ob. 2 Fl. 2 Viol. V. e B.*
I.   II.

II. Sinf. di PICHL.
I. *a 2 Cor. 2 Ob. Flt. solo. 2 Viol. V. e B.*   II. *a 2 Cor. 2 Ob. 2 Viol. V. e B.*

II. Sinf. di REICHARDT.
I. *a 2 Cor. 2 Ob. 2 Viol. V. e B.*   II. *a 2 Cor. 2 Fl. 2 Viol. V. e B.*

III. Sinf. di SCHMIDTBAUER.
I. *a 2 Cor. 2 Ob. 2 Viol. V. e B.*   III. *a 2 C. 2 O. 2 Fl. 2 Cl. Fag. 2 Vi. V. e B.*

II. *a 2 Cor. 2 Fl. 2 Viol. V. e B.*
4.

I. Sinf. di TRAJETTA.
a 2 Cor. 2 Ob. 2 Viol. V. e B.

Supplement VII: 1772

VII. Sinf. di Giov. VANHALL.

III. Sinf. di WOLF.

III. Sinf. di ZIMMERMANN.

SINFONIE intagliate e stampate.

VI. Sinf. di C. F. ABEL, a 2 Cor. 2 Ob. 2 Viol. V. e B.
Opera X. London.

VI. Sinf. di ENGEL, a 2 Cor. 2 Ob. 2 Viol. V. e B. Varsavia.

VI. Sinf. di C. E. GRAAF, a 2 Cor. 2 Fl. 2 Viol. V. e B.
Opera XI. Amsterd.

Supplement VII: 1772

SINFONIE.

VI. Sinf. di Gio. Th. GREINER, *a 2 Cor. 2 Ob. 2 Fl. 2 Viol. V. e B.*
Opera II. Amſterd.

III. Sinf. di Giuſ. HAYDEN, *a 2 Cor. 2 Fl. o Ob. 2 Viol. V. e B.*
Opera X. Amſterd.

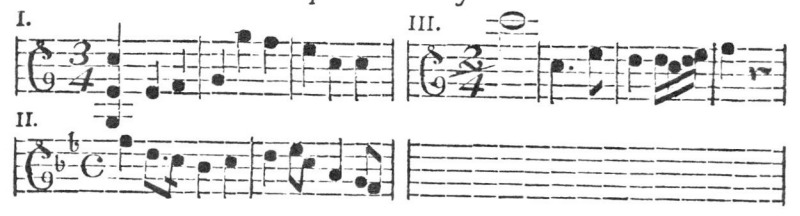

VI. Sinf. di Urban HOFFSTETTER, *a 2 Cor. 2 Ob. 2 Fl. 2 Cl.*
2 Viol. V. e B. Opera I. Norimberga.

SINFONIE.

VI. Sinf. di B. HOUPFELD, *a 2 Cor. 2 Ob. 2 Viol. V. e B.*
Amſterd.

VI. Sinf. di G. A. KREUSSER, *a 2 Cor. 2 Ob. o Fl. 2 Viol. V. e B.*
Opera V. Amſterd.

III. Sinf. di H. LEEHMANS, *a 2 Cor. 2 Ob. 2 Fag. 2 Viol. V. e B.*
Opera IV. Parigi.

SINFONIE.

VI. Sinf. di Ant. LORENZITI, *a 2 Viol. V. e B.* Opera II. Parigi.

SINFONIES PERIODIQUES. *Amst.*

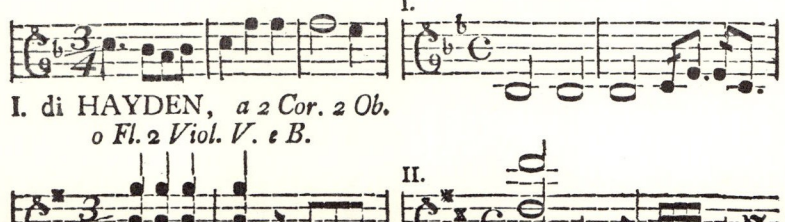

PART. DIVERTIMENTI.

I. di MILANDRE, *a 2 Ob. Fag. 2 Viol. V. e B.*   **I. di SCHMITT,** *a 2 Cor. 2 Fl. o Ob. 2 Viol. V. e B.*

I. di Iof. SCHMITT, *a 2 Cor. 2 Fl. 2 Viol. V. e B.*   **I. di TOESCHI,** *a 2 Cor. 2 Fl. 2 Viol. V. e B.*

PARTITE, OVERT. DIVERTIMENTI.

I. Partita di REICHARDT, *a 2 Cor. 2 Fl. 2 Viol. V. e B.*

I. Overtura di MARTINI Tedefco, *a 2 Cor. 2 Ob. 2 Viol. V. e B.*

I. Divert. di MARTINI Ted. *a 2 Cor. 2 Ob. 2 Viol. V. e B.*

I. Partita di NEEFE, *a 2 C. 2 Ob. 2 Fl. 2 Fag. 2 Viol. V. e B.*   **I. Partita di ROLLE,** *a 2 Ob. 2 Fag. 2 Viol. V. e B.*

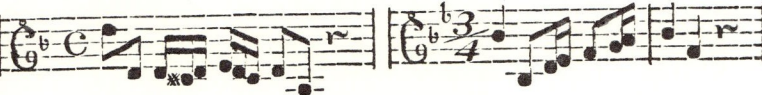

I. Partita di WEINLICH, *a 2 Cor. 2 Ob. 2 Fl. 2 Viol. V. e B.*

Supplement VII: 1772

VIOLINO.

SOLI con BASSO.

XII. Soli di HEMBEL.

SOLI, intagliati.

I. FISCHER, Rondeau varié, pour le Violon. Amsterd.

XII. Soli di Giuf. TARTINI, Opera II. Roma.

VI. Soli di F. MÜLLER, Parigi.

DUETTI, intagliati.

IV. Duetti di Gaetano BRUNETTI. *Parigi.*

II. Duetti di MEUNIER. *Parigi.*

VI. Duetti di G. FRANCESCHINI. *Opera II. Amsterd.*

VI. Duetti di Franc. GUERINI. *Opera IV. Amsterd.*

VI. Duetti di Franc. GUERINI. *Opera V. Amsterd.*

VI. Duetti di Franc. GUERINI. *Opera X. Amsterd.*

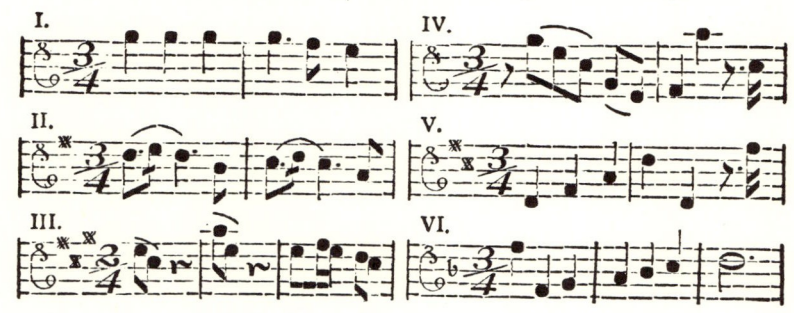

VI. Duetti di C. F. KERNTL. *Opera I. Amsterd.*

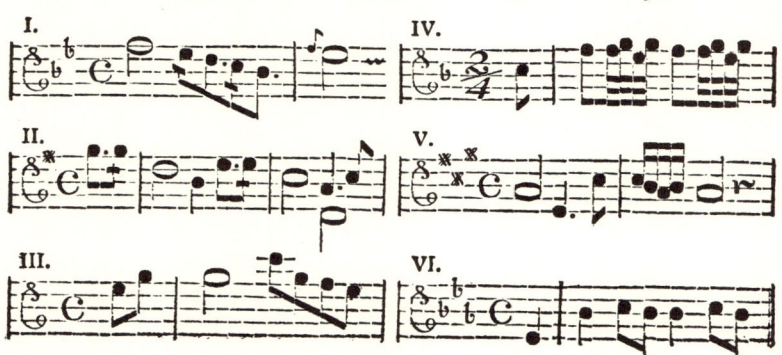

Supplement VII: 1772

VIOLINO.

VI. Duetti di G. A. KREUSSER. *Opera III.* *Amsterd.*

VI. Duetti di G. A. KREUSSER. *Opera IV.* *Amsterd.*

VI. Duetti di Henrico SCHROETER. *Amsterd.*

VIOLINO.

VI. Duetti di Gio. Batista NOFERI. *Amsterd.*

XII. Divertissements di F. SCHWINDL. *Op. IV. Amst.*

Supplement VII: 1772

VI. Duetti di Steffano N. detto SPADINA. Opera VI. Amsterd.

TRII.
A DUE VIOLINI CON BASSO.

VI. Trii di L. BOCHERINI. Opera IX. London.

VI. Trii di C. E. GRAAF. Opera X. a la Haye.

VI. Trii di Antonio KAMMEL. Opera VII. a la Haye.

VI. Trii di M. le MARCHAND. Parigi.

VI. Trii di Ioseph SCHMITT. Opera IV. Amsterd.

Supplement VII: 1772

VIOLINO.

QUATTRI.

II. Quattri di SCHMIDT. *a 2. Viol. V. e B.*

QUATTRI, *intagliati.*

VI. Quattri di I. C. BACH. *a 2. Viol. V. e B. Parigi.*

VI. Quattri notturni di Ignazio FRAENZL.
a 2. Viol. V. e B. Opera III. Parigi.

VIOLINO.

VI. Quattri di F. I. GOSSEC. *a 2. Viol. V. e B. Opera I.*

VI. Quattri di Giuf. HAYDEN. *a 2. Viol. V. e Baffo.*
Opera IX. Amfterdam.

VI. Quatri di Rom. HOFFSTETTER. *a 2. Viol. V. e B.*
Amfterdam.

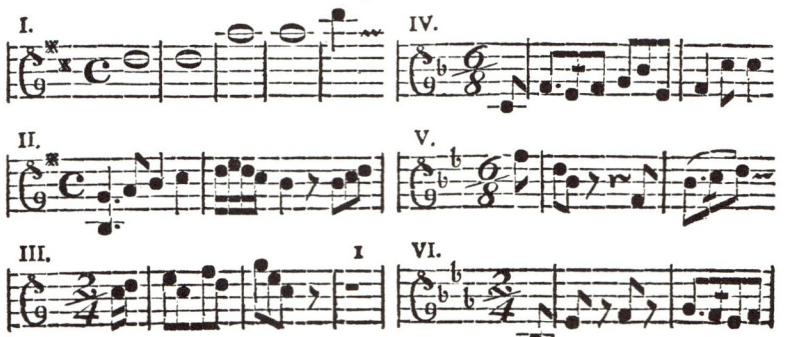

Supplement VII: 1772

VIOLONCELLO.

I. Solo di PREYSING. *a Violoncello e Basso.*

VI. Soli di L. BOCCHERINI. *a Violonc. e Basso. London.*

DUETTI.

VI. Divertissements *a deux Basse (à l'usage des Commençans)* par Mr. BARETTE. *Oeuv. I. Amsterd.*

VI. Duetti di Fred. SCHROETER. *a Viol. e Violoncello. Amsterd.*

V. Trii di Giuf. HAYDEN. *a Violonc. Viola e Basso.*

CONCERTI, *per il Violoncello concertato.*

I. Con. di Giuf. HAYDEN. *a Violonc. conc. 2 Viol. V. e B.*

II. Concerti di ZYCKA. *a Violonc. conc. 2 Viol. V. e B.*

II. Concerti di L. BOCHERINI. *a Violonc. conc. 2 Viol. V. e B. intagliati in Parigi.*

FLAUTO TRAVERSO.

DUETTI.

VI. Duetti di DOTHEL. *a 2 Flauti Traversi.*

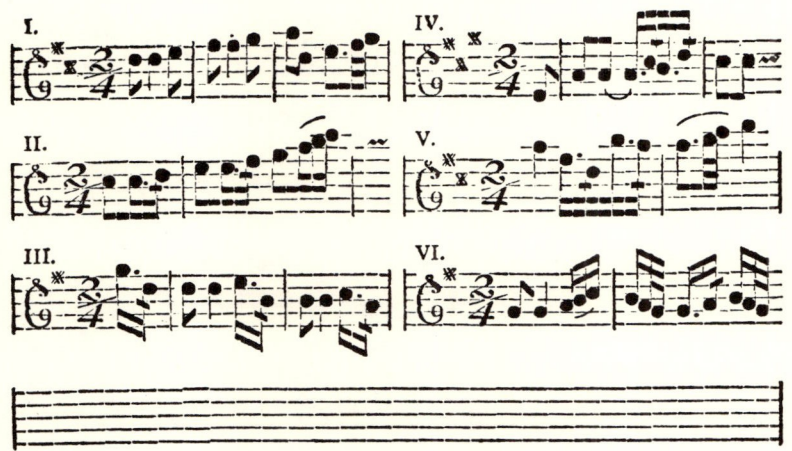

VI. Duetti di KLOEFFLER. *a 2 Flauti Traversi.*

DUETTI, *intagliati.*

VI. Duetti di T. GREINER. *a 2 Flauti. Opera I. Amsterd.*

VI. Divertiss. di C. F. KERNTL. *a 2 Flauti. Opera II. Amsterd.*

VI. Duetti di PLA. *a 2 Flauti. Opera I. Amsterd.*

Supplement VII: 1772

FLAUTO TRAVERSO.

QUATTRI, *intagliati.*

VI. Quattri di C. E. GRAAF. *a Flauto, Violino, Viola e Baſſo.*
Opera XII. Amſterdam.

VI. Quattri di Giuſ. TOESCHI. *a Flauto, Violino, Viol. e Baſſo.*
Opera V. Amſterdam.

VI. Quattri di VANHALL. *a Flauto, Viol. V. e B. Op. VII. Parigi.*

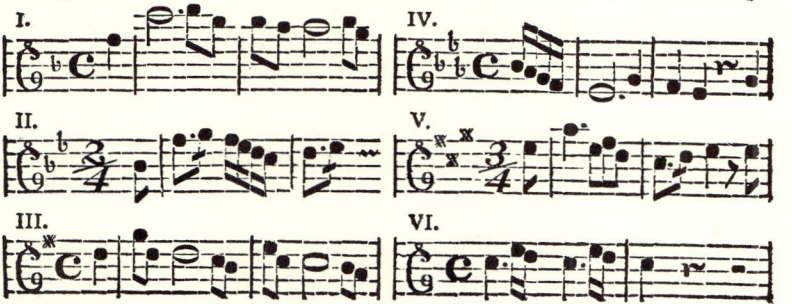

FLAUTO TRAVERSO.

CONCERTI
A FLAUTO TRAVERSO CONCERTATO.

VI. Con. di GOEZEL. *a Flauto conc. 2 Viol. Viola e B.*

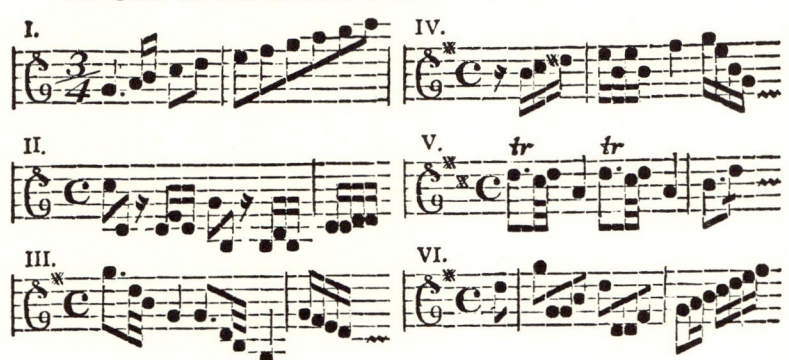

II. Concerti di Leop. HOFFMANN. *a Flauto conc.*
2 Cor. 2 Viol. Viola e Baſſo.

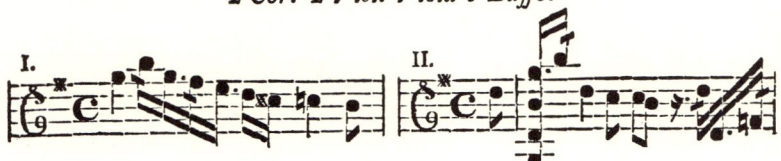

II. Concerti di Giac. Feder. KLEINKNECHT. *a Flauto conc.*
2 Cor. 2 Viol. Viola e Baſſo.

I. Concerto di SCHWINDEL. *a Flauto concertato,*
2 Cor. 2 Viol. Viola e Baſſo.

30 — OBOE, CLARINETTO E FAGOTTO.

OBOE.

I. Conc. di HEMBEL. *a Oboe conc. 2 Viol. Viola e B.*

I. Conc. di FISCHER. *a Oboe conc. 2 Cor. 2 Viol. V. e B. London.*

CLARINETTO.

I. Conc. di STARCK. *a Clarinetto conc. 2. Viol. Viola e B.*

FAGOTTO.

II. Concerti di WEINLICH. *a Fagotto concertato, 2 Cor. 2 Ob. 2 Violini, Viola e Baſſo.*

31 — HARPA E CEMBALO.

HARPA.

II. Divertimenti di GERA.

I. *a Harpa conc. Flauto, 2 Viol. e B.*   **II.** *a Harpa conc. Flauto, Viol. e B.*

CEMBALO.

SOLI.

I. di BENDA.   **I. di SCHWANENBERG.**

I. Sinfonia Pantomima di Giov. VANHALL.

SONATE, *intagliate e ſtampate.*

VI. Sonate di C. F. ABEL. *Amſterdam.*

Supplement VII: 1772

Supplement VII: 1772

C E M B A L O.

T R I I, intagliati.

VI. Sonate di I. B. BAMBINI, *a Cemb. e Viol. Op. IV. Parigi.*

VI. Sonate di A. E. FORSTMEYER, *a Cembalo e Viol. Op. I. Francfort fur le Main.*

VI. Sonate di Andrea LUCHESI, *a Cemb. e Violino, in Bonn.*

C E M B A L O.

VI. Sonate di Franc. ZAPPA, *a Cemb. e Viol. Op. VI. Parigi.*

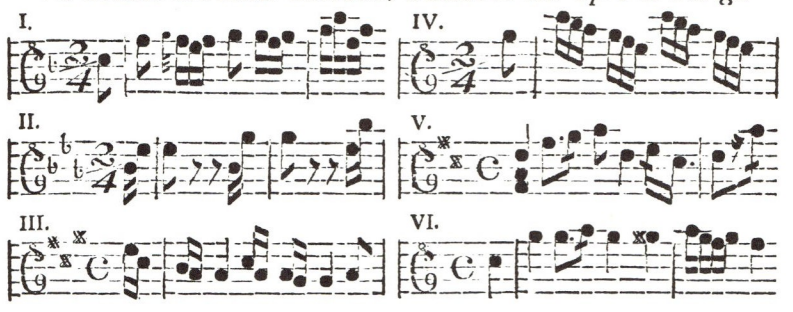

TERZETTI, a Cembalo obligato,

CON VIOLINO O FLAUTO E BASSO.

I. Sonata di GERBER, *a Cemb. Fl. o Viol. e Violonc.*

VI. Sonate di H. RIGEL, *a Cemb. Viol. e Violonc.*

TERZETTI, intagliati.

II. Sonate di BURNEY, *a Cemb. Viol. e Baſſo. London.*

CEMBALO.

VI. Sonate di DUPRE', *a Cemb. Viol. e Violonc. Op. I. Parigi.*

**VI. Sonate di I. S. SCHRÖTER, *a Cemb. Viol. e Violonc.*
Op. II. Amsterd.**

**VI. Sonate di G. S. LOEHLEIN, *a Cemb. Viol. o Fl. e Violonc.*
Coll. I. et II. Leipsic.**

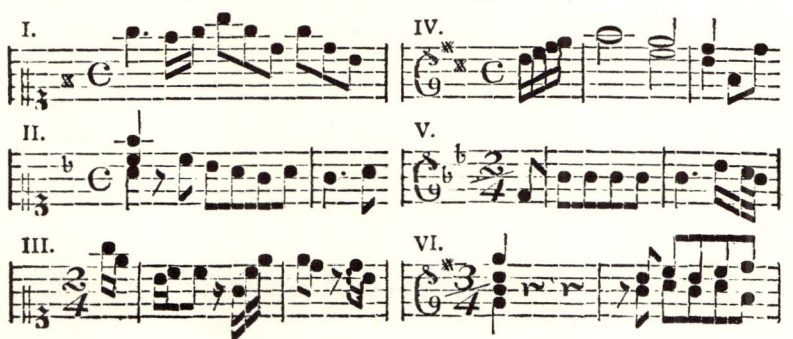

QUATTRI e DIVERTIMENTI.

I. Divertim. di Giuſ. HAYDEN, *a Cemb. 2 Viol. e B.*

**VI. Quattri di G. HERSCHEL, *a Cemb. 2 Viol. e B.*
Op. I. Amsterd.**

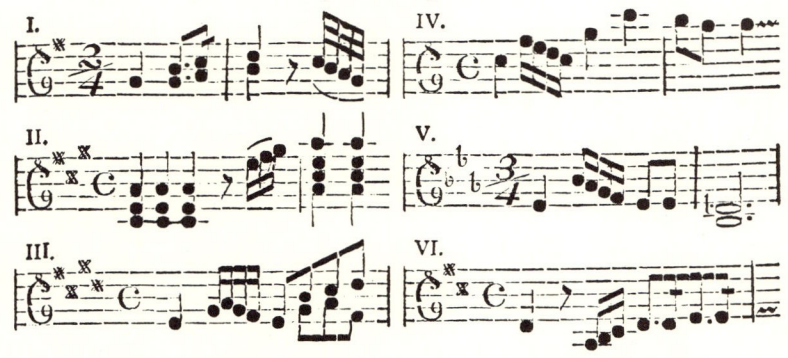

I. Quintetto di C. B. UBER, *a Cemb. 2 Cor. V. e B. Breslau.*

CONCERTI, *a Cemb. conc. con più Stromenti.*

IV. Conc. di DEGEN, *a Cemb. conc. 2 Viol. V. e B.*

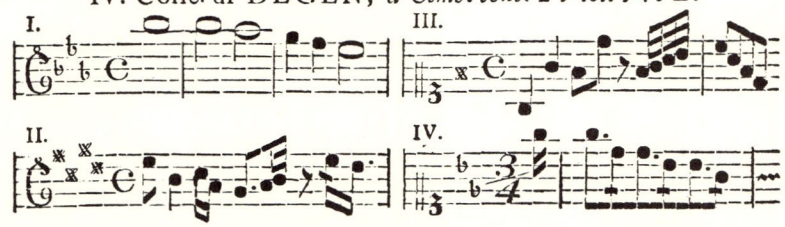

I. Conc. di Carlo DITTERS, *a Cemb. conc. 2 Viol. e Baſſo.*

Supplement VII: 1772

SVPPLEMENTO VIII.

DEI

CATALOGI

DELLE

SINFONIE, PARTITE, OVERTURE, SOLI, DUETTI, TRII, QUATTRI

E

CONCERTI

PER IL

VIOLINO, FLAUTO TRAVERSO,
CEMBALO

ED ALTRI STROMENTI,

CHE

SI TROVANO IN MANOSCRITTO
NELLA OFFICINA MUSICA DI BREITKOPF
IN LIPSIA.

1773.

SINFONIE.

Supplement VIII: 1773

SINFONIE.

I. Sinf. da SACCHINI.
a 2 Cor. 2 Ob. 2 Viol. V. e B.

I. Sinf. da Giuſ. SCHMIDT.
a 2 Cor. 2 Ob. 2 Viol. V. e B.

II. Sinf. da Giuſ. TOESCHI.
I. a 2 Cor. 2 Ob. 2 Fag. 2 Viol. V. e B.   II. a 2 Cor. 2 Fl. 2 Viol. V. e B.

III. Sinf. da Giov. VANHALL.
I. a 2 Cor. 2 Ob. 2 Viol. V. e B.   III. a 2 Cor. 2 Fl. 2 Viol. V. e B.
II. a 2 Cor. 2 Ob. 2 Cl. Tymp. 2 Vi. V. e B.

SINFONIE intagliate e ſtampate.

III. Sinf. da J. C. BACH, a 2 Cor. 2 Ob. 2 Viol. V. e B. Opera IX. Amſt.

I. Sinf. da J. C. BACH, a 2 Cor. 2 Cl. 2 Fag. 2 Viol. V. e B. Parigi.

III. Sinf. da Carlo DITTERS, a 2 Cor. 2 Ob. 2 Viol. V. e B. Opera VI. Parigi.

IV. Sinf. da Carlo DITTERS, a 2 Cor. 2 Ob. 2 Fl. o Clarinetti. 2 Viol. V. e B. Opera VII. Parigi.

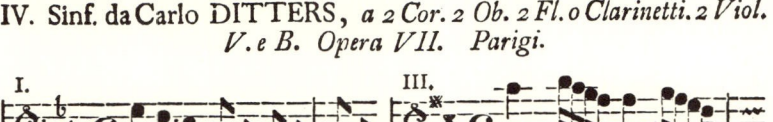

III. Sinf. da Carlo DITTERS, a 2 Cor. 2 Ob. 2 Viol. V. e B. Opera VIII. Parigi.

VI. Sinf. da Ern. EICHNER, a 2 Cor. 2 Ob. o Fl. 2 Viol. V. e B. Opera I. Parigi.

Supplement VIII: 1773

SINFONIE.

VI. Sinf. da Giuf. HAYDEN, *a 2 Cor. 2 Ob. 2 Viol. V. e B.*
Opera VIII. Parigi.

VI. Sinf. da Giuf. HAYDEN, *a 2 Cor. 2 Ob. 2 Viol. V. e B.*
Opera IX. Parigi.

III. Sinf. da LUCHESI, *a 2 Cor. 2 Fl. o Ob. 2 Viol. V. e B.*
Opera II. Bonn.

SINFONIE.

VI. Sinf. da SCHMITT, *a 2 Cor. 2 Ob. 2 Viol. V. e B.*
Opera VI. Amst.

VI. Sinf. da C. STAMITZ, *a 2 Cor. 2 Ob. 2 Viol. V. e B.*
Opera VI. Parigi.

II. Sinf. da C. STAMITZ, *Parigi.*
I. *a 2 Cor. 2 Ob. 6 Clarin. 2 Viol. 2 V. e B.*   II. *a 2 Cor. 2 Ob. 2 Viol. V. e B.*

I. Sinf. da TOESCHI, *a 2 Cor. 2 Ob. 2 Viol. V. e B.   Parigi.*

II. Sinf. da GIOV. VANHALL, *a 2 C. 2 Ob. 2 Vi. V. e B. Op. X. Parigi.*

Supplement VIII: 1773

DIVERTIMENTI, CASSATIONES, OVERTURE etc.

I. Divert. da Giuſ. HAYDEN, *a Viol. conc. 2 Cor. 2 Ob. 2 Viol. Viola. Flauto Solo. Violoncl. obl. Fag. obl. Contra Baſſo obl. e B.*

II. Overture dal Barone HENET, *a 2 Viol. V. e B.*

I. Caſſatio da SCHMITT, *a 2 Cor. Fl. Viol. V. e B.*

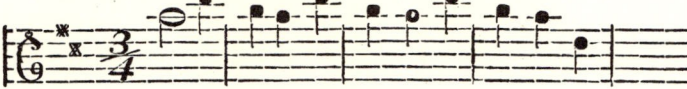

VI. Divert. di Giov. VANHALL, *a Viol. princ. Viol. 2do. V. e B.*

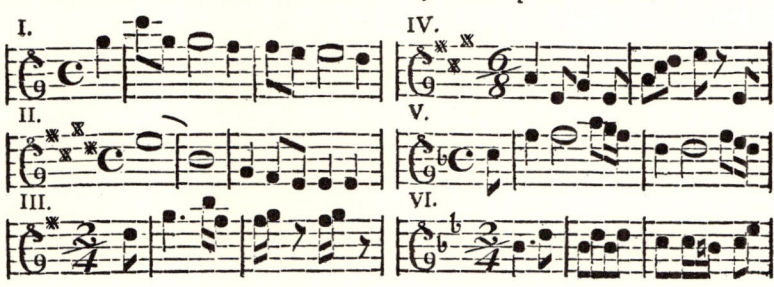

SOLI con BASSO.
VI. Soli di PUGNANI, *Opera I. Parigi.*

VIOLINO.

VI. Soli da Gioachimo TRAVERSA, *Opera II. Parigi.*

DUETTI, intagliati.
VI. Duetti da Ignazio CELLONIETTI, *Opera I. Parigi.*

VI. Duetti da Gius. DEMACHI. *Parigi.*

VIOLINO.

VI. Duetti da G. FRANCISCONI, *Opera I. Amst.*

VI. Duetti da Gull. Gommar KENNIS, *Opera X. Parigi.*

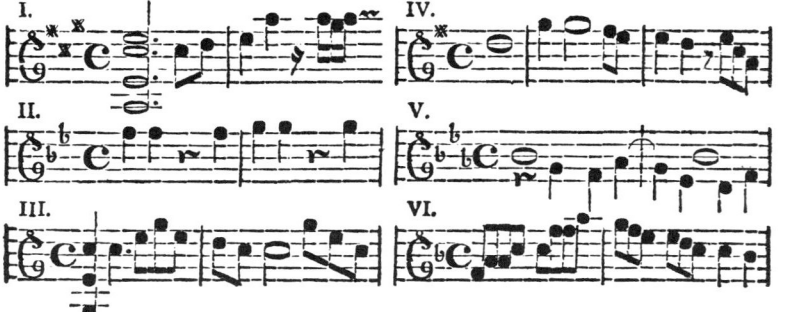

VI. Duetti da Ignazio RAIMONDI, *Opera IV. Amst.*

VIOLINO.

TRII.
PER DUE VIOLINI CON BASSO.

IV. Da HOLZBOGEN.

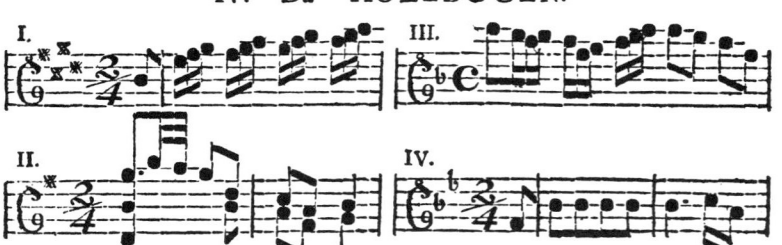

VI. Trii da Anton KAMMEL.

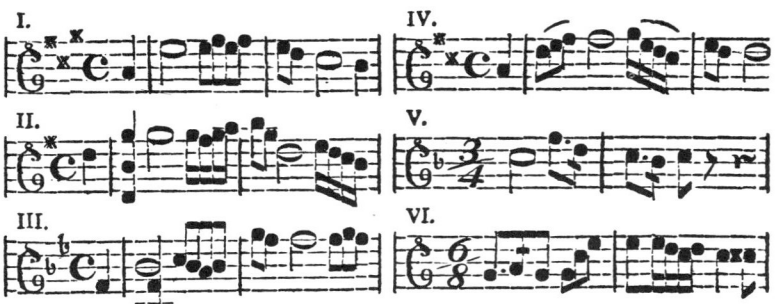

VI. Trii da Anton KOPPAUR.

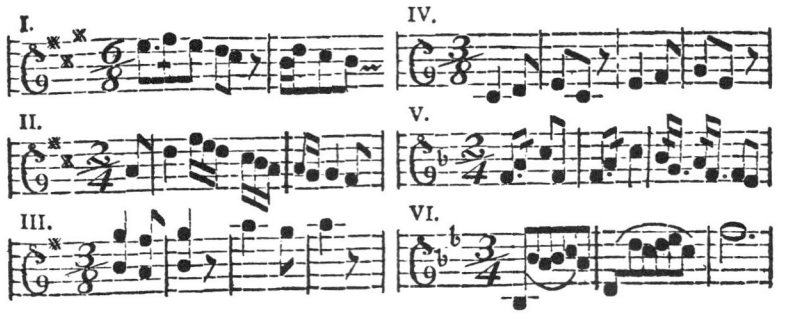

Supplement VIII: 1773

VIOLINO.

VIII. Trii da KLEINKNECHT.

VI. Trii da KREUSER.

III. Trii da Georgio LANG.

VIOLINO.

VI. Trii da Giuf. SCHMIDT.

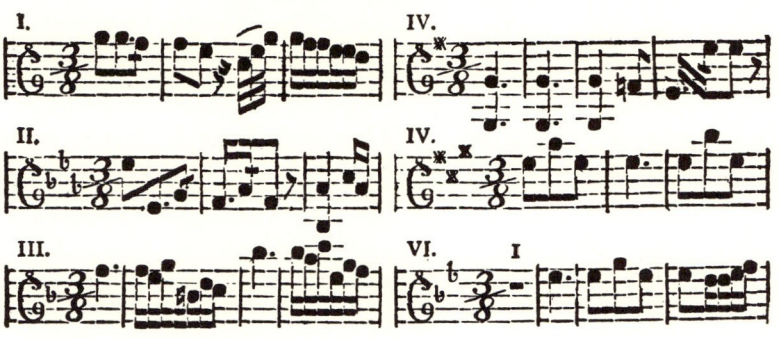

TRII intagliati.

VI. Trii da Carlo DITTERS, *Opera VI. Parigi.*

VI. Trii da Le DUC l'ainé. *Opera V. Parigi.*

Supplement VIII: 1773

VIOLINO.

VI. Trii da FRAENZEL. *Opera II. Parigi.*

VI. Trii da Gull. NAVOIGILLE. *Opera I. Parigi.*

I. Periodical Trio da PERGOLESI. *London.*

III. Trii da F. T. SCHUMANN. *Opera I. Amst.*

VIOLINO.

VI. Trii da VANHALL. *Opera IV. Parigi.*

VI. Trii da VANHALL. *Opera XI. Parigi.*

VI. Trii da DEMACHI, *a 3 Violini. Opera V. Geneve.*

Supplement VIII: 1773

QUATTRI.

VI. Quattri da BACHSCHMIDT, a 2 Viol. V. e B.

VI. Quattri da Giuſ. MICHL, a 2 Viol. V. e B.

V. Quattri da Giuſ. SCHMITT, a 2 Viol. V. e B.

VI. Quattri da Sigism. B. de RUMLINGE, a Viol. V. e B.

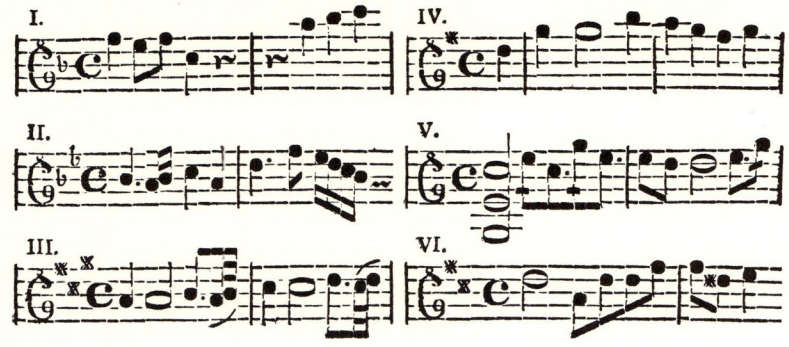

QUATTRI intagliati.

VI. Quattri da d'AVAUX, a 2 Viol. V. e B. Opera VI. Parigi.

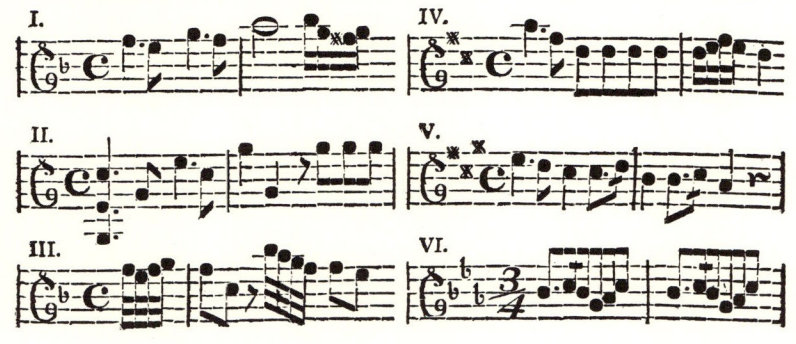

IV. Quattri da M. BAUERSCHMITT, a 2 Viol. V. e B. Parigi.

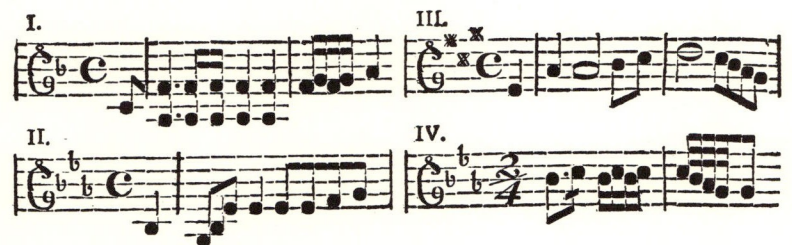

VIOLINO.

VI. Quattri da BOCCHERINI, *a 2 Viol. V. e B. Opera X.*
Parigi.

VI. Quattri da CAPRON, *a 2 Viol. V. e B. Opera II.* *Parigi.*

IV. Quattri da COLIZZI, *a 2 Viol. V. e B. Opera II.*

VIOLINO.

VI. Quattri da J. GIORDANI, *a 2 Viol. V. e B. Opera II.*
Parigi.

VI. Quattri da Giuf. SCHMITT, *a 2 Viol. V. e B. Opera V.*
Amfterd.

VI. Quattri da Giuf. SIGNORETTI, *a 2 Viol. V. e B.*
Opera XII. Parigi.

Supplement VIII: 1773

VI. Quatuor dialogués d'Air choisis dans les Opera Comiques, a 2 Viol. V. e B. Paris.

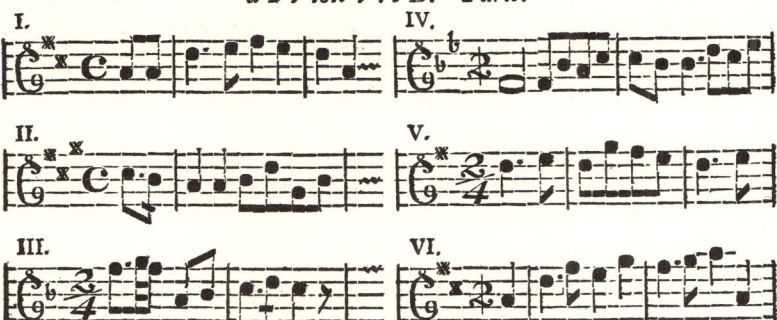

VI. Quattri da P. VACHON, a 2 Viol. V. e B. Opera VII. Parigi.

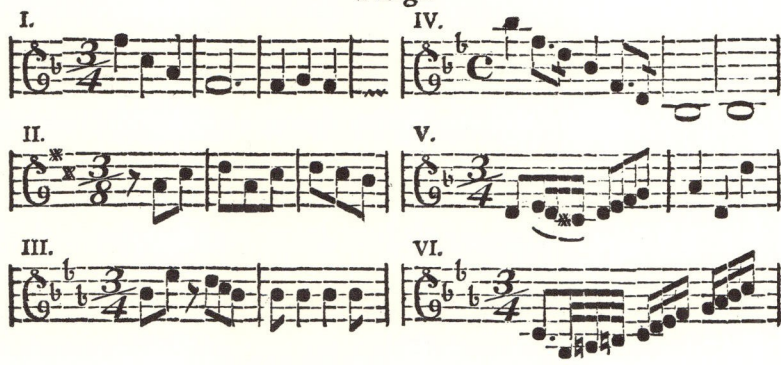

QUINTETTI.

II. Quintetti da Giuſ. SCHMITT, a 2 Cor. 2 Viol. 2 Viole e B.

QUINTETTI, intagliati.

VI. Quintetti da L. GASMANN, a 2 Viol. 2 Viole e B. Opera II. Parigi.

III. Quintetti da PUGNANI, a 2 Viol. 2 Ob. 6 Fl. e B. 2 Cor. ad lib. Opera VII. Amſt.

CONCERTI, per il Violino concertato.

I. Conc. da HOECK, a Viol. conc. 2 Viol. V. e B.

II. Conc. da KLEINKNECHT, a Viol conc. 2 Corn. 2 Fl. 2 Viol. V. e B.

II. Conc. da LOLLI, a Viol. conc. 2 Cor. 2 Fl. 2 Viol. V. e B.

Supplement VIII: 1773

VIOLA.

I. Conc. da PICHL, *a Viol. conc. 2 Cor. 2 Ob. 2 Viol. V. e B.*

II. Conc. da STAMITZ, *a Viol. conc. 2 Viol. V. e B.*

I. Conc. da TARTINI, *a Viol conc. 2 Viol. V. e B.*

II. Serenate da Benj. UBER.

a Viol. princ. 2 C. 2 Fl. 2 Viol. V. e B.   a 2 C. 2 Fl. 2 Fag. 2 Viol. 2 Viole e B.

VIOLA.

VI. Trii da VANHALL, *a Viol. Viola e B. 2 Cor. ad lib. Op. XII. Pari.*

VIOLONCELLO.

I. Solo da BRODETZ, *a Violonc. e B.*   **I. Solo da KLOB,** *a Violonc. e B.*

VIOLONCELLO.

II. Soli da THOMAS, *a Violoncello e Baſſo.*

I. Solo da WERNER, *a Violoncello e Baſſo.*

DUETTI.

II. Duetti da HIMMELBAUER, *a Violino e Violoncello concertanti.*

VI. Duetti da AUBERTI, *à 2 Violoncelli. Opera II. Parigi.*

III. Duetti da CUPIS, *a 2 Violoncelli.   Opera V. Parigi.*

Supplement VIII: 1773

VIOLONCELLO.

III. Trii da F. T. SCHUHMANN, *a Violino, Violonc. e B. Op I. Amst.*

CONCERTI, per il Violoncello concertato.

I. Conc. da ANONYMO. *a Violonc. conc. 2 Viol. V. e B.*
I. Conc. da BAUMGARTEN. *a Violonc. con. 2 Cor. 2 Viol. V. e B.*
I. Conc. da BRODETZ. *a Violonc. conc. 2 C. 2 Viol. V. e B.*
I. Conc. da DUSCHECK. *a Violonc. conc. 2 Cor. 2 Ob. 2 Viol. V. e B.*

I. Conc. da EITHNER, *a Violonc. conc. 2 Viol. V. e B.*

II. Conc. da FILS.
I. *a Violonc. conc. 2 Clar. Tymp. 2 Vi. V. e B.*   II. *a Violonc. conc. 2 Cor. 2 Viol. V. e B.*

II. Concerti da GRETSCH.
I. *a Violonc. conc. 2 Viol. V. e B.*   II. *a Violonc. conc. 2 Cor. 2 Viol. V. e B.*

I. Concerto da HAYDEN. *a Violonc. conc. 2 Viol. V. e B.*
I. Concerto da KLOB. *a Violonc. conc. 2 Cor. 2 Viol. V. e B.*

FLAUTO TRAVERSO.

I. Conc. da KÜFFLER. *a Violonc. conc. 2 Viol. V. e B.*
I. Conc. da NEYMANN. *a Violonc. conc. 2 Viol. V. e B.*
I. Conc. da PICHL. *a Violonc. conc. 2 Cor. 2 Viol. V. e B.*
I. Conc. da WERNER. *a Violonc. conc. 2 Viol. V. e Basso.*

I. Concertino da KLOB, *a Violonc. obl. Viola obl. 2 Cor. 2 Clar. 2 Viol. V. e B.*

I. Divertimento da SÜSSIG, *a Violonc. obl. Flauto. V. e B.*

FLAUTO TRAVERSO.

VI. Soli da WILLHELMY, *a Flauto con Basso.*

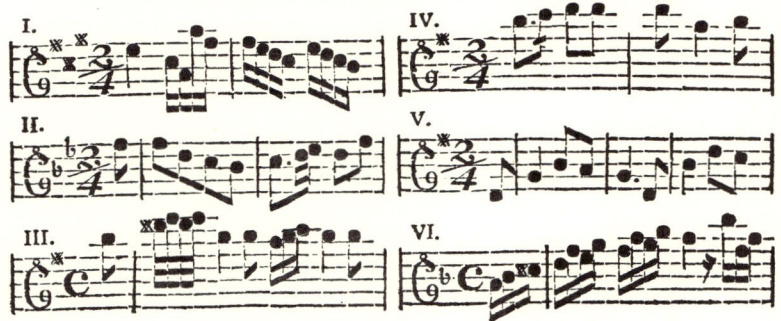

Supplement VIII: 1773

FLAUTO TRAVERSO.

DUETTI.

VI. Duetti da GROS, *a 2 Flauti Traverf.*

VI. Duetti da L. HOFFMANN, *a 2 Flauti Trav. Parigi.*

TRII.

IV. Trii da KLEINKNECHT, *a 2 Flauti e Baſſo.*

I. Trio da RICHTER, *a 2 Flauti e Baſſo.*

FLAUTO TRAVERSO.

II. Trii da HOLZBOGEN, *a Flauto, Violino e B.*

VI. Trii da PICHL, *a Flauto, Violino e Baſſo.*

QUATTRI,
A FLAUTO, VIOLINO, VIOLA E BASSO.

VI. Quattri da Antonio RIGEL.

QUATTRI intagliati.

II. Quattri da BAUERSCHMIDT, *a Flauto, Viol. V. e B.*
Parigi.

Supplement VIII: 1773

FLAUTO TRAVERSO.

VI. Quattri da Ern. EICHNER, *a Flauto, Viol. V. e B.*
Opera IV. London.

VI. Quattri da ROSENI, *a Flauto, Viol. V. e B.* Opera I.
Parigi.

VI. Quattri da STABINGHER, *a Flauto, Viol. V. e B.*
Opera II. Parigi.

OBOE.

CONCERTI
A FLAUTO TRAVERSO CONCERTATO.

II. Conc. da HUPFELD, *a Flauto conc. 2 Cor. 2 Viol. V. e B.*

I. Conc. da RIEGEL, *a Fl. conc. 2 Cor. 2 Ob. 2 Tromb. Tymp. 2 Viol. V. e B.*

I. Conc. da SCHÖPS, *a Flauto conc. 2 Cor. 2 Viol. V. e B.*

CONCERTINI.

II. Concertini da SCHÖPS.
I. *a Flauto conc. Viol. conc. Viola conc. Violonc. conc. 2 Corni obl. e B.*

II. *a Flauto conc. Viol. conc. Viola conc. Violonc. conc. Corno obl. e B.*

OBOE.

I. Conc. da FISCHER, *a Oboe conc. 2 Cor. 2 Viol. V. e B.*

Supplement VIII: 1773

CLARINETTO.

VI. Soli da PROCKSCH. Opera V. Parigi.

TRII.

VI. Trii da PROCKSCH, a Clarinetto, Violino e Baſſo. Opera IV. Parigi.

QUATTRI.

VI. Quattri da GASPARD, a Clarinetto, Viol. V. e B. Parigi.

VI. Quattri da KICHLER, a Clarinetto. Viol. V. e B. Opera I. Parigi.

IV. Quattri da C. STAMITZ, a Clarinetto. Viol. V. e B. Opera VIII. Parigi.

CORNO.

VI. Sonate da COMI, a Corno e Baſſo. Parigi.

Supplement VIII: 1773

CEMBALO.

SOLI.

IX. Sonate da Francesco DUSCHECK.

I. Sonata da Leop. KOZELUCH.

SONATE, intagliate e stampate.

I. Sonata da Franc. DUSCHECK. *Praga.*

VI. Sonate da Charles BURNEY. *London.*

VI. Sonate da Peter GUGLIELMI, *Opera III. London.*

VI. Sonate da Gius. HAYDEN. *Vienna.*

TRII,
A CEMBALO OBLIGATO CON VIOLINO O FLAUTO.

I. Sonata da BECKI, *a Cemb. e Viol.* I. Sonata da LANG, *a Cemb. e Viol.*

II. Sonate da SCHÖPS, *a Cembalo e Violino.*

II. Sonate da Benjam. UBER, *a Cembalo e Violino.*

TRII, *intagliati.*

III. Sonate da M. * * *. *a Cembalo e Violino.* Opera I. Parigi.

VI. Sonate da I. C. BACH, *a Cembalo e Violino. Opera X. Amft.*

III. Sonate da COURSELLO, *a Cembalo e Violino.* Opera I.
Parigi.

VI. Sonate da DESPREAUX, *a Cembalo e Violino. Opera L.*
Parigi.

IV. Sonate da G. F. RICHTER, *a Cembalo e Violino. Opera I.*
Amfterd.

I. Sonata da LUCHESI, *a Cembalo e Violino.*

Supplement VIII: 1773

TERZETTI intagliati.

VI. Sonate da Giuſ. DIETZ, *a Cemb. Viol. e B.   Opera I. Amſt.*

III. Sonate da Ern. EICHNER, *a Cemb. Viol. e B.   London.*

I. Concertino da Fr. DUSCHEK.
a Cemb. obl. Viol. obl. e Baſſo.

QUATTRI e DIVERTIMENTI.

I. Divertiment. da G. BENDA, *a Cemb. conc. 2 Viol. V e B.*

I. Divertim. da Giuſ. HAYDEN, *a Cemb. 2 Viol. e Baſſo.*

QUATTRI intagliati.

III. Quattri da BAUER, *a Cemb. Flauto, Viol. e B. Opera III.*
Francf. ſur le Main.

VI. Quattri da Carlo BONI, *a Harpa o Cembalo, Viol. V. e B.*
Parigi.

CONCERTI a Cemb. con più Stromenti.

I. Conc. da BECKE, *a Cemb. conc. 2 Cor. 2 Fl. 2 Viol. V. e B.*

IV. Conc. da COLIZZI, *a Cemb. conc. 2 Cor. 2 Viol. V. e B.*

CEMBALO.

II. Conc. da C. DITTERS, *a Cemb. conc. 2 Cor. 2 Viol. e B.*

II. Conc. da Franc. DUSCHEK, *a Cemb. conc. 2 Cor. 2 Viol. V. e B.*

I. Conc. da FOERSTER, *a Cemb. conc. 2 Viol. V. e B.*

V. Concerti da KÜFFNER.

I. *a Cemb. conc. 2 Cor. 2 Ob. 2 Viol. e B.*   IV. *a Cemb. conc. 2 C. 2 Fl. 2 Vi. V. e B.*

II. *a Cemb. conc. 2 Cor. 2 Fl. 2 Vi. V. e B.*   V. *a Cemb. conc. 2 Ob. 2 Viol. e B.*

III. *a Cemb. conc. 2 C. 2 O. 2 Fl. 2 Vi. 2 Fag. e B.*

I. Conc. da LANGE, *a Cemb. conc. 2 Viol. V. e B.*

I. Conc. da POKORNI, *a Cemb. conc. Fl. obl. 2 Cor. 2 Viol. e B.*

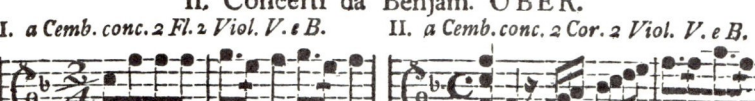

II. Concerti da Benjam. UBER.

I. *a Cemb. conc. 2 Fl. 2 Viol. V. e B.*   II. *a Cemb. conc. 2 Cor. 2 Viol. V. e B.*

CEMBALO.

II. Concerti da ZEIDLER.

I. *a Cemb. conc. 2 Fl. 2 Fag. 2 Vi. V. e B.*   II. *a Cemb. conc. 2 Viol. V. e B.*

CONCERTI intagliati.

I. Conc. da W. N. HAUEISEN, *a Cemb. conc. 2 Cor. 2 Viol. V. e B. Opera VI. Francf. sur le Main.*

I. Conc. da LUCHESI, *a Cemb. conc. 2 Cor. 2 Ob. 2 Viol. V. e B. Bonn.*

VI. Concerti da Ferd. PELLEGRINO, *a Cemb. conc. 2 Viol. V. e B. Parigi.*

Supplement VIII: 1773

SVPPLEMENTO IX.

DEI

CATALOGI

DELLE

SINFONIE, PARTITE, OVERTURE, SOLI, DUETTI, TRII, QUATTRI

E

CONCERTI

PER IL

VIOLINO, FLAUTO TRAVERSO,
C E M B A L O
ED ALTRI STROMENTI,
CHE
SI TROVANO IN MANOSCRITTO
NELLA OFFICINA MUSICA DI BREITKOPF
IN LIPSIA.

1774.

SINFONIE.

Supplement IX: 1774

SINFONIE.

IV. Sinf. da SONLEITHNER.
I. Sinf. da STAEPS.
I. Sinf. da TRAJETTA.
VI. Sinf. da Carlo Giov. VANHALL.
I. Sinf. da WAGENSEIL, a 2 Ob. 2 Viol. V. e B.
IV. Sinf. da WISTEIN.

III. Sinf. da Antonio ZIMMERMANN.

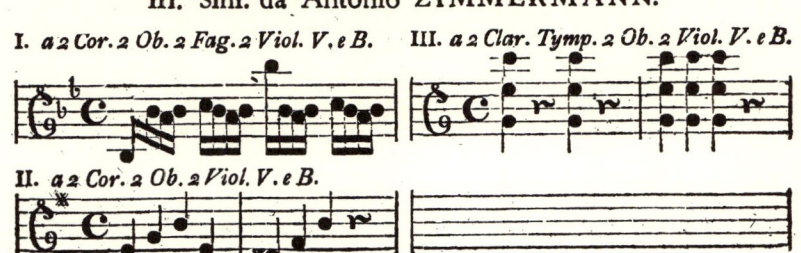

SINFONIE intagliate e stampate.

IV. Sinf. da Antonio BULANT. a 2 Cor. 2 Ob. 2 Viol. V. e B.
Op. V. Parigi.

II. Sinf. da COMY, a 2 Cor. 2 Fl. 2 Viol. V. e B.
Op. V. Parigi.

III. Sinf. da HAYDEN, a 2 Cor. 2 Ob. 2 Viol. V. e B. Parigi.

Supplement IX: 1774

SINFONIE.

VI. Sinf. da G. A. KREUSSER, *a 2 Cor. 2 Ob. 2 Viol. V. e B.*
Op. VII.   *Amſterdam.*

I.   IV.

II.   V.

III.   VI.

VI. Sinf. da Giuſ. MISLEWECZECK, *a 2 Cor. 2 Ob. 2 Viol.*
V. e B. Op. I.   Norimberga.

I.   IV.

II.   V.

III.   VI.

IV. Sinf. da Giov. VANHALL. *Op. XVI.   Parigi.*
I.   *vid. Suppl. VI. No. VI.*   III.   *vide Suppl. VI. No. II.*

II.   IV.   *vid. Suppl. VII. No. VI.*

H. Sinf. Periodiques par Joſ. SCHMIDT, *a 2 Cor. 2 Ob. o Fl.*
2 Viol. V. e B. Amſterdam.

I.   II.

DIVERTIMENTI, PARTITE &c.

DIVERTIMENTI, CONCERTINI, PARTITE, &c.

I. Divert. da HAYDEN, *a 2 Cor. Flauto, Violino, V. e B.*

II. Partite da NEEFE.

I. *a 2 Cor. 2 Ob. 2 Viol. V. e B.*   II. *a 2 Ob. 2 Viol. V. e B.*

Concertino da Giuſ. SCHMIDT, *a 2 Cor. 2 Viol. 2 Viole e B. Amſt.*

V I O L I N O.

SOLI con BASSO.

I. Solo da PICHL.

SOLI intagliati.

VI. Soli da P. GAVINIES. *Op. I.   Parigi.*

I.   IV.

II.   V.

III.   VI.

Supplement IX: 1774

VIOLINO.

VI. Duetti da Giuſ. SCHMITT, *a 2 Violini, o Violino e Violonc.* Op. VIII. *Amſterdam.*

TRII.
A DUE VIOLINI CON BASSO.

VI. Trii da ASPELMAYER. Op. VII. *Parigi.*

VI. Trii da CANNABICH. Op. III. *Mannheim.*

VIOLINO.

VI. Trii da CARDON. Op. X. *Parigi.*

VI. Trii da Giuſ. HAYDEN. Op. VIII. *Amſterdam.*

I. *vid. Suppl. II. No. IV.* IV. *vid. Suppl. I. No. VI.*

II. *vid. Suppl. I. No. I.*

III. *vid. Suppl. II. No. III.*

VI. Trii da F. A. HEMBERGER. Op. I. *Parigi.*

Supplement IX: 1774

VIOLINO.

VI. Trii da HELBERT. Op. III. Parigi.
VI. Trii da LEBRUN. Op. I. Mannheim.
VI. Trii da F. P. RICCI. London.

VIOLINO.

VI. Trii da Giuſ. SCHMITT. Op. VII. Amſterdam.
VI. Trii da Giov. VANHALL. Op. VII. Parigi.

QUATTRI intagliati.

VI. Quattri da C. F. ABEL, a 2 Viol. V. e B. Op. XII. London.

Supplement IX: 1774

VIOLINO.

VI. Quattri da L. BOCCHERINI, a 2 Viol. V. e B.
Op. VIII. Amsterdam.

VI. Quattri da Flor. GASMANN, a 2 Viol. V. e B.
Op. I. Amsterdam.

VI. Quattri da GRETRY, a 2 Viol. V. e B. Op. III. Parigi.

VIOLINO.

VI. Quattri da Giorgio HAYDEN, a 2 Viol. V. e B.
Op. XVIII. Parigi.

VI. Quattri da A. KAMMEL, a 2 Viol. V. e B. Op. XIV.
Parigi.

VI. Quattri concert. da KUCHELER, a 2 Viol. V. e B.
Op. IV. Parigi.

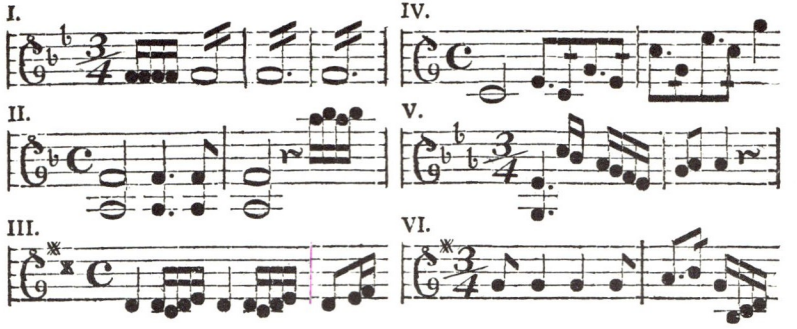

Supplement IX: 1774

VIOLINO.

VI. Quattri da F. P. RICCI, *a 2 Viol. V. e B. Op. VIII Aja.*

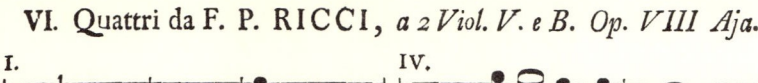

QUINTETTI intagliati.

VI. Quintetti da ZANNETTI, *a 3 Viol. e 2 Violoncelli. Op. II. London.*

I. vid. Suppl. III. No. II.
II. vid. Suppl. III. No. I.
III. vid. Suppl. II. No. II.
IV.
V.
VI. vid. Suppl. II. No. I.

CONCERTI per il Violino concertato.

I. Conc. da Carlo DITTERS. *a Viol. conc. 2 Viol. V. e B.*
I. Conc. da OTTO. *a Viol. conc. 2 Viol. V. e Basso.*

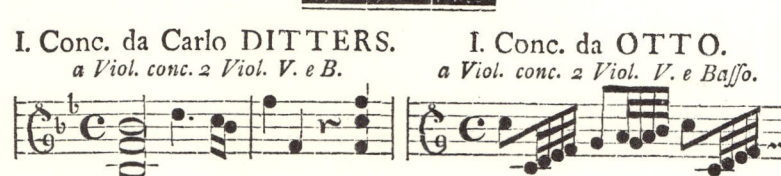

I. Conc. da PUSCHMANN. *a Viol. conc. 2 Viol. V. e B.*
I. Conc. da Giov. VANHALL. *a Viol. conc. 2 Viol. V. e B.*

I. Serenata da Carlo DITTERS. *a 2 Cor. Viol. 2 Viole e B.*

II. Serenate da Benj. UBER.
I. *a 2 Cor. 2 Fl. 2 Viol. B. ó Fag.*
II. *a 2 Cor. 2 Clar. 2 Ob. 2 Fl. 2 Viol. 2 Viole 2 Fag. Violonc. e B.*

CONCERTI intagliati.

I. Conc. da CRAMER. *a Viol. conc. 2 C. 2 O. 2 Vi. V. e B. Parigi.*
I. Conc. da COLIZZI. *a Viol. conc. 2 C. 2 Vi. V. e B. a la Haye.*

I. Conc. da P. GAVINIES. *à Viol. conc. 2 C. 2 O. 2 Vi. V. e B. Parigi.*
I. Conc. p. le Chev. de S. GEORGE. *a Viol. conc. 2 C. 2 O. 2 Vi. V. e B. Parigi.*

VI. Conc. da Felici GIARDINI, *a Viol. conc. 2 Cor. 2 Viol. V. e B. Op. XV. London.*

II.
III. *2 Oboi.*
V. *senza Corni.*

Supplement IX: 1774

VIOLA.

I. Conc. da JARNOVIK, *a Viol. conc. 2 Cor. 2 Ob. 2 Viol. V. e B. Parigi.*

III. Concerti da REIPEL, *a Viol. conc. 2 Viol. V. e B. Op. I. Parigi.*

✱✱✱✱✱✱✱✱✱✱✱✱✱✱✱✱✱✱✱✱✱✱✱✱✱✱✱✱✱✱✱✱✱✱

VIOLA.

VI. Quattri da M. STAMITZ, le Fils, *a Violino, 2 Viole e B. Parigi.*

I. Concerto da PESCH, *a Viola conc. 2 Viol. V. e B.*

II. Concerti da STAMITZ.

I. *a Viola conc. 2 Cor. 2 Clar. 2 Violini,* II. *a Viola conc. 2 Cor. 2 Fl. 2 Violini,* 2 Viole e B. Parigi. 2 Viole e B. Parigi.

VIOLONCELLO.

VI. Soli da MARA, *a Violonc. e B.*

CONCERTI per il Violoncello concertato.

II. Concerti da FILS.

I. *a Violonc. conc. 2 Viol. V. e B.* II. *a Violonc. conc. 2 Cor. 2 Viol. V. e B.*

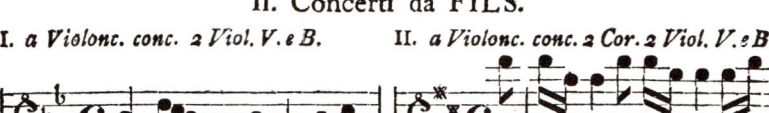

I. Concerto da KLEINKNECHT, *a Violonc. conc. 2 Cor. 2 Fl. 2 Viol. V. e B.*

Supplement IX: 1774

FLAUTO TRAVERSO.

I. Solo da Giov. VANHALL, *a Flauto con Basso.*

VI. Soli da WENDLING, *a Flauto con Basso. Op. IV. Parigi.*

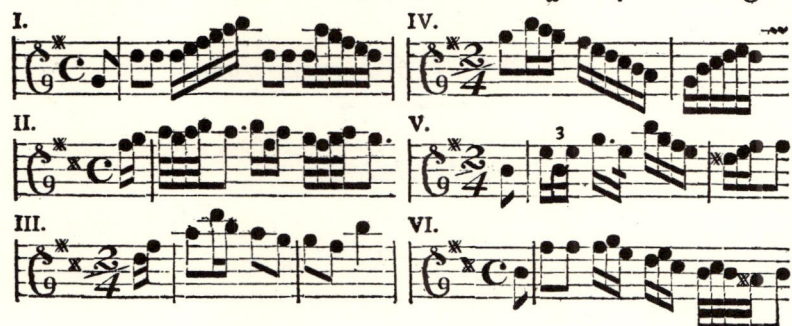

DUETTI intagliati.

VI. Duetti da T. GIORDANI, *a 2 Flauti. Op. I. Parigi.*

VI. Duetti da SCHWINDL, *a 2 Flauti. Op. I. Parigi.*

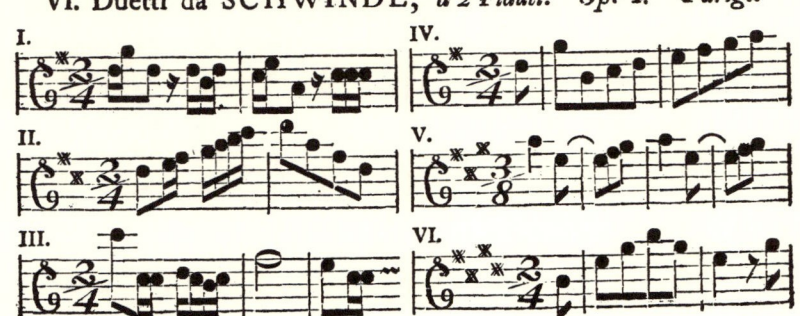

TRII.

I. Trio da FILS, *a Flauto, Violonc. e B.*

TRII intagliati.

VI. Trii da Conrad BREUNIG, *a Flauto, Violino e B. Op. IV. Francf. sur le Main.*

FLAUTO TRAVERSO.

VI. Trii da KLOFFLER, *a 2 Flauti e B. Op. V. Amfterdam.*

VI. Trii da Gio. Batt. WENDLING, *a Flauto, Violino e B.*
Op. VII.   *Amfterdam.*

QUATTRI.
A FLAUTO, VIOLINO, VIOLA E BASSO.

I. Quattro da Giov. VAAHALL.

FLAUTO TRAVERSO.

VI. Quattri da SCHMIDT.

QUATTRI *intagliati.*

VI. Quattri da CANNABICH, *a Flauto, Viol. V. e B.*
Op. I.   *Amfterdam.*

VI. Quattri da J. Aug. Louis FATKEN, *a Flauto, Violino,*
V. e B. Op. I.   *Amfterdam.*

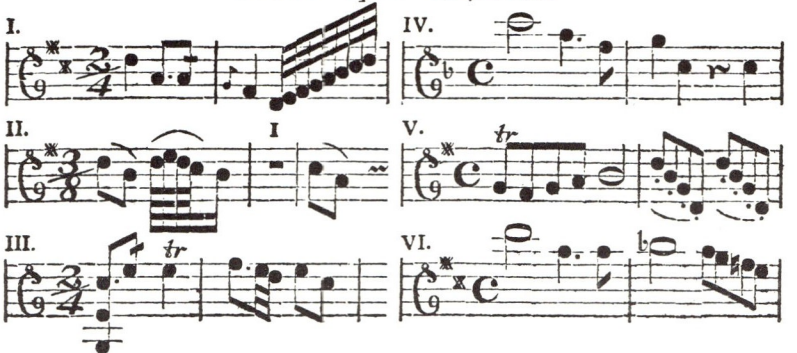

Supplement IX: 1774

FLAUTO TRAVERSO.

VI. Quattri da G. A. KREUSSER, *a Flauto, Viol. V. e B.*
Op. VIII.   Amsterdam.

VI. Quattri da M. J. SCHMITBAUR, *a Flauto, 2 Viol. e B.*
Op. I.   Mannheim.

VI. Quattri da Giov. VANHALL, *a Fl. Viol. V. e B. Op. XIV. Parigi.*
vide sopra Quattri da KREUSSER.

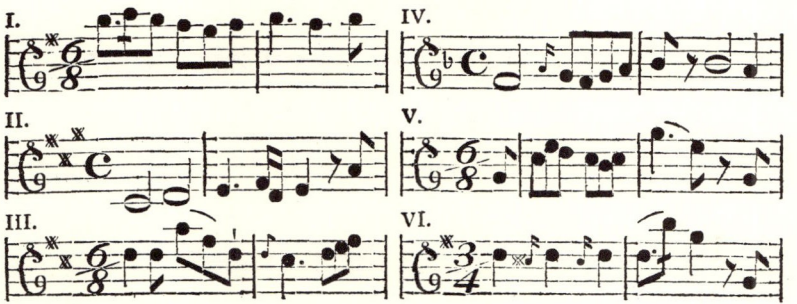

FLAUTO TRAVERSO.

I. Quattro da Giuf. TOESCHI, *a Flauto, Viol. V. e B. Mannheim.*

CONCERTI.
A FLAUTO TRAVERSO CONCERTATO.

I. Concerto da KEHL, *a Flauto conc. 2 Viol. V. e B.*

II. Concerti da Fred. KLEINKNECHT.

I. *a Flauto conc. 2 Viol. V. e B.* II. *a Fl. conc. 2 C. 2 Vi. V. Baſſono obl. e B.*

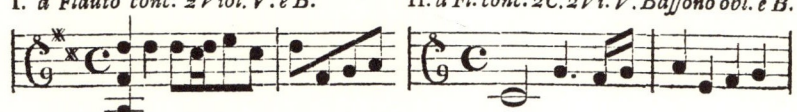

CONCERTI intagliati.

I. Conc. da BESOZZI, *a Flauto conc. 2 Viol. V. e B. Amsterdam.*

II. Concerti da C. STAMITZ, *a Fl. conc. 2 Viol. V. e B. Parigi.*

III. Concerti da TROMLITZ, *a Fl. conc. 2 Viol. V. e B.*
Op. I.   Amsterdam.

Supplement IX: 1774

FAGOTTO.

I. Solo da MAERZ, *a Fagotto solo con Basso.*

I. Trio da MAERZ, *a Fagotto, Flauto e B.*

CONCERTI.

II. Concerti da BESOZZI.

I. *a Fag. conc. 2 Viol. V. e B.*

II. *a Fag. conc. 2 Viol. V. e B.*

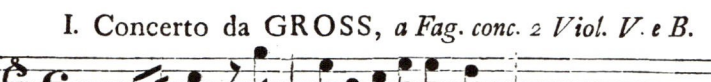

I. Concerto da GROSS, *a Fag. conc. 2 Viol. V. e B.*

I. Concerto da HENNIG, *a Fag. conc. 2 Cor. 2 Ob. 2 Viol. V. e B.*

I. Concerto da MAERZ, *a Fag. conc. 2 Viol. V. e B.*

CEMBALO.

SOLI.

XIV. Polonoisen da BACH, *in Halla.*

I. Sonata da G. BENDA, *a 2 Cembali.*

VII. Sonate da Francesco DUSCHECK.

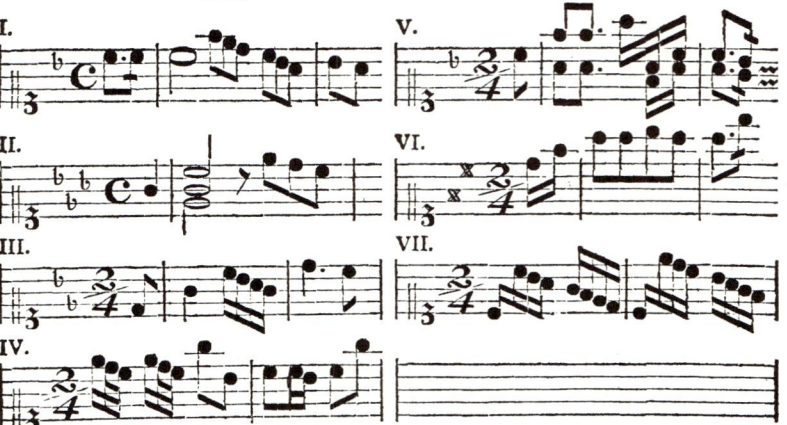

Minuetto da Gius. HAYDEN, *con XII Variazioni a Cembalo.*

CEMBALO.

VI. Sonate da MEISLER.

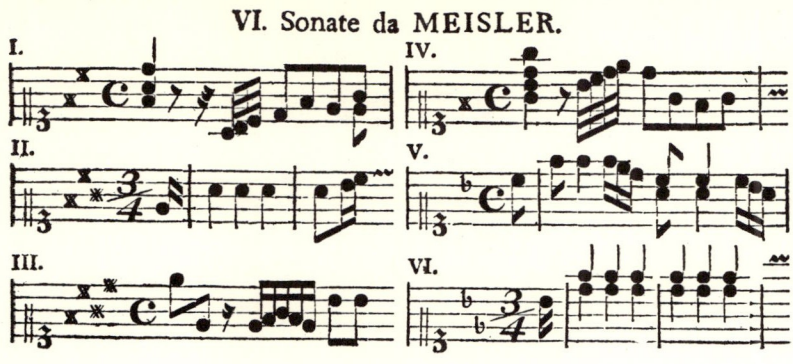

SONATE intagliate e stampate.

VI. Sonatinen, von Christ. Gottlieb Ahnesorgen. Hamburg.

III. Sonate da J. BACH. Op. III. Parigi.

CEMBALO.

VI. Sonate da J. F. KLÖFFLER. Op. VI. Amsterdam.

VI. Ouverture da C. F. ABEL. London.

TRII,
A CEMBALO OBLIGATO CON VIOLINO O FLAUTO.

I. Sonata da DUSCHECK, *a Cembalo e Violino.*

I. Sonata da SCHOBERT, *a Cembalo e Violino.*

CEMBALO.

TRII intagliati.

III. Sonate da J. BACH, *a Cembalo e Violino. Op. III. Parigi.*

VI. Sonate da P. GUGLIELMI, *a Cembalo e Violino. London.*

TERZETTI.

II. Sonate da JUST, *a Cembalo, Viol. e B.*

TERZETTI intagliati.

III. Sonate da HAUEISEN, *a Cembalo, Violino e B.   Op. III.*
Francf. fur le Main.

CEMBALO.

III. Sonate da Fred. HELLMUTH, *a Cembalo, Viol. e B.*
Op. I.   Offenbach.

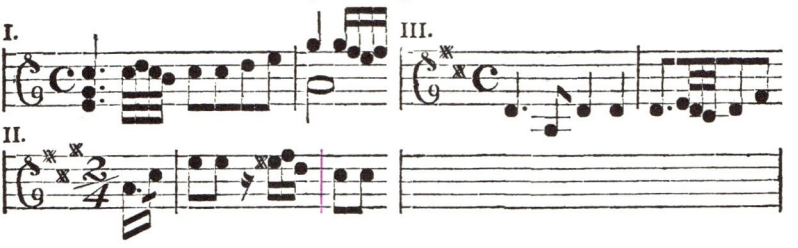

VI. Sonate da LIBER, *a Cembalo, Viol. e B.   Mannheim.*

III. Sonate da J. F. STERKEL. *a Cembalo, Viol. e B.   Op. I. Francf. fur le Main.*   III. Sonate da J. F. STERKEL. *a Cembalo, Viol. e B. Op. II. Francf. fur le Main.*

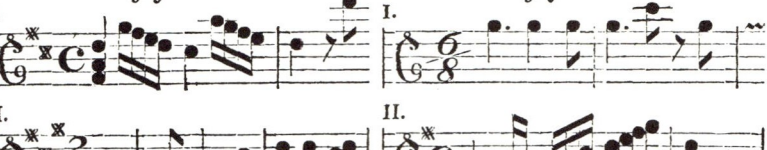

Supplement IX: 1774

VI. Sonate da Giov. VANHALL, a Cemb. Viol. e B. Op. I.
Offenbach.

DIVERTIMENTI e PARTITE.

I. Concertino da Fr. DUSCHECK, a Cemb. Flauto, Viol. Violoncello e B.

I. Divertim. da HAMPEL, a Cemb. Flauto, 2 Viol. e B.

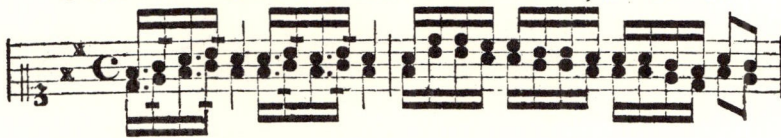

I. Partita da Giuſ. HAYDEN, a Cemb. Violino ſolo e B.

I. Partita da Giuſ. HAYDEN, a Cemb. 2 Viol. e Baſſono.

I. Sinfonia da KOLB, a Cemb. Violino, Viola e B.

QUATTRI intagliati.

II. Quattri da GRETRY, a Cemb. Flauto, Viol. e B. Op. I.
Offenbach.

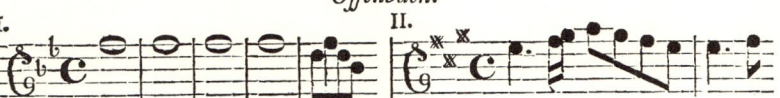

VI. Quattri da L. I. SCHULTZ, a Cemb. Flauto, Viol. e B. Op. I. Amſterdam.

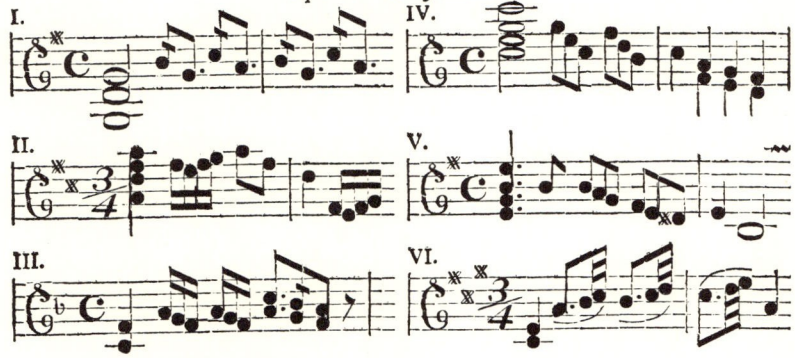

CONCERTI, a Cemb. con più Stromenti.

I. Conc. da Sebaſt. BACH, 3 Cemb. 2 Viol. V. e B.

I. Conc. da Fr. BRIXY, a Cemb. conc. 2 Cor. 2 Viol. V. e B.

I. Conc. da Dominco BRIXY, a Organo ſolo, 2 Clar. 2 Viol. V. e B.

I. Conc. da JOMELLI, a Cemb. conc. 2 Cor. 2 Fl. 2 Viol. e B.

Supplement IX: 1774

CEMBALO.

I. Conc. da MOELLER, *a Cemb. conc. 2 C. 2 Fl. 2 Viol. V. e B.*

I. Conc. da SCHINDLER, *a Cemb. conc. 2 Cor. 2 Ob. 2 Fl.*
2 Fag. 2 Viol. V. e B.

I. Conc. da SCHOBERT, *a Cemb. conc. 2 Cor. 2 Viol. V. e B.*

I. Conc. da SCHOEPS, *a Cemb. conc. 2 Viol. V. e B.*

I. Conc. da WAGENSEIL, *a Organo, 2 Viol. e B.*

CONCERTI intagliati.

VI. Conc. da C. F. ABEL, *a Cemb. conc. 2 Viol. e B.*
Op. XI. Londra.

CEMBALO.

II. Conc. da EICHNER, *a Cemb. conc. 2 Cor. 2 Fl. 2 Viol.*
V. e B. Op. V. Amsterdam.

I. Conc. da G. C. KELLNER, *a Cemb. conc. 2 Cor. 2 Viol.*
V. e B. Op. III. Francf. sur le Main.

I. Conc. da KELLNER, *a Cemb. conc. 2 Cor. 2 Viol. V. e B.*
Amsterdam.

II. Conc. da Giorgio RUSCH, *a Cemb. conc. 2 Cor. 2 Ob.*
2 Viol. e B. a la Haye.

VI. Conc. da G. S. SCHROETER, *a Cemb. conc. 2 Viol. e B.*
Op. III. Londra.

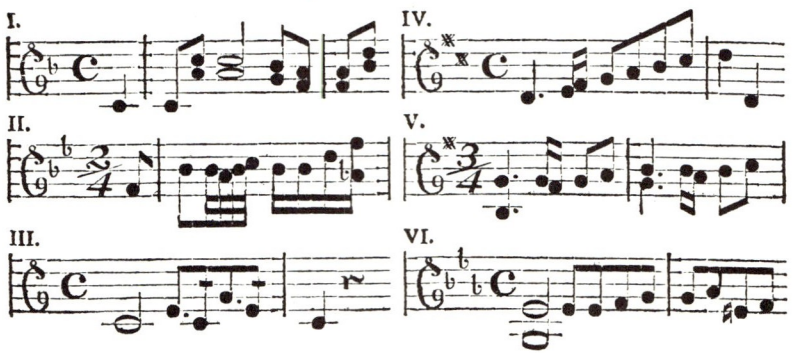

Supplement IX: 1774

HARPA.

I. Conc. da SCHOEPS, *a Harpa conc. 2 Viol. e B.*

* * *

ARIE DELL' OPERA LA CONTESSINA,
dal Sign. FLORIANO GASMANN.

* * *

Atto primo.

1. Terz. *a 2 C. 2 Ob. 2 Viol. Viola, 2 Ten. Basso e Fond.*

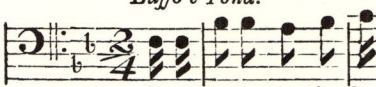
Se ri - posto a quelle let -

2. Terz. *a 2 Ob. 2 Viol. V. Fag, 2 Ten. Basso e Fond.*

Da - mi gel - la, tut - ta

3. Aria. *a 2 Cor. 2 Ob. 2 Viol. V. Fag. Basso e Fond.*

An - de - rò da Bac - cel -

4. Cavatina. *a 2 C. 2 Ob. 2 Viol. V. Fag. Soprano e Fond.*

Se un guar - do gi - ro,

5. Cavatina. *a 2 Viol. V. Fagotto, Sopr. e Tenore, e Fond.*

Contes - si - na, se per -

6. Aria. *a 2 Cor. 2 Ob. 2 Viol. V. Fagotti. Tenore e Fond.*

Hai vi - sto alla Co - media,

7. Aria. *a 2 Cor. 2 Ob. 2 Viol. V. Fagotto, Soprano e Fond.*

Jo qui crepo di rabbia ed'in -

8. Aria. *a 2 C. 2 Ob. 2 Viol. V. Fagotti. Tenore e Fond.*

Con quel so - spi - ro,

9. Aria. *a 2 Cor. 2 Ob. 2 Viol. 2 Viole, Soprano e Fond.*

Che mai ri - sponde - re,

10. Aria. *a 2 Cor. 2 Ob. 2 Viol. V. Fag. Soprano e Fond.*

Che mai risponde - re, che

11. Aria. *a 2 C. 2 Ob. 2 Viol. V. Fagotti. Basso e Fond.*

Mia figlia? ah, ah, pre -

12. Finale. *a 2 C. 2 Ob. 2 Viol. V. Fag. 1 Sopr. 2 Ten. e Basso, Violonc. e Fond.*

Petu - lan - te, villan -

Atto secondo.

13. Terzetto. *a 2 C. 2 Ob. 2 Viol. V. Fag. 3 Tenori e Fond.*

Chio non m'abbia a vendi - care!

14. Aria. *a 2 C. 2 Ob. 2 Viol. V. Fagotto. Tenore e Fond.*

La faccio, o non la

15. Terzetto. *a 2 Viol. V. 2 Soprani. Basso e Fond.*

O si - gno - ra, gran no -

16. Aria *a 2 C. 2 Ob. 2 Viol. V. Tenore e Fond.*

Per voi sola, o mio bel

17. Aria. *a 2 Cor. 2 Ob. 2 Viol. 2 Viole, 2 Fagotti, Basso e Fond.*

Per e - sempio, quando

18. Aria. *a 2 Cor. 2 Ob. 2 Viol. V. Fag. Soprano e Fond.*

Mi ve - dranno in ti - ro a

19. Aria. *a 2 Cor. 2 Ob. 2 Viol. Viola, Soprano e Fond.*

Mi ve - dranno in ti - ro a

20. Aria. *a 2 Ob. 2 Viol. V. Fagotto, Soprano e Fond.*

N'ho vi - ste tan - te e

21. Terzetto. *a 2 Cor. 2 Ob. 2 Viol. 2 V. Fagotto, 2 Ten. Basso e Fond.*

Guardi, guardi un grosso

22. Finale. *a 2 C. 2 Ob. 2 Viol. V. Fag. 1 Soprano, 3 Tenori, Basso e Fond.*

No - bi - le al par che

Folgende Stücke sind in Partitur und in Stimmen zu haben.

Italiänische Opern.

| Piccini | la buona figliola. |
| — — | la buona figliola maritata. |

Teutsche Opern.

Hillers	Lisuart und Dariolette.
— —	Lottchen am Hofe.
— —	Liebe auf dem Lande.
— —	Jagd.
— —	verwandelte Weiber.
— —	Dorfbalbier.
— —	lustiger Schuster.
— —	Aerndtekranz.
— —	Krieg.
— —	Jubelhochzeit.
Neefens	Apotheke.
— —	Amors Guckkasten.
— —	Einsprüche.
Schweitzers	Elisium.
— —	Alceste.
— —	Dorf-Galla.
Stegmanns	Deserteur.
Ulbers	Clarisse.
Wolfs	Rosenfest.
— —	Dorfdeputirten.
— —	treue Köhler.
— —	Gärtnermädchen.
— —	Abend im Walde.
— —	großes Loos.

Italiänische Oratoria.

Fischetti La Morte d'Abele.
Hasse Sant Elena, neue Compos. 1773.

Teutsche Oratoria.

Ein Oratorium von Carl Phil. Em. Bach.
Wolfs leidender Erlöser.

Nachricht.

Die Ausgabe dieses IXten Supplements hat sich wider Vermuthen so lange verzögert; man wollte dem Vorwurfe vorbeugen, daß man alte Musicalien unter die neuen mische, oder andere unter unrechten Nahmen bekannt mache, und deswegen desto vorsichtiger dabey verfahren. Dieser Vorwurf ist immer den **geschriebenen Musicalien** gemacht worden; ob aber die Liebhaber sicherer gehen, welche sich deswegen an **gestochene und gedruckte Musicalien** halten, wird die 11. 16. 24. und 35. Seite dieses Supplements entscheiden; denn der Herr Cammerm. Eichner zu Berlin versichert, daß die auf letzterer Seite angezeigten 2 Clavierconcerte nicht von ihm sind. Wir versichern wenigstens das Publicum, das dergleichen Unrichtigkeiten nicht vorsetzlich von uns veranstaltet werden, und wir uns eher Mühe geben, solche zu entdecken, als davon Vortheil zu ziehen.

Leipzig,
den 25. Julii 1775.

B. C. B. u. S.

SVPPLEMENTO X.
DEI
CATALOGI
DELLE
SINFONIE, PARTITE, OVERTURE, SOLI, DUETTI, TRII, QUATTRI
E
CONCERTI
PER IL
VIOLINO, FLAUTO TRAVERSO, CEMBALO
ED ALTRI STROMENTI,
CHE
SI TROVANO IN MANOSCRITTO
NELLA OFFICINA MUSICA DI BREITKOPF IN LIPSIA.

1 7 7 5.

SINFONIE.

I. Sinf. da BOEMO.
a 2 Cor. 2 Ob. 2 Viol. V. e B.

I. Sinf. da BOLOGNA.
a 2 Cor. 2 Ob. 2 Viol. V. e B.

V. Sinf. da G. D. CRUSE.
I. *a 2 Cor. 2 Fl. 2 Viol. V. e B.*
IV. *a 2 Cor. 2 Ob. 2 Viol. V. e B.*

II. *a 2 Cor. 2 Ob. 2 Viol. V. e B.*
V. *a 2 Cor. 2 Ob. 2 Viol. V. e B.*

III. *2 Cor. 2 Ob. 2 Viol. V. e B.*

V. Sinf. da Carlo DITTERS.
I. *a 2 C. 2 O. 2 Fl. 2 Fag. 2 Viol. V. e B.*
IV. *a 2 Cor. 2 Ob. 2 Viol. V. e B.*

II. *a 2 Cor. 2 Ob. 2 Viol. V. e B.*
V. *a 2 C. 2 Ob. Fl. Fag. 2 Viol. V. e B.*

I. Sinf. da FAGHETTI.
a 2 Cor. 2 Ob. 2 Viol. 2 Viole e B.

III. *a 2 Cor. 2 Ob. 2 Viol. V. e B.*

II. Sinf. da Flor. GASMANN.
I. *a 2 Cor. 2 Ob. 2 Fag. 2 Viol. V. e B.*
II. *a 2 Cor. 2 Ob. 2 Clar. Tymp. 2 Viol. V. Violoncel. e B.*

I. Sinf da Gius. HAYDEN. *a 2 Cor. 2 Ob. 2 Viol. V. e B.*

I. Sinf. da HOLTZBAUER. *a 2 Cor. 2 Ob. 2 Viol. V. e B.*

III. Sinf. da HUBER.
I. *a 2 Cor. 2 Ob. Flauto 2 Viol. V. e B.*
III. *a 2 C. 2 O. 2 Cl. Tymp. 2 Viol. V. e B.*

II. *a 2 Cor. 2 Ob. 2 Viol. V. e B.*

I. Sinf. da KOZELUCH. *a 2 C. 2 Ob. 2 Clar. 2 Fl. 2 Fag. 2 Viol. V. e B.*

II. Sinf. da LANGE.
I. *a 2 Cor. 2 Ob. 2 Viol. V. e B.*
II. *a 2 Cor. 2 Fl. 2 Viol. V. e B.*

II. Sinf. da Gius. MISLEWECZECK.
I. *a 2 Cor. 2 Ob. 2 Viol. V. e B.*
II. *a 2 Cor. 2 Ob. 2 Viol. V. e B.*

II. Sinf. da L. MOZART.
I. *a 2 Cor. 2 Ob. 2 Viol. V. e B.*
II. *a 2 Cor. 2 Ob. 2 Viol. V. e B.*

I. Sinf. da Carlo ORDONEZ. *a 2 Cor. 2 Ob. 2 Viol. V. e B.*

Supplement X: 1775

SINFONIE.

SINFONIE intagliate e stampate.

I. Sinf. da I. C. BACH. *à Viol. obl. Violcl obl. 2 C. 2 Ob. 2 Viol. V. e B. N. 1. Offenbach.*

VI. Sinf. da Francesco BECK. *a 2 Cor. 2 Ob. 2 Viol. V. e B. Op. IV. Parigi.*

VI. Sinf. da Fr. BECK. *a 2 Viol. V. e B. Op. II. Parigi.*

SINFONIES PERIODIQUES.

VI. da C. E. GRAAF. *La Haye.*

I. *a 2 C. 2 Ob. 2 Cl. Tymp. 2 Viol. V. e B.*   **IV.** *a 2 Cor. 2 Fl. 2 Viol. V. e B.*

II. *a 2 C. 2 Fl. 2 Clarinetti 2 Vi. V. e B.*   **V.** *a 2 C. 2 Fl. 2 Viol. V. Violcl. e B.*

III. *a 2 Cor. 2 Ob. 2 Viol. 2 Viole e B.*   **VI.** *a 2 Cor. 2 Ob. 2 Viol. V. e B.*

I. da F. P. RICCI. *a 2 Cor. 2 Ob. 2 Viol. Viola obl. e B.*

I. Concertino da Barone de SCHACHT.
a Corno obl. Clarinetto obl. Fag. obl. 2 Fl. 2 Tallie 2 Viol. V. e B.

VIOLINO.

VI. Solie da I. G. BURCKHOFFER. *Opera I. Parigi.*

Supplement X: 1775

VIOLINO.

VI. Soli da Antoine LOLLI. Op. III. Amsterdam.

TRII.
A DUE VIOLINI CON BASSO.

VI. Trii da A. KAMMEL.

TRII intagliati.

VI. Trii da C. A. PESCH. Op. II. London.

VIOLINO.

VI. Trii da C. A. PESCH. Op. III. London.

QUATTRI.

III. Quattri da Giuseppe HAYDEN. a 2 Viol. V. e B.

VI. Quattri da Leop. HOFFMANN. a 2 Viol. V. e B.

Supplement X: 1775

VIOLINO.

IX. Quattri da Carlo STAMITZ, *a 2 Viol. V. e B.*

VI. Quattri da Giov. VANHALL, *a 2 Viol. V. e B.*

VIOLINO.

QUATTRI *intagliati.*

III. Quattri da Gius. HAYDEN. *a 2 Viol. V. e B. Op. XVII.*
Offenbach.

CONCERTI *per il Violino concertato.*

II. Concerti da CRAMER.
I. *a Viol. conc. 2 Viol. V. e B.*   **II.** *a Viol. conc. 2 C. 2 Ob. 2 Viol. V. e B.*

II. Concerti da G. D. CRUSE.
I. *a Viol. conc. 2 Viol. V. e B.*   **II.** *a Viol. conc. 2 C. 2 Ob. 2 Viol. V. e B.*

I. Conc. da LEEDER.   I. Conc. da PICHL.
a Viol. conc. 2 Cor. 2 Fl. 2 Viol. V. e B.   *a Viol. conc. 2 Viol. V. e B.*

III. Concerti da Carlo STAMITZ.
I. *a Viol. conc. 2 Viol. V. e B.*   **III.** *a Viol. conc. 2 C. 2 Ob. 2 Viol. V. e B.*

II. *a Viol. conc. 2 Viol. V. e B.*

Supplement X: 1775

VIOLONCELLO. FLAUTO TRAVERSO.

III. Concerti da Giov. VANHALL.

VIOLONCELLO.

I. Solo da VANDINI, a Violoncello con Basso.

I. Concerto da Leop. HOFFMANN, a Violcl. conc. 2 C. 2 Viol. V. e B.

FLAUTO TRAVERSO.

DUETTI intagliati.

VI. Duetti da CANNABICH, a Flauto con Violino. Op. IV. Mannh.

FLAUTO TRAVERSO.

QUATTRI.
A FLAUTO, VIOLINO VIOLA e BASSO.

V. Quattri da G. D. CRUSE.

I. Quattro da Ern. Gugl. WOLFF, a Flauto, Oboe o Viol. Fag. o Violonc. e B.   Breslau.

CONCERTI.
A FLAUTO TRAVERSO CONCERTATO.

VI. Concerti da HUPFELD.

Supplement X: 1775

FLAUTO TRAVERSO. OBOE.

IV. Concerti da Giov. VANHALL.

I. *a Fl. conc. 2 Cor. 2 Viol. V. e B.* III.

II. *a Fl. conc. 2 Cor. 2 Viol. V. e B.* IV. *a Fl. conc. 2 Cor. 2 Viol. V. e B.*

O B O E.

CONCERTI a OBOE CONCERTATO.

I. Concerto da BESOZZI, *a Ob. conc. 2 Viol. V. e B.*

III. Concerti da Carlo DITTERS.

I. *a Ob. conc. 2 Viol. V. e B.* III. *a Ob. conc. 2 Cor. 2 Viol. V. e B.*

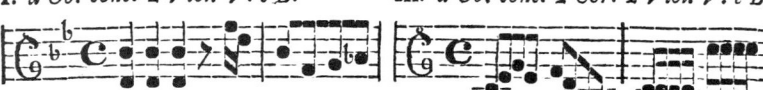

II. *a Ob. conc. 2 Cor. 2 Viol. V. e B.*

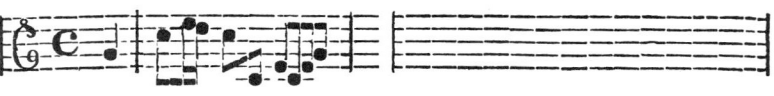

I. Concerto da E. EICHNER, *a Ob. conc. 2 C. 2 Fl. 2 Viol. V. e Baſſo.*

I. Concerto da KLEINKNECHT, *a Ob. conc. 2 Viol. V. e B.*

O B O E.

XIII. Concerti Militari da diverſi Maeſtri, *intagliati in Londra.* Vid. Suppl. VI. p. 21.

a 2 Oboi o Flauti 2 Corni 2 Clarinetti e Fagotto.

I.   VIII.

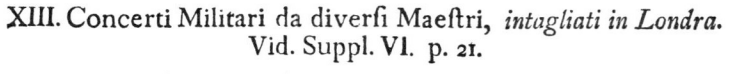

II.   IX.

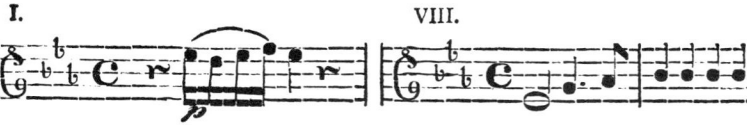

III.   X.

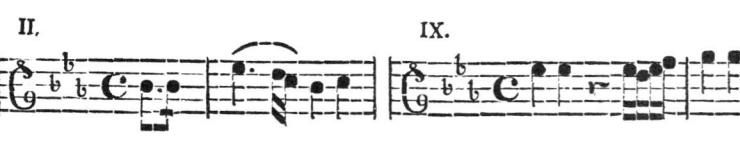

IV.   XI.

V.   XII.

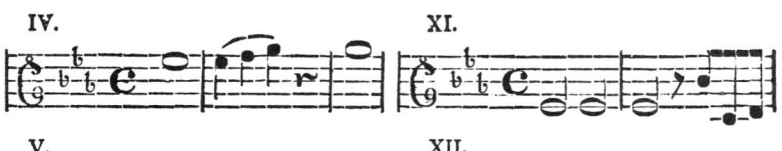
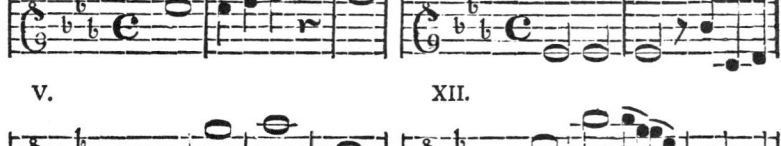

VI.   XIII.

VII.

Supplement X: 1775

CLARINETTO.

VII. Sonate da A. RATHGEN. a 2 Clarinetti 2 Corni e Baßon Op. I. London.

CEMBALO.

SOLI.
SONATE intagliate e stampate.

VI Clavier - Suiten da Gottlob Willhelm BURMANN. Berlin und Leipzig.

Supplement X: 1775

CEMBALO.

VI. Sonate da I. F. W. WENKEL. *Hamburg.*

VI. Sonate da E. G. WOLFF.

VI. Sonate da E. G. WOLFF.

CEMBALO.

I. Duetto da I. Gottfr. MÜTHEL, *a 2 Clavicembali. Riga.*

TRII e TERZETTI.

I. Sonata da WIRBACH, *a Cembalo c. Violoncello obligato.*

I. Sonata da Benjam. UBER, *a Cembalo Viol. e B.*

QUATTRI e DIVERTIMENTI.

II. Sonate da Benj. UBER.

I. *a Cemb.* 2 *Cor. Violino e Violoncello.* II. *a Cemb.* 2 *Cor.* 2 *Fl.* 2 *Viol. e B.*

QUATTRI intagliati.

III. Quattri da I. BAUER, *a Cemb. Fl. Viol. e B. Op. IV*
Francf. sur le Main.

Supplement X: 1775

CEMBALO.

VI. Quattri da Giov. Giorg. LANG, *a Cemb. Fl. Viol. Violcl. ó Viola. Opera III. Offenbach.*

CONCERTI, a Cemb. con più Stromenti.

I. Conc. da BIRK, *a Cemb. conc. 2 Viol. V. e B.*

II. Concerti da LANGE.
I. *a Cemb. conc. 2 Viol. V. e B.*   II. *a Cemb. conc. 2 C. 2 Viol. V. e B.*

I. Conc. da RICHTER, *a Cemb. conc. 2 Viol. V. e B.*

I. Conc. da RIEPEL, *a Cemb. conc. Viol. conc. 2 C. Ob. 2 Viol. V. e B.*

I. Conc. da S'ALES, *a Cemb. conc. 2 C. 2 Viol. V. e B.*

I. Conc. da SCHAFFRATH, *a Cemb. conc. 2 Viol. V. e B.*

I. Conc. da SCHWANENBERG, *a Cemb. conc. 2 Viol. V. e B.*

I. Conc. da SENFFT, *a Cemb. conc. 2 Viol. e B.*

II. Concerti da Ignatio UMLAUFF.
I. *a Cemb. conc. 2 C. 2 Ob. 2 Cl. Tymp.*   II. *a Cemb. conc. 2 C. 2 Ob. 2 Fl. Fag. 2 Viol. V. e B.*   *2 Viol. V. e B.*

I. Conc. da WILLFURTH, *a Cemb. conc. 2 C. 2 Ob. 2 Fl. 2 Viol. e B.*

I. Conc. da WOLFF, *a Cemb. conc. 2 Viol. V. e B.*

II. Concerti da ZACH.
I. *a Cemb. conc. 2 C. 2 Viol. V. e B.*   II. *a Cemb. conc. 2 C. 2 O. 2 Viol. V. e B.*

CONCERTI intagliati.

I. Conc. da Ern. EICHNER, *a Cemb. conc. 2 C. 2 Viol. V. e B. Op. VI. Francf. fur le Main.*

HARPA.

III. Conc. da LELEIN, *a Cemb. conc. 2 C. 2 Ob. o Fl. 2 Viol. V. e B.*
Opera V.   Leipzig.

I.

III.

II.

II. Conc. da PALSCHAU, *a Cemb. conc. 2 Viol. V. e B.   Riga.*

I.

II.

HARPA.

IX. Menuets con Trio da Conrad LEISS, *a Harpa.*

Marche des Janissaires avec Variation. par SIEBER, *a Harpa. Parigi.*

Premier Recueil de petits Airs choisis, par SIEBER, *a Harpa. Parigi.*

II. Sonate *pour la Harpe con Violino* da SCHOBERT.
intagliate in Parigi Op. XIX.

I.

II.

VI. Sonate *pour la Harpe con Viol. e B.* da SCHENCKER. *Parigi.*

I.   IV.

II.   V.

III.   VI.

ARIE e CANTATE
con più Stromenti.

I. Arie da ABOS, *a Soprano 2 Viol. V. e B.*

Nel pu - gnar col mo - stro in - fi - do in-

I. Arie da Amadeo NAUMANN, *a Soprano 2 C. 2 Ob.*
Violino obl. 2 Viol. V. e B.

Suen - tu - ra - ta in - van — mi le - gno.

IV. Arie da Giuseppe SARTI.

I. *a Soprano 2 Viol. V. e B.*   **III.** *a Soprano 2 Viol. V. e B.*

Cru - do a - mo - re   Son pie - to - sa e

II. *a Sopr. O. obl. Violcl. obl. 2 Vi. V. e B.*   **IV.** *a Soprano 2 Fag. 2 Viol. V. e B.*

Jo d'a - mo - re, oh Dio mi   Bra - mai di sal - var - ti.

ARIE e CANTATE.

I. Duetto da Giuſ. SARTI, *a 2 Soprani, 2 Viol. 2 Viole e B.*

Se vai a morte oh Di - o!

Amynts Klagen über die Flucht der Lalage.
da Georg. BENDA.

a Soprano, 2 C. 2 Fl. 2 Viol. V. e B. Leipzig.

Aria 1. Sie fliehet, sie fliehet fort, es iſt — um mich ge = ſche = hen:

Aria 2. Nur ei = nen Druck der Hand, nur halbe Blicke;

OPERA.
Der Kaufmann von Smirna.
da Sigr. STEGMANN.

1. Aria. *a 2 Ob. 2 Viol. Tenore e B.* — Wie ſchön, wie hei=
2. Duetto. *a 2 C. 2 Fl. 2 Viol. V. Sopr. Tenore e B.* — So kann man glücklich
3. Aria. *a 2 Ob. 2 Clar. Tymp. 2 Viol. V. Baſſo e B.* — Ich haſſe den Frieden und
4. Duetto. *a 2 Ob. Viol. V. 2 Baſſi e B.* — Gleich kom mit mir, gleich kom mit
5. Duetto. *a 2 C. 2 O. 2 Viol. V. Soprano Tenore e B.* — So führt das Schickſal
6. Aria. *a 2 Ob. 2 Viol. V. Baſſo e B.* — So geht der Han = del gut
7. Aria. *a 2 Fl. 2 Fag. 2 Viol. V. Ten. e B.* — In die = ſen Arm, der
8. Aria. *a 2 Fl. 2 Viol. V. Tenore e B.* — Schöner iſt die Ro = ſe

OPERA.
Die Dorfgala.
da Sigr. SCHWEITZER.

Atto primo.

1. Aria. *a 2 Fl. 2 Viol. V. Soprano e B.* — Jung ge = freyt, hat niemand ge-
2. Aria. *a 2 Viol. V. Soprano e B.* — Kaum ſitz ich im Stübchen und
3. Duetto. *a 2 C. 2 Fl. 2 Vi. V. 2 Soprani e B.* — Zuerſt, ſie wird es mir er-
4. Aria. *a 2 C. 2 Ob. 2 Viol. V. Baſſo e B.* — Ti pa - trona gratu - lamur,
5. Terzetto. *a 2 Viol. V. 3 Soprani e B.* — Ich wüßte nicht, ich wüßte
6. Terzetto. *a 2 Viol. V. Soprano Ten. Baſſo e B.* — Mädchen glaube, was ich

Atto secondo.

7. Aria. *a 2 Viol. V. Soprano e B.* — Ich ließ mich hin = ter-
8. Duetto. *a 2 Viol. V. Sopr. Ten. e B.* — Ru = he nun von bei = nen
9. Terzetto. *a 2 C. 2 Ob. 2 Viol. V. Sopr. Ten. B. e B.* — Simſon erwache, erwache, dir
10. Aria. *a 2 Viol. 2 Viole Soprano e B.* — Es war, mein Herr, es war beym
11. Aria. *a Ob. 2 Viol. 2 Viole Sopr. e B.* — Umflat = tert von ſchmach-
12. Duetto. *a 2 Viol. V. Sopr. Ten. e B.* — Du biſt es, du biſt es, welch Ver=
13. Canzonetta. *a 2 C. 2 O. 2 Fl. 2 Viol. V. 2 Soprani Fag. e B.* — Hei = trer Tag, der ſie uns
14. Duetto. *a 2 C. 2 Viol. V. Soprano Baſſo e B.* — Ge-nä-digſte, genädigſte wir
15. Aria. *a 2 Ob. 2 Viol. V. Ten. e B.* — Gleich und gleich ge = ſellt ſich
16. Finale. *a 2 C. 2 Ob. 2 Fl. 2 Viol. V. Soprano e B.* — Voll Ho-heit, Menſchenlieb und

Supplement X: 1775

Folgende Stücke sind theils in Partitur und in Stimmen theils aufs Clavier zu haben.

1. Operetten.

Andre' Erwin und Elmire ein Schauspiel mit Gesang aufs Clavier und in Stimmen.
— — Leonore aufs Clavier.
Bach Americanerin in Partitur.
Benda Dorfjahrmarkt aufs Clavier.
Hillers Muse in Partitur
Holly Kaufmann von Smirna aufs Clavier.
Stegmann redendes Gemählde aufs Clavier.

2. Geistliche Gedichte.

Homilius Paßionscantate in Partitur.
Pergolesi Stabat mater mit der Klopstockischen Parodie von Hiller in Partitur.
Rolle Tod Abels aufs Clavier und in Partitur.
— Saul oder die Gewalt der Music aufs Clavier.
— Davids Sieg im Eichthale aufs Clavier.
Westenholtz Hirten bey der Krippe zu Bethlehem in Partitur.

SVPPLEMENTO XI.
DEI
CATALOGI
DELLE
SINFONIE, PARTITE, OVERTURE, SOLI, DUETTI, TRII, QUATTRI
E
CONCERTI
PER IL
VIOLINO, FLAUTO TRAVERSO, CEMBALO
ED ALTRI STROMENTI,
CHE
SI TROVANO IN MANOSCRITTO
NELLA OFFICINA MUSICA DI BREITKOPF
IN LIPSIA.

1776 ed 1777.

SINFONIE.

VI. Sinf. da ARDINA.

I. *a 2 Cor. 2 Ob. 2 Viol. V. e B.*

IV. *a 2 Cor. 2 Ob. 2 Viol. V. e B.*

II. *a 2 C. Ob. ó Clar. 2 Fl. 2 Viol. V. e B.*

V. *a 2 Cor. 2 Ob. 2 Viol. V. e B.*

III. *a 2 Cor. 2 Ob. 2 Viol. V. e B.*

VI. *a 2 Cor. 2 Ob. 2 Fl. 2 Viol. V. e B.*

III. Sinf. da BARTA.

I. *a 2 Cor. 2 Fl. 2 Viol. V. e B.*

III. *a 2 Cor. 2 Ob. 2 Viol. V. e B.*

II. *a 2 Cor. 2 Ob. 2 Viol. V. e B.*

VI. Sinf. da Carlo DITTERS.

I. *a 2 Cor. 2 Ob. 2 Viol. V. e B.*

IV. *a 2 Cor. 2 Ob. 2 Viol. V. e B.*

II. *a 2 Cor. 2 Ob. 2 Viol. V. e B.*

V. *a 2 Cor. 2 Ob. 2 Viol. V. e B.*

III. *a 2 Cor. 2 Ob. 2 Viol. V. e B.*

VI. *a 2 C. 2 Ob. Tymp. 2 Viol. V. e B.*

II. Sinf. da Carlo DITTERS.

I. *a 2 Cor. 2 Ob. 2 Viol. V. e B.*

II. *a 2 Cor. 2 Ob. 2 Viol. V. e B.*

III. Sinf. da Franc. DUSCHEK.

I. *a 2 Cor. 2 Fl. 2 Viol. V. e B.*

III. *a 2 Cor. 2 Ob. 2 Viol. V. e B.*

II. *a 2 Cor. 2 Ob. 2 Viol. V. e B.*

IV. Sinf. da Baron v. GEMMINGEN.

I. *a 2 Cor. 2 Fl. 2 Viol. V. e B.*

III. *a 2 Cor. 2 Ob. 2 Fl. 2 Viol. V. e B.*

II. *a 2 Cor. 2 Ob. 2 Fl. 2 Viol. V. e B.*

IV. *a 2 Cor. 2 Fl. 2 Viol. V. e B.*

II. Sinf. da F. I. GOSSEK.

I. *a 2 Cor. 2 Fl. 2 Viol. V. e B.*

II. *a 2 Cor. 2 Ob. 2 Viol. V. e B.*

VI. Sinf. da Giuf. HAYDEN.

I. *a 2 Cor. 2 Ob. 2 Viol. V. e B.*

IV. *a 2 Cor. 2 Ob. 4 Viol. Violonc. e B.*

II. *a 2 Cor. 2 Ob. 2 Viol. V. e B.*

V. *a 2 C. ó Cl. Tymp. 2 O. 2 Fag. 2 Vi. V. e B.*

III. *a 2 C. 2 O. 2 Clar. Tymp. 2 Vi. V. e B.*

VI. *a 2 Cor. 2 Ob. 2 Viol. V. e B.*

Supplement XI: 1776 and 1777

SINFONIE.

II. Sinf. da Leop. HOFFMANN.

I. *a 2 Cor. 2 Ob. 2 Viol. V. e B.*   II. *a 2 Ob. 2 Viol. V. e B.*

I. Sinf. da HERSCHEL. *a 2 Cor. 2 Ob. 2 Viol. V. e B.*

I. Sinf. da KLUG. *a 2 Cor. 2 Ob. Fag. obl. Violonc. obl. 2 Viol. V. e B.*

VI. Sinf. da Giuſ. MISLEWECZECK.

I. *a 2 Cor. 2 Ob. 2 Viol. V. e B.*   IV. *a 2 Cor. 2 Ob. 2 Viol. V. e B.*

II. *a 2 Cor. 2 Ob. 2 Viol. V. e B.*   V. *a 2 Cor. 2 Ob. 2 Viol. V. e B.*

III. *a 2 Cor. 2 Ob. 2 Viol. V. e B.*   VI. *a 2 Cor. 2 Ob. 2 Viol. V. e B.*

III. Sinf. da MICZA.

I. *a 2 Cor. 2 Ob. 2 Viol. 2 Viole e B.*   III. *a 2 Cor. 2 Ob. 2 Viol. V. e B.*

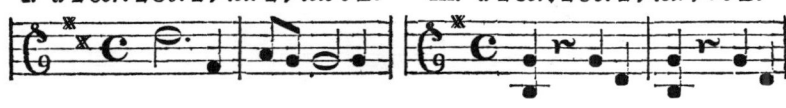

II. *a 2 C. 2 Ob. 2 Viol. V. Violonc. e B.*

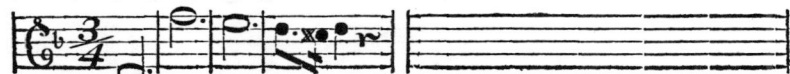

VIII. Sinf. da Amadeo NAUMANN.

I. *a 2 O. 2 Fl. 2 Clar. Tymp. 2 Viol. V. e B.*   V. *a 2 Cor. 2 Ob. 2 Fl. 2 Viol. V. e B.*

II. *a 2 C. 2 Ob. 2 Fl. Fag. 2 Clar. Tymp. 2 Viol. V. e B.*   VI. *a 2 Cor. 2 Ob. 2 Fl. Fag. 2 Viol. V. e B.*

III. *a 2 C. 2 Ob. 2 Fl. Fag. 2 Viol. V. e B.*   VII. *a 2 Cor. 2 Ob. 2 Fl. 2 Viol. V. e B.*

IV. *a 2 Cor. 2 Ob. 2 Fl. 2 Viol. 2 V. e B.*   VIII. *a 2 Cor. 2 Ob. 2 Fl. 2 Viol. V. e B.*

I. Sinf. da PICHL. *a Viol. princ. 2 Clar. 2 Ob. 2. Viol. V. e B.*

V. Sinf. da Antonio ROSETTI.

I. *a 2 Cor. 2 Fl. Fag. 2 Viol. V. e B.*   IV. *a 2 Cor. 2 Ob. 2 Viol. 2 Viole e B.*

II. *a 2 C. 2 O. 2 Viol. 2 Viole Violonc. e B.*   V. *a 2 C. 2 Ob. 2 Fl. 2 Viol. 2 Viole e B.*

III. *a 2 Cor. 2 Ob. 2 Viol. V. e B.*

I. Sinf. da RUGIETZ. *a 2 Cor. 2 Ob. 2 Fag. 2 Viol. V. e B.*

Supplement XI: 1776 and 1777

Supplement XI: 1776 and 1777

SINFONIE.

VI. Sinf. da Giorg. Ant. KREUSSER. *a 2 Cor. 2 Ob. ó Fl. 2 Viol. V. e B. Op. I. Offenbach.*

III. Sinf. da SCHMITTBAUR. *a 2 Cor. 2 Ob. ó Fl. 2 Viol. V. e B. Op. II. Offenbach.*

SINFONIES PERIODIQUES.

I. Sinf. da I. F. REICHARDT. *a 2 Cor. 2 Ob. 2 Fl. 2 Viol. V. B. e Violono. Offenbach. No. VI.*

I. Sinf. da H. L. VETTER. *a 2 Cor. 2 Ob. 2 Viol. V. e B. Offenbach. No. III.*

VIOLINO.

SOLI con BASSO.

I. Solo da Gaetano BRUNETTI.

II. Soli da Giuf. HAYDEN, *a Violino e Viola.*

I. Solo da PANNENBERG.

IV. Soli da C. A. PESCH.

IV. Soli da PUGNANI.

I. Solo da Giov. Federico REICHARDT.

Supplement XI: 1776 and 1777

10   *V I O L I N O.*   *V I O L I N O.*   11

SOLI intagliati.

VI. Soli da Felice DEIARDINO. Op. VIII. Paris.

VI. Duetti da ZIMMERMANN. Op. I. Lyon.

DUETTI intagliati.

VI. Duetti da CAMPINI. Op. II. Amst.

TRII intagliati.

VI. Trii da Guil. CRAMER, a 2 Viol. e B. Op. III. Paris.

VI. Duetti da W. LEEDER. Hildesheim.

QUATTRI.

VI. Quattri da Mr. de St. GEORGE, a 2 Viol. V. e B.

598   *Supplement XI: 1776 and 1777*   599

VIOLINO.

VI. Quattri da T. GIORDANI, a 2 Viol. V. e B.
II. Quattri da LOLLI, a 2 Viol. V. e B.
VI. Quattri da Bar. Sigismondo de SECKENDORFF, a 2 Viol. V. e B.

VI. Quattri da Giov. VANHALL, a 2 Viol. V. e B.

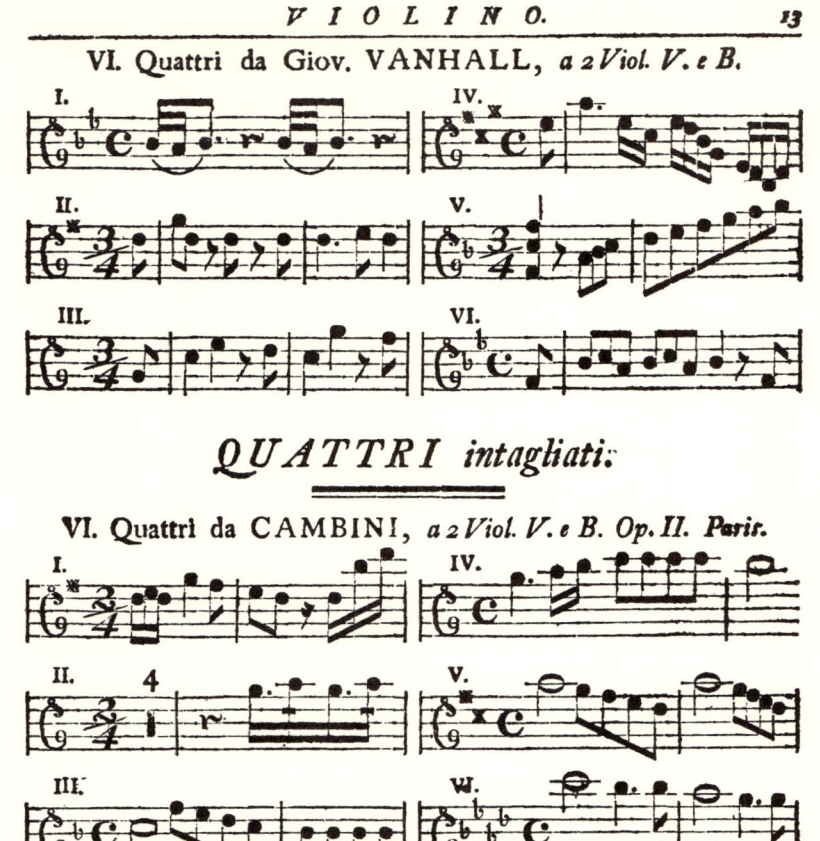

QUATTRI intagliati:

VI. Quattri da CAMBINI, a 2 Viol. V. e B. Op. II. Paris.
VI Quattri da CANNABICH, a 2 Viol. V. e B. Op. V. Mannh.

Supplement XI: 1776 and 1777

VIOLINO.

III. Quattri da Carlo STAMITZ, a 2 Viol. V. e B.
Op. XIII. Amst.

VI. Quattri da ZIMMERMANN, a 2 Viol. V. e B.
Op. III. Paris.

QUINTETTI intagliati.

VI. Quint. da I. C. BACH, a Fl. Ob. Viol. V. e B. Op. IX. Amst.

VIOLINO.

CONCERTI per il Violino concertato.

I. Conc. da CANNABICH,
a Viol. conc. 2 Cor. 2 Fl. 2 Viol. V. e B.

I. Conc. da Carlo DITTERS,
a Viol. conc. 2 Cor. 2 Ob. 2 Viol. V. e B.

II. Concerti da HERSCHEL.
I. a Viol. conc. 2 C. 2 Ob. 2 Viol. V. e B.   II. a Viol. conc. 2 C. 2 Ob. 2 Fl. 2 Viol. V. e B.

II. Concerti da Ant. KAMMEL.
I. a Viol. conc. 2 Cor. 2 Viol. V. e B.   II. a Viol. conc. 2 Cor. 2 Viol. V. e B.

II. Concerti da LEEDER.
I. a Viol. conc. 2 C. 2 Clar. 2 Viol. V. e B.   II. a Viol. conc. 2 C. 2 Ob. 2 Viol. V. e B.

I. Concerto da LOLLI,
a Viol. conc. 2 Viol. Viola e Basso.

I. Concerto da PICHL,
a Viol. conc. 2 Viol. Viola e Basso.

I. Concerto da PUGNANI,
a Viol. conc. 2 Viol. V. e B.

I. Conc. da G. F. REICHARDT,
a Viol. conc. 2 Viol. V. e B.

III. Concerti da Carlo STAMITZ.
I. a Viol. conc. 2 C. 2 Ob. 2 Viol. V. e B.   III. a Viol. conc. 2 C. 2 Fl. 2 Viol. V. e B.

II. a Viol. conc. 2 C. 2 Viol. 2 Viole e B.

I. Concerto da TOESCHI,
a Viol. conc. 2 Viol. V. e B.

VIOLINO.

CONCERTI intagliati.

III. Conc. da L. BORGHI, *a Viol. princ. 2 Cor. 2 Ob. 2 Viol. V. e B. Op. II. Amſt.*

III. Conc. da L. BORGHI, *a Viol. princ. 2 Cor. 2 Ob. 2 Viol. V. e B. Op. III. Amſt.*

I. Conc. da le DUC l'ainé, *a Viol. princ. 2 Cor. 2 Ob. 2 Viol. V. e B. Paris.*

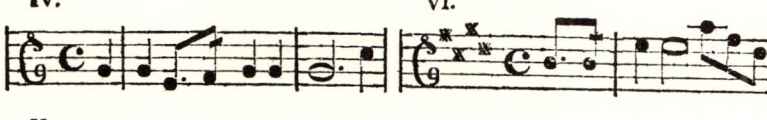

II. Concerti da I. B. DUPONT, *a Viol. princ. 2 Viol. V. e B. Paris.*

I. Conc. da Adam VEICHTNER, *a Viol. conc. 2 Viol. V. e B. Riga.*

VIOLA e VIOLONCELLO.

VIOLA.

III. Quintetti da Carlo STAMITZ, *a Corno, Viol. 2 Viole e B.*

III. Concerti da Carlo DITTERS.
I. a Viola princ. 2 Cor. 2 Viol. V. e B.   III. a Viola princ. 2 Cor. 2 Viol. V. e B.
II. a Viola princ. 2 Viol. V. e B.

VIOLONCELLO.

SOLI intagliati.

VI. Sonate p. Mr. DUPORT, *pour Violoncelle oû Violon e Baſſe. Paris.*

Supplement XI: 1776 and 1777

VIOLONCELLO.

TRII intagliati.

VI. Trii da L. BOCCHERINI, *a Viol. Viola e Violonc. obl.*
Op. XIV.   Parigi.

CONCERTI per il Violoncello concertato.

I. Conc. da BODE, *a Violcl. conc. 2 Cor. 2 Viol. V. e B.*   **I. Conc. da CRUSE,** *a Violcl. conc. 2 Fl. 2 Viol. V. e B.*

I. Conc. da FILS, *a Violcl. conc. 2 Cor. 2 Viol. V. e B.*

II. Concerti da C. E. GRAAF.
I. *a Violcl. conc. 2 C. 2 Fl. 2 Viol. V. e B.*   II. *a Viol. conc. 2 C. 2 Ob. 2 Viol. V. e B.*

I. Conc. da MAYLON, *a Violcl. conc. 2 C. 2 Ob. 2 Viole e B.*

I. Conc. da MEGELIN, *a Violcl. conc. 2 C. 2 Ob. Clar. Tymp.*
2 Fag. obl. 2 Viol. V. e B.

FLAUTO TRAVERSO.

I. Conc. da Giuf. SCHMITT, *a Violcl. conc. 2 Cor. 2 Ob.*
2 Viol. V. e B.

II. Concerti da Carlo STAMITZ.
I. *a Violcl. conc. 2 C. 2 O. 2 Vi. 2 Viole e B.*   II. *a Violcl. conc. 2 C. 2 O. 2 Vi. 2 Viole e B.*

FLAUTO TRAVERSO.

DUETTI intagliati.

VI. Duetti da SCHETTKY, *a 2 Flauti.   London.*

TRII.

VI. Trii da Felice BOSHTIETZKY, *a Fl. Viol. e Violcl.*

Supplement XI: 1776 and 1777

FLAUTO TRAVERSO.

TRII intagliati.

VI. Trii da C. E. GRAAF, a 2 Fl. e Basso. Op. III. Amst.

I. II. III. IV. V. VI.

CONCERTI,
A FLAUTO TRAVERSO CONCERTATO.

III. Concerti da C. E. GRAAF.

I. a Fl. conc. 2 Cor. 2 Viol. V. e B.   III. a Fl. conc. 2 Viol. V. e B.

II. a Fl. conc. 2 Viol. V. e B.

II. Concerti da Giov. VANHALL.

I. a Fl. conc. 2 Cor. 2 Viol. V. e B.   II. a Fl. conc. 2 C. 2 Ob. 2 Viol. V. e B.

CONCERTI intagliati.

I. Conc. d'AME', a Fl. conc. 2 Viol. V. e B. Parigi.

I. Conc. da BAUERSCHMITT, a Fl. conc. 2 C. 2 Vi. V. e B. Op. II. Parigi.

CEMBALO.

I. Conc. da Le BRUN, a Fl. conc. 2 Viol. V. e B. Parigi.

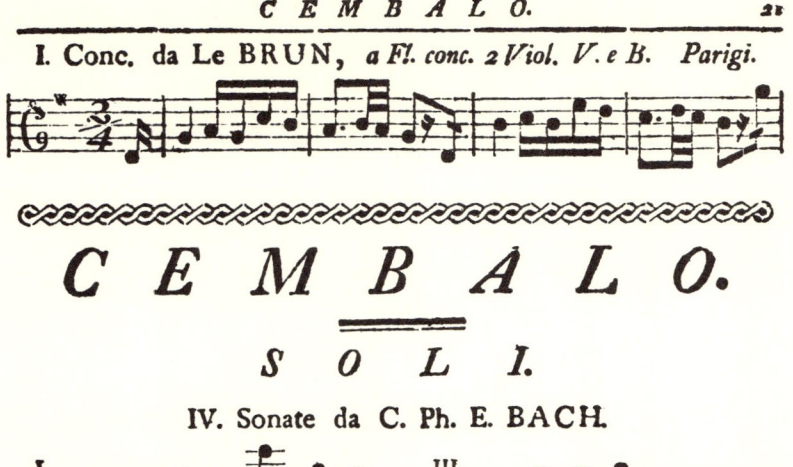

CEMBALO.

SOLI.

IV. Sonate da C. Ph. E. BACH.

I. II. III. IV.

Fantasia et Fuga da C. Ph. E. BACH.

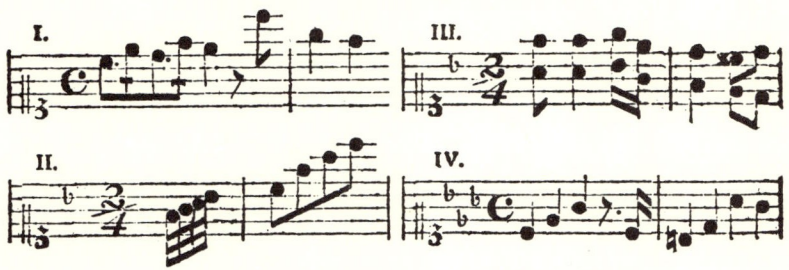

VI. Sonate da C. S. BINDER.

I. II. III. IV. V. VI.

CEMBALO.

VI. Sonate da Fr. Gugl. RUST.

I. Serenate da Carlo DITTERS.

SONATE intagliate e stampate.

VI. Sonatines da Erneſt EICHNER. Op. VII. Francf.
ſur le Mein.

CEMBALO.

VI. Sonate da Samuel SCHROETER. Op. I. Amſt.

VI. Sonate da D. G. TÜRK, I. Samml. Leipzig und Halle.

VI. Sonate da D. G. TÜRK, II. Samml. Leipzig und Halle.

TRII.
A CEMBALO OBLIGATO CON VIOLINO O FLAUTO.

VI. Sonate da G. A. NAUMANN, a Cemb. e Violino.

TRII intagliati.

VI. Sonate da C. F. ABEL, a Cemb. e Violino. Op. XV. Lond.

VI. Sonate da I. C. F. BACH, a Cemb. e Fl. ó Violino. Riga.

III. Sonate da EDELMANN, a Cembalo e Violino. Op. II. Offenbach.

VI. Sonate da C. G. NEEFE, a Cembalo e Violino. Glogau.

VI. Sonate da C. Benj. UBER, a Cemb. e Violino. Breslau.

CEMBALO.

III. Sonate da C. Benj. UBER, *a Cembalo e Violino.* *Amst.*

VI. Sonate da WOLFF in Stettin, *a Cembalo e Violino,* *ó Fl. o Violetta.*

TERZETTI intagliati.

VI. Sonate da C. F. ABEL, *a Cembalo Violino ou Flauto e Violonc. Op. V.* *Amst.*

CEMBALO.

III. Sonate da C. P. E. BACH, *a Cembalo, Viol. e Violonc.* *I. Samml. Leipzig.*

IV. Sonate da C. P. E. BACH, *a Cembalo, Viol. e Violonc.* *II. Samml. Leipzig.*

VI. Sonate da C. P. E. BACH, *a Cembalo, Viol. e Violonc.* *London.*

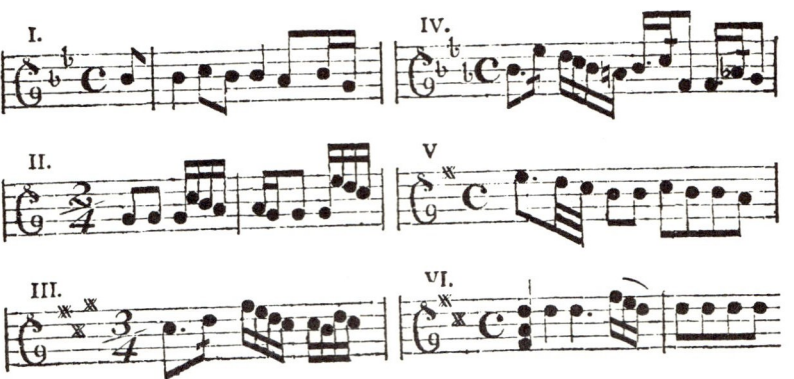

Supplement XI: 1776 and 1777

CEMBALO.

VI. Sonate da Ern. EICHNER, *a Cemb. Viol. e Violcl. Op. I. Amst.*

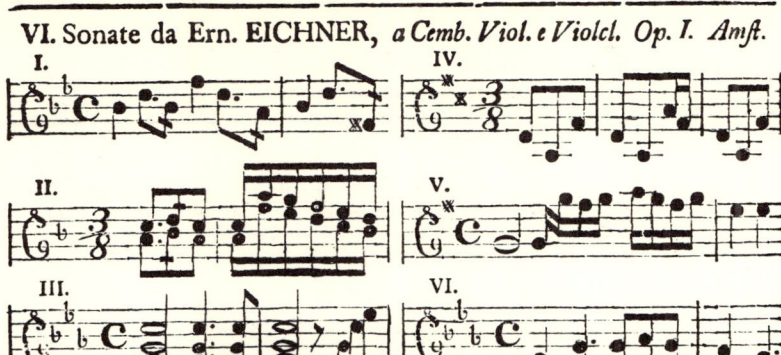

VI. Sonate da Ant. KAMMEL, *a Cembalo e Viol. e Violonc. Op. X. Amst.*

VI. Sonate da G. S. LOEHLEIN, *a Cemb. trois avec Violino e Violoncello. Op. VI. Leipsic.*

CEMBALO.

QUINTETTI e DIVERTIMENTI.

I. Sonata da Georg BENDA, *a Cembalo, 2 Viol. Viola e Basso.*

QUINTETTI e DIVERTIMENTI intagliati.

I. Sinf. da EDELMANN, *a Cemb. obl. 2 Cor. 2 Viol. e B. Opera I. Offenbach.*

III. Quintetti da T. GIORDANI, *a Cemb. 2 Viol. V. e B. Op I. Francf sur le Mein.*

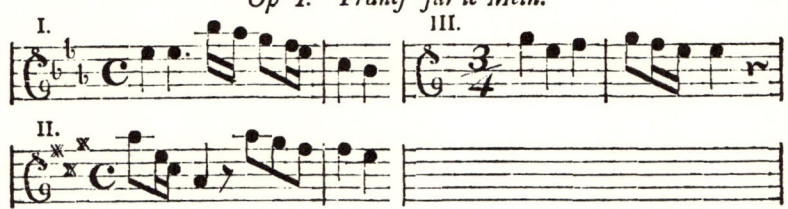

III. Quintetti da T. GIORDANI, *a Cmb. 2 Viol. V. e B. Op. II. Francf. sur le Mein.*

I. Divertim. da C. B. UBER, *a Cemb. 2 C. 2 Fl. 2 Viol. V. e B. Bresl.*

OPERA.
Der Dorfjahrmarkt.
da Sigr. BENDA.

Atto primo.

1. Duetto. *a 2 Cor. 2 Fl. 2 Fag. 2 Viol. 2 Viole, Ten. B. et Fond.*
Trinkt, trinkt, trinkt,

2. Aria. *a 2 C. 2 Fl. 2 Fag. 2 Viol. 2 Viole Tenore e Fond.*
Hier steh ich vom Ge=

3. Aria. *a 2 Viol. V. Soprano e Fond.*
Schö=ne Her=ren

4. Aria. *a Fl. Ob. Fag. 2 Vi. V. Sopr. e Fond.*
Ja Lu=cas die=ser

5. Aria. *a Ob. Fag. 2 Vi. V. Sopr. e Fond.*
In un=serm gan=zen

6. Aria. *a 2 C. 2 Ob. 2 Viol. V. Ten. e Fond.*
Bald soll der Hoch=zeit=

7. Aria. *a 2 C. 2 Fl. Fag. 2 Vi. V. Sopr. e F.*
Schlaf im=mer=hin — am

8. Duetto. *a Fl. Fag. 2 Vi. V. Sopr. T. e F.*
Glaubst du mit Schmeiche=

9. Aria. *a 2 C. 2 Fl. 2 Viol. V. B. e Fond.*
Las=sen sie mich immer

10. Aria. *a 2 Violini, V. Basso e Fond.*
Auf e=wig, o

Atto secondo.

11. Aria. *a 2 Clar. Tymp. 2 C. 2 Fl. 2 Viol. V. Basso e Fond.*
Anfangs wird das Herzchen dir

12. Aria. *a Ob. Fag. 2 Viol. V. Ten. e Fond.*
Ach ich lieb=te sie so

13. Terz. *a 2 C. 2 Fag. 2 Vi. V. Sopr. T. B. e F.*
Pflicht und Eh=re

14. Aria. *a 2 Fag. 2 Viol. V. Sopr. e Fond*
Mich willst du o Ge=

15. Aria. *a 2 Cl. 2 C. 2 Fl. 2 Fag. 2 Vi. V. T. e F.*
Schon lock=te mich der

16. Aria. *a 2 Fl. 2 Fag. 2 Vi. V. Sopr. e F.*
Ach Va=ter, die Wer=ber,

17. Aria. *a 2 C. 2 Fl. 2 Vi. V. Basso e Fond.*
Was für Ge=sper=re

18. Duetto. *a 2 C. 2 Fag. 2 Viol. V. Sopr. Basso e Fond.*
Fort mit ihm,

19. Aria. *a 2 Fl. 2 O. 2 Fag. 2 Vi V. T. e Fond.*
In an=drer Glück sein

20. Aria. *a 2 Fl. 2 Viol. V. Sopr. e Fond.*
Mein Ret=ter, mein Be=

21. Terzetto. *a 2 C. 2 Fl. 2 Fag. 2 Viol. V. Sopr. Ten. B. e Fond.*
Mu=ster gu=ter Her=ren

Piramus und Tisbe
von Herrn J. A. Hasse,
mit einer teutschen Parodie versehen
von M. Bernh. Theod. Breitkopf.

Atto primo.

1. Aria. *a 2 Ob. 2 Fl. 2 Vi. V. Sopr. e Fond.*
Ver=ge=bens fließt die

2. Duetto. *a 2 Ob. 2 Fl. 2 Vi. V. Sopr. T. e F.*
Seh ich dich end=lich

3. Aria. *a 2 C. 2 Ob. 2 Vi. V. Sopr. e Fond.*
Mit al=len ih=ren

4. Aria. *a 2 C. 2 Ob. 2 Viol. V. Sopr. e Fond.*
Den Ge=lieb=ten mir ent=

5. Aria. *a 2 C. 2 Ob. 2 Viol. V. Ten. e Fond.*
Beym An=blick dei=ner Schmer=

6. Duetto. *a 2 C. 2 O. 2 Fl. 2 Vi. V. Sopr. T. e F.*
Ach — ver=zie=he, o

7. Aria. *a 2 C. 2 Fl. 2 Fag. 2 Vi. V. Ten. e F.*
O. komm in die Ge=

8. Duetto. *a 2 C. 2 Ob. 2 Vi. V. Sopr. T. e F.*
Wo=vor sollt ich er=

Supplement XI: 1776 and 1777

Folgende Stücke sind theils in Partitur und in Stimmen theils aufs Clavier zu haben.

1. Operetten.

Baumgarten, Andromeda aufs Clavier.
Benda, Walder aufs Clavier.
Neefe, Heinrich und Lyda aufs Clavier.
Schweitzers Alceste aufs Clavier.
— — Dorfgala aufs Clavier.
— — Lustiger Schuster in Partitur und aufs Clavier.
Stegmanns Erwin und Elmire aufs Clavier.
Wolfs Polyxena in Partitur.
— Seraphina in Partitur.

2. Geistliche Gedichte.

Homilius, Freude der Hirten über die Geburt Jesu, in Partitur.
Rolle, Abraham auf Moria aufs Clavier.

SVPPLEMENTO XII.

DEI

CATALOGI

DELLE

SINFONIE, PARTITE, OVERTURE, SOLI, DUETTI, TRII, QUATTRI

E

CONCERTI

PER IL

VIOLINO, FLAUTO TRAVERSO,

CEMBALO

ED ALTRI STROMENTI,

CHE

SI TROVANO IN MANOSCRITTO

NELLA OFFICINA MUSICA DI BREITKOPF
IN LIPSIA.

1778.

SINFONIE.

Supplement XII: 1778

SINFONIE.

MINUETTI.

XII. Dresdner Redout. Menuetten da SIMON. 1779. **XII. Dresd. Redout. Men. da RICHTER.** 1779.

VI. Dresdn. Polonoisen da DITTRICH. 1779.

XXIV. Dresdn. Redout. Angloisen e Quatrillen. 1779.

SINFONIE intagliate e stampate.

IV. Sinf. da Giuſ. HAYDEN. *a 2 C. 2 Ob. 2 Viol. V. e B.* Op. XXIV. Parigi.

I. *a 2 Clar. Tymp. ad libit* III. *a 4 Viol. vid. Suppl. XI. No. IV.*
II. *vid. Suppl. VIII. No. VI.* IV.

III. Sinf. da Franc. HOFFMEISTER. *a 2 C. 2 Ob. 2 Viol. V. e B.* Op. III. Lyon.

I.
II.
III.

VI. Sinf. da C. STAMITZ fils ainé. *a 2 Cor. 2 Ob. o Fl. 2 Viol. V. e B.* Op. XIII. Amst.

I. 2 Flauti. IV. 2 Flauti.
II. V.
III. VI.

SINFONIES PERIODIQUES.

I. Sinf. concert. da Proſpero CAUCIELLO. *a 2 C. obl. 2 Fl. 2 Viol. e B.* Lyon. No. I.

I. Sinf. concert. da Proſpero CAUCIELLO. *a 2 C. obl. 2 Fl. 2 Viol. e B.* Lyon. No. II.

I. Sinf. concert. da Proſpero CAUCIELLO. *a 2 C. obl. 2 Fl. 2 Viol. e B.* Lyon. No. III.

I. Sinf. conc. da Ioſ. DEMACHI. *a 2 C. 2 O. 2 Viol. Violcl. concert. 2 Viol. V. e B.* Op. X. Lyon.

SINFONIE

I. Sinf. conc. da Iof. DEMACHI. *a 2 C. 2 O. 2 Viol. e Viola concert. 2 Viol. V. e B. Op. XI. Lyon.*

I. Sinf. da Franc. HOFFMEISTER. *a 2 Cor. 2 Ob. 2 Clar. Tymp. Fl. obl. 2 Viol. V. e B. Lyon. No. II.*

I. Sinf. da Franc. HOFFMEISTER. *a 2 Cor. 2 Ob. 2 Viol. V. e B. Lyon. No. III.*

I. Sinf. da Franc. HOFFMEISTER. *a 2 Cor. 2 Ob. 2 Viol. V. e B. Lyon. No. V.*

I. Sinf. conc. da C. LOCHON. *a 2 Viol. princ. 2 C. 2 Ob. 2 Viol. V. e B. Op. II. Lyon.*

I. Sinf. da ORDONIZ. *a 2 C. 2 Ob. 2 Clar. Tymp. 2 Viol. V. e B. Lyon. No. I.*

DIVERTIMENTI, CONCERTINI etc.

I. Serenade da Louis BOCHERINI. *a 2 Cor. 2 Ob. 2 Viol. e B. Lyon.*

DIVERTIMENTI, CONCERTINI etc.

VI. Quartetti o Concertini da Giuf. DEMACHI. *a Viol. princ. 2 Viol. e Violcl. Op. IX. Lyon.*

I.

IV.

II.

V.

III.

VI.

I. Divert. da C. LOCHON. *a 2 C. 2 Ob. 2 Viol. V. Fag. e B. Lyon. No. IV.*

V I O L I N O.

SOLI con BASSO intagliati.

VI. Soli da Le DUC. *Opera IV. Parigi.*

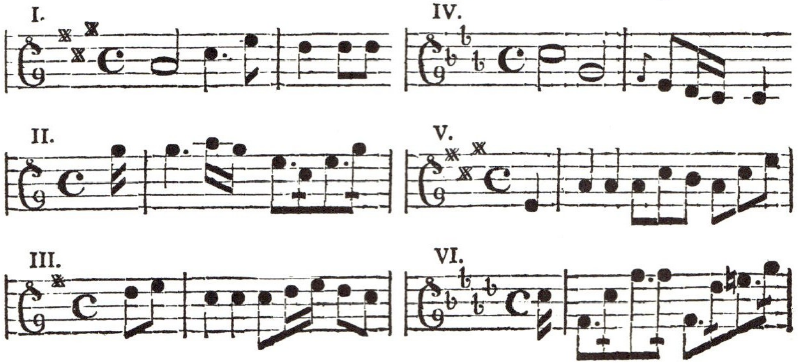

I.

IV.

II.

V.

III.

VI.

VIOLINO.

VI. Duetti da Ant. KAMMEL. *Op. XI.* *Amst.*

VI. Duetti da C. LOCHON. *Op. I.* *Lyon.*

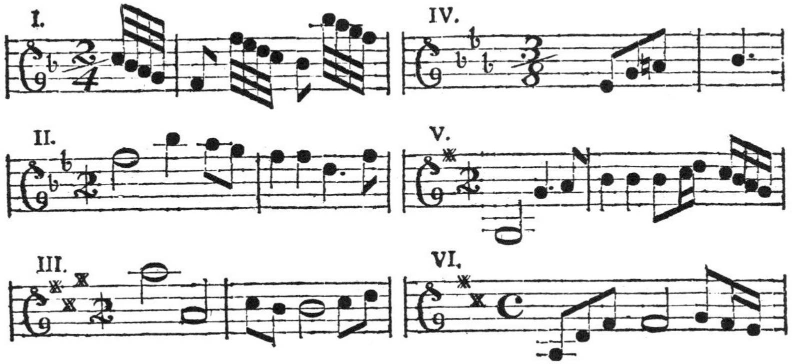

VI. Duetti da STAMITZ le Fils. *Amst.*

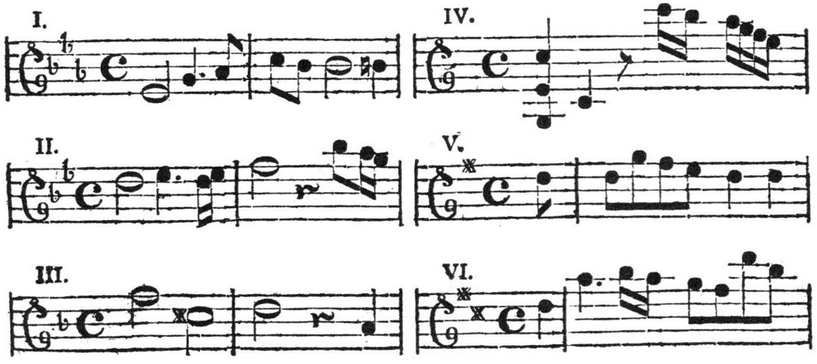

VIOLINO.

TRII intagliati.
A DUE VIOLINI CON BASSO.

VI. Trii da BACH, ABEL e KAMMEL. *Francf. sur le Mein.*

VI. Trii da BALDENECKER. *a Viol. Viola e B. concert.*
Op. I. *Francf. sur le Mein.*

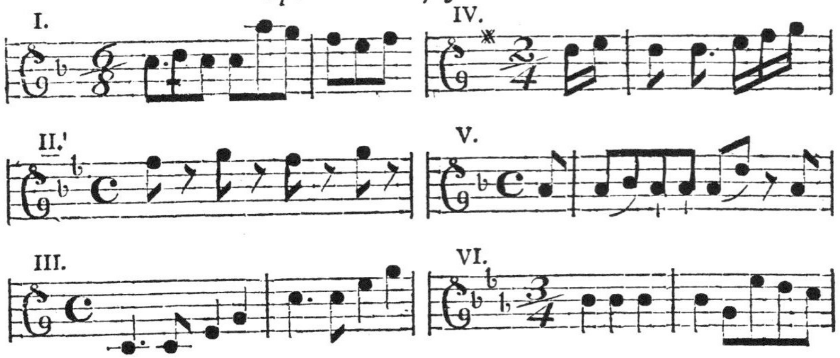

VI. Trii concert da CAUCIELLO. *Op. IV.* *Lyon.*

Supplement XII: 1778

VIOLINO.

VI. Trii da Giov. Feder. REICHARDT. Op. I. *Offenbach.*

VI. Trii da Giov. VANHALL. Op. XXII. *Parigi.*

QUATTRI intagliati.

VI. Quattri da Giuſ. BARTTA. a 2 Viol. V. e B. Op. I. *Lyon.*

VIOLINO.

VI. Quattri da Giuſ. CAMBINI. a 2 Viol. V. e B. Op. IV. *Francf. ſur le Mein.*

VI. Quattri da Giuſ. CAMBINI. a 2 Viol. V. e B. Op. VII. *Offenbach.*

VI. Quattri da Gian Batt. CIRRI. a 2 Viol. V. e B. Op. XIII. *London.*

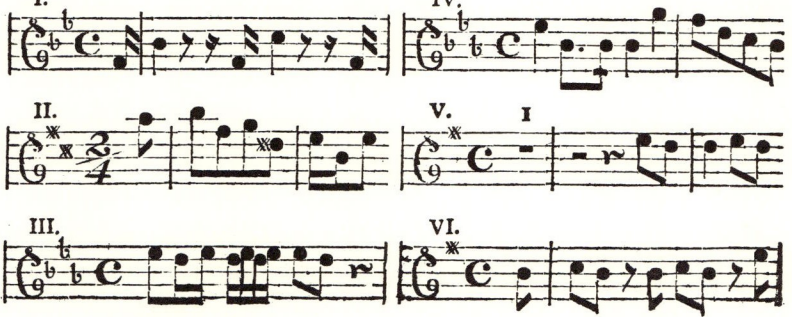

Supplement XII: 1778

VIOLINO.

VI. Quattri da Mr. FIALA. a 2 Viol. V. e B. Opera I.
Francf. sur le Mein.

I. Quattro da GUILLON. a 2 Viol. V. e Violoncello. Op. II.
Lyon.

VI. Quattri da G. HAYDEN. a 2 Viol. V. e B. Op. XX.
Parigi.

VIOLINO.

VI. Quattri da MISLIWEZEK. a 2 Viol. V. e B. Op. I.
Offenbach.

VI. Quattri da ORDONNIZ. a 2 Viol. V. e B. Op. I.   Lyon.

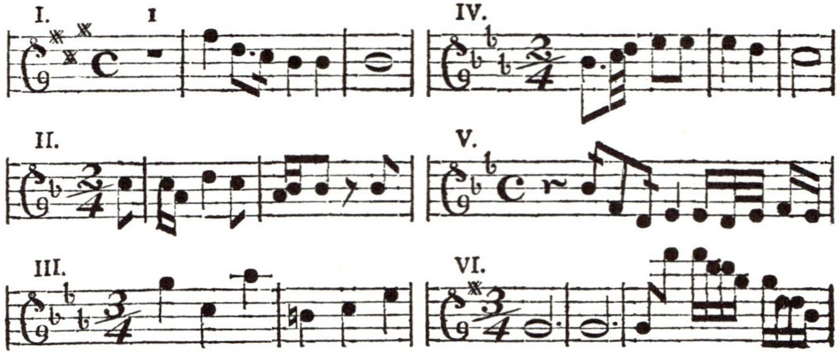

VI. Quattri da Giov. VANHALL. a 2 Viol. V. e B.
Op. XXI.   Parigi.

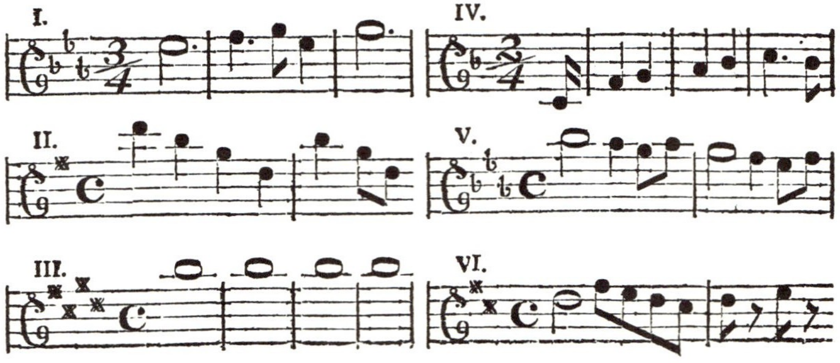

QUINTETTI intagliati.

III. Quintetti da Profp. CAUCIELLO. *a 2 Viol. 2 Fl. Trav. e Violcl. Op. I. Lyon.*

VI. Quintetti da Luigi BOCCHERINI, *a 2 Viol. Viola e 2 Violcl. concert. Op. XIII. Parigi.*

I. Seftetto da G. B. CIRRI. *a 2 Viol. Flauto, Viola, Violoncello e Baffo.*

CONCERTI per il Violino concertato.

I. Concerto da JARNOVIK. *a Viol. conc. 2 Cor. 2 Ob. 2 Viol. V. e B.*

III. Concerti da W. LEEDER.

I. *a Viol. conc. 2 C. 2 Ob. 2 Viol. V. e B.*   III. *a Viol. conc. 2 C. 2 Fl. 2 Viol. V. e B.*

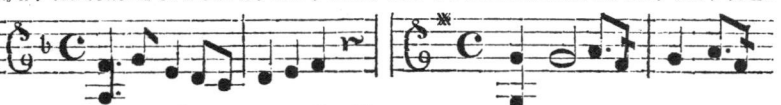

II. *a Viol. conc. 2 Clar. Tymp. 2 C. 2 Fl. 2 Viol. V. e B.*

I. Concerto da Ant. ROSETTI. *a Viol. conc. 2 Cor. 2 Ob. 2 Viol. V. e B.*

III. Concerti da Carlo STAMITZ.

I. *a Viol. conc. 2 C. 2 Ob. 2 Viol. 2 Viole in And. e B.*   III. *a Viol. conc. 2 Cor. 2 Ob. 2 Viol. 2 Viole e B.*

II. *a Viol. conc. 2 C. 2 Ob. 2 Viol. V. e B.*

I. Concerto da VACHON. *a Viol. conc. 2 Cor. 2 Ob. 2 Viol. 2 Viole e B.*

CONCERTI intagliati.

I. Concerto da Alex. ROBINEAU. *a Viol. conc. 2 C. 2 Ob. 2 Viol. 2 Viole e B. Parigi.*

Supplement XII: 1778

VIOLA.

I. Concerto da Iof. SCHMITT. *a 2 Viol. conc. Violcl. e Viola obl.*
2 Viol. 2 C. 2 Ob. e Baſſo. Amſt.

II. Concerti da Giov. VIELHE. *a Viol. princ. 2 C. 2 Ob. 2 Viol.*
V. e B. Op. I. Lyon.

VIOLA.

III. Duetti da C. STAMITZ fils.ainé. *a Violino e Viola.*
Op. XII. Amſt.

CONCERTI a VIOLA.

II. Concerti da G. BENDA.

I. *a Viola conc. 2 C. 2 Viol. V. e B.*   II. *a Viola conc. 2 C. 2 Viol. V. e B.*

I. Concerto da C. E. GRAF.   1. Concerto da WOLFF.
a Viola conc. 2 Viol. e B.   *a Viola concert. 2 Ob. 2 Viol. V. e B.*

VIOLONCELLO.

I. Solo da SCHETTKY. *a Violonc. e B.*
Vetter Michel *con Variaz.*

I. Solo da Fr. WOSCHITKA. *a Violonc. e B.*

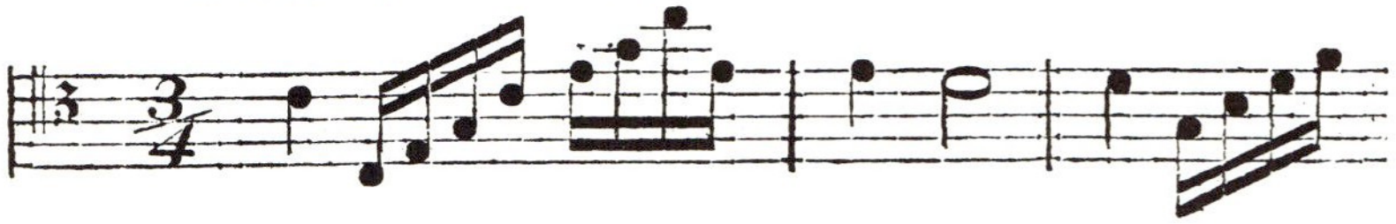

SOLI intagliati.

VI. Soli da F. GUERINI. *a Violcl. e B. Op. IX. London.*

DUETTI.

I. Duetto da MARA. *a Violino e Violoncello.*

I. Duetto da MEGELIN. *a Violino e Violoncello.*

Supplement XII: 1778

VIOLONCELLO.

VI. Duetti da I. B. BREVAL. *a 2 Violoncelli. Op. II. Parigi.*

III. Duetti da TILLIER. *a 2 Violoncelle. Parigi.*

CONCERTI, per il Violoncello concertato.

I. Conc. da MARA. *a Violcl. conc. 2 Viol. V e B.*

I. Conc. da MATTERN. *a Violcl. conc. 2 Viol. V. e B.*

FLAUTO TRAVERSO.

II. Concerti da MEGELIN.

I. *a Violcl. conc. 2 C. 2 Ob. 2 Fag. 2 Viol. V. e B.*   II. *2 Violcl. conc. 2 C. 2 Ob. 2 Fag. 2 Viol. V. e B.*

I. Concerto da WOSCHITKA. *a Violcl. conc. 2 Viol. V. e B.*

I. Concerto da L. BOCCHERINI. *a Violcl. conc. 2 C. 2 Viol. V. e B. Parigi.*

FLAUTO TRAVERSO.

SOLI intagliati.

VI. Soli da W. REINARDS. *a Fl. con Basso. Op. V. Amst.*

FLAUTO TRAVERSO.

VI. Sonate da H. H. ZIELCHE. *a Fl. con Basso. Op. I. Amst.*

DUETTI intagliati.

VI. Duetti da W. HIMMELPAUER. *a Fl. o Viol. e Violcl. Op. I. Lyon.*

VI. Duetti da ROSINE. *a 2 Flauti. Op. I. Lyon.*

FLAUTO TRAVERSO.

VI. Duetti da Giov. SIXT. *a 2 Flauti. Op. III. Lyon.*

TRII.

V. Trii da DOTHEL. *a Flauto, Violino e Basso.*

QUATTRI
A FLAUTO, VIOLINO, VIOLA e BASSO.

II. Quattri da DOTHEL.

II. Quattri da F. H. GRAAF.

Supplement XII: 1778

FLAUTO TRAVERSO.

QUATTRI intagliati.

VI. Quattri da Franc. HOFFMEISTER. a Fl. Viol. V. e B. Op. II. Lyon.

IV. Quattri da HUBER. a Flauto, Viol. V. e B. Lyon.

Quartetto periodique da C. STAMITZ. a Flauto, Viol. V. e B. Amst. No. I.

QUINTETTI.

III. Quint. da CAMBINI. a Fl. 2 Vi. V. e B. Op. VIII. Frcf. sur le Mein.

FLAUTO TRAVERSO.

III. Quintetti da CAMBINI. a Fl. 2 Viol. V. e B. Op. IX Offenb.

CONCERTI
A FLAUTO TRAVERSO CONCERTATO.

III. Concerti. da F. H. GRAAF.

I. Conc. da F. KLEINKNECHT. a Fl. conc. 2 C. 2 Viol. V. e B.

VI. Concerti da Ant. ROSETTI.

Supplement XII: 1778

FLAUTO TRAVERSO.

I. Conc. da C. STAMITZ. *a Fl. conc. 2 C. 2 Viol. 2 Viole e B.*

I. Conc. da G. TOESCHI. *a Fl. conc. 2 Viol. V. e B.*

V. Concerti da WIEFEL.

I. *a Fl. conc. 2 Viol. V. e B.*   **IV.** *a Fl. conc. 2 C. 2 Viol. V. e B.*

II. *a Fl. conc. 2 C. 2 Viol. V. e B.*   **V.** *a Fl. conc. 2 C. 2 Viol. V. e B.*

III. *a Fl. conc. 2 Viol. V. e B.*

CONCERTI intagliati.

I. Conc. d' AME'. *a Fl. conc. 2 Viol. V. e B.*   **Parigi.**

VI. Serenade da F. ASPELMAYER. *a Fl. 2 C. Violcl. e Fag. Op. i. Lyon.*

I.   **IV.**

II.   **V.**

III.   **VI.**

OBOE e CORNO.

OBOE.

III. Partite da UNGELENK.

I. *a 2 Cor. 2 Ob. 2 Fag.*   **III.** *a 2 Cor. 2 Ob. 2 Fag.*

II. *a 2 Clar. 2 Ob. 2 Fag.*

CORNO.

I. Solo da PUNTO. *a Corno e Baſso.*

I. Trio da PUNTO. *a Corno obl. Violino e B.*

III. Quattri da LANDMANN. *a Corno, Violino, V. e B.*

I.   **III.**

II.

Recueil de Duos et Ariettes da D. CHIAPPARELLI.
a 2 Cor. Op. I. Lyon.

Supplement XII: 1778

FAGOTTO.

I. Conc. da EICHNER. *a Fag. conc. 2 C. 2 Fl. 2 Viol. V. e B.*

I. Conc. da GRENSER. *a Fag. conc. 2 C. 2 Fl. 2 Viol. V. e B.*

I. Conc. da SCHMITTBAUR. *a Fag. conc. 2 C. 2 Ob. 2 Viol. 2 Viole e B.*

II. Concerti da STAMITZ.

I. a Fag. conc. 2 C. 2 Fl. 2 Viol. V. e B.   II. a Fag. conc. 2 C. 2 Fl. 2 Viol. 2 V. e B.

CEMBALO.

SOLI.

I. Sonata da BENDA.

Andante da G. HAYDEN. *con Variaz. per dui in uno Clavicemb.*

La parte del Maestro.   La parte dello Scolare.

Arietta da LANDMANN. *con XV. Variaz. a Cembalo.*

II. Sonate da Ant. SCHWEITZER. *a Cembalo Solo.*

VI. Sonate da SEYDELMANN.

I. Divertimento da G. VANHALL. *a Cembalo.*

Supplement XII: 1778

CEMBALO.

SONATE intagliate e ftampate.

VI. Sonate da G. BARTTA. Op. II. Lyon.

II. Sonate da I. G. ECKARD. Op. II. London.

VI. Sonate da I. N. FORKEL. Leipzig.

VI. Sonate da I. G. HAESSLER. Leipzig.

VI. Sonate da G. HAYDEN. Op. XIV. Amft.

VI. Sonate da E. W. WOLFF. Leipzig.

Supplement XII: 1778

TRII
A CEMBALO OBLIGATO CON VIOLINO O FLAUTO.

I. Sonata da I. C. BACH. *a Cembalo e Violino.*

V. Sonate da BEECKE. *a Cembalo e Violino.*

VI. Divertimenti da SCHUSTER. *a Cembalo e Violino.*

VI. Sonate da SEYDELMANN. *a Cemb. e Flauto.*

I. Sonata da C. B. UBER. *a Cemb. e Violino.*

VI. Sonatines da C. B. UBER. *a Cemb. e Violino.*

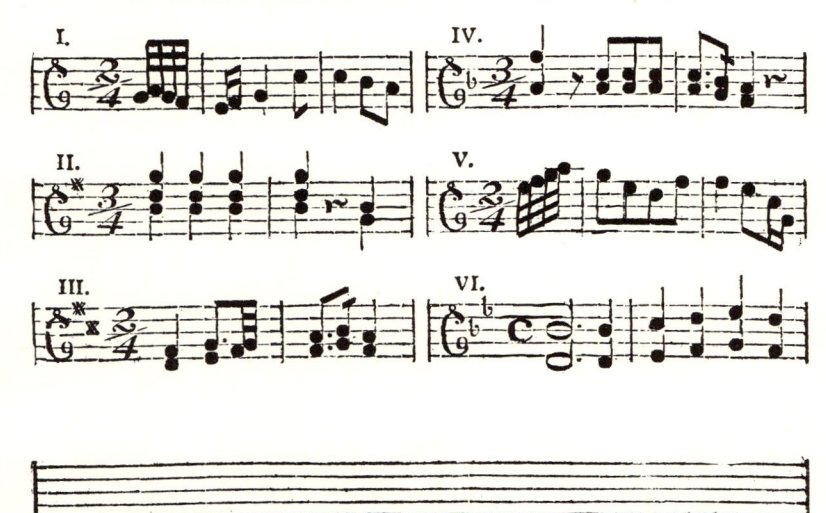

CEMBALO.

TRII intagliati.

VI. Sonate da L. BOCHERINI. *a Cemb. e Viol. oblig.* Parigi

VI. Sonate da I. A. JUST. *a Cemb. e Viol. oblig. Op. VII.* Amst.

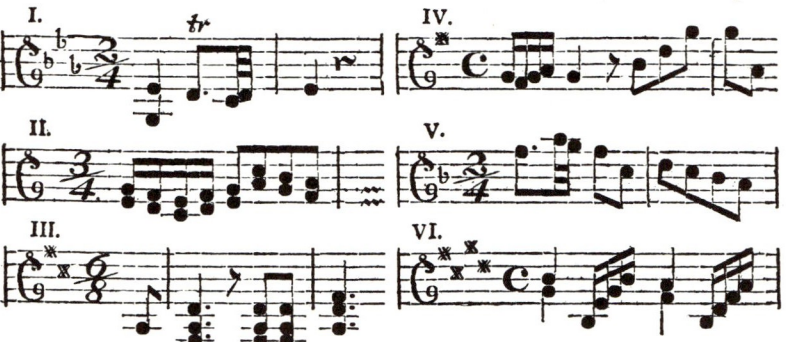

VI. Sonate da I. F. REICHARDT. *a Cemb. e Viol. Op. II. Amst*

CEMBALO.

II. Sonate *a Cemb. e Violino, et una Sonata a 2 Cembali.* da G. SIXT.
Op. I. Lyon.

III. Sonate da I. F. X. STERKEL. *a Cemb. e Violino. Op. IV.*
Francf. sur le Mein.

VI. Sonate da Ant. ZIMMERMANN. *a Cemb. e Violino.*
Op. II. Lyon.

CEMBALO.

TERZETTI.

VI. Sonate da G. A. NAUMANN. a Cembalo, Oboe o Fl. Fagotto o B.

I. Sonata da SCHWEITZER. a Cembalo, Viol. e B.

TERZETTI intagliati.

VI. Sonate da J. C. BACH. quatre a Cemb. Viol. e B. Cinquieme a quatre mains. Sixieme a deux Clavecins. Op. XV. Amst.

CEMBALO.

VI. Sonate da Jof. DIETZ. a Cemb. Viol. e Violonc. Op. III. Parigi.

III. Sonate da J. F. X. STERKEL. a Cemb. Viol. e B. Op. III. Francf. fur le Mein.

III. Sonate da G. G. TROMLITZ. a Cemb. Flauto o V. e B. Leipfic.

Supplement XII: 1778

CEMBALO.

VI. Sonate da E. W. WOLFF. *a Cemb. Viol. e Violoncella.*
Lyon.

QUATTRI e DIVERTIMENTI.

I. Partita da BIRNBACH. *a Cemb. Flauto o Viol.*

I. Quattro da SCHMITTBAUR. *a Cemb. Flauto, Violino e Violoncello.*

QUATTRI intagliati.

III. Quattri da J. BAUER. *a Cemb. Flauto, Viol. e B. Op. V.*
Francf. sur le Mein.

CEMBALO.

III. Quartetti da GIORDANI. *a Cemb. Flauto, Violino e B. Op. III.*
Francf. sur le Mein.

III. Quattri da GRUNER. *a Cemb. Flauto, Viol. e Violoncello.*
Op. IV. Lyon.

I. Quattro da G. S. LOEHLEIN. *a Cemb. Viol. V. e B. Op. VI. Lyon.*

III. Quattri da C. PREUS. *a Cemb. 2 Viol. e B. Cassel.* 1ster Th.

III. Quattri da J. SCHMITT. *a Cemb. Flauto, Viol. e Violonc. Op. IX. Amst.*

Supplement XII: 1778

CEMBALO

III. Quattri da J. C. WAGENSEIL. *a Cemb. 2 Viol. e Basso.*
Op. X. Parigi.

CONCERTI, a Cemb. con più Stromenti.

III. Concerti da BEECKE.

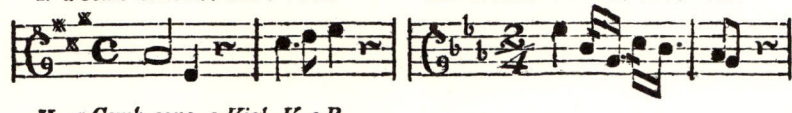

I. Concerto da G. BENDA. *a Cemb. conc. 2 Viol. V. e B.*

I. Conc. da A. BUCHAMMER. *a Cemb. conc. 2 Cor. 2 Viol. e B.*

I. Concerto da DEGEN. *a Cemb. conc. 2 Viol. V. e B.*

I. Concerto da F. DUSCHEK. *a Cemb. conc. 2 Cor. 2 Viol. V. e B.*

I. Concerto da St. GEORGE. *a Cemb. conc. Viol. princ. 2 Viol. V. e B.*

II. Concerti da I. H. ROLLE.

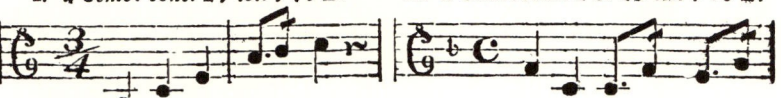

I. Conc. da SCHUSTER. *a Cemb. conc. 2 C. 2 Ob. 2 Viol. V. e B.*

I. Conc. da I. G. VIERLING. *a Cemb. conc. 2 Viol. V. e B.*

I. Conc. da E. G. WOLFF. *a Cemb. conc. 2 C. 2 Ob. 2 Viol. V. e B.*

CONCERTI intagliati.

II. Concerti da G. BENDA. *a Cemb. conc. 2 Viol. V. e B. Leipsic.*

I. Conc. da GRUNER. *a Cemb. conc. 2 Cor. 2 Viol. e B.*
Op. III. Lyon.

Folgende Stücke sind in Partitur und in Stimmen zu haben.

1. Operetten.

Benda, Ariadne auf Naxos.
— — Medea.
— — Holzhauer.
— — Romeo und Julie.
Weimar, Schadenfreude.

2. Geistliche Gedichte.

Haendel, Oratorium The Messiah.
Rolle, Saul, oder die Gewalt der Musik.
— — Davids Sieg im Eichthale.
— — Abraham auf Moria.

Italiänische.

Ditters, David e Gionathan, *Oratorio.*
— — Pancrazio, *Opera buffa.*
— — *Cantata,* Clori e Nice, a 2 Soprani, 2 Cor. 2 Ob. 2 Viol. Fag. Viola e B.
— — *Cantata,* Silenzio o Muse, a Sopr. 2 Cor. 2 Ob. 2 Viol. V. e B.
Schwanberger, Romeo e Giulia, *Opera seria.*
Ubers Musik zum Prolog der Volontaire, a Soprano, Alto, Ten. Basso, 2 Cor. 2 Ob. 2 Fl. 2 Clar. Tymp. 2 Viol. V. e B.

SVPPLEMENTO XIII.
DEI
CATALOGI
DELLE
SINFONIE, PARTITE, OVERTURE, SOLI, DUETTI, TRII, QUATTRI
E
CONCERTI
PER IL
VIOLINO, FLAUTO TRAVERSO, CEMBALO
ED ALTRI STROMENTI,
CHE
SI TROVANO IN MANOSCRITTO
NELLA OFFICINA MUSICA DI BREITKOPF
IN LIPSIA.

1779 ed 1780.

SINFONIE.

II. Sinf. da Carlo DITTERS.
I. a 2 C. 2 Ob. 2 Viol. V. Violcl. obl. e B. II. a 2 C. 2 Ob. 2. Viol. V. Violcl. e B.

I. Sinf. de la DUCHESSA di Sax Gotha. a 2 C. 2 Fl. 2 Viol. 2 Viole, Fag. V. e B.

I. Sinf. da GRETRY. (der Deserteur) a 2 C. 2 Ob. 2 Viol. 2 Fag. V. e B.

VII. Sinf. da Giuf. HAYDEN.
I. a 4 C. 2 Ob. 2 Viol. in And. V. folo V. a 2 Clar. Tymp. 2 Cor. 2 Ob. 2 Viol. Fl. V. Violcl. obl. e B. 2 Fag. V. e B.

II. a 2 C. 2 O. 2 Vi. Fl. 2 Fag. V. Violcl. e B. VI. a 2 C. 2 Ob. 2 Viol. 2 Fag. V. e B.

III. a 2 C. 2 O. 2 Viol. 2 Fag. V. Violcl. e B. VII. a 2 C. 2 Ob. 2 Viol. 2 Fag. V. e B.

IV. a 2 C. 2 Ob. Fl. 2 Viol. 2 Fag. V. e B.

I. Sinf. da Ant. ROSETTI. a 2 C. 2 Ob. 2 Viol. V. e B.

II. Sinf. da SCHUSTER.
I. a 2 Ob. 2 Ob. 2 Fl. 2 Viol. V. Fag. e B. II. a 2 C. 2 Ob. 2 Fl. 2 Viol. V. e B.

I. Sinf. da SCHWEITZER. 2 Clar. 2 C. 2 Fl. Fag. 2 Viol. 2 Viole, Violonc. e B.

I. Sinf. da I. F. X. STERKEL. a 2 Clar. Tymp. 2 C. 2 Ob. 2 Viol. 2 Viole e B.

IX. Sinf. da Giov. VANHALL.
I. a 2 Viol. princ. 2 C. 2 O. 2 Viol. V. e B. VI. a 2 C. 2 Ob. 2 Viol. V. e B.

II. a 2 Violcl. princ. 2 C. 2 Ob. 2 Viol. VII. a 2 C. 2 Ob. in And. Fl. folo 2 Viol. V. e B. V. e B.

III. a 2 C. 2 Ob. 2 Viol. V. e B. VIII. a 2 C. 2 Ob. 2 Viol. V. e B.

IV. a 2 C. 2 Ob. 2 Viol. V. e B. IX. a 2 C. 2 Ob. 2 Viol. V. e B.

V. a 2 C. 2 O. in And. 2 Fl. 2 Viol. V. e B.

Supplement XIII: 1779 and 1780

SINFONIE.

MINUETTI.

XII. Hannover Redout. Menuetten da PANNENBERG. 1780.

I. Hannov. Redout. Angloise 1780. a 2 Viol. 2 Fl. terz. 2 Fl. milit. 2 C. 2 Tr. Tymp. Triang. Turk. Tromm. Schellen in C.G.F. Becken in C. e Basso.

IV. Hannov. Redout. Angloisen. 1780.   **VIII.** Hannov. Redout. Angloisen. 1780.

IX. Hannover Redout. Angloisen. 1780.

IV. Hannover Redout. Cottillon. 1780.

SINFONIE intagliate e stampate.

IV. Orchest. Sinf. da C. P. E. BACH. a 2 C. 2 Fl. 2 Ob. 2 Viol. V. Violonc. Fag. Flügel e Violon. Leipzig.

II. Sinf. da L. BOCHERINI. a 2 C. 2 Ob. 2 Viol. 2 Violoc. V. e B. Op. XVI. London.

III. Sinf. da le DUC et GOSSECK. a 2 C. 2 Ob. 6 Fl. 2 Viol. V. e B. Op. I. Amst.

VI. Sinf. da W. PICHL. a 2 C. 2 Ob. 2 Viol. V. e B. Op. I. Berlin.

VI. Sinf. da STAMITZ. a 2 C. 2 Ob. 6 Fl. 2 Viol. V. e B. Amst.

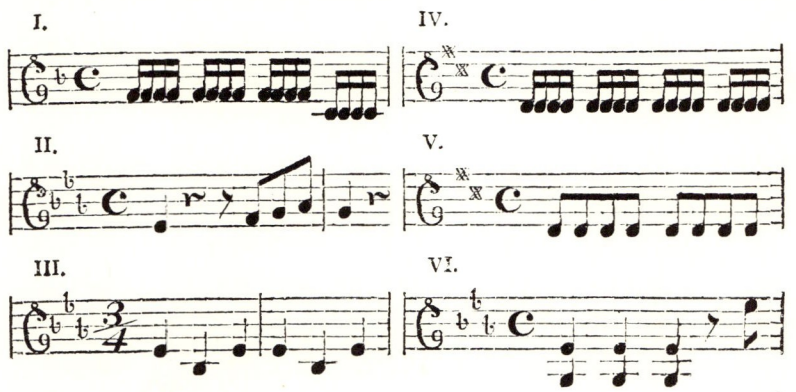

Supplement XIII: 1779 and 1780

SINFONIE.

VIII. Sinf. da G. B. ZINGONI. *a 2 C. 2 Ob. 2 Viol. V. e B.*
Op. I. *Amst.*

SINFONIES PERIODIQVES.

I. Sinf. da LACHNITH. *a 2 C. 2 Ob. 2 Viol. V. e B. No. I. Amst.*

I. Sinf. da LACHNITH. *a 2 C. 2 Ob. 2 Viol. V. e B. No. II. Amst.*

I. Sinf. da LACHNITH. *a 2 C. 2 Ob. 2 Viol. V. e B. No. III. Amst.*

SINFONIE.

I. Sinf. da LACHNITH. *a 2 C. 2 Fl. 2 Viol. V. e B. Op. V. Amst.*

I. Sinf. da LACHNITH. *a 2 C. 2 Fl. 2 Viol. V. e B. Op. VI. Amst.*

I. Sinf. la chasse da C. STAMITZ. *a 2 C. 2 Ob. 2 Viol. 2 Viole, ó 2 Fag. e B. Amst.*

DIVERTIMENTI, CONCERTINI etc.

I. Conc. da HOFFMEISTER. *a 2 Viol. soli, 2 C. 2 Ob. Fl. 2 Viol. 2 Viole, Violonc. e B.*

I. Conc. da HOFFMEISTER. *a 2 C. 2 Viol. Ob. solo, Fl. solo, Viola e B.*

II. Divert. da Giov. VANHALL.

I. *a Viol. princ. Viol. sec. 2 C. 2 Fl. V. e B.*　　II. *a Viol. Flaut. 2 C. V. e B.*

VIOLINO.

SOLI con BASSO intagliati.

VI. Sonate da Giov. Fed. REICHARDT. Berlin.

DUETTI.

VI. Duetti da Maddalene Lombardini SYRMEN.

DUETTI intagliati.

VI. Duetti da I. BOULAY. Mannheim.

VI. Duetti da Conr. BREUNIG. a Viol. e Viola. Op. VII. Vienna.

VI. Duetti da Giov. VANHALL. Op. XXVIII. Vienna.

Supplement XIII: 1779 and 1780

VIOLINO.

VI. Trii da C. STAMITZ. *Op. I.* *Offenbach.*

QUATTRI.

I. Quartetto da ASPELMAYER. *a 2 Viol. V. e B.*

QUATTRI intagliati.

VI. Quattri da Paul GEBHARD. *a 2 Viol. V. e B. Op. I. Lyon.*

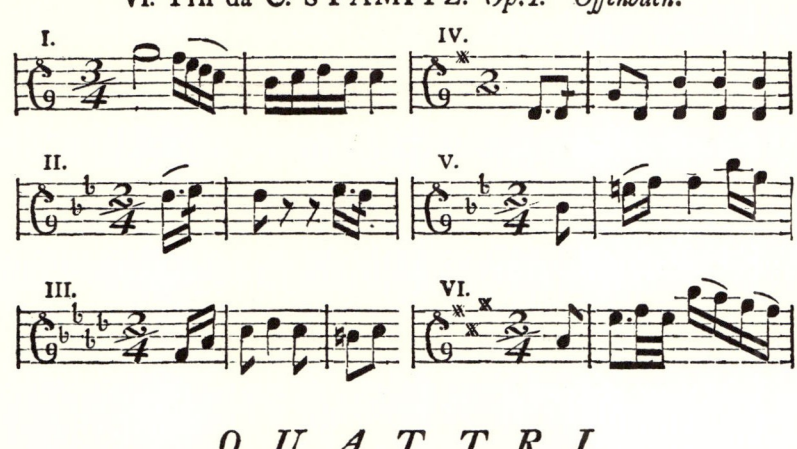

VIOLINO.

VI. Quattri da Mich. KERZELL. *a 2 V. conc. V. e B. Op. I. Vienna.*

III. Quattri E. W. WOLFF. *a 2 Viol. V. e B. Op. I. Amst.*

QUINTETTI intagliati.

VI. Quint. da RICCI. *a plusieurs Instruments. Op. V. Paris.*

VIOLINO.

SESTETTI.

V. Sestetti da HOFFMEISTER.

I. a C. Ob. Fl. Viol. V. e Violonc.   IV. a Cor. Ob. 2 Viol. V. e Violonc.

II. a C. Ob. Fl. Viol. V. e Violonc.   V. a Viol. 2 Viole, 2 C. e Violonc.

III. a 2 C. 2 Viol. V. e Violonc.

CONCERTI per il Violino concertato.

i. Conc. da G. BENDA. *a Viol. princ. 2 Viol. V. e Baffo.*

I. Conc. da CRAMER. *a Viol. conc. 2 C. 2 Ob. 2 Fag. 2 Viol. V. e B.*

I. Conc. da ROSETTI. *a Viol. conc. 2 C. 2 Ob. 2 Viol. 2 Viole e B.*

I. Conc. da A. STAMITZ. *a Viol. conc. 2 C. 2 O. 2 Viol. 2 Viole e B.*

VIOLA e VIOLONCELLO.

CONCERTI intagliati.

Conc. I. da Giuf. DEMACHI. *a Viol. princ. 2 Cor. 2 Ob. 2 Viol. 2 Viole e B. Op. XII. Lyon.*

Conc. II. da Giuf. DEMACHI. *a Viol. princ. 2 Cor. 2 Ob. 2 Viol. 2 Viole e B. Op. XVI. Lyon.*

VIOLA.

I. Conc. da Giov. Fed. KRANZ. *a Viola conc. 2 C. 2 Clar. 2 Viol. V. e B. Op. I. Weimar.*

VIOLONCELLO.

CONCERTI per il Violoncello concertato.

II. Concerti da SCHLICK.

I. a Violcl. conc. 2 C. 2 Viol. 2 Viole e B.   II. a Violcl. conc. 2 C. 2 Viol. V. e B.

II. Conc. da TRICKLER.

I. a Violcl. conc. 2 C. 2 O. 2 Viol. V. e B.   II. a Violcl. conc. 2 Fl. 2 Viol. V. e B.

Conc. IV. da L. BOCHERINI. *a Violcl. conc. 2 Viol. V. e B. Paris.*

Supplement XIII: 1779 and 1780

FLAUTO TRAVERSO.

SOLI intagliati.

VI. Soli da I. F. GRONEMANN and others. *a Fl. con Basso.* London.

I. da GRONEMANN.   IV. da GRONEMANN.

II. da DALL' OGLIO.   V. da DALL' OGLIO.

III. da MARTINI.   VI. da GRONEMANN.

DUETTI intagliati.

VI. Sonate da Mr. GOSSEI. *a 2 Flauti.* Libr. I. Paris.

VI. Duetti da MÜLLER. *a 2 Flauti.* Op. VIII. Lyon.

TRII intagliati.

III. Trios dialogues da Giuf. DEMACHI. *a 3 Fl. ó Viol.* Op. XIV.

QUATTRI intagliati.

VI. Quattri da H. H. ZIELCHE. *a Fl. Viol. V. e B.* Op. II. Leipsic.

FLAUTO TRAVERSO.

CONCERTI
A FLAUTO TRAVERSO CONCERTATO.

V. Concerti da F. H. GRAAF.

I. *a Fl. conc. 2 C. 2 Viol. V. e B.*

IV. *a Fl. conc. 2 C. 2 Viol. V. e B.*

II. *a Fl. conc. 2 C. 2 Viol. V. e B.*

V. *a Fl. conc. 2 C. 2 Viol. V. e B.*

III. *a Fl. conc. 2 C. 2 Viol. V. e B.*

I. Conc. da HOFFMEISTER. *a Fl. conc. 2 C. 2 Ob. 2 Viol. 2 Viole e B.*

I. Conc. da ROSETTI. *a Fl. conc. 2 C. 2 Ob. 2 Viol. V. e B.*

I. Conc. da WENDLING. *a Fl. conc. 2 C. 2 Viol. V. e B.*

CONCERTI intagliati.

I. Conc. da I. F. KLEINKNECHT. *a 2 Fl. conc. 2 Viol. 2 O. 2 Fag. Violcl. obl. 2 Viol. rip. 2 C. V. B. e Contra Baffo.*

FLAUTO TRAVERSO e OBOE.

I. Conc. da METZGER. *a Fl. conc. 2 C. 2 Viol. V. e B. Op. II. Mannh.*

I. Conc. da METZGER. *a Fl. conc. 2 C. 2 Viol. V. e B. Op. III. Mannh.*

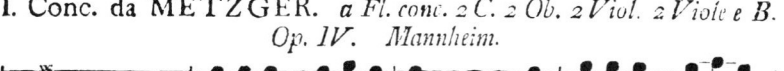

I. Conc. da METZGER. *a Fl. conc. 2 C. 2 Ob. 2 Viol. 2 Viole e B. Op. IV. Mannheim.*

I. Conc. da F. de STENGEL. *a Fl. conc. 2 C. 2 Viol. V. e B. Mannh.*

O B O E.

I. Partita da UNGELENCK. *a 2 C. 2 Ob. 2 Fag.*

I. Conc. da EICHNER. *a Ob. conc. 2 C. 2 Viol. V. e B.*

I. Conc. da FISCHER. *a Ob. conc. 2 C. 2 Viol. V. e B.*

FAGOTTO e CEMBALO.

FAGOTTO.

I. Conc. da EICHNER. *a Fag. conc. 2 C. 2 Viol. V. e B.*

I. Conc. da F. W. GRAF. *a Fag. conc. 2 Viol. V. e B.*

CEMBALO.

SOLI.

Andante et Marche da KOZELUCH. *a Cembalo.*

II. Sinf. da Giov. VANHALL. *accommodate per il Cemb. solo.*

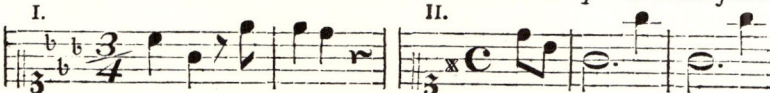

SONATE intagliate e stampate.

VI. Son. da C. P. E. BACH. *für Kenner u. Liebhaber. Leipz. 1. Samml.*

CEMBALO.

VI. Sonate da I. C. BACH. Op. XVII. *Amst.*

Douze Polonoises avec trois Pieces a la façon des Contredanses
da B. BOHDANOWICZ. *Vienna.*

VI. Sonate da I. N. FORKEL. *con Viol. e Violonc. der zweyt. u. viert. Sonate, 2 Samml. Göttingen.*

CEMBALO.

VI. Sonate da Giuſ. HAYDEN. Op. XXX. Vienna.

III. Sonate da Leop. KOZELUCH. Op. I. Vienna.

III. Sonate da Leop. KOZELUCH. Op. II. Vienna.

CEMBALO.

VI. Sonate da C. W. PODBIELSKY. Riga.

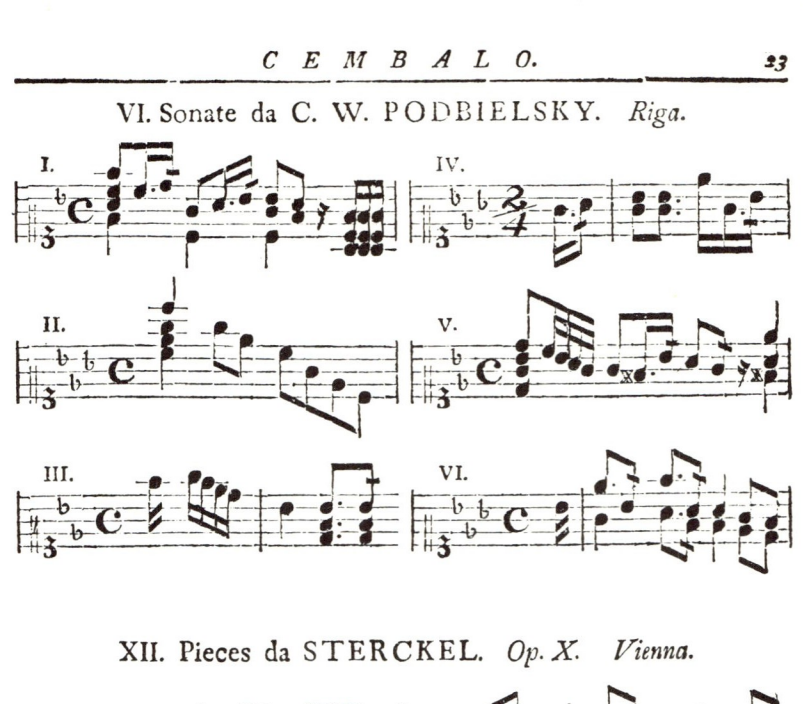

XII. Pieces da STERCKEL. Op. X. Vienna.

VI. kleine Sonaten da E. W. WOLFF. Leipzig.

TRII
A CEMBALO OBLIGATO CON VIOLINO O FLAUTO.

VI. Sonate da I. C. BACH. *a Cemb. e Viol. ò Fl. Op. XVI. Amst.*

III. Sonate da F. A. de DALBERG. *a Cemb. e Viol. Op. I. Mannh.*

III. Sonate da EDELMANN. *a Cemb. e Viol. Op. VI. Mannheim.*

III. Sonate da EDELMANN. *a Cemb. e Viol. Op. VIII. Mannh.*

II. da Mlle. EDELMANN, soeur de l'Auteur.

III. Sonate da HULLMANDEL. *a Cemb. e Viol. Op. III. Mannh.*

III. Sonate da H. T. B. de KERPEN. *a Cemb. e Viol. Op. I. Mannh.*

III. Sonate da RASETTI. *a Cemb. e Viol. Op. I. Mannheim.*

VI. Sonate da C. STAMITZ. *a Cemb. e Viol. la sixieme a deux Clavecins. Op. XX. Amst.*

Supplement XIII: 1779 and 1780

CEMBALO.

Sonata da L. TANTZ. *a Cemb. e Viol.* *Mannheim.*

III. Sonate da ZIMMERMANN. *a Cemb. e Viol. Op. I.* *Vienna.*

TERZETTI.

VI. Sonate da STAD. *a Cemb. Viol. e B.*

VI. Sonate da C. STAMITZ l'aine. *a Cemb. Viol. e B.*

CEMBALO.

VI. Sonate da F. A. BAUMBACH. *a Cemb. Viol. obl. e Basso.* *Leipsic.*

III. Sonate da GRUNER. *a Cemb. Viol. e Violel. Op. VI.* *Lyon.*

III. Sonate da GRUNER. *a Cemb. Viol. e Violel. Op. VII.* *Lyon.*

III. Sonate da I. F. X. STERKEL. *a Cemb. Viol. e B. Op. V.* *Francf. sur le Mein.*

CEMBALO.

I. Sinf. da I. E. L. SIEVERS. *a Cemb. 2 C. 2 Fl. 2 Viol. e B.*
Francf. fur le Mein.

CONCERTI, a Cemb. con più Stromenti.
CONCERTI intagliati.

III. Conc. da I. C. BACH. *a Cemb. conc. 2 C. 2 Ob. ou Fl. 2 Viol. e B.*
Op. XIII. Amst.

III. Conc. da I. C. BACH. *a Cemb. conc. 2 C. 2 Ob. ou Fl. 2 Viol. e B.*
Op. XIV. Amst.

VI. Conc. da GIORDANI. *a Cemb. conc. 2 Viol. e B. Op. XX. Lyon.*

HARPA, ARIE e CANTATE.

III. Conc. da I. C. KELLNER. *a Cemb. conc. 2 C. 2 Fl. 2 Viol. e B.*
Op. VIII. Francf. fur le Mein.

I. Conc. da M. E. W. WOLFF. *a Cemb. conc. 2 Ob. 2 Viol. V. e B.*
Op. VII. Lyon.

HARPA.

III. Divertiss. da HARTMANN. *a Harpa con Viol. Op. III. Lyon.*

ARIE e CANTATE
con più Stromenti.

II. Arie da Giov. Amadeo NAUMANN.
a Soprano, 2 Ob. 2 Fag. 2 Viol. V. e B.

Jo sen-to che in pet-to mi pal-pi-ta il

a Soprano, 2 Viol. V. e B.

A-mo te so-lo, te so-lo a-mai,

Supplement XIII: 1779 and 1780

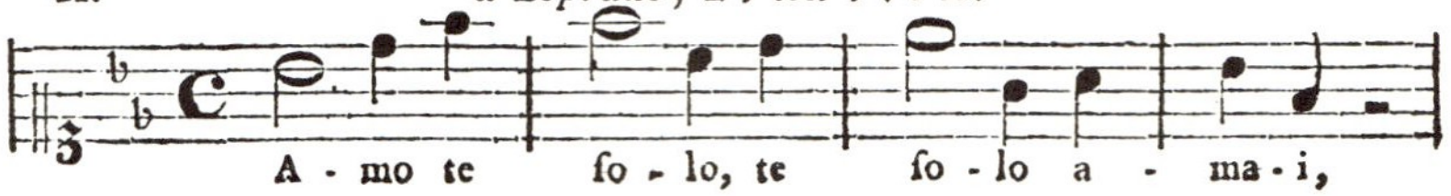

CANTATE.

Cantata, Apollo und die Musen, da C. G. TAG. a 2 C. 2 Fl. 2 Fag. 2 V. V. Soprano e B.

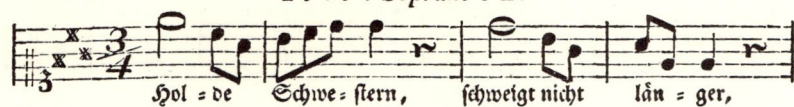
Hol - de Schwe - stern, schweigt nicht län - ger,

Cantata, der Alte und der Jüngling, da C. G. TAG. a 2 C. 2 Ob. ó Fl. 2 V. V. Tenore e Basso, Violcl. e Fag. con Violono.

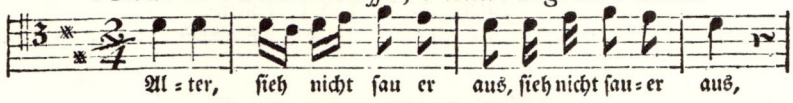
Al - ter, sieh nicht sau - er aus, sieh nicht sau - er aus,

Folgende Stücke sind in Partitur und in Stimmen zu haben.

Operetten. Deutsche
Agosti, das Herbstabentheuer.
Benda, der Barbier von Sevilla.
— — der Dorfjahrmarkt.
— — der Holzhauer.
— — Romeo und Julie.
— — Walder.
Gretry, das Milchmädchen.
— — das redende Gemälde.
Guglielmi, Robert und Kalliste.
Holly, die Verwechslung.
Naumann, Armide.
Piccini, die Sclavin.
Schuster, der Alchimist.
— — die wüste Insel.
Seydelmann, Arsene.
— — der lahme Husar.
Stegmann, der Kaufmann von Smirna.
Wolf, Ehrlichkeit und Liebe.
Zanetti, das Wäschermädchen.
N. N. Mutter Natur.

Französische.
Gretry, La Rosiere de Salency.

Italiänische.
Benda, Hindo riconnosciuto.

SVPPLEMENTO XIV.
DEI
CATALOGI
DELLE
SINFONIE, PARTITE, OVERTURE, SOLI, DUETTI, TRII, QUATTRI
E
CONCERTI
PER IL
VIOLINO, FLAUTO TRAVERSO, CEMBALO
ED ALTRI STROMENTI,
CHE
SI TROVANO IN MANOSCRITTO
NELLA OFFICINA MUSICA DI BREITKOPF IN LIPSIA.

1781.

SINFONIE.

I. Sinf. d'ANFOSSI.
a 2 C. 2 Ob. 2 Viol. V. e B.

I. Sinf. d'ALEXANDRI.
a 2 C. 2 Ob. 2 Viol. V. e B.

I. Sinf. da I. C. BACH. a 2 C. 2 Ob. 2 Fl. Fag. obl. 2 Viol. V. e B.

I. Sinf. da BAISIELLO.
a 2 C. 2 Ob. 2 Viol. V. e B.

I. Sinf. da BEECKE.
a 2 C. 2 Ob. Fag. 2 Viol. V. e B.

I. Sinf. da F. C. BENDA. a 2 C. 2 Fl. 2 Viol. V. e B.

VI. Sinf. concert. da Gius. CAMBINI.

I. a 2 Viol. obl. 2 C. 2 Ob. 2 Viol. V. e B.

IV. a 2 Viol. obl. Violcl. obl. 2 C. 2 Ob. 2 Viol. V. e B.

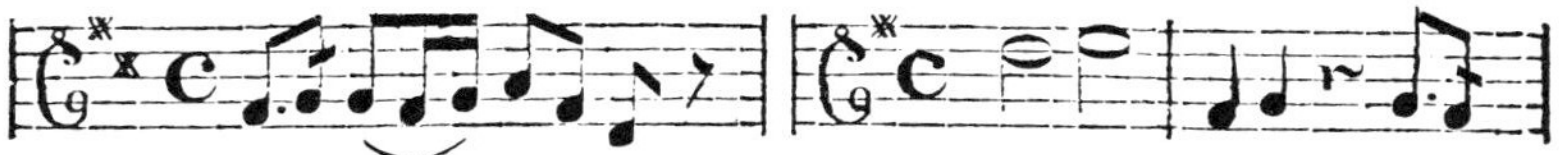

II. a 2 Viol. obl. 2 C. 2 Fl. 2 Viol. V. e B.

V. a Ob. pr. Fag. pr. 2 C. 2 Ob. 2 Viol. V. e B.

III. a 2 Viol. obl. 2 C. 2 Ob. 2 Viol. V. obl. e B.

VI. a Ob. pr. Fag. pr. 2 C. 2 Viol. 2 Viole e B.

II. Sinf. concert. da Gius. CAMBINI.

I. a 2 Viol. pr. 2 C. 2 Ob. 2 Viol. V. e B.

II. a 2 Viol. pr. 2 C. 2 Ob. 2 Viol. V. e B.

III. Sinfonie da Carlo de DITTERSDORFF.

I. a 2 C. 2 Ob. 2 Viol. V. e B.

III. a 2 Cor. 2 Ob. 2 Viol. V. e B.

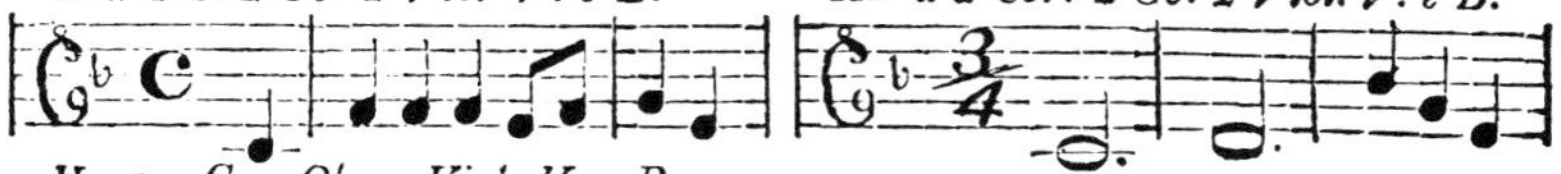

II. a 2 C. 2 Ob. 2 Viol. V. e B.

II. Sinfon. da Le DVC l'ainè.

I. a 2 C. 2 Fl. 2 Ob. 2 Viol. 2 Viole e B.

II. 2 C. 2 Fl. 2 Ob. 2 Viol. V. e B.

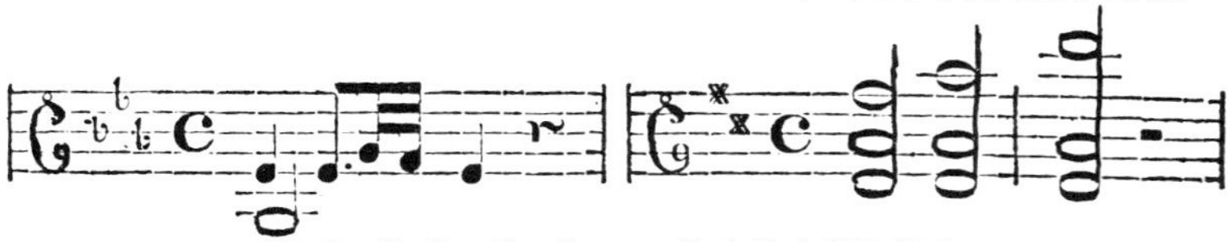

II. Sinf. da Giuseppe GAZANIGA.

I. a 2 C. 2 Ob. 2 Viol. V. e B.

II. a 2 C. 2 Ob. 2 Viol. V. e B.

II. Sinf. da Giuseppe HAYDEN.

I. 2 C. 2 Ob. in And. 2 Fag.

II. a 4 Cor. 2 Ob. Viol. obl. Fl. obl. 2 Viol. Viola, Violcl. e Fag. e B.

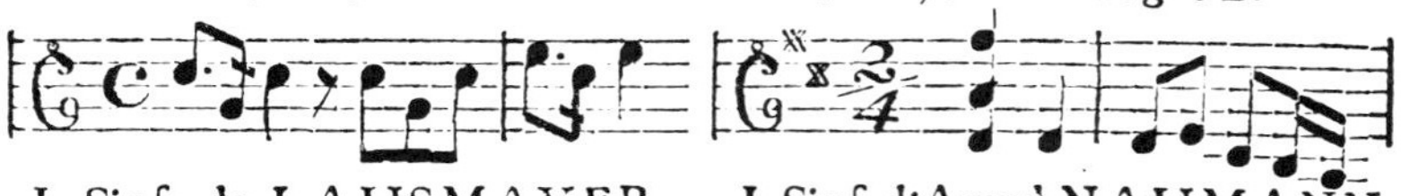

I. Sinf. da LAUSMAYER.
a 2 C. 2 Ob. 2 Viol. V. e B.

I. Sinf. d'Amad. NAUMANN.
a 2 C. 2 Ob. 2 Fl. 2 Viol. V. e B.

I. Sinf. da G. F. REICHARDT. a 2 C. 2 Ob. 2 Viol. V. e B.

III. Sinf. da Anton. ROSETTI.

I. 2 C. 2 Ob. 2 Viol. 2 Viole, Fagotto e B.

III. a 2 C. 2 Ob. 2 Viol. 2 Viole, Fag. e B.

II. a 2 C. 2 Ob. 2 Fl. 2 Viol. 2 Viole, Fag. e B.

Supplement XIV: 1781

SINFONIE.

XXXII. *Neue Menuetten von Böhmischen Tonkünstlern. a 2 Viol. e B.*
Rotenburg an der Fulda.

XII. *Contredances avec les Figures a Violon seul.*
da HASLBOECK. *Vienna.*

SINFONIE intagliate e stampate.

VI. Sinf. da D. Angelo BALDAN. *a 2 C. 2 Ob. 2 Viol. V. e B.*
in Venezia.

II. Sinf. conc. da DAVAUX.
a 2 Viol. pr. 2 C. 2 Ob. 2 Viol. V. e B. Op. III. a la Haye.

II. Sinf. conc. da DAVAUX.
a 2 Viol. princ. 2 C. 2 Ob. 2 Viol. V. e B. Op. IV. a la Haye.

II. Sinf. conc. da St. GEORGE. *Op. X. Parigi.*
I. *a 2 Viol. pr. Viola pr. 2 Viol. e B.*   **II.** *a 2 Viol. pr. Viola pr. 2 C. 2 Ob. 2 Viol. V. e B.*

III. Sinf. da GOSSEC et RIGEL. *a 2 Clarini, Tymp. 2 Cor. 2 Oboi,*
2 Fag. 2 Viol. V. e B. Mannheim.
I. da GOSSEC.   **III.** da RIGEL.
II. da GOSSEC.

VI. Sinf. da G. A. KREUSSER. *a 2 C. 2 Ob. 2 Viol. V. e B.*
Op. XVIII. à Mayence.

Sinf. IIde concert. da Charles LOCHON. *a 2 Viol. pr. 2 C. 2 Ob.*
2 V. V. e B. Op. IV. Lyon.

SINFONIES PERIODIQUES.

I. Sinf. periodique da I. FRAENZL. *a 2 C. 2 Ob. 2 Viol. V. e B.*
No. VII. Mannheim.

I. Sinf. period. da I. FRAENZL. *a 2 C. 2 Fl. 2 Viol. V. e B.*
No. VIII. Mannheim.

SINFONIE.

I. Sinf. concert. da C. STAMITZ. *a Viol. obl. Violcl. obl. 2 C. 2 Ob. 2 Viol. 2 Viole e B. No. II. Paris.*

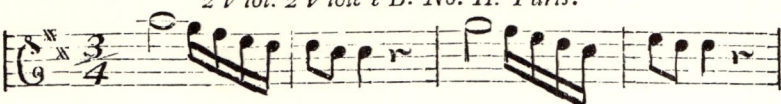

I. Sinf. concert. da C. STAMITZ. *a Viol. obl. 2 Cor. 2 Ob. 2 Viol. 2 Viole e B. No. III. Paris.*

I. Sinf. conc. da C. STAMITZ. *a Viol. obl. Violcl. obl. 2 C. 2 Clarinetti, 2 Viol. 2 Viole e B. No. IV. Paris.*

I. Sinf. conc. da C. STAMITZ. *a 2 Viol. pr. Viola obl. 2 C. 2 Ob. 2 Viol. V. e B. No. VII. Paris.*

I. Sinf. conc. da C. STAMITZ. *a Viol. obl. Violcl. obl. 2 C. 2 Ob. 2 Viol. 2 Viole e B. No. VIII. Paris.*

I. Sinf. conc. da C. STAMITZ. *a Viol. obl. Violcl. obl. 2 C. 2 Clarinetti, 2 Viol. 2 Viole e B. No. XII. Paris.*

I. Sinf. conc. da C. STAMITZ. *a 2 Viol. obl. Violcl. obl. 2 C. 2 Clarinetti, 2 Viol. 2 Viole e B. No. XV. Paris.*

I. Sinf. conc. da C. STAMITZ. *a 2 Viol. pr. 2 C. 2 Ob. ó Clarinetti, 2 Viol. 2 Viole e B. No. XVII. Paris.*

DIVERTIMENTI, CONCERTINI etc.

I. Sinf. conc. da C. STAMITZ. *a Viol. obl. Oboe ó Viol. II. obl. Viola obl. Fag. ó Violcl. obl. 2 C. 2 Viol. V. e B. Op. XIV. Paris.*

II. Sinf. concert. da C. STAMITZ. *Op. XVIII. Paris. I. a 2 Viol. pr. Viol. obl. 2 C. 2 O. 2 Viol. V. s B. II. 2 Viol. pr. 2 C. 2 Ob. 2 Viol. V. e B.*

DIVERTIMENTI, CONCERTINI etc.

I. Concertino da ABEL. *a 2 C. Clarinetti, 2 Viole, Fagotto e B.*

I. Ouverture de l'Opera, le Tableau parlant, da GRETRY. *a 2 C. 2 Fl. 2 Viol. V. Fag. e B.*

I. Ouverture de l'Opera, les deux Avares, da GRETRY. *a 2 C. 2 Ob. 2 Viol. V. Fag. e B.*

I. Ouverture de l'Opera, les Femmes vengées, da D. PHILIDOR. *a. 2 C. 2 Ob. 2 Fag. 2 Viol. V. Violcl. e B.*

I. Partita da REICHARDT. *a 2 C. 2 Ob. 2 Flauti, 2 Fag. 2 Viol. V. e B.*

I. Concertino da Ant. ROSETTI. *a Clarinetto ó Oboe obl. Corno obl. 2 C. 2 Ob. 2 Viol. 2 Viole e B.*

DIVERTIMENTI, CONCERTINI etc.

I. Ouverture de l'Opera, la FRASCATANA. *a 2 C 2 Ob.*
2 Viol. V. e B. Paris.

Entr' Acte de l'Opera, HENRI IV, ou la Bataille d'iury. *a 2 C.*
2 Ob. où Fl. 2 Viol. 2 Viole e B. a la Haye.

VI. Divertiſſements da Ioſeph HAYDEN. *a 2 Cor. Flauto, 2 Viol.*
V. Violcello e B. Op. XXXI. Vienna.

VIOLINO.

SOLI con BASSO.

III. Sonate da Franc. DAVILLO.

VIOLINO.

VI. Sonate da Pietro NARDINI.

DUETTI.

III. Duetti da Giov. PUNTO.

DUETTI intagliati.

VI. Duetti da I. B. CIRRI. *a Viol. e Violoncello. Op. XIII.*
Francf. ſur le Mein.

Supplement XIV: 1781

VIOLINO.

VI. Duetti da Pietro FIDANZA. *a 2 Violini. Firenze.*

VI. Duetti da A. GUENIN. *a 2 Violini. Op. III. Mannheim.*

VI. Duetti da Mich. KERZELL. *a 2 Violini. Op. II. Vienna.*

VIOLINO.

VI. Duetti da A. LIDEL. *a Violino e Viola. Op. III. Paris.*

III. Duetti da M. LORENZITY. *a Violino e Viola. Op. III. Francf. sur le Mein.*

VI. Duetti da MAHONY. *a Violino e Viola. Op. IV. Paris.*

Supplement XIV: 1781

VIOLINO.

VI. Duetti da PESCH. *a 2 Violini. Op. IV. Offenbach.*

VI. Duetti da PICHL. *a 2 Violini. Op. IV. Francfort sur le Mein.*

VI. Duetti da Ant. STAMITZ. *a Violino e Viola. Op. X. Paris.*

VIOLINO.

VI. Duetti da Giov. VANHALL. *a 2 Violini. Paris.*

TRII.

VI. Trii da KLEINKNECHT. *a 2 Viol. e B.*

VI. Trii da WÜRTIG. *a 2 Viol. ó Fl. e B.*

Supplement XIV: 1781

TRII intagliati.
A DUE VIOLINI CON BASSO.

III. Trii concertans da Felice GIARDINI. *a Viol. Viola e B.*
Op. XIII. Francfort sur le Mein.

VI. Trii da Ant. KAMMEL. *Op. XVII. Paris.*

VI. Trii da C. F. KERNTL. *Op. V. Lyon.*

VI. Trii da Ioseph SCHMITT. *Op. XI. Amst.*

QUATTRI intagliati.

VI. Quattri concertans da BARRIERE. *a 2 Viol. V. e B. Op. I. Paris.*

III. Quattri concertans a Giuseppe CAMPINI. *a 2 Viol. V. e B.*
Op. XII. Offenbach.

Supplement XIV: 1781

VIOLINO.

I. Conc. da GIORNOVICHI. *a Viol. princ. 2 C. 2 Ob. 2 Viol. V. e B. Libro 1. Berlin.*

I. Concerto da PESCH. *a Viol. princ. 2 C. 2 Ob. 6 Fl. 2 Viol. V. e B. Libro. I. Offenbach.*

III. Concerti da Ignace RAIMONDI. *a Viol. pr. 2 C. 2 Ob. 2 Viol. V. e B. Op. VIII. Berlin.*

I. Concerto da VIOTTI. *a Viol. princ. 2 C. 2 Ob. 2 Viol. V. e B. Libro I. Berlin.*

VIOLONCELLO.

I. Solo da LUDWIG. *a Violoncello e B.*

I. Solo da MARA. *a Violonc. e B.*

VIOLONCELLO.

VI. Soli da SCHLICK. *a Violonc. e B.*

I. Solo da SCHWACHOFFER. *a Violonc. e B.*

I. Solo da WOSCHITKA. *a Violoncello e B.*

QUATTRI.

I. Quattro da SCHLICK. *a Violcl. obl. Violino obl. Viola obl. e Basso.*

CONCERTI per il Violoncello concertato.

I. Conc. da GRAAF. *a Violcl. conc. 2 C. 2 Ob. 2 Viol. V. e B.*

Supplement XIV: 1781

VIOLONCELLO.

I. Conc. da MEGELIN. *a Violc. conc. 2 C. 2 Ob. 2 Fag. 2 Viol. V. e B.*

IV. Concerti da Giuseppe REICHA.

I. *a Violcl. conc. 2 C. 2 Ob. 2 Viol. V. e B.* III. *a Violcl. conc. 2 C. 2 Ob. 2 Fl. 2 Viol. 2 Viole e B.*

II. *a Violc. conc. 2 C. 2 Ob. 2 Viol. 2 Viole e B.* IV. *a Violcl. conc. 2 C. 2 Fl. 2 Viol. V. e B.*

I. Conc. da Carlo STAMITZ. *a Violcl. conc. 2 C. 2 Viol. V. e B.*

FLAUTO TRAVERSO.

III. Soli da H. O. C. ZINCK. *a Flauto con Baßo.*

SOLI intagliati.

VI. Soli da I. G. NICOLAI. *a Fl. con Baßo. Op. VI. Francf. fur le Mein.*

VI. Soli da C. WEISS. *a Flauto con Baßo. Op. III. Offenbach.*

DUETTI intagliati.

VI. Sonate da CAMBINI. *a 2 Flauti. Op. V. Berlin.*

FLAUTO TRAVERSO.

VI. Duetti da WENDLING. *a 2 Flauti. Op. IX. Mannheim.*

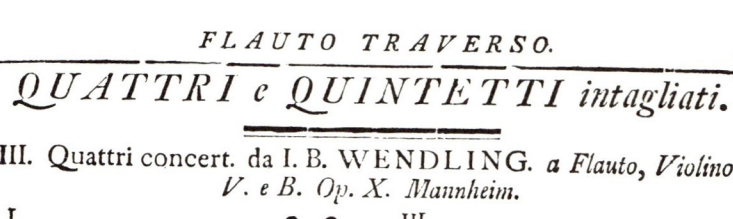

VI. Duetti da WOLFF *a Stettin. a 2 Flauti. Op. I. Berlin.*

T R I I.

I. Trio da Giuseppe FIEDLER. *a 3 Flauti.*

I. Trio da VANHALL. *a Flauto, Violino e B. Op. III. Offenbach.*

FLAUTO TRAVERSO.

QUATTRI e QUINTETTI intagliati.

III. Quattri concert. da I. B. WENDLING. *a Flauto, Violino, V. e B. Op. X. Mannheim.*

I. Quintetto da VANHALL. *a Flauto, 2 Violini, V. e B. a Spire.*

C O N C E R T I
A FLAUTO TRAVERSO CONCERTATO.

I. Conc. da G. BENDA. *a Fl. conc. 2 Viol. V. e B.*

I. Conc. da le BRUN. *a Fl. conc. 2 C. 2 Viol. V. e B.*

II. Concerti da GRAAF.

I. *a Fl. conc. 2 Viol. V. e B.*   II.. *a Fl. conc. 2 C. 2 Viol. V. e B.*

II. Concerti da Leop. HOFFMANN.

I. *a Fl. conc. 2 Viol. V. e B.*   II. *a Fl. conc. 2 Viol. V. e B.*

Supplement XIV: 1781

FLAUTO TRAVERSO.

I. Conc. da KLEINKNECHT. *a Fl. conc. 2 Cor. 2 Viol. V. e B.*

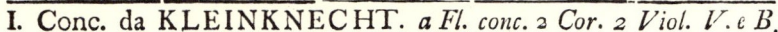

I. Conc. da Ant. ROSETTI. *a Fl. conc. 2 C. 2 Ob. 2 Viol. V. e B.*

I. Conc. da Ant. STAMITZ. *a Fl. conc. 2 C. 2 Ob. 2 Viol. V. e B.*

II. Concerti da Carlo STAMITZ.

I. *a Fl. conc. 2 C. 2 Ob. 2 Viol. V. e B.*   II. *a Fl. conc. 2 Viol. V. e B.*

III. Concerti da G. TOESCHI.

I. *a Fl. conc. 2 C. 2 Ob. 2 Viol. V. Violc. e B.*   III. *a Fl. conc. 2 Cor. 2 Viol. V. e B.*

II.   *a Fl. conc. 2 Viol. V. e B.*

I. Conc. da WENDLING. *a Fl. conc. 2 C. 2 Viol. V. e B.*

I. Conc. da le BRUN. *a Fl. conc. 2 Cor. 2 Viol. V. e B. Paris.*

OBOE.

VI. Soli da EICHNER. *a Oboe solo con Basso.*

III. Soli da FISCHER. *a Oboe solo con Basso.*

I. Trio da SCHMITTBAUR. *a Oboe, Violino e Basso.*

CONCERTI, a OBOE concertato.

I. Conc. da BESOZZI. *a Ob. conc. 2 C. 2 Viol. V. e B.*

I. Conc. da BRAUN *a Ob. conc. 2 C. 2 Viol. V. e B.*

O B O E.

I. Conc. da EICHNER. *a Ob. conc. 2 C. 2 Fl. 2 Viol. V. e B.*

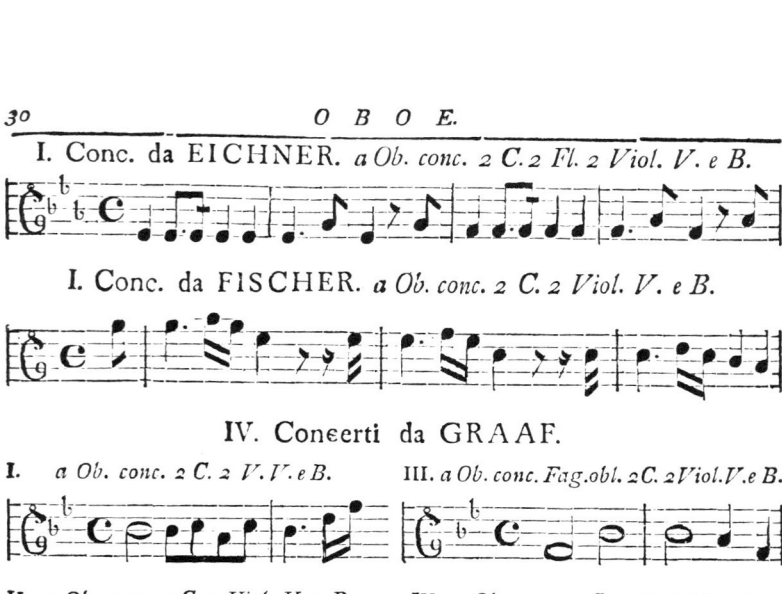

I. Conc. da FISCHER. *a Ob. conc. 2 C. 2 Viol. V. e B.*

IV. Concerti da GRAAF.

I. *a Ob. conc. 2 C. 2 V. V. e B.* **III.** *a Ob. conc. Fag. obl. 2 C. 2 Viol. V. e B.*

II. *a Ob. conc. 2 C. 2 Viol. V. e B.* **IV.** *a Ob. conc. 2 C. 2 Viol. V. e B.*

II. Concerti da I. C. KELLNER.

I. *a Ob. conc. 2 C. 2 Viol. V. e B.* **II.** *a Ob. conc. 2 C. 2 Viol. V. e B.*

I. Conc. da SCHMIDTBAUER. *a Ob. conc. 2 Cor. 2 Viol. V. e B.*

I. Conc. da Ant. STAMITZ. *a Ob. conc. 2 C. 2 Fl. 2 Viol. 2 Viole e B.*

I. Conc. da C. STAMITZ. *a Ob. princ. Fag. princ. 2 C. 2 Fl. 2 Viol. 2 Viole e B.*

CLARINETTO e CORNO.

CLARINETTO.

III. Trii da HAYDN. *a Clarinetto, Violino e B.*

I.   III.

II.

III. Concerti da Carlo STAMITZ.

I. *a Clar. pr. 2 C. 2 Ob. 2 Viol. V. e B.* **III.** *a Clar. pr. 2 C. 2 Viol. V. e B.*

II. *a Clar. pr. 2 C. 2 Ob. 2 Viol. 2 Viole e B.*

CORNO.

I. Trio da MISLIWEZECK. *a Corno, Viol. e B.* **I. Trio da PUNTO.** *a Corno, Viol. e B.*

III. Quattri da Carlo STAMITZ.

I. *a Corno, Oboe, Violino e Fagotto.* **III.** *a Corno Oboe, Viola e Fagotto.*

II. *a Corno, Oboe, Violino e Fagotto.*

Supplement XIV: 1781

CORNO e FAGOTTO.

I. Serenata da Giov. PUNTO. *a Corno obl. Violino, V. e B.*

I. Concerto da Ant. FILS. *a Corno princ. 2 Viol. V. e B.*

I. Concerto da G. C FISCHER. *a Corno princ. 2 Viol. V. e B.*

I. Concerti da ROSETTI. *a Corno pr. 2 C. 2 Ob. 2 Viol. V. Violc. e B.*

I. Concerto da HAYDEN. *a Corno princ. 2 Viol. V. e B.*

FAGOTTO.

I. Concerto da EICHNER. *a Fagotto princ. 2 C. 2 Fl. 2 Viol. V. e B.*

I. Concerto da FISCHER. *a Fag. princ. 2 C. 2 Fl. 2 Viol. V. e B.*

CEMBALO.

IV. Sonate da BEECKE.

I. Sonatina de la DUCHESSA *di Sax-Gotha*.

Sonata da Leop. KOZELUCH. *a quatro mani.*

Parte sinistra.   *Parte dextra.*

IV. Sonate da Leop. KOZELUCH.

VI. Sonate da KÜFNER.

CEMBALO.

VI. Sonate da Fred. Theod. SCHUMANN.

I. Sonata da STERCKEL. *a quatro mani.*

La Parte del Maestro.   *La Parte della Scolare.*

I. Sonatina da SCHWANENBERG.

March aus dem Trauerspiel Clavigo da SCHWEITZER.

I. Sonata da F. C. TODT. *a quatro mani.*

La Parte del Maestro.   *La Parte della Scolare.*

Supplement XIV: 1781

SONATE intagliate e stampate.

XII. Fugues da I. G. ALBRECHTSBERGER. Op. 1. Berlin.

III. Rondo et III. Sonate da C. P. E. BACH. für Kenner und Liebhaber. Leipzig. 2 Samml.

III. Rondo et III. Sonate da C. P. E. BACH. für Kenner und Liebhaber. Leipzig. 3 Samml.

XII. Sonate da Arcangelo CORELLI. Op. V. Firenze.

III. Sonate da F. H. Baron de DALBERG. Op. II. Mannheim.

Ouverture d'Alceste da EDELMANN. Mannheim.

CEMBALO.

II. Sonate da EDELMANN. *Op. VI. Offenbach.*

III. MARCH. da FRAENZL. *Mannheim.*

I. *aus dem König* LEAR.   II. *aus der* AGNES BERNAUERIN.

III. *aus dem Sturm von* BOXBERG.

XII. Sonate da Giov. Battista GRAZIOLI. *in Venezia.*

CEMBALO.

VI. Sonate da Nath. God. GRUNER. *Leipzig.*

VI. Sonate da I. W. HAESLER. *Erfurth.*

VI. Sonate da A. Baron de KNIGGE. *Francfort fur le Mein.*

Supplement XIV: 1781

CEMBALO.

La Chasse a Cembalo da Leop. KOZELUCH. Op. V. Vienne.

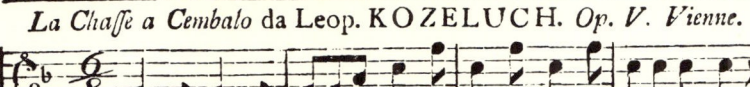

II. Divertimenti da Pietro MORANDI.

VI. Sonate da Gio. Marco RUTINI. Op. XII. Firenze.

VI. Sonate da Franz SEYDELMANN. per dui in uno Cembalo. Leipzig.

CEMBALO.

III. Sonate da T. SMITH per dui in uno Clavicemb. Op. I. Berlin.

III. Sonate da T. SMITH per dui in uno Clavicemb. Op. II. Berlin.

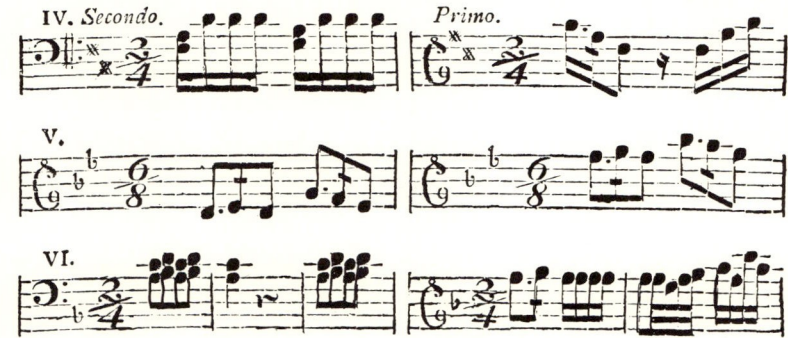

Supplement XIV: 1781

CEMBALO.

IV Sonate da J. A. SULZER. *Op. 1. Mannheim.*

VI Sonate da Ferd. TURRINI.

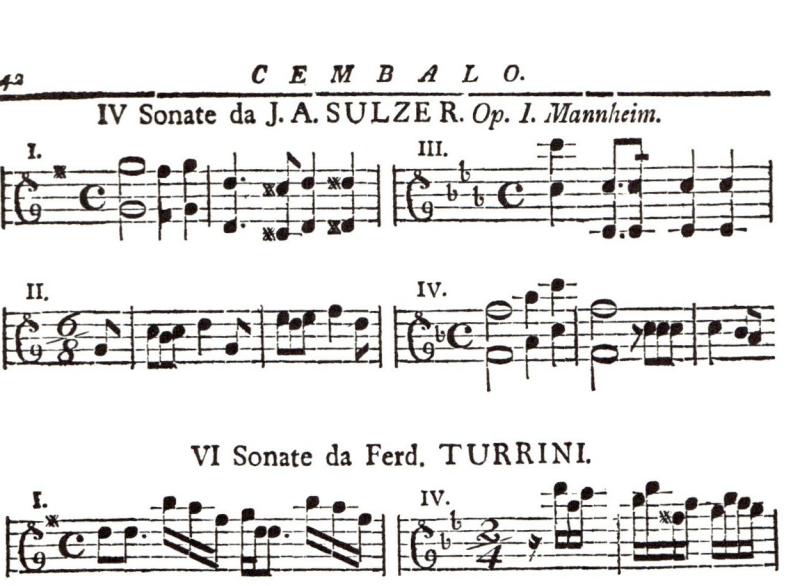

VI. Sonate da J. G. VIERLING. *Leipzig.*

CEMBALO.

VI. Sonate da Ernſt. Willh. WOLF. *Leipzig.*

TRII.

A CEMBALO OBLIGATO CON VIOLINO O FLAUTO.

VI. Sonate da BARTHELMON. *a Cembalo e Violino.*

Supplement XIV: 1781

CEMBALO.

I. Sonata da BREUL. *a Cembalo e Violino.*

VI. Sonate da CLEMENTI. *a Cembalo e Violino.*

I. Sinfonia da KREUSSER. *a Cembalo e Violino.*

VI. Sonate da C. G. NEEFE. *a Cembalo e Violino.*

CEMBALO.

VI. Sonate da Ant. SACCHINI. *a Cembalo e Violino.*

VI. Sonate da SCHROETER. *a Cembalo e Violino o Flauto.*

III. Sonate da Giov. P. SCHULTESSIUS. *a Cembalo e Violino.*

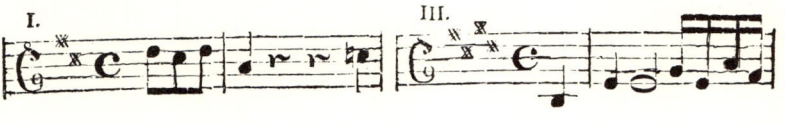

Supplement XIV: 1781

CEMBALO.

VI. Sonate da G. C. TODT. *a Cembalo e Violino.*

I. Sonata da G. C. TODT. *a Cembalo e Violino.*

VI. Sonate da Giov. Guil. WIEFEL. *a Cembalo con diversi voci.*

I. con Violino.   IV. con Fagotto o Violoncello.

II. con Flauto o Violino.   V. con Fagotto o Violoncello.

III. con Flauto o Violino.   VI. con Violino.

I. Sonata da Giov. Guil. WIEFEL. *a Cembalo con Violino.*

CEMBALO.

TRII intagliati.

SONATES tirées des meilleues Operas français et arrangéer
pour le Clavecin, con Violino.

I. *de la belle Arsene.*   II. *de Zemire et Azor.*

III. Sonate da J. B. BIANCHI. *a Cemb. e Violino.* Offenbach.

III. Sonate da L. CERRO. *a Cemb. e Violino.* Firenze.

III. Sonate da EDELMANN. *a Cemb. e Violino. Op. III.* Offenbach.

II. Sonate da EDELMANN. *a Cemb. e Violino. Op. VII.* Mannheim.

Supplement XIV: 1781

CEMBALO.

III. Sonate da J. A. EINBERGER. *o Cemb. e Violino. Op. I. Mannheim.*

III. Sonate da A. GUENIN. *a Cemb. e Violino. Op. V. Mannheim.*

VI. Sonate da Amede RASETTI. *a Cemb. e Violino. Op. I. Offenbach.*

III Sonate da Amede RASETTI. *a Cemb. e Violino. Op. II. Mannheim.*

CEMBALO.

VI. Sonate da Ant. RIEGEL. *a Cemb. e Violino. Op. V. Spire.*

VI. Sonate da Giov. Marco RUTINI. *a Cemb. e Violino. Op. X. Firenze.*

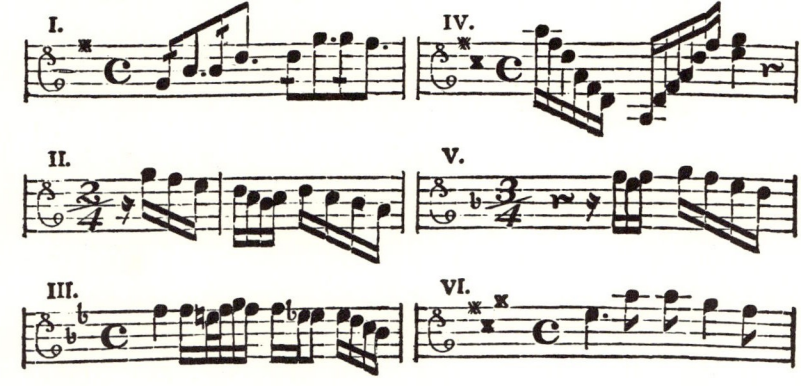

VI. Sonate da Giov. Marco RUTINI. *a Cemb. e Violino. Op. XI. Firenze.*

Supplement XIV: 1781

III. Sonate da J. VANHAL. a Cemb. Viol. obl. e Basso. Op. II. Offenbach.

IV. Sonate da VANHALL. a Cemb. Viola ou Violino obl. e Basso. Op. V. Offenbach.

QUATTRI intagliati.

III. Quattri da Men. RAUZZINI. a Cemb. 2 Viol. e B. Op. I. Offenbach.

III. Quattri da SCHMITTBAUR. a Cemb. Viol. Flauto e B. Op. I. Spire

CONCERTI a Cembalo con più Stromenti.

I. Concerto da J. C. BACH. a Cemb. conc. 2 Cor. 2 Viol. V. e B.

I. Conc. da Ch. S. BINDER. a Cemb. conc. 2 C. 2 Ob. 2 Fl. 2 Fag. 2 Viol. V. e B.

I. Conc. da F. BRODSKY. a Cemb. conc. 2 Viol. Viol. obl. e B.

I. Conc. da Franc. DUSCHECK. a Cemb. conc. 2 Viol. V. e B.

I. Concerto da FOERSTER. a Cemb. conc. 2 Viol. V. e B.

II. Conc. da C. E. GIRBERT. a Cemb. conc. 2 C. 2 Fl. 2 Viol. V. e B.

I. Conc. da Franc. KLEIN. a Cemb. conc. 2 Fl. 2 Viol. Viola obl. e B.

CEMBALO.

I. Concerto da Vincenzo MASCHEK. a Cemb. conc. Viol. pr. 2 C. 2 Clarinetti, 2 Viol. V. e B.

VIII. Concerti da G. C. TODT.

I. a Cemb. conc. 2 Viol. V. e B. V. a Cemb. conc. 2 Viol. V. e B.

II. a Cemb. conc. 2 C. 2 Viol. V. e B. VI. a Cemb. conc. 2 C. 2 Fl. 2 Viol. V. e B.

III. a Cemb. conc. 2 C. 2 Fl. 2 Viol. V. e B. VII. a Cemb. conc. Viol. pr. 2 C. 2 Viol. V. e B.

IV. a Cemb. conc. 2 Viol. V. e B. VIII. a Cemb. conc. 2 C. 2 Fl. 2 Viol. V. e B.

I. Conc. da E. W. WOLFF. a Cemb. conc. 2 C. 2 Ob. 2 Viol. 2 Viole e B.

CONCERTI intagliati.

I. Concerto da Ern. EICHNER. a Cemb. ou Harpe conc. 2 C. 2 Fl. 2 Viol. V. e B. Op. IX. Mannheim.

CEMBALO.

II. Conc. da J. A. JUST. a Cemb. conc. 2 C. 2 Ob. ò Fl. 2 Viol. e B. London.

I. II.

I. Concerto Pastorale da G. G. LANG. a Cemb. conc. 2 C. 2 Fl. 2 Viol. V. e B. Op. V. Offenbach.

I. Concerto da LOEHLEIN. a Cemb. conc. 2 C. 2 Fl. 2 Viol. V. e B. Op. VIII. N. I.

III. Conc. da G. S. LOEHLEIN. a Cemb conc. 2 Viol. e B. Op. VII. Lyon.

I. III.

II.

III. Concerti da J. S. SCHROETER. a Cemb. conc. 2 Viol. V. e B. Op. VIII. Amsterdam.

I. III.

II.

HARPA.

Concerto I. da Ern. Gugl. WOLF. *a Cemb. conc. 2 Viol. V. e B. Breslau.*

Concerto II. da E. G. WOLF. *a Cemb. conc. 2 C. 2 Ob. 2 Viol. V. e B. Breslau.*

HARPA.

I. Sonate da Anton STAMITZ. *a Harpe solo.*

VI. Sonate da HINNER. *a Harpe con Violino.*

ARIE e CANTATE
con più Stromenti.

I. Arie da ANFOSSI. *a Soprano, 2 Ob. 2 Viol. V. e B.*

Ne - gli E - li - si om - bra o - no - ra - ta, l' al - ma

I. Arie da Pietro GUGLIELMI. *a Soprano, 2 C. 2 Ob. 2 Viol. V. e B.*

Aer tran - quil - lo e di se - re - ni fre - sche

I. Arie da Franc. di MAJO. *a Soprano, 2 Viol. V. e B.*

Ca - ra fiam - ma del — mio se - no

II. Arie da Ant. SALIERI.

I. *a Soprano, Viol. pr. 2 C. Ob. 2 Viol. Fagotto, V. e B.*

Ah se foss' io smar - ri - ta di mez - za

II. *a Soprano, Viol. pr. 2 Cor. 2 Ob. 2 Viol. V. e B.*

Nel mio fe - no che a - gi - ta - to.

Supplement XIV: 1781

58

Folgende Stücke sind in Partitur und in Stimmen zu haben.

Operetten.

Andrä. Erwin und Elmine.
— — das tartarische Gesetz.
Audinot, der Faßbinder.
Desaides, die drey Pächter.
Girbert, Williams und Sulmuth.
— — die Bezauberten.
— — Philint und Lucinde, oder eins sucht das andere.
— — die Wilddiebe.
Gretry, die Freundschaft auf der Probe.
— — Erast und Lucinde.
Holly, der Kaufmann von Smyrna.
— — das Gespenst.
— — der Bassa von Tunis.
— — die Zigeuner.
Lorazi, der Kapellmeister.
Monsigny, der Deserteur.
Nicolai, der Geburtstag.
Philidor, der Hufschmidt.
— — Tom Jones.
— — Melide oder der Schiffer.
— — der zaubernde Soldat.
Piccini, Bastien und Bastienne.
— — der eifersüchtige Ehemann.
— — das gute Mädchen.
— — Mutter Natur.
Preu, Adrast und Isidore.
— — der Irrwisch.
Prudent, die Gärtner.
Reichardt, Ino.
Schweitzer, der lustige Schuster.

2. Geistliche Gedichte.

Sorckel, die Hirten bey der Krippe zu Bethlehem, eine Cantate v. Raml
— — Hiskias, ein Oratorium von Blum.
Händel, Judas Maccabäus.
Hayden, Stabat mater.
Rolle, David und Jonathan.
— — Lazarus.
Schweitzer, die Auferstehung Christi, eine Cantate.
Seydelmann, Salve Regina.

Weltliche.

Krebs, der Abend, eine Cantate.
Rolle, die Götter und Musen, ein musicalisches Drama.

SVPPLEMENTO XV.
DEI
CATALOGHI
DELLE
SINFONIE, PARTITE,
OVERTURE, SOLI,
DUETTI, TRII, QUATTRI
E
CONCERTI
PER IL
VIOLINO, FLAUTO TRAVERSO,
CEMBALO
ED ALTRI STROMENTI,
CHE
SI TROVANO IN MANOSCRITTO
NELLA OFFICINA MUSICA DI BREITKOPF
IN LIPSIA.

1782. 1783 ed 1784.

SINFONIE.

IV. Sinfon. da Pasq. AMFOSSI.

I. *a 2 Clar. Tymp. 2 C. 2 Ob. 2 Viol. V. e B.*   III. *a 2 C. 2 Ob. 2 Viol. V. e B.*

II. *a 2 C. 2 Ob. 2 Viol. V. e B.*   IV. *a 2 C. 2 Ob. 2 Viol. V. e B.*

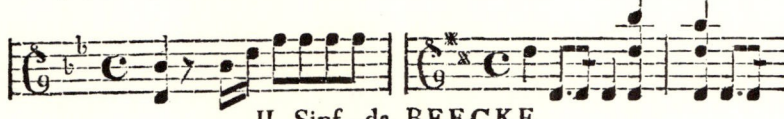

II. Sinf. da BEECKE.

I. *a 2 C. 2 Ob. 2 Clarinetti. 2 Fl. 2 Fag. 2 Viol. V. e B.*   II. *a 2 C. 2 Ob. 2 Fl. 2 Viol. 2 Viole Violcl. e B.*

III. Sinf. da BLEYL.

I. *a 2 C. 2 Ob. 2 Viol. V. e B.*   III. *a 2 C. 2 Ob. 2 Viol. 2 Viole Violcl. e B.*

II. *a 2 C. 2 Ob. 2 Viol. 2 Viole e B.*

II. Sinf. da Gius. CAMBINI.

I. *a 2 C. 2 Ob. 2 Viol. V. e B.*   II. *a 2 C. 2 Ob. 2 Viol. V. e B.*

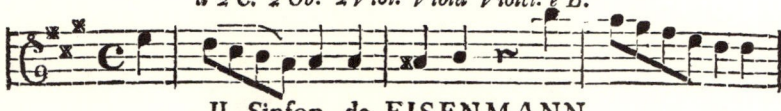

I. Sinf. da Carlo de DITTERSDORFF.

a 2 C. 2 Ob. 2 Viol. Viola Violcl. e B.

II. Sinfon. da EISENMANN.

I. *a 2 C. 2 Fl. 2 Viol. V. e B.*   II. *a 2 C. 2 Fl. 2 Viol. V. e B.*

SINFONIE.

I. Sinfon. la Chasse da GOSSECK. *a 2 Clar. Tymp. 2 C. 2 Ob. 2 Clarinetti. 2 Fag. 2 Viol. V. e B.*

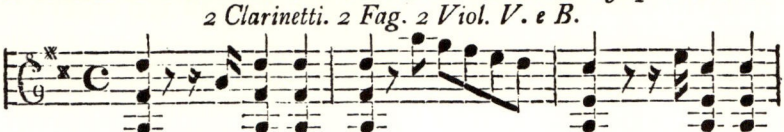

I. Sinf. da Gius. HAYDN. *a 2 C. 2 Ob. 2 Viol. V. Violcl. e B.*

II. Sinfon. da Franc. HOFFMEISTER.

I. *a 2 C. 2 Ob. 2 Viol. V. e B.*   II. *a 2 C. 2 Ob. 2 Viol. V. e B.*

I. Sinf. da HOPFFE. *a 2 Clar. Tymp. 2 C. 2 Ob. 2 Fl. 2 Viol. V. e B.*

I. Sinf. da KLEINKNECHT. *a 2 C. 2 Ob. 2 Fl. 2 Fag. 2 Viol. 2 Viole Violcl. e B.*

III. Sinf. da Vincenzo MASCHECK.

I. *a 2 C. 2 Ob. 2 Viol. V. e B.*   III. *a 2 C. 2 Fl. 2 Viol. 2 Viole e B.*

II. *a 2 C. 2 Ob. 2 Viol. 2 Viole Fag. obl. e B.*

II. Sinfon. d'Amad. NAUMANN.

I. *Amphion. a 2 C. 2 Fl. 2 Ob. 2 Viol. V. e B.*   II. *le Prolg. a 2 C. 2 Fl. 2 Ob. 2 Viol. V. e B.*

SINFONIE.

II. Sinfonie da Anton ROSETTI.
I. a 2 C. 2. Ob. 2 Viol. 2 Viole e B.   II. a 2 C. 2 Ob. 2 Viol. 2 Viole e B.

I. Sinf. da SACCHINI. a 2 C. 2. Ob. 2 Viol. 2. Viole e B.

I. Sinf. da Ant. SALIERI.
a 2 C. 2 Ob. 2 Fl. 2 Fag. 2 Viol. V. e B.

I. Sinf. da SARTI.
a 2 C. 2 Ob. 2 Viol. V. e B.

I. Sinf. Hypochondr. da SCHMITTBAUR. a Tromba Solo.
2 C. 2 Ob. 2 Fl. 2 Fag. 2 Viol. 2 Viole e B.

II. Sinf. da Gius. SCHUSTER.
I. a 2 C. 2 Clarinetti. 2 Ob. 2 Fag. 2 Viol. 2 Viole e B.   II. a 2 Clar. Tymp. 2 C. 2 Ob. 2 Fl. 2 Fag. 2 Viol. V. e B.

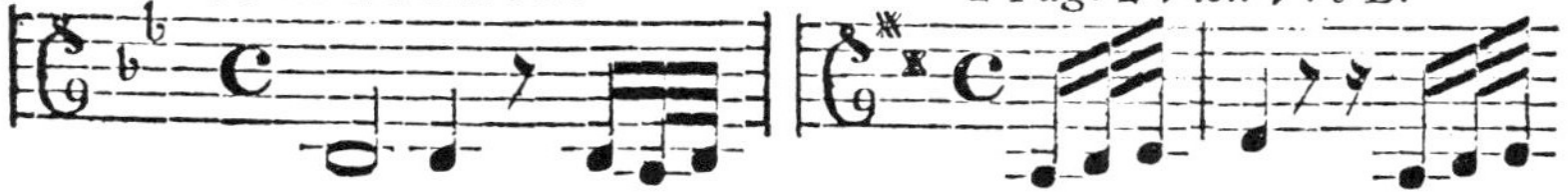

II. Sinf. da Carlo STAMITZ.
I. a Ob. pr. Fag. pr. 2 C. 2 Viol. V. e B.   II. a 2 Clar. Tymp. 2 C. 2 Ob. 2 Fl. 2 Viol. 2 Viole Violcl. e B.

IV. Sinf. da I. F. X. STERCKEL.
I. a 2 C. 2 Ob. 2 Viol. V. e B.   III. a 2 C. 2 Fl. 2 Viol. 2 Viole e B.

II. a 2 C. 2 Ob. 2 Viol. V. e B.   IV. a 2 C. 2 Ob. 2 Viol. V. e B.

III. Sinf. da Barone van SUITEN.
I. a 2 C. 2 Ob. 2 Viol. V. e B.   III. a 2 C. 2 Ob. 2 Viol. V. e B.

II. a 2 C. 2 Ob. 2 Viol. V. e B.

V. Sinf. da Giuseppe TOUCHEMOLIN.
I. a 2 C. 2 Ob. 2 Fl. 2 Viol. V. e B.   IV. a 2 Clar. Tymp. 2 C. 2 Ob. 2 Fl. 2 Viol. 2 Viole e B.

II. a 2 C. 2 Ob. 2 Fl. 2 Viol. V. e B.   V. a 2 C. 2. Ob. 2 Fl. 2 Fag. 2 Viol. 2 Viole e B.

III. a 2 C. 2 Ob. 2 Fl. 2 Fag. 2 Viol. V. e B.

I. Sinf. da Giov. VANNHALL. a 2 C. 2 Ob. Fl. in And. 2 Viol. V. e B.

I. Sinf. da WINTER. a 2 Clar. Tymp. 2 C. 2 Ob. 2 Fl. 2 Fag. 2 Viol. 2 Viole e B.

I. Sinf. da WISTEIN. a 2 C. 2 Fl. 2 Viole. V. e B.

II. Sinf. da ZIMMERMANN.
I. a 2 Clar. Tymp. 2 C. 2 Ob. 2 Viol. V. e B.   II. a 2 C. 2 Ob. 2 Fag. 2 Viol. V. e B.

Supplement XV: 1782, 1783 and 1784

SINFONIE

MINUETTI.

X. Minuetti da MASCHECK *a 2 C. 2 Ob. 2 Viol. e B.*

VI. Minuetti da ROSETTI. *a 2 C. 2 Ob. e Clarinetti. 2 Viol. e B.*

XII. Hannover Redout. Menuetten. da PANNENBERG. 1782.

VI. Hannover Redout. Angloisen. 1782.

XII. Hannover Redout. Angloisen. 1782.

VI. Hannover Redout. Cottillon. 1782.

XII. Hannover Redout. Menuetten. da PANNENBERG. 1783.

XII. Hannover Redout. Angloisen. 1783.

XII. Hannover Redout. Angloisen. 1783.

VI. Hannover Redout. Cottillon. 1783.

VI. Menuetti con Trios. VI. Tedeski. VI. Contradances da F. A. HOFFMEISTER. *a 2 C. 2 Ob. 2 Viol. e B.*

XII. Menuetti con Trios. XX. Tedeski da Jos. STADLER de WOLFERSGRÜN. *Vienna.*

VIII. Contradances da HUBER. *Vienna.*

SINFONIE intagliate e stampate.

III. Sinf. da Jos. HAYDN. *a 2 C. 2 Ob. 1 Fag. 1 Fl. 2 Viol. V. e B. Vienna.*

Supplement XV: 1782, 1783 and 1784

SINFONIE.

II. Sinf. da Gius. HAYDN. Libro I. *Op. XVIII. Berlin.*
I. a 2 Tromp. o C. Tymp. Fl. obl. 2 Ob.   II. a 2 C. 2 Ob. Fl. obl. Fag. 2 Viol.
2 Viol. V. Violcl. e B.   V. Violcl. e B.

II. Sinf. da Gius. HAYDN. a 2 C. 2 Ob. Fl. obl. 2 Viol. V. Violcl.
e B. *Libro II. Op. XVIII. Berlin.*

III.   IV.

II. Sinf. da Gius. HAYDN. a 2 C. 2 Ob. Fl. 2 Viol. V. Violcl.
e B. *Libro III. Op. XVIII. Berlin.*

V.   VI.

VI. Sinf. da Gius. HAYDN. a 2 C. 2 Ob. 2 Viol. V. e B.
Op. XXXV. Vienna.

I. Flauto. Fag.   IV. Fagotto.
II. Violcl. Solo.   V. Tymp.
III. Flauto.   VI. 2 Clar. Tymp. Fag.

I. la Chasse grand Sinf. da Jos. HAYDN. a 2 C. 2 Ob. 2 Fag.
Flauto. 2 Viol. V. e B. *Op. XXXIV. Vienna.*

SINFONIE.

III. Sinf. da G. VANHALL. a   **III. Sinf. da G. VANHALL.** a
2 C. 2 Ob. ou Fl. 2 Viol. V. e B.   2 C. 2 Ob. ou Fl. 2 Viol. V. e B.
Op. VIII. a la Haye.   *Op. IX. a la Haye.*

I.   IV. 2 Viole.
II.   V.
III. 2 Viole.   VI.

SINFONIES PERIODIQVES.

I. Sinf. Periodique da I. C. BACH. a 2 C. 2 Clarinetti. 2 Fl. 2 Ob.
2 Fag. 2 Viol. V. e B. *No. IX. Amst.*

I. Sinf. periodique da I. SCHMITT. a 2 Clar. Tymp. 2 C. 2 Ob.
2 Viol. V. e B. *Op. XII. Amst.*

DIVERTIMENTI, CONCERTINI CASSATIONES etc.

I. Ouverture da Gaet. ANDREOZZI. a 2 Clar. Tymp. 2 C.
2 Ob. 2 Viol. V. e B.

I. Ouverture da BAISIELLO. a 2 C. 2 Ob. 2 Viol. V. Fag. e B.

Supplement XV: 1782, 1783 and 1784

DIVERTIMENTI CONCERTINI etc.

I. Concertino da CARCANI. *a 2 C. 2 Fl. 2 Violini e B.*

I. Caſſatio da Gius. HAYDN. *a 2 C. 2 Viol. V. e B.*

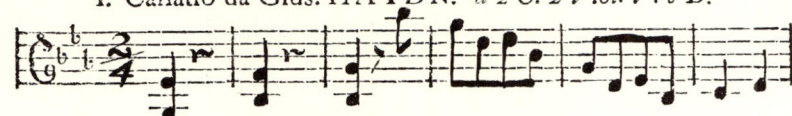

I. Notturno da I. P. HEINEL. *a 2 Viol. Corno, Flauto, Fagotto e B.*

I. Concertino da HEMBEL. *a 2 C. Oboe. Fagotto. 2 Viol. V. e B.*

I. Divert. da HOLLER. *a Viol. obl. Clarinetto obl. Fag. obl. 2 Cor. 2 Viole e Violono.*

I. Caſſatio da Theod. LOTZ. *a 2 C. 2 Clarinetti. 2 Viol. V. Fag. e B.*

I. Serenata da Gius. MICHL. *a 2 C. 2 Ob. 2 Fl. Fag. 2 Viol. V. e B.*

I. Divert. da Gius. MICHL. *a 2 Cor. Violino. Oboe. Viola. Fagotto e B.*

DIVERTIMENTI, CONCERTINI etc.

I. Concertino da G. F. REICHARDT. *a Flauto. Oboe. Fag. conc. 2 C. 2 Fl. 2 Viol. V. e B.*

I. Ouverture da Ant. SALIERI. *a 2 C. 2 Ob. 2 Viol. V. e B.*

I. Divert. da SPAETH. *a 2 C. 2 Fl. 2 Ob. 2 Fag. 2 Viol. e B.*

I. Concertino da C. STAMITZ. *a Corno obl. Viol. obl. 2 C. 2 Fl. 2 Viol. V. e B.*

I. Partita da TOESCHI. *a Flauto. Oboe. Violino. Viola. Fagotto e B.*

I. Divert. da WEND. *a Violino obl. Viola obl. Clarinetto obl. Fagotto obl. e Violono.*

Supplement XV: 1782, 1783 and 1784

VIOLINO.

SOLI con BASSO.

I. Sonate da Giov. VANHALL.

VI. Sonate. da Giorgio DRUZECKI. *Op. I. Linz.*

I.

IV.

II.

V.

III.

VI.

XXXVII. Variationes da Franc. STAD. *Vienna.*

DUETTI.

VI. Duetti da L. BORGHI.

I.

IV.

II.

V.

III.

VI.

VI. Duetti d'Amad. NAUMANN.

I.

IV.

II.

V.

III.

IV.

DUETTI intagliati.

VI. Sonate da F. A. BAUMBACH. *a 2 Viol. e B. Deſſau.*

I.

VI.

II.

V.

III.

VI.

VI. Divertim. d'Ant. KAMMEL. *a 2 Viol. ou Viol. et Viola. Op. XVII. Amſt.*

I.

IV.

II.

V.

III.

VI.

Supplement XV: 1782, 1783 and 1784

VIOLINO

VI. Duetti da LITARDY. *Vienna.*

VI. Duetti da MÜLLER. *a Violino e Viola. Op. II.*
Francf. sur le Mein.

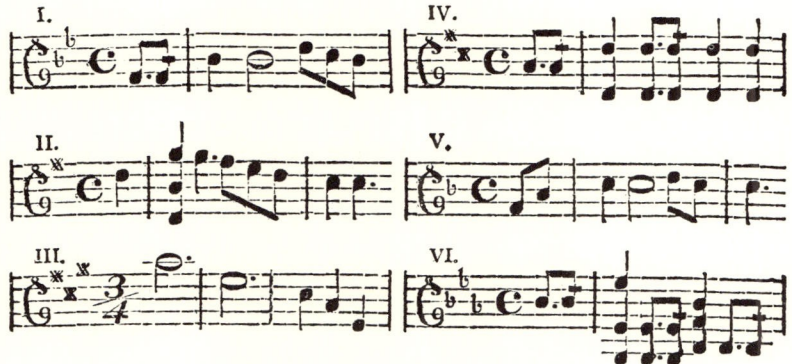

VI. Duetti da RAIMONDI. *Op. V. Lyon.*

VI. Duetti d' Antonio ROSETTI. *Vienna.*

III. Duetti da Ferdinand TITZ. *Vienna.*

T R I I.

II. Notturni da Giov. VANHALL. *a 2 Viol. e B.*

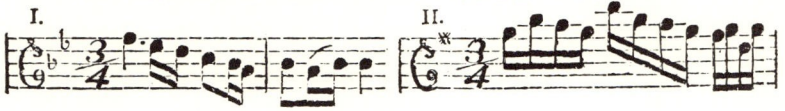

T R I I intagliati.
A DUE VIOLINI CON BASSO.

III. Trii concertans da CAMBINI. *a 2 Violini e Viola.*
Op. I. Mannheim.

Supplement XV: 1782, 1783 and 1784

Supplement XV: 1782, 1783 and 1784

QUATTRI.

I. Quartetto da GASMANN. *a 2 Viol. V. e B.*

I. Quatuor da HAYDN. *a 2 Viol. V. e B.*

VI. Quattri concert. d' Ant. Franc. HOFFMEISTER. *a 2 Viol. V. e B.*

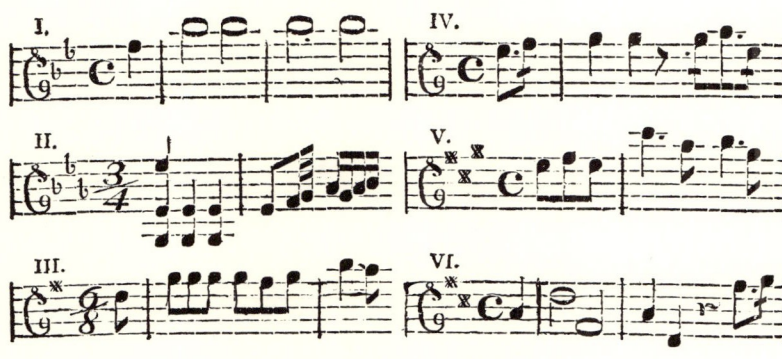

VI. Quattri da HOFFMEISTER. *a 2 Viol. V. e B.*

VI. Quattri da Guglielmo KÜFFNER. *a 2 Viol. V. e Violoncello.*

I. Quartetto da Gius. MICHL. *a Violino, Oboe, Viola e Fagotto.*

IV. Quattri da VANNHALL. *a 2 Viol. V. e B.*

VI. Quattri da I. C. VOGEL et PUNTO. *a Viol. obl. Alto ou Corno obl. Violoncello obl. e B.*

Supplement XV: 1782, 1783 and 1784

VIOLINO.

QUATTRI intagliati.

VI. Quattri da BOCCHERINI. *a 2 Viol. V. e B.*
Op. XXXII. Vienna.

VI. Quattri da BOCCHERINI. *a 2 Viol. V. e B.*
Op. XXXIII. Vienna.

III. Quattri concertans da G. CAMBINI. *a 2 Viol. V. e B.*
Op. III. Mannheim.

VIOLINO.

VI. Quattri da G. CAMBINI. *a 2 Viol. V. e B.*
Op. XV. Offenbach.

VI. Quattri d' Ant. CAPUZZI. *a 2 Viol. V. e B.*
Op. II. Vienna.

III. Quattri da I. M. DREYER. *a 2 Viol. V. e B.*
Op. I. Mannheim.

Supplement XV: 1782, 1783 and 1784

VIOLINO.

VI. Quattri ou Divertiffements da Ioseph HAYDN.
a 2 Viol. V. e B.   Op. XIX.   Berlin.

VI. Quattri da Ioseph HAYDN. *a 2 Viol. V. e B.*
Op. XXXIII.   Vienna.

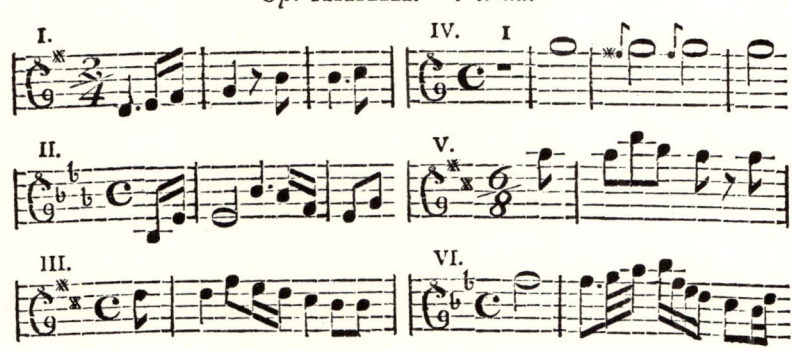

VI. Quattri da Franc. HOFFMEISTER. *a 2 Viol. V. e B.*
Op. VII.   Vienna.

VIOLINO.

VI. Quattri concertans da Fr. Ant. HOFFMEISTER.
a 2 Viol. V. e B.   Op. IX.   Vienna.

VI. Quattri concertans da I. F. LOISEL.
a 2 Viol. V. e B.   Offenbach.

VI. Quattri da I. PAISIELLO. *a 2 Viol. V. e Violoncello.*
Op. I.   Offenbach.

Supplement XV: 1782, 1783 and 1784

VIOLINO.

Quartetto da Ant. ROSETTI *a 2 Viol. V. e B.*
No. II. *Amst.*

VI. Quattri da VANNHALL. *a 2 Viol. V. e B.*
Op. XXVI. *Paris.*

QUINTETTI.

VI. Quintetti da Carlo MARATSECK. *a Violino,*
Oboe, 2 Viole e Violoncello.

VIOLINO.

VI. Quintetti da Gius. MISLIWECECK. *a Oboe e Fl. 2 Viol. V. e B.*

I. Sestetto da HAYDN. *a Cor. Oboe, Fag. Violino, Viola e B.*

CONCERTI per il Violino concertato.

I. Concerto da HAACKE. *a Viol. princ. 2 C.*
2 Ob. 2 Viol. V. e B.

I. Conc. da HUTTI. *a Viol.*   I. Conc. da la MOTTE. *a Viol.*
princ. 2 C. 2 Viol. V. e B.   *princ. 2 C. 2 Fl. 2 Viol. V. e B.*

II. Concerti da Anton STAMITZ.
I. a Viol. princ. 2 C. 2 Ob. 2 Viol. V. e B. II. a Viol. pr. 2 C. 2 Ob. 2 Viol. 2 Viole e B.

I. Conc. da ZARTH. *a Viol princ. 2 C. 2 Fl. 2 Viol. V. e B.*

Supplement XV: 1782, 1783 and 1784

VIOLINO.

CONCERTI intagliati.

I. Conc. da BARRIER. *a Viol. princ. 2 C. 2 Ob. 2 Viol. V. e B.*
Op. V. Paris.

Concerto I. da BORRA. *a Viol. princ. 2 C. 2 Ob. 2 Viol.*
V. e B. Lyon.

Concerto II. da BORRA. *a Viol. princ. 2 C. 2 Ob. 2 Viol.*
V. e B. Lyon.

I. Conc. da CAMBINI. *a Viol. princ. 2 C. 2 Ob. 2 Viol.*
V. e B. Paris.

II. Conc. da St. GEORGES. *Op. V. Paris.*
I. *a Viol. princ. 2 C. 2 Ob ou Clarinetti.*   II. *a Viol. princ. 2 Viol. V. e B.*
2 Viol. V. e B.

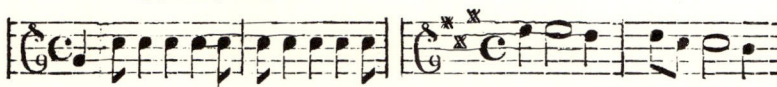

Conc. VI. da GARNOVIK. *a Viol. princ. 2 C. 2 Ob.*
2 Viol. V. e B. Paris.

Conc. VIII. da JARNOVICK. *a Viol. princ. 2 C. 2 Ob.*
2 Viol. V. e B. Lyon.

VIOLINO E VIOLA.

I. Concerto da Ant. LOLLI. *a Viol. princ. 2 C. 2 Viol.*
V. e B. Paris.

II. Concerti da Ant. LOLLI. *Op. V. Paris.*
I. *a Viol. princ. 2 Viol. V. e B.*   II. *a Viol. princ. 2 Viol. e B.*

I. Concerto da I. G. NICOLAI. *a Viol. princ. Violcl. obl. 2 C.*
2 Fl. 2 Viol. V. e B. Op. VII. Offenbach.

Concerto VI. da Ant. STAMITZ. *a Viol. princ. 2 C. 2 Ob.*
2 Viol. 2 Viole e B. Paris.

VIOLA.

VI. Duetti da Chrift. STUMPFF. *a 2 Viole. Op. XV.*
Francf. fur le Mein.

VIOLA E VIOLONCELLO.

CONCERTI a VIOLA.

I. Concerto da GRENZER. *a Viola princ. 2 C. 2 Viol. V. e B.*

I. Concerto da Gius. MICHL. *a Viola conc. 2 C. 2 Viol. V. e B.*

VIOLONCELLO.

I. Solo da SCHETTKY. *a Violoncello e B.*

I. Duetto da SCHLICK. *a 2 Violoncelli.*

T R I I.

VI. Trii da SCHWACHHOFFER. *a Violoncello. Violino e B.*

VIOLONCELLO.

QUATTRI.

VI. Quattri da MICHL. *a Violoncello obl. Violino. V. e B.*

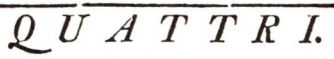

I. Quattro da SCHLICK. *a Violoncello, Violino, V. e B.*

CONCERTI per il Violoncello concertato.

II. Concerti da Giuseppe FIALA.

I. *a Violcl. conc 2 C. 2 Ob. 2 Viol. 2 Viole e B.*   **II.** *a Violcl. conc. 2 C. 2 Viol. 2 Viole e B.*

I. Conc. da GERAUL. *a Violcl. conc. 2 Viol. V. e B.*

I. Conc. da HAMMER. *a Violcl. conc. 2 C. 2 Ob. 2 Viol. V. e B.*

II. Concerti da HOFFMEISTER.

I. *a Violcl. conc. 2 Clarini, Tymp. 2 C. 2 Ob. 2 Viol. V. e B*   **II.** *a Violcl. conc. 2 C. 2 Ob. 2 Viol. V. e B.*

Supplement XV: 1782, 1783 and 1784

VIOLONCELLO.

I. Conc. da MEGELIN. *a Violcl. conc. 2 C. 2 Ob. 2 Viol. V. e B.*

II. Concerti da PLEYL.

I. *a Violcl. conc. 2 C. 2 Ob. 2 Viol. V. e B.* II. *a Violcl. conc. 2 C. 2 Ob. 2 Viol. 2 Viole e B.*

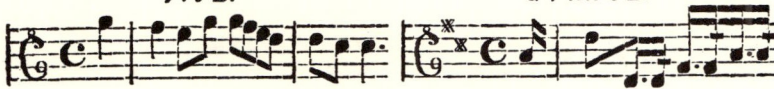

II. Concerti da Giuseppe REICHA.

I. *a Violcl. conc. 2 C. 2 Ob. 2 Viol. 2 Viole e B.* II. *a Violcl. conc. 2 C. 2 Ob. 2 Viol. 2 Viole e B.*

I. Conc. da Franc. SCHLECHT. *a Violcl. conc. 2 C. 2 Fl. 2 Viol. V. e B.*

VI. Concerti da SCHLIK.

I. *a Violcl. conc. 2 C. 2 Ob. Fag. obl. 2 Viol. V. e B.* IV. *a Violcl. conc. 2 C. 2 Viol. V. e B.*

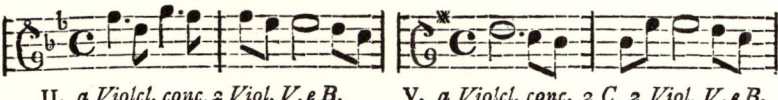

II. *a Violcl. conc. 2 Viol. V. e B.* V. *a Violcl. conc. 2 C. 2 Viol. V. e B.*

III. *a Violcl. conc. 2 C. 2 Viol. V. e B.* VI. *a Violcl. conc. Viol. conc. 2 C. 2 Viol. V. e E.*

I Conc. da TRIKLIR. *a Violcl. conc. 2 C. 2 Ob. 2 Viol. V. e B.*

FLAUTO TRAVERSO.

I Concerto da L. BOCCHERINI. *a Violcl. obl. 2 Viol. conc. 2 C. 2 Ob. 2 Viol. rip. Viola, Contra Basso e B. rip. Vienna.*

FLAUTO TRAVERSO.

I. Allegro con 3 Var. da POYDE. *a Flauto solo.*

Aria. Ich schlief, da träumte mir. con 28 Var. da QUANZ. *a Flauto con Basso.*

SOLI intagliati.

VI. Soli da A. I. STEINFELDT. *a Flauto con Basso.* Op. I. Berlin.

Supplement XV: 1782, 1783 and 1784

FLAUTO TRAVERSO.

DUETTI.

IV. Duetti da GROSE. a 2 Flauti.

VI. Duetti da REINARDS. a 2 Flauti.

VI. Duetti da VANHALL. a 2 Flauti.

FLAUTO TRAVERSO.

DUETTI intagliati.

VI. Duetti da G. CAMBINI. a Flauto e Violino. Op. XVI.
Offenbach.

VI. Duetti concertant da L. DEMACHI. a 2 Flauti. Op. I. Lyon.

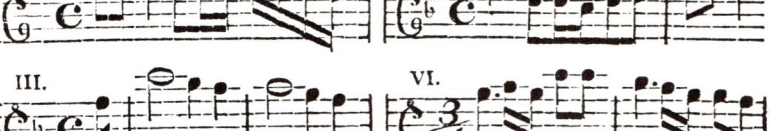

TRII intagliati.

VI. Trii da Gius. CAMBINI. a Flauto, Violino e B.
Op. III. Francfort fur le Mein.

Supplement XV: 1782, 1783 and 1784

III. Trios dialogués da Gius. DEMACHI. *a 3 Flauti o Viol.* Op. XVII. Lyon.

VI. Trii da MEZGER. *a Flauto, Violino e B.* Op. I. Mannheim.

VI. Trii da Ios. SCHMITT. *a Flauto, Violino e B.* Op. XIII. Amst.

QUATTRI.
A FLAUTO, VIOLINO, VIOLA e BASSO.

VI. Quattri da ADAM.

VI. Quattri da Franc. HOFFMEISTER.

III. Quattri da RAIMONDI.

FLAUTO TRAVERSO.

QUATTRI intagliati.

III. Quattri da PINTO. a Flauto, Violino, Viola e Basso.

VI. Quattri da C. WEISS. a Flauto, Violino, V. e B. Op. IV. Offenbach.

QUINTETTI.

II. Quintetti da FORSTMEYER. a Corno obl. 2 Flauti obl. Fag. obl. e Violoncello.

FLAUTO TRAVERSO.

QUINTETTI intagliati.

VI. Quintetti da CAMBINI. a Flauto, Violino, 2 Viole e B. Op. XIII. Offenbach.

CONCERTI
A FLAUTO TRAVERSO CONCERTATO.

III. Concerti da Giuseppe FIALA.

I. a Fl. conc. 2 C. 2 Ob. 2 Viol. V. e B.   III. a Fl. conc. 2 C. 2 Fl. 2 Viol. V. e B.

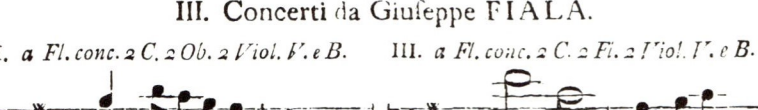

II. a Fl. conc. 2 C. 2 Ob. 2 Viol. V. e B.

I. Conc. da Giov. GLOESCH. a Fl. conc. 2 Viol. V. e B.

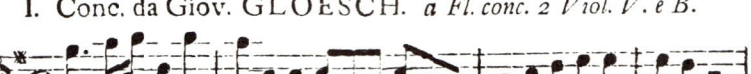

I. Conc. da GROOSE. a Fl. conc. 2 Viol. V. e B.

Supplement XV: 1782, 1783 and 1784

FLAUTO TRAVERSO.

I Conc. da Franc. HOFFMEISTER. *a Fl. conc.*
2 C. 2 Ob. 2 Viol. V. e B.

I. Conc. da PICHL. *a Fl. conc. 2 Viol. V. e B.*

III. Concerti da Ant. ROSETTI.

I. *a Fl. conc. 2 C. 2 Ob. 2 Viol.*   III. *a Fl. conc. 2 C. 2 Ob. 2 Viol.*
   2 Viole e B.   *2 Viole e B.*

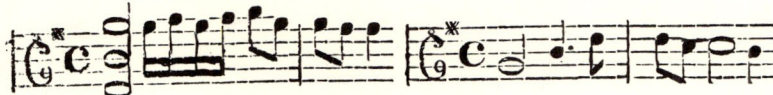

II. *a Fl. conc. 2 C. 2 Ob. 2 Viol. 2 Viole e B.*

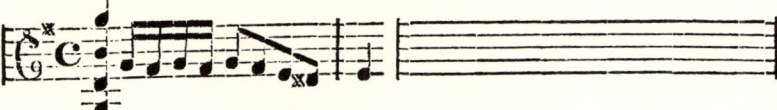

I Concerto da C. STAMITZ. *a Fl. conc. 2 C. 2 Ob.*
2 Viol. 2 Viole e B.

I Concerto da Giov. VANHALL. *a Fl. conc. 2 C.*
2 Viol. V. e B.

I Concerto da Thomas GIORDANI. *a Fl. conc.*
2 Viol. e B.   Paris.

OBOE.

I Sonata da I. C. KELLNER. *a Oboe e Basso.*

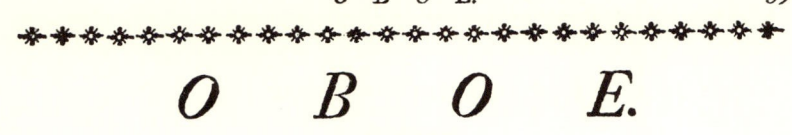

I Partita da UNGELENK. *a 2 C. 2 Ob. 2 Fag.*

VI. Divertimenti da Gius. HAYDN.

I. *a 2 C. 2 Ob. 3 Fag. e Serpent.*   IV. *a 2 C. 2 Ob. 3 Fag. e Serpent.*

II. *a 2 C. 2 Ob. 2 Clarinetti. 2 Fag.*   V. *a 2 Clarini. 2 Ob. 2 Clarinetti. 2 Fag.*

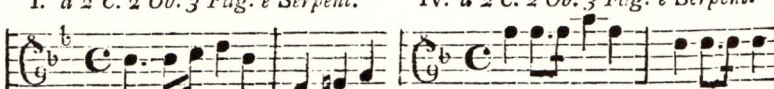

III. *2 C. o Clarini. 2 Ob. 2 Clarinet. 2 Fag.*   VI. *a 2 C. 2 Ob. 3 Fag. e Serpent.*

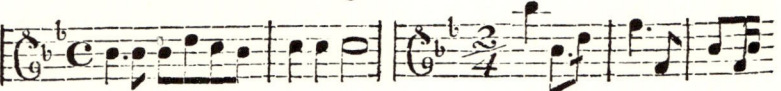

CONCERTI, a OBOE concertato.

I Conc. da le BRUN. *a Ob. conc. 2 C. 2 Viol. V. e B.*

I Conc. da DRUSCHETZKY. *a Ob. conc. 2 C. 2 Fl.*
2 Viol. V. e B.

Supplement XV: 1782, 1783 and 1784

OBOE E CLARINETTO

I Conc. da GEYER. *a Ob. conc. 2 C. 2 Ob. 2 Viol. V. e B.*

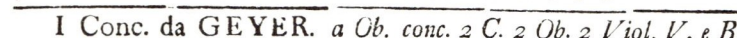

I Conc. da GRAFF. *a Ob. conc. 2 C. 2 Viol. V. e B.*

III Concerti da Ant. ROSETTI.

I. *a Ob. conc. 2 Fl. 2 Viol. 2 Viole. Violcl. e B.*   III. *a Ob. conc. 2 C. 2 Fl. 2 Viol. V. Violcl. e B.*

II. *a Ob. conc. 2 C. 2 Fl. 2 Viol. 2 Viole. Violcl. e B.*

I Concerto da WOLFF. *a Ob. conc. 2 C. 2 Viol. V. e B.*

CLARINETTO.

III Quartetti da F. BLASIUS. *a Clarinetto, Violino, Viola e Violcello.*

I Quintetto da ROSETTI. *a Oboe, Flauto, Clarinetto, Taille e Fagotto.*

CLARINETTO

CONCERTI a CLARINETTO concertato.

I Conc. da EICHNER. *a Clarinet. pr. 2 C. 2 Fl. 2 Viol. V. e B.*

I Conc. da HOFFMEISTER. *a Clarinetto pr. 2 C. 2 Ob. 2 Viol. V. e B.*

I Conc. da IUST. *a Clarinetto pr. 2 Viol. V. e B.*

I Conc. da MICHL. *a Clarinetto pr. 2 C. 2 Ob. 2 Viol. V. e B.*

I Conc. da ROSETTI. *a Clarinetto pr. 2 C. 2 Ob. 2 Viol. 2 Viole e B.*

I Conc. da SCHREIER. *a Clarinetto pr. 2 C. 2 Ob. 2 Viol. V. e B.*

I Conc. da VOGEL. *a Clarinetto pr. 2 C. 2 Ob. 2 Viol. V. e B.*

I Rondeau c. V. Variaz. *a Clarinetto pr. 2 Viol. V. e B.*

CORNO.

III Duetti da PUNTO. *a Corno e Fagotto.*

XXIV. Duos e Airs da CAPARELLI. *a 2 Cors de Chasse.*
Op. VI.   Lyon.

I Trio da HOLTZBOGEN. *a Corno obl. Oboe obl. e Fagotto obl.*

I Trio da PUNTO. *a Corno obl. Viola obl. Violcello obl.*

II Trii da SPANDAU.
I. *a Cor. obl. Oboe obl. e B.*   II. *a Corno obl. Violino e B.*

I Quattro da PUNTO. *a Corno obl. Violino. V. e B.*

I Quattro da SPANDAU. *a Corno obl. 2 Viol. e B.*

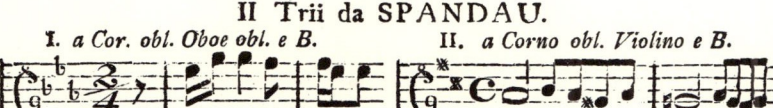

CONCERTI.

I Conc. da HEMBEL. *a Corno princ. Cor. 2do. 2 Ob. 2 Viol. V. e B.*

I Conc. da I. A. KELLNER. *a Corno princ. 2 Fl. 2 Viol. V. e B.*

II Concerti da KOERBER. *a Corno pr. 2 C. 2 Ob. 2 Viol. V. e B.*
I.   II.

I Concerto da KREUSSER. *a Corno pr. 2 C. 2 Fl. 2 Viol. V. e B.*

II Concerti da Gius. MICHL.
I. *a Cor. pr. Fag. pr. 2 C. 2 Ob. 2 Viol. V. e B.*   II. *a Cor. pr. 2 C. 2 Ob. 2 Viol. V. e B.*

IV Concerti da PUNTO.
I. *a Cor. pr. 2 C. 2 Ob. 2 Viol. V. e B.*   III. *a Cor. pr. 2 C. 2 Viol. V. e B.*
II. *a Cor. pr. 2 C. 2 Fl. 2 Viol. V. e B.*   IV. *a Corno pr. 2 C. 2 Ob. 2 Viol. V. e B.*

II Concerti da ROSETTI.
I.   II. *a Cor. pr. 2 C. 2 Fl. 2 Viol. V. e B.*

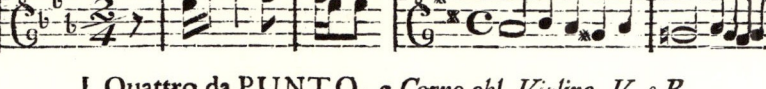

Supplement XV: 1782, 1783 and 1784

CORNO E FAGOTTO.

II Concerti da SCHMITTBAUR.
I. *a Cor. pr. 2 C. 2 Fl. 2 Viol. V. e B.* II. *a Cor. pr. 2 C. 2 Fl. 2 Viol. V. e B.*

III Concerti da Carlo STAMITZ.
I. *a Cor. pr. 2 C. 2 Fl. 2 Viol. V. e B.* III. *a Cor. pr. 2 C. 2 Fl. 2 Viol. V. e B.*

II. *a Cor. pr. 2 C. 2 Fl. 2 Viol. V. e B.*

Premier Concerto da A. F. HOFFMEISTER. *a Corno pr. 2 C. 2 Ob. 2 V. V. e B. Op. IV. Lyon.*

FAGOTTO.

I Solo da Gius. SCHUSTER.

VI Quattri da RITTER. *a Fag. obl. Violino. V. e B.*

FAGOTTO.

CONCERTI.

II. Concerti da BACH.
I. *a Fag. conc. 2 Ob. 2 Viol. V. e B.* II. *a Fag. conc. 2 Ob. 2 Viol. 2 Viole e B.*

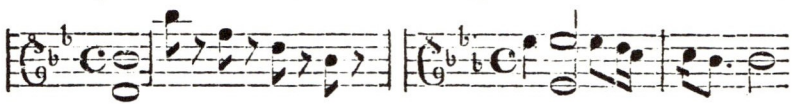

I Concerto da EICHNER. *a Fag. conc. 2 C. 2 Viol. V. e B.*

I Concerto da FERRERE. *a Fag. conc. 2 C. 2 Ob. 2 Viol. V. e B.*

I Concerto da GRENSER. *a Fag. conc. 2 C. 2 Ob. 2 Viol. V. e B.*

I. Concerto da HENNIG. *a Fag. conc. 2 C. 2 Ob. 2 Viol. V. e B.*

I Concerto da KÜFFNER. *a Fag. conc. 2 C. 2 Ob. 2 Viol. V. e B.*

I Concerto da LEEDER. *a Fag. conc. 2 Cor. 2. Viol. V. e B.*

I Concerto da MALZART. *a Fag. conc. 2 Ob. 2 Viol. 2 Viole e B.*

FAGOTTO.

I Concerto da Agoſtino POLI. *a Fag. conc. 2 C. 2 Ob. 2 Viol. V. e B.*

I Concerto da REICHARDT. *a Fag. conc. 2 C. 2 Fl. 2 Viol. V. e B.*

III Concerti da Ant. ROSETTI.

I. *a Fag. conc. 2 C. 2 Ob. 2 Viol. V e B.*   **III.** *a Fag. conc. 2 C. 2 Fl. 2 Viol. 2 Viole e B.*

II. *a Fag. conc. 2 C. 2 Fl. terz. 2 Viol. V. e B.*

I Concerto da SCHMITTBAUR. *a Fag. conc. 2 C. 2 Ob. 2 Viol. V. e B.*

I Concerto da SCHUSTER. *a Fag. conc. 2 C. 2 Ob. 2 Viol. V. e B.*

I Concerto da SIRET. *a Fag. conc. 2 C. 2 Fl. 2 Viol. V. e B.*

III Concerti da STAMITZ.

II. *a Fag. conc. Ob. conc. 2 C. 2 Viol. V. e B.*   **III.** *a Fag. conc. 2 C. 2 Ob. 2 Viol. 2 Viole e B.*

II. *a Fag. conc. 2 C. 2 Ob. 2 Viol. V. e B.*

FAGOTTO E TROMMEL.

I Concerto da ULLINGER. *a Fag. conc. 2 C. 2 Ob. 2 Viol. V. e B.*

I Concerto da Giov. VANHALL. *a Fag. conc. 2 C. 2 Ob. 2 Viol. V. e B.*

I Concerto da E. G. WOLFF. *a Oboe e Fag. conc. 2 C. 2 Viol. 2 Viole e B.*

TROMMEL.

I Trommel Solo da G. W. PFINGSTEN.

I Duetto da I. M. F. PFINGSTEN. *a 1 Octav Flöte u. Trommel in D.*

II Trii da I. M. F. PFINGSTEN. *a 2 Octav Flöten e 1 Trommel in G.*

I.   **II.**

II Quattri da I. M. F. PFINGSTEN. *a 2 Octav Flöten e 2 Trommeln in D.*

I.   **II.**

CEMBALO.
SOLI.

I Sonata da C. Ph. E. BACH.

March de deux Avares con Variaz. da IUST.

VI Sonate da Fried. Chrift. RUDORF.

I. II. III. IV. V. VI.

II Sonate da RUST.

I. II.

I Allegro da I. C. SCHUKNECHT.

III Sonate da I. C. SCHUKNECHT.

I. II. III.

I Fantafia da STERCKEL.

SONATE intagliate e ftampate.

Kleine Clavierftücke. 1te Sammlung.

Kleine Clavierftücke. 2te Sammlung.

I Sonata da Marianna d'AUENBRUGG, con Ode d'Ant. SALIERI. Vienna.

III Rondo e II Sonate e Fantafie da C. P. E. BACH.
Für Kenner und Liebhaber. Leipzig. 4te Samml.

I. Rondo. I. Sonata.
II. II.
III. Fantafia.

III Divertiffements da Ios. BENGRAF. Recueil. I. Vienna.

I. II. III.

CEMBALO.

Variations da Louis van BETTHOVEN, age de dix ans.
Mannheim.

III Sonate da I. Lud. Theodor BLUM. *Leipzig.*

III Sonate da Mutius CLEMENTI. *Op. VII. Vienna.*

III Sonate da M. CLEMENTI. *Op. IX. Vienna.*

I Sonata et I Arietta c. XVIII Var. da I. N. FORKEL.
Göttingen.

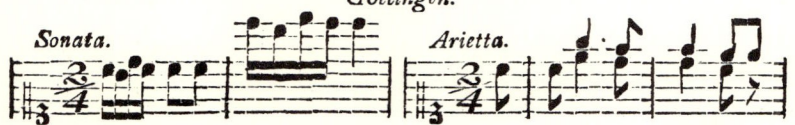

Supplement XV: 1782, 1783 and 1784

CEMBALO.

III Sonate da Leop. KOZELUCH, dont la troisieme est à 4 mains. Op. VIII. Vienna.

III. *parte Sinistra.*   *parte dextra.*

VI. Sonate da Giov. Ant. MATIELLI. *Vienna.*

III Sonate da W. A. MOZARD. *Mannheim.*

II Sonate da Franc. RAUCH *Vienna.*

CEMBALO.

II. Sonate da Franc. Xav. RIGLER, *Op. I. Libr. I. Vienna.*

II Sonate da Fr. Xav. RIGLER. *Op. I. Libr. II. Vienna.*

VI leichte Clav. Sonaten da D. G. TÜRK. *1ter Theil. Leipzig.*

VI. leichte Clav. Sonaten da D. G. TÜRK. *2ter Theil. Leipzig.*

Supplement XV: 1782, 1783 and 1784

CEMBALO.

Ouverture de Farnace da I. F. STERCKEL, *a Cembalo e Violino obl. Francf. sur le Mein.*

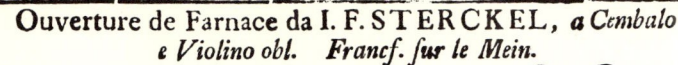

III Sonate da F. STUBENVOLL. *a Cemb. e Violino. Op. I. Mannheim.*

III Sonate da THUBE, *a Cemb. e Violino. Op. I. Paris.*

III Sonate da I. VERAZI, *a Cemb. e Violino. Op. I. Mannheim.*

TERZETTI.

III Sonate da HEMMERLEIN, *a Cembalo Viol. e Violoncello.*

CEMBALO.

III Sonate da I. C. KELLNER, *a Cembalo, Viol. ou Ob. ou Fl. e Violoncello.*

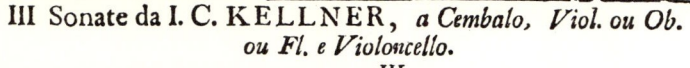

III Sonate da I. C. KELLNER, *a Cembalo, Viol. ou Ob. ou Fl. e Violoncello.*

I Sonata da KLÖFFLER, *a Cembalo, Viol. e Basso.*

II Sonate da LANGE, *a Cembalo, Viol. e Basso.*

VI Sonate da NICOLAI, *a Cembalo, Viol. e Basso.*

Supplement XV: 1782, 1783 and 1784

CEMBALO.

VI. Sonate da C. F. RUPPE, *a Cembalo, Viol. e Basso.*

I Sonata da I. F. STERCKEL, *a Cembalo, Viol. e Violoncello.*

IV Sonate da G. C. TODT, *a Cembalo, Viol. e Basso.*

I Sonata da I. G. VIERLING, *a Cembalo, Viol. e Violoncello.*

TERZETTI intagliati.

Ouverture des Evenemens imprévus da BENAUT, *a Cembalo, Viol. e Violoncello. Paris.*

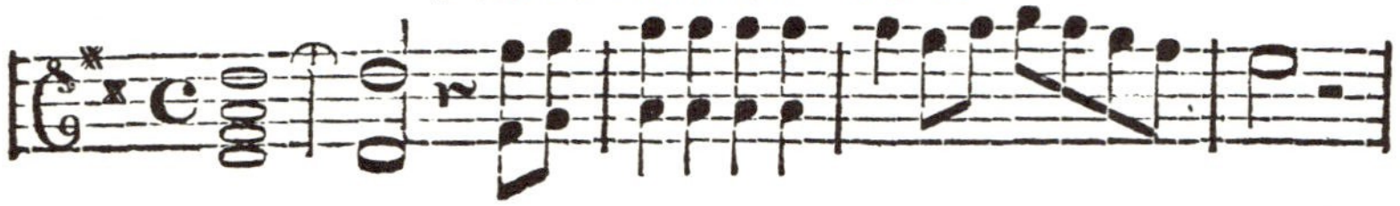

CEMBALO.

III Sonate da I. M. DREYER, *a Cemb. Viol. e Violoncello. obl.*
Op. I. Mannheim.

III Sonate da C. KALKBRENNER, *a Cemb. Viol. e Basso.*
Op. II. Cassel.

III Sonate da L. KOZELUCH, *a Cemb. Viol. e Violoncello.*
Op. VI. Vienna.

IV Grandes Sonates da I. G. LANG, *a Cembalo, dont l'une est à quatre mains, avec Viol. e Violoncello. Op. VII. Offenbach.*

Supplement XV: 1782, 1783 and 1784

CEMBALO.

III Divertissements da A. ROSETTI, *a Cemb. Viol. e Violoncello obl. Op. I. Francfort sur le Mein.*

III Sonate da I. F. X. STERCKEL, *a Cemb. Viol. e B. Op. VII. Francfurt sur le Mein.*

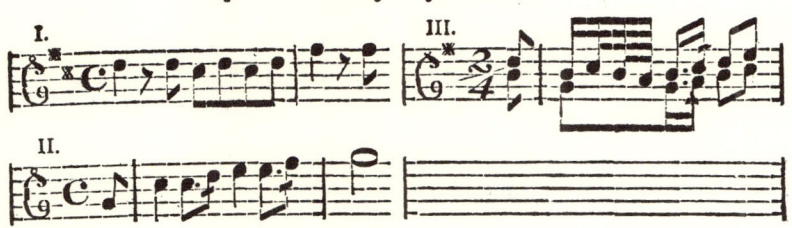

III Sonate da STERCKEL, *a Cemb. Viol. e Basso. Op. IX. Mannheim.*

III Sonate da L. TANTZ, *a Cembalo, Viol. obl. e Basso. Op. III. Mannheim.*

Supplement XV: 1782, 1783 and 1784

IV Sinfonie ou Quatuor da HONAUER, a Cemb. 2 C. 2 Viol. e Basso.

I.   III.   II. *senza Corni.*   IV.

II Quattri da C. KELLNER, a Cemb. Flauto ou Oboe, Viol. e Violoncello.

I.   II.

I Divertimento da Ant. ZIMMERMANN, a Cemb. Viol. e Viola.

SESTETTI et CONCERTINI intagliati.

I Sestetto da I. C. BACH, a Cemb. 2 C. Oboe, Viol. e Violoncello. Op. III. Offenbach.

I Concertino da Fr. DUSCHECK, a Cemb. 2 Viol. V. e B. Linz.

III Simphonies da HEMBERGER, a Cemb. 2 Viol. e B. Op. IX. Lyon.

I.   III.   II.

CONCERTI a Cembalo con più Stromenti.

I Concerto da M. DEMLER, a Cemb. conc. 2 C. 2 Viol. V. e B.

I Conc. da C. E. GIRBERT, a Cemb. conc. 2 Clarin. Tymp. 2 C. 2 Fl. 2 Viol. V. e B.

I Concerto da GREINER, a Cemb. conc. 2 Viol. V. e B.

II Concerti da Gius. HAYDN.

I. a Cemb. conc. 2 C. 2 Ob. 2 Viol. V. e B.   II. a Cemb. conc. 2 Viol. V. e B.

I Conc. da Leop. HOFFMANN, a Cemb. conc. 2 Violini. V. e B.

VI Concerti da I. C. KELLNER.

I. a Cemb. conc. 2 Viol. e B.   IV. a Cemb. conc. 2 Viol. e B.

II. a Cemb. conc. 2 Viol. e B.   V. a Cemb. conc. 2 Viol. V. e B.

III. a Cemb. conc. 2 C. 2 Fl. 2 Viol. e B.   VI. a Cemb. conc. 2 Cor. 2 Viol. V. e B.

CEMBALO.

IV Concerti da LANG.

I. *a Cemb. conc. 2 C. 2 Fl. 2 Viol. V. e B.*   III. *a Cemb. conc. 2 Viol. V. e B.*

II. *a Cemb. conc. 2 C. 2 Fl. 2 Viol. V. e B.*   IV. *a Cemb. conc. 2 Viol. V. e B.*

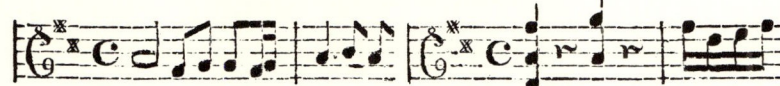

I Conc. da Ignatio UMLAUF, *a Cemb. conc. 2 C. 2 Ob. 2 Viol. 2 Viole e B.*

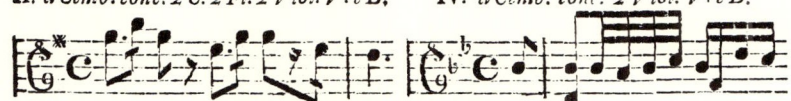

II Concerti da I. G. VIERLING.

I. *a Cemb. conc. 2 C. 2 Fl. 2 Viol. V. e B.*   II. *a Cemb. conc. 2C. 2Ob. 2Viol. V. e B.*

I Conc. da E. W. WOLFF, *a Cemb. conc. 2 Violini Fagotto e B.*

CONCERTI intagliati.

II Conc. da I. A. K. COLIZZI, *a Cemb. conc. 2 Ob. ou Fl. 2 Viol. V. e B. Op. VI. A la Haye.*

I.   II.

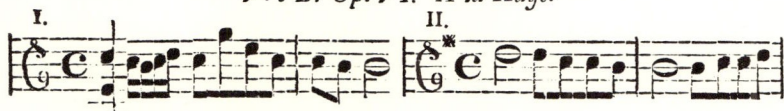

I Conc. da I. L. DUSSIK, *a Cemb. conc. 2 C. 2 Ob. 2 Viol. V. e B. Op. I. Libro II. A la Haye.*

I Conc. da EDELMANN, *a Cemb. conc. 2 C. 2 Ob. 2 Viol. e B. Op. VII. Offenbach.*

I Conc. da Fr. Ant. HOFFMEISTER, *a Cemb. conc. 2 C. 2 Ob. 2 Viol. V. e B. Vienna.*

I Conc. da Charles Louis IUNKER, *a Cemb. conc. 2 C. 2 Viol. V. e B. Winterthur.*

I Conc. da I. C. KELLNER, *a Cemb. conc. 2 C. 2 Ob. 2 Viol. V. e B. Op. XI. Francf. sur le Mein.*

I Conc. da C. G. NEEFE, *a Cemb. conc. 2 C. 2 Ob. 2 Viol. V. e B. Mannheim.*

I Conc. da Ant. ROSETTI, *a Cemb. conc. 2 C. 2 Fl. 2 Viol. V. e B. Op. III. Francf. sur le Mein.*

Concerto I. da F. S. SANDER, *a Cemb. conc. 2 C. 2 Ob. 2 Viol. V. e B. Livre I. Breslau.*

Concerto II. da F. S. SANDER, *a Cemb. conc. 2 C. 2 Ob. 2 Viol. V. e B. Livre II. Breslau.*

CEMBALO.

VI Conc. da W. SMETHERGELL, *a Cemb. conc. 2 Viol. et Violoncello. London.*

Concerto fecond. da E. W. WOLFF, *a Cemb. conc. 2 C. 2 Ob. 2 Viol. V. e B. Op. VIII. Lyon.*

Conc. III. da E. G. WOLFF, *a Cemb. conc. 2 Viol. V. e B. Breslau.*

Conc. IV. da E. G. WOLFF, *a Cemb. conc. 2 C. 2 Ob. 2 Viol. V. e B. Breslau.*

I Grand Concert da Ant. ZIMMERMANN, *a Cemb. conc. 2 C. 2 Ob. 2 Viol. V. e B. Op. III. Vienna.*

H A R P A.

I Sonata da M. EHRENBERG, *a Harpa con 2 Cor. Violino ó Viola d'Amore obl.*

HARPA, ARIE E CANTATE.

VI Sonate da E. I. G. PAESSLER, *a Harpa. Bernburg.*

III Sonate da C. A. SIBIN, *a Harpa con Flauto e Viola. Op. I. Francf. fur le Mein.*

❋❋❋❋❋❋❋❋❋❋❋❋❋❋❋❋❋❋❋❋❋❋❋❋

ARIE e CANTATE
con più Stromenti.

I Duetto da ANFOSSI, *a Soprano et Tenore, 2 C. 2 Fl. 2 Viol. V. e B.*

Ah mia Ca - ra un fi-do a-man-te un fido a-man-te

I Coro da ANFOSSI, dell Opera: Il Curiofo indifcreto. *a Cembalo e Voci.*

Vi - va fem - pre vi-va a - mo-re che fa tut-ti

Supplement XV: 1782, 1783 and 1784

ARIE E CANTATE.

I Arie da Chr. BACH, *a Soprano. Corno obl. 2 Viol. V. e B.*

Va-do per un mo-men-to lungi da te mio

La Pergola Minuè da BIANCHI, *a Soprano, 2 C. 2 Fl. 2 Viol. V. e B.*

Se pian-gi se pe-ni m'af-fan-no fo-

I Aria da Gius. HAYDN, la scuola de Gelosi, *a Basso. 2 C. 2 Viol. V. e B.*

Di-ce be-nif-fi-mo chi fi ma-ri-ta

I Aria da MISLEWECECK, *a Soprano, 2 C. 2 Ob. 2 Viol. V. e B.*

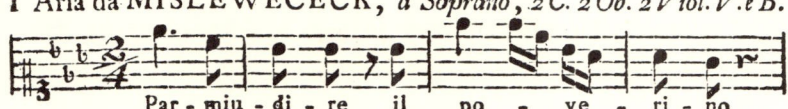

Par-mi u-di-re il po-ve-ri-no

I Recitat. ed Arie da Carlo MONZA, *a Soprano, 2 C. 2 Ob. 2 Viol. V. e B.*

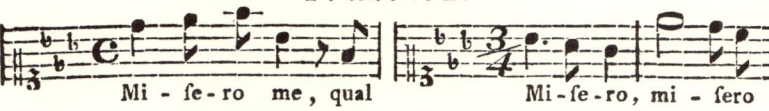

Mi-fe-ro me, qual   Mi-fe-ro, mi-fero

I Rondo da PRATI, *a Soprano, 2 C. 2 Fl. 2 Viol. V. e B.*

Ah vol-ge-te a-me que ra-i, ah vol-ge-te a-me que

I Aria da SCHUSTER, *a Soprano, 2 C. 2 Ob. 2 Viol. V. e B.*

Ah non fa-i bel-la fe le-ne quan-to

I Aria alla Polacca da SCHUSTER, *a Soprano, 2 Viol. V. e B.*

Le Donne han-tan-ti in gan-ni e co-fi po-ca

ARIE E CANTATE.

I Duetto da SEYDELMANN, *a 2 Soprani, 2 C. 2 Ob. 2 Viol. V. e B.*

Mi-ran-do quel ci-glio mi manca il re-

I Duetto da SEYDELMANN, *a 2 Soprani, 2 C. 2 Viol. V. e B.*

Qual pia-cer in ques-to istan-te.

I Cavatina da SEYDELMANN, *a Soprano, 2 C. 2 Fl. 2 Viol. V. e B.*

Quell' au-ret-ta, che pla-ci-da scuote.

I Coro da SEYDELMANN, *a Sopr. Alto, Ten. Basso. 2 C. 2 Fl. 2 Ob. 2 Viol. V. e B.*

Deh fa fan-to Nu-me che fcen-da la

III Arie da Anton SCHWEITZER.

I. *a Soprano, 2 Fl. 2 Fag. 2 Viol. 2 Viole e B.*

Wie ein Kind in Mut-ter Ar-men ein-ge-

II. *a Soprano, 2 C. 2 Fl. 2 Viol. 2 Viole. e B.*

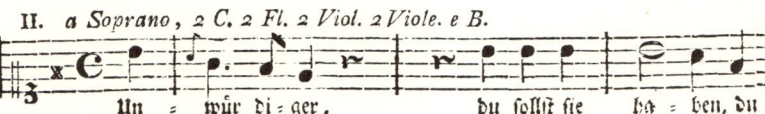

Un-wür-di-ger, du follst fie ha-ben, du

III. *a Soprano, Trompe, Corno, 2 Ob. 2 Fl. 2 Viol. 2 Viole e B.*

Gleich ih-nen um-tan-zen die Stunden der

OPERA.

Der Glückswechsel, oder die Mutter-Natur in ihren Kindern. Da Sign. PICCINI.

ATTO I.

ATTO II.

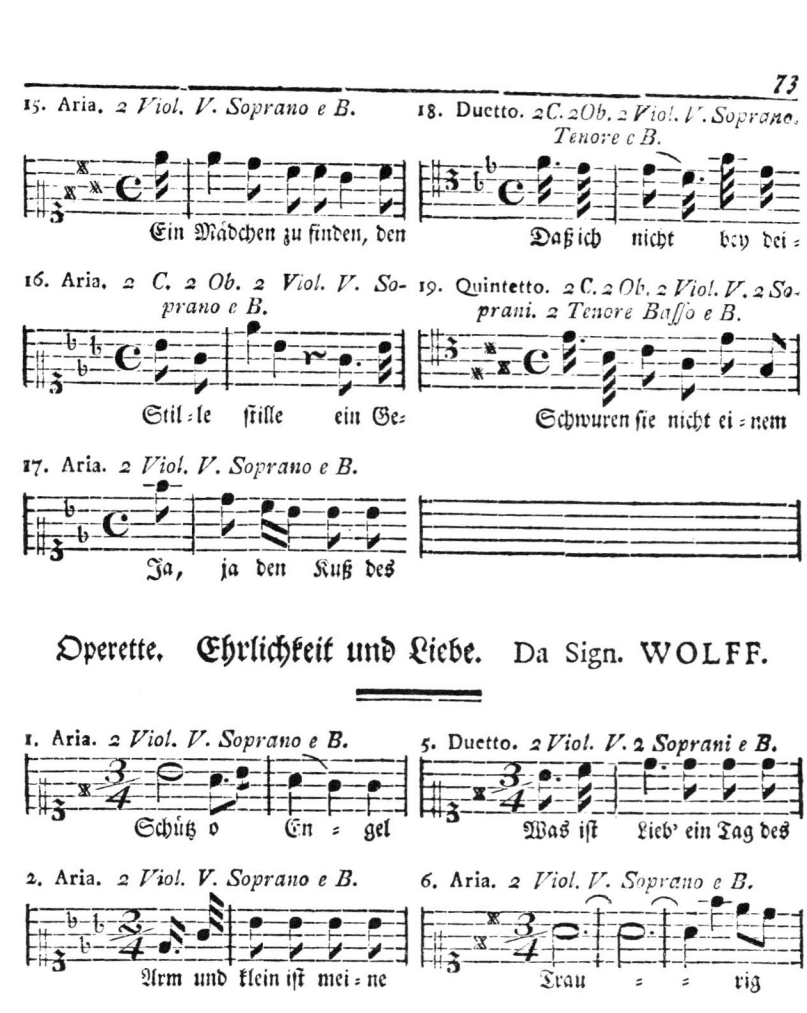

Operette. Ehrlichkeit und Liebe. Da Sign. WOLFF.

Supplement XV: 1782, 1783 and 1784

Opera. Die wüste Insel.
Da Sign. SCHUSTER.

1. Aria. 2 C. 2 Fl. 2 Viol. V. Sopr. e B. — Ich verlassen! ich vom
2. Aria. 2 Viol. V. Tenore. e B. — Heiliger als tausend
3. Aria. 2 C. 2 Ob. 2 Viol. 2 Viole. Soprano e B. — Der Oden stockt, die
4. Aria. 2 C. 2 Fl. 2 Fag. 2 Viol. V. Tenore e B. — Bey den Toden ist mein
5. Aria. 2 C. 2 Ob. 2 Viol. V. Sopr. e B. — Ist dies Jammer? ist dies
6. Coro. 2 C. 2 Ob. e Fl. 2 Fag. 2 Viol. V. 2 Soprani 2 Tenore e B. — Wenn in grausen Unge-

Die Muse. Da Sign. HILLER.

1. Aria. Oboe solo. 2 Viol. V. Soprano. e B. — Schau Jüngling schau U-
2. Aria. 2 Ob. 2 Viol. V. Soprano e B. — Willst du mein gan-
3. Aria. 2 Fag. 2 Viol. V. Sopr. e B. — O seelig wem
4. Duetto. 2 Ob. 2 Fag. 2 Viol. V. Soprano Basso e B. — Vor deiner Reitze
5. Aria. 2 C. 2 Viol. V. Soprano e B. — Sonst gieng der Lenz mir
6. Coro. 2 Trompe. Tymp. 2 Ob. 2 Viol. V. Sopr. Alto. Ten. Basso e B. — Nicht Paphos nur, nicht

Opera. Die Verwechselung.
Da Sign. HOLLY.

ATTO I.
1. Duetto. 2 Viol. 2 Fag. V. Tenore Basso e B. — O du feindseliges Ge-
2. Aria. 2 C. 2 Ob. 2 Viol. V. Tenore e B. — O Natur,
3. Aria. 2 Viol. V. Basso e B. — Ein Betrüger ist ge-
4. Aria. 2 C. 2 Viol. V. Tenore e B. — Einen Mann nur will
5. Aria. 2 C. 2 Ob. 2 Viol. V. Tenore e B. — Er kommt, er kommt,
6. Aria. 2 Fl. 2 Fag. 2 Viol. V. Tenore e B. — Monsieur du Toupet,
7. Terzetto. 2 C. 2 Ob. 2 Fag. 2 Viol. V. 3 Tenore e B. — Ich muß zum Lügen

ATTO II.
8. Aria. 2 C. 2 Ob. 2 Viol. V. Tenore e B. — Ich hoffte daß
9. Aria. 2 C. 2 Ob. 2 Fag. 2 Viol. V. Ten. e B. — O Himmel.
10. Aria. 2 C. 2 Ob. 2 Viol. V. Ten. e B. — Sie an den Hof
11. Finale. 2 C. 2 Ob. 2 Viol. V. Sopr. Alto. Ten. Basso e B. — Wers Glück hat, führt die

ATTO III.
12. Aria. 2 C. 2 Ob. 2 Fag. 2 Viol. V. Basso e B. — Unsre Väter sah man

Opera. Die Einsprüche. Da Sign. NEEFE.

Supplement XV: 1782, 1783 and 1784

Folgende Stücke sind in Partitur und in Stimmen zu haben.

Deutsche Operetten.

Achilles in Sciro.
Gestewitz, Die Liebe ist sinnreich.
Holzbauer, Günther von Schwarzburg.

Italiänische.

Sarti, Giulio Sabino.
Seydelmann, il Capricio corretto.

Italiänische Oratoria.

Ditters, l'Ester.

Deutsche Oratoria.

Rolle, Thirza und ihre Söhne.
Türck, die Hirten bey der Krippe.
Kozeluch, Joseph der Menschen Segen, eine Kantate.

SVPPLEMENTO XVI.
DEI
CATALOGHI
DELLE
SINFONIE, PARTITE, OVERTURE, SOLI, DUETTI, TRII, QUATTRI
E
CONCERTI
PER IL
VIOLINO, FLAUTO TRAVERSO, CEMBALO
ED ALTRI STROMENTI,
CHE
SI TROVANO IN MANOSCRITTO
NELLA OFFICINA MUSICA DI BREITKOPF
IN LIPSIA.

1785. 1786 ed 1787.

SINFONIE.

I. Sinf. da Gius. CAMBINI *a Oboe pr. Fag. pr. 2 C. 2 Fl. 2 Viol. V. e B.*

I. Sinf. da ENGEL. *a 2 Clar. Tymp. 2 Ob. 2 Viol. V. e B.*

I. Sinf. da GRAAF. *a 2 C. 2 Ob. 2 Fag. in And. Fl. Solo. 2 Viol. 2 Viole e B.*

I. Sinf. da Franc. HOFFMEISTER. *a 2 C. 2 Clarinetti. 2 Viol. V. e B.*

VI. Sinf. da KAFFKA.

I. *a 2 C. 2 Ob. 2 Fag. Flauto. Violino solo, in Adag. 2 Viol. V. e B.*

IV. *a 2 C. 2 Ob. 2 Fag. Violino solo. in Adag. 2 Viol. 2 Viole e B.*

II. *a 2 C. 2 Ob. 2 Viol. V. e B.*

V. *a 2 C. in C. 2 C. in Es. 2 Ob. 2 Fl. 2 Viol. V. e B.*

III. *a 2 C. 2 Ob. 2 Fag. 2 Viol. 2 Viole e B.*

VI. *a 2 C. 2 Ob. 2 Fag. Violino e Viola obl. in Adag. 2 Viol. V. e B.*

I. Sinf. da MAINTZER. *a 2 C. 2 Clarinetti, in And. Fag. folo. 2 Viol. V. e B.*

SINFONIE.

I. Sinf. da MILLER. *a 2 C. 2 Viol. V. e B.*

II. Sinf. da PICHL.

I. *a 2 C. 2 Ob. 2 Viol. V. e B.*

II. *a 2 Clar. Tymp. 2 Ob. 2 Viol. V. e B.*

IV. Sinfon. da Anton. ROSETTI.

I. *a 2 C. 2 Ob. 2 Viol. 2 Viole. Violclo. Fag. e B.*

III. *a 2 Clar. Tymp. 2 Clarin. 2 C. 2 Ob. 2 Fl. 2 Fag. 2 Viol. 2 Viole. Violcl. e B.*

II. *a 2 C. 2 Ob. 2 Viol. 2 Viole Violcl. Fag. e B.*

IV. *a 2 C. 2 Ob. Flauto folo 2 Viol. 2 Viole. Violcl. Fag. e B.*

I. Sinf. da Gius. SARTI. *a 2 Tromb. 2 Ob. 2 Viol. V. e B.*

I. Sinf. da SCHMIDT. *a 2 C. 2 Flauti. 2 Viol. V. e B.*

I. Sinf. da SPERGER. *a 2 Tromp. Tymp. 2 C. 2 Ob. 2 Viol. V. e B.*

I. Sinf. da Giov. VANHALL. *a 2 C. 2 Ob. 2 Viol. V. e B.*

I. Sinf. concert. da Pietro WINTER. *a C. conc. Clarinetto conc. Fag. conc. Violino conc. 2 Viol. V. e B.*

MINUETTI.

Hannover Redout. Menuetten da PANNENBERG. 1784.

XII. Angloifen da MASCHECK.

XII. Menuetti da Ign. PLEYL. *Vienna.*

XII. Minuetti da Giov. VANHALL. *a 2 Viol. e Baſſo. Vienna.*

VI. Allemandes da Iof. HAYDEN. *Vienna.*

VI. Allemandes da VANHALL. *a pluſieurs Inſtrumens. Vienna.*

XII. Deutſche Tänze, da VANHALL. *a 2 Viol. e Baſſo. Vienna.*

XII. Ländleriſch deutſche Tänze für zwo Violini. *Vienna.*

XII. Ländleriſch deutſche Tänze für eine Violine. *Vienna.*

SINFONIE intagliate e ſtampate.

III. Sinfonies da Carl DITTERS de DITTERSDORF, ex primant trois Metamorphoſes d'Ovide. Part. I. *Vienna.*

I. *a 2 Clar. Tymp. 2 C. 2 Ob. 2 Fag. Flauto 2 Viol. V. e B.* III. *a 2 C. 2 Ob. Flauto. Violonc. 2 V. V. e B.*

II. *a 2 Clar. Tymp. 2 C. 2 Ob. 2 Fag. Flauto. 2 V. V. B.*

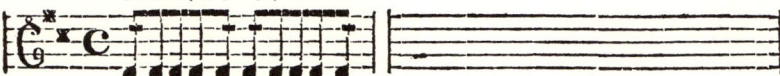

III. Sinf. da Michele HAYDEN. *Vienna.*

I. *a 2 C. 2 Ob. 2 Fag. 2 Viol. V. e Violoncello.* III. *a 2 Cl. Tymp. 2 C. 2 Ob. 2 Fag. 2 Viol. V. Violcello. e B.*

II. *a 2 Clarini 2 C. 2 Ob. 2 Fag. 2 Viol. V. Violoncello e B.*

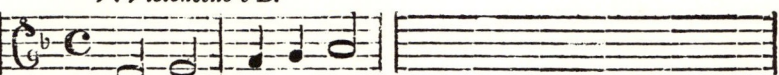

III. Sinf. da L. KOZELUCH. *a 2 C. 2 Ob. 2 Viol. V. Fag. Baſſo. e Violcello. Vol. I. Vienna.* **III. Sinf. da L. KOZELUCH.** *a 2 C. 2 Ob. 2 Viol. V. Fag. Baſſo. e Violcello. Vol. II. Vienna.*

Supplement XVI: 1785, 1786 and 1787

SINFONIE.

III. Sinf. da Ant. ROSETTI. *a 2 C. 2 Ob. 2 Viol. 2 Viole Violcello Fagotto e Violono Op. V. Vienna.*

SINFONIES PERIODIQVES.

I. Grande Sinfonie da Iof. HAYDN. *a 2 C. 2 Ob. 2 Fag. Flauto. 2 V. V. e B. Op. 38. Vienna.*

II. Grande Sinf. da I. HAYDN. *a 2 C. 2 Ob. 2 Fag. Flauto. 2 V. V. e B. Op. 39. Vienna.*

III. Grande Sinfonie da I. HAYDN. *a 2 C. 2 Ob. 2 Fag. Flauto. 2 V. V. e B. Op. 40. Vienna.*

I. Grande Sinfonie periodique da W. A. MOZART. *a 2 Clar. Tymp. 2 C. 2 Ob. 2 Fag. 2 Viol. V. e B. Op. 8. Vienna.*

II. Grande Sinf. period. da W. A. MOZART. *a 2 C. 2 Ob. 2 Fag. 2 V. V. Violcello obl. e Violono. Op. 9. Vienna.*

SINFONIE.

I. Sinf. periodique da I. PLEYL. *a 2 C. 2 Ob. 2 Viol. V. e B. Op. III. N. I. Mannheim.*

II. Sinf. periodique da I. PLEYL. *a 2 C. 2 Ob. 2 Viol. V. e B. Op. III. N. II. Mannheim.*

DIVERTIMENTI, CONCERTINI etc.

I. Notturno da MASHECK. *a 2 C. 2 Clarinetti. 2 Fag. 2 Viole.*

VIOLINO.

SOLI con BASSO.
I. Sonata da L. SIRMEN. *a Violino e Baffo. Vienna.*

DUETTI intagliati.

VI. Duetti da G. CAMBINI. *a Violino e Viola. Op. 18. Offenbach fur le main.*

Supplement XVI: 1785, 1786 and 1787

VIOLINO.

VI. Quattri da Ignaz. PLEYL. *a 2 Viol. V. e B. Op. I. Vienna.*

VI. Quattri da Ign. PLEYL. *a 2 Viol. V. e B. Op. 2. Vienna.*

VI. Quattri da Ign. PLEYL. *a 2 Viol. V. e B. Op. 3. Vienna.*

VIOLINO.

VI. Quattri da Ign. PLEYL. *a 2 Viol. V. e B. Op. 6. Vienna.*

III. Quattri da Ign. PLEYL. *a 2 Viol. V. e B. Op. 7. Vienna.*

III. Quattri da Ign. PLEYL. *a 2 Viol. V. e B. Op. 8. Vienna.*

III. Quattri da Ign. PLEYL. *a 2 Viol. V. e B. Op. 9. Vienna.*

Supplement XVI: 1785, 1786 and 1787

VIOLINO.

III. Quattri da Ign. PLEYL. a 2 Viol. V. e B. Op. 10. Vienna.
III. Quattri da Ign. PLEYL. a 2 Viol. V. e B. Op. 11. Vienna.

III. Quattri da A. ROSETTI. a 2 Viol. V. e B. Op. IV. Offenbach.

QUINTETTI intagliati.

III. Quintetti da L. BOCCHERINI. a 2 V. V. 2 Violoncelli. Op. 36. Vienna.

VIOLINO.

VI. Quintetti da F. PITICCHIO. a 2 Viol. 2 Viole e Violoncello. Offenbach sur le main.

III. Quintetti da H. L. VETTER. a 2 Viol. 2 Flauti e B. Spire.

CONCERTI per il Violino concertato.

II. Concerti da BENDA.

I. a Viol. pr. 2 C. 2 Ob. 2 Fl. 2 Viol. Violcl. e B.   II. a Viol. pr. 2 C. 2 Ob. 2 Viol. V. Violcl. e B.

I. Concerto da Franc. HOFFMEISTER. a Viol. pr. 2 C. 2 Ob. 2 Viol. V. e B.

Supplement XVI: 1785, 1786 and 1787

VIOLINO.

II. CONCERTI da HUTTI.

I. a Viol. pr. 2 C. 2 Ob. 2 Viol. Viole e B.   II. a Viol. pr. 2 C. 2 Ob. 2 Viol. 2 Viole e B.

I. Conc. da Ign. PLEYL. a Viol. princ. 2 Tromboni, 2 Clar. Tymp. 2 C. 2 Ob. 2 Viol. V. e B.

I. Conc. da Ant. ROSETTI. a Viol. pr. 2 C. 2 Ob. in And. 2 Fag. 2 Viol. V. e B.

CONCERTI intagliati.

I. Conc. da Pierre LEM. a 2 Viol. pr. 2 C. 2 Ob. 2 Fl. 2 Viol. V. Violcello e B. Vienna.

VIOLA.

CONCERTI a VIOLA.

1. Conc. da Romanus HOFFSTETTER. a Viola pr. 2 C. 2 Fl. 2 Viol. V. e B.

I. Conc. da Rom. HOFFSTETTER. a Viola pr. Violcello obl. 2 C. 2 Fl. 2 Viol. e B.

VIOLA.

I. Conc. da PREUS. a Viola pr. 2 C. 2 Ob. 2 Viol. V. e B.

I. Conc. da PREUS. a Viola pr. 2 C. 2 Ob. 2 Viol. V. e B.

I. Conc. da G. F. ZELTER. a Viola pr. 2 C. 2 Viol. V. e B.

VIOLONCELLO.

CONCERTI per il Violoncello concertato.

I. Conc. da EICNER. a Violc. conc. 2 C. 2 Fl. 2 Viol. 2 Viole e B.

II. Conc. da IANSON. a Violc conc. 2 C. 2 Ob. 2 Viol. V. e B.

I. Conc da KREUSER. a Violcl. conc. 2 C. 2 Fl. 2 Viol. 2 Viole B.

II. Concerti da Giuseppe REICHA.

I. a Violc. conc. 2 C. 2 Fl. 2 Viol. V. e B.   II. a Violcl. conc. 2 C. 2 Ob. 2 Viol. 2 Viole e B.

Supplement XVI: 1785, 1786 and 1787

VIOLONCELLO.

I. Conc. da SHLICK. *a Violcl. conc. 2 C. 2 Ob. 2 Viol. V. e B.*

I. Conc. da Giov. VANHALL. *a Violcl. conc. 2 Clar. Tymp. 2 Ob. 2 Viol. V. e B.*

I. Conc. da ZAPPA. *a Viocl. conc. 2 C. 2 Ob. 2 Viol. e B.*

I. Conc. *a Violcl. conc. 2 C. 2 Ob. 2 Viol. V. e B.*

FLAUTO TRAVERSO.

DUETTI.

VI. Duetti da I. C. VOGEL. *a 2 Flauti.*

TRII.

VI. Trii da G. F. KLEINKNECHT. *a Flauto Violino e B.*

III. Trii da Giuf. Aloyf. SCHMITTBAUR. *a 2 Flauti e B. Spire.*

I. Sextetto da A. ROSETTI. *a Violino. Flauto. 2 Corni. V. e B.* Op. I. Spire.

QUATTRI *intagliati*.

III. Quattri da SCHMITTBAUR. Op. III. Vienna.
I. *a Flauto Viol. V. e B.*   III. *a Flauto. 2 Violini e B.*

II. *a Flauto. Viol. V. e B.*

Supplement XVI: 1785, 1786 and 1787

FLAUTO TRAVERSO.

CONCERTI
A FLAUTO TRAVERSO CONCERTATO.

I. Conc. da Franc. HOFFMEISTER. *a Fl. con. 2 C. 2 Ob. 2 Viol. 2 Viole e B.*

I. Conc. da Giuf. MICHL. *a Fl. conc. 2 C. 2 Ob. 2 Viol. V. e B.*

I. Conc. da Ant. SALIERI. *a Flauto conc. Oboe conc. 2 C. 2 Ob. 2 Viol. 2 Viole Fag. e B.*

I. Conc. da STAMITZ. *a 2 Flauti conc. 2 C. 2 Ob. 2 Viol. 2 Viole e B.*

II. Concerti da VOGEL.

I. *a Flauto conc. 2 C. 2 Ob. 2 Viol. V. e B.*

II. *a Flauto conc.. 2 C. 2 Ob. 2 Viol. V. e B.*

✱✱✱✱✱✱✱✱✱✱✱✱✱✱✱✱✱✱

O B O E.

CONCERTI, a OBOE concertato.

I. Conc. da DRUSCHETZKY. *a Oboe conc. 2 C. 2 Fl. 2 Viol. V. e B.*

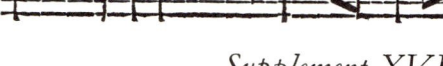

OBOE E CLARINETTO.

I. Conc. da Franc. HOFFMEISTER. *a Oboe conc. 2 C. 2 Fl. 2 Viol. V. e B.*

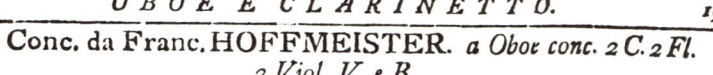

✱✱✱✱✱✱✱✱✱✱✱✱✱✱✱✱✱✱✱✱✱✱✱✱✱✱✱✱

CLARINETTO.

XII. Quattri da MAINZER. *a Clarinetto. Violino. V. e B.*

VI. Partite da STEPHANI. *a 2 Clarinetti. 2 Cor. 2 Oboi 2 Fagotti.*

CLARINETTO.

Adagio da STÖTZER. *a Clarinetto princ. 2 Viol. V. e B.*

CONCERTI a CLARINETTO concertato.

I. Conc. da AHNERT. *a Clarinetto pr. Fag. pr. 2 C. 2 Ob. 2 Viol. V. e B.*

II. Concerti da BÄR.

I. *a Clarinetto pr. 2 C. 2 Ob. 2 Viol.*   II. *a Clarinetto pr. 2 C. 2 Ob. 2 Viol. V. e B.*   *V. e B.*

I. Conc. da HOFFMEISTER. *a Clarinetto pr. 2 C. Flauto. Oboe. in And. Fagotto solo. 2 V. V. e B.*

I. Conc. da ROSETTI. *a Clarinetto pr. 2 C. 2 Fl. 2 Viol. 2 Viole e B.*

I. Conc. da STOETZER. *a Clarinetto pr. 2 C. 2 Ob. 2 Viol. 2 Viole e B.*

FAGOTTO.

VI. Quattri da MICHL. *a Fagotto obl. 2 Viol. e Basso.*

CONCERTI.

II. Concerti da Giuſ. MICHL.

I. *a Fag. conc. 2 C. 2 Viol. V. e B.*   II. *a Fag. conc. 2 C. 2 Ob. 2 Viol. V. e B.*

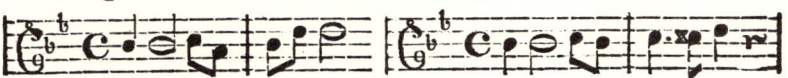

I. Concerto da RITTER. *a Fag. conc. 2 C. 2 Viol. V. e B.*

I. Concerto da ROSETTI. *a Fag. conc. 2 C. 2 Ob. 2 Viol. V. e B.*

FAGOTTO.

CONCERTI intagliati.

Concerto I. da M. OZI. a Fag. pr. 2 C. 2 Ob. 2 Viol. V. e B.
Op. 3. Paris.

Concerto II. da M. OZI. a Fag. pr. 2 C. 2 Ob. 2 Viol. V. e B.
Op. 4. Paris.

Concerto III. da M. OZI. a Fag. pr. 2 C. 2 Ob. 2 Viol. V. e B.
Op. 6. Paris.

Concerto I. da C. STUMPF. a Fag pr. 2 C. 2 Fl. 2 Viol.
V. e B. Paris.

Concerto II. da C. STUMPF. a Fag. pr. 2 C. 2 Viol.
V. e B. Paris.

CEMBALO.
SOLI.

Das Kosackenlager oder der verunglückte Stutzer. Ballo da Vincenz MASCHECK. a Cembalo.

Der Spatziergang in die Alee, ein komisch pantomimisches Ballet. da MASCHECK.

SONATE intagliate e stampate.

Arietta con Variaz. da Frederic FLEISCMANN. Vienna.

Arietta con Variaz. da Frederic FLEISCMANN. Vienna.

II. Sonate. II. Rondo. II. Fantasie da C. P. E. BACH.
Für Kenner und Liebhaber. Leipzig. 5te Samml.

Supplement XVI: 1785, 1786 and 1787

Overtura dell' Opera una Cosa rara da V. MARTIN. *Vienna.*

Overtura dell' Opera l'en levement du Serail da W. A. MOZART. *Vienna.*

Fantasie et Sonate da W. A. MOZART. *Op. XI. Vienna.*

Fantasia. *Sonata.*

III. Sonate da W. A. MOZART. *Op. VI. Vienna.*

III. Sonate da W. A. MOZART. *la troisieme c. Viol. obl. Op. VII. Vienna.*

IX. Ariette da W. A. MOZRAT. avec Variaz. *Vienna.*

I. *Lison dormoit.* VI. *con Violino.*

II. *La belle Francoise.* VII. *La Bergere Silimene. con Violino.*

II. *Unser dummer Pöbel meint.* VIII. *Ah! Vous Dirai-je Maman.*

IV. *Salve tu Domine.* IX.

V. *Marche des Mariages Samnites.*

La Bataille Fantasie da SCROETER. *Vienna.*

III. Sonate da Siegfried SCHMIEDT. *Leipzig.*

Phantasia da Giuf. Bernardo SIDLER. *a Zoug.*

CEMBALO.

Phantasia da Mr. le Capitain SIDLER. *a Zoug.*

Phantasia da Mr. le Capitain SIDLER. *a Zoug.*

Air favori varie pour le Clavecin et un Rondeau da I. VANHALL. Op. 33. *Vienna*

XII. Minuetti da I. VANHALL. *Vienna.*

XII. Deutsche Tänze, da I. VANHALL. *Vienna.*

TRII.
A CEMBALO obligato con VIOLINO intagliati.

III. Sonate da Franc. HASCHCKE. *a Cemb. e Violino. Vienna.*

CEMBALO.

III. Sonate da I. HAYDN. *a Cembalo la premiere et la troisieme sont avec de Violon.* Op. 41. *Offenbach.*

Divertimento da Niccola PICCINI. *a Cemb. con Violino. Venezia.*

Sonata caratteristica da Giuf. SARDI. *a Cemb. c. Violino obl.* Op. I. *Vienna.*

Variazioni del Minuetto Lara-del Opera la Grotta di Trifonio. da SARDI. *a Cemb. c. Violino obl. Vienna.*

Sonata da Niccola ZINGARELLI. *a Cemb. con Violino. Venezia.*

Supplement XVI: 1785, 1786 and 1787

CEMBALO.

TERZETTI.

II. Sonate da MASCHECK. *a Cembalo, Viol. e Violoncello.*

TERZETTI *intagliati.*

III. Sonate da Leop. KOZELUCH. *a Cembalo, Viol. e Violoncello.* Part. IV. *Vienna.*

III. Sonate da Leop. KOZELUCH. *a Cembalo Viol. e Violoncello.* Part. V. *Vienna..*

VI. Sonate da I. F. STERCKEL. *a Cembalo, Viol. et Baſſo obl.* Op. XVII. *Vienna.*

QUATTRI e DIVERTIMENTI.

I. Quartetto da MASCHEK. *a Cemb. 2 Viol. e Baſſo.*

Variaziones da MASCHEK. *a Cemb. 2 Viol. e Baſſo.*

QUATTRI *intagliati.*

III. Quattri da PLEYL. *a Cemb. Violino, Viola e Violoncello. Offenbach.*

CONCERTI *a Cembalo con più Stromenti.*

I. Conc. da Franc. DUSCHECK. *a Cemb. conc. 2 C. 2 Fl. 2 Viol. V. Violoncello e B.*

I. Conc. da Leop. KOZELUCH. *a Cemb. conc. a 4 main. 2 C. 2 Ob. 2 Viol. V. e B.*

Supplement XVI: 1785, 1786 *and* 1787

CEMBALO.

I. Conc. da SCHUSTER. a Cemb. conc. 2 C. 2 Ob. 2 Fl. in And. 2 Viol. V. e B.

CONCERTI intagliati.

II. Concerti da KOZELUCH. a Cemb. conc. 2 C. 2 Ob. 2 Viol. V. e B. Vol. I. Vienna.

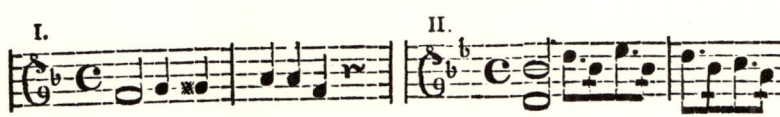

II. Conc. da L. KOZELUCH. a Cemb. conc. 2 C. 2 Ob. 2 Viol. V. e B. Vol. I Vienna.

II. Concerto da Leop. KOZELUCH. a Cemb. conc. 2 C. 2 Ob. 2 Viol. V. e B. No. V. Vienna.

I. Grand Concert da W. A. MOZART. a Cemb. 2 C. 2 Ob. 2 V. V. e B. Oeuvre IV. Livre I. Vienna.

II. Grand Conc. da W. A. MOZART. a Cemb. 2 C. 2 Ob. 2 Viol. V. e B. Oeuvre IV. Livre II. Vienna.

CEMBALO.

III. Grand Conc. da W. A. MOZART. a Cemb. 2 C. 2 Ob. 2 Viol. V. e B. Oeuvre IV. Livre III. Vienna.

I. Concerto da E. G. WOLF. a Cemb. conc. 2 C. 2 Ob. 2 Viol. V. e B. Lipsia.

ARIE e CANTATE
con più Stromenti.

I. Cantate da I. HAYDN. a Soprano. 2 C. 2 Ob. Flauto, Fagotto. 2 V. V. e B. Vienna.

Ah come il core mi palpita nel seno.

I. Aria da Giov. Amadeo NAUMANN. a Soprano. 2 C. 2 Flauti ed Oboi 2 Violini V. e B.

Er trotzte verwandten Tyrannen

Deutsche Arien und Duette *von verschiedenen Componisten, herausgegeben von* Ioh. Adam HILLER. *1ster Theil.*

I. Aria da GASMANN. a Soprano. 2 Ob. 2 Viol. V. e B.

Der nur zittre vor Gefahren, der die

II. Aria da HASSE. a Soprano. 2 Viol. V. e B.

Mag doch meines Glückes Schimmer, kaum noch

Supplement XVI: 1785, 1786 and 1787

ARIE E CANTATE.

III. Aria da MAJO. *a Soprano. 2 Viol. V. e B.*

Um = sonst suchst du zu ber = gen was sich im Her = zen

IV. Aria da SARTI. *a Soprano. 2 C. 2 Ob. 2 Violini. 2 Viole e B.*

Wär es mög = lich die = sem Her = zen, daß es treu =

V. Aria da HILLER. *a Soprano. 2 C: 2 Fl. 2 Viol. 2 Viole e B.*

Sanf = te We = ste, eilt und tra = get mei = ne Wün =

VI. Aria da I. C. BACH. *a Soprano. 2 Viol. V. e B.*

Wenn nach der Stür = me To = ben die Son = ne

VII. Aria da PRATI. *a Soprano 2 Viol. V. e B.*

Bau = ges Herz sey oh = ne Sor = gen! Fro =

VIII. Duetto. da ANFOSSI. *a 2 Soprani. 2 Viol. 2 Viole e B.*

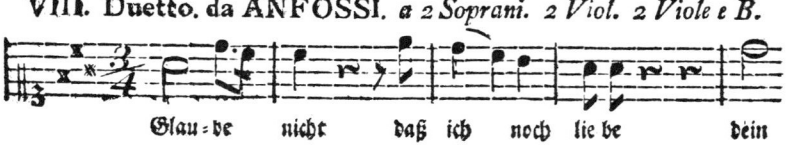

Glau = be nicht daß ich noch lie be dein

OPERA.

Der Abend im Walde. Da Sign. WOLFF.

ATTO I.

1. Terzetto. *2 Ob. 2 Viol. V. 2 Tenore. Baſſo e B.*

Auf die Ar = beit

2. Aria. *2 C. 2 Ob. 2 Viol. V. Baſſo e B.*

Ihr Mei = ster und Ge =

3. Duetto. *2 C. 2 Ob. 2 Fl. 2 Viol. 2 Viole Soprano Tenore e B.*

O wie wird der

4. Duetto. *2 C. 2 Ob. 2 Fl. 2 Fag. 2 Viol. V. Soprano Tenore e B.*

Sieh be = ste Frau

5. Aria. *2 Ob. 2 Viol. V. Soprano e B.*

Fritz gieng zu Lies =

6. Aria. *2 Viol. V. Soprano e B.*

Das kleine Dör = chen

7. Aria. *2 C. 2 Ob. 2 Fl. Fag. 2 Viol. V. Soprano e B.*

Ich zeck mich vor

8. Aria. *2 Fl. 2 Viol. V. Soprano e B.*

Wie traurig iſt die Stun = de,

9. Quartetto. *2 C. 2 Ob. 2 Fag. 2 Viol. V. Soprano 2 Ten. Baſſe e B.*

O Freu = de, o Freu =

ATTO II.

10. Aria. *2 C. 2 Ob. 2 Fl. 2 Viol. V. Baſſo e B.*

Heut tauſch ich nicht

11. Aria. *2 C. 2 Ob. 2 Fl. 2 Viol. V. Soprano e B.*

Der gu = te Va =

12. Aria. *2 C. 2 Ob. 2 Fl. Fag. 2 Viol. V. Tenore e B.*

Thrä = nen vol =

Opera. Die treuen Köhler. Dal Sign. WOLFF.

Supplement XVI: 1785, 1786 and 1787

Opera. Arsene. Da Sign. SEYDELMANN.

ATTO I.

1. Aria. 2 Fl. 2 Viol. V. Tenore e B.
2. Aria. 2 C. 2 Ob. 2 Viol. V. Basso e B.
3. Aria. 2 C. 2 Ob. 2 Fl. 2 Fag. 2 Viol. V. Soprano e B.
4. Aria. 2 C. 2 Ob. 2 Viol. V. Soprano e B.
5. Coro. 2 C. 2 Ob. 2 Fag. 2 Viol. V. Sopr. Alto. Ten. Basso e B.
6. Duetto. 2 C. 2 Ob. 2 Fl. 2 Viol. V. Soprano Tenore e B.

ATTO II.

7. Aria. 2 C. 2 Ob. 2 Fag. 2 Viol. V. Tenore e B.
8. Aria. 2 C. 2 Ob. 2 Viol. V. Soprano e B.

ATTO III.

9. Coro. 2 C. 2 Ob. 2 Fl. 2 Viol. V. 2 Sopr. 2 Alto. e B.
10. Aria. 2 C. 2 Ob. 2 Viol. V. Soprano e B.
11. Rondo. 2 C. 2 Fl. 2 Viol. V. Soprano e B.
12. Terzetto. 2 C. 2 Ob. 2 Fl. 2 Viol. V. 2 Soprani. Tenore e B.

ATTO IV.

13. Aria. 2 Ob. 2 Viol. V. Soprano e B.
14. Cavatina. 2 C. 2 Ob. 2 Viol. V. Tenore e B.
15. Aria. 2 C. 2 Ob. 2 Viol. V. Tenore e B.
16. Coro. 2 C. 2 Ob. 2 Viol. V. Soprano. Alto. Tenore e B.

Opera. Der lahme Husar. Da Sign. SEYDELMANN.

ATTO I.

1. Duetto. 2 Fl. 2 Viol. V. 2 Soprani e B.
2. Cavatina. 2 Ob. 2 Viol. V. Tenore e B.
3. Romanze. 2 Fl. 2 Viol. V. Tenore e B.
4. Quartetto. 2 C. 2 Ob. 2 Viol. V. Soprano. 2 Tenore e B.
5. Duetto. 2 C. 2 Fl. 2 Viol. V. Soprano. Tenore e B.
6. Terzetto. 2 C. 2 Ob. 2 Viol. V. Soprano Tenore. Basso e B.

ATTO II.

7. Aria. 2 C. 2 Ob. 2 Viol. V. Soprano e B.
8. Aria. 2 C. 2 Ob. 2 Viol. V. Tenore e B.

Supplement XVI: 1785, 1786 and 1787

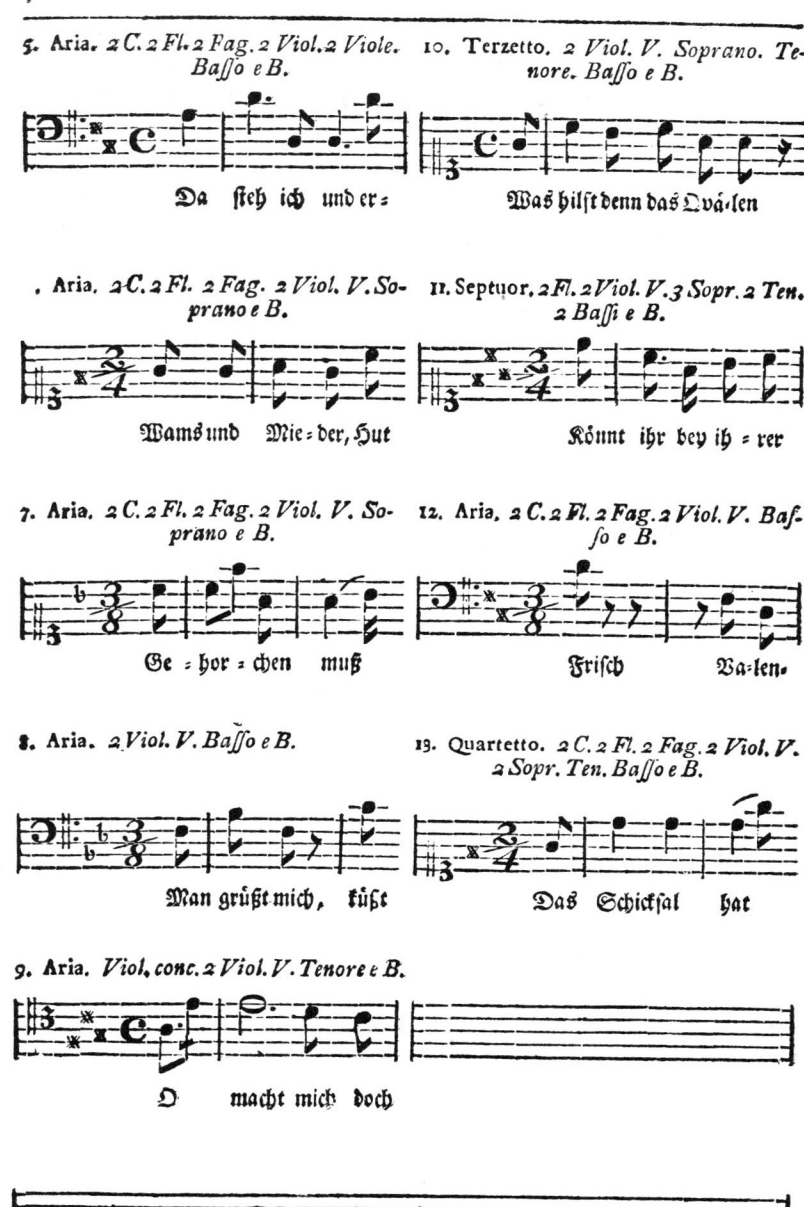

Opera. Das Milmädchen. Da Sign. GRETRY.

1. Aria. *2 Fl. 2 Fag. 2 Viol. V. Tenore e B.* 
   Ich bin er-fro-ren,

2. Aria. *2 C. 2 Ob. 2 Viol. 2 Viole Basso e B.* 
   Weil ich noch im-mer

3. Duetto. *2 C. 2 Ob. 2 Fag. 2 Viol. V. Tenore Basso e B.* 
   Wohl-an Ni-klas,

4. Aria. *2 Viol. V. Basso e B.* 
   Wenn der Stahl den Stein

5. Aria. *2 C. 2 Fl. 2 Viol. V. Fag. obl. Soprano e B.* 
   Hier ist das klei-ne das klei-

6. Aria. *Flauto. Oboe. 2 Viol. Basso e Fagotto.* 
   Einstmal wollt mir ein

7. Duetto. *2 Fl. 2 Fag. 2 Viol. V. Soprano. Basso e B.* 
   Find ich nur die Zeit.

8. Aria. *2 Viol. V. Soprano e B.* 
   Dies ist mein Wunsch und

9. Aria. *2 C. 2 Fl. 2 Fag. 2 Viol. V. Basso e B.* 
   Mädchen von so jun-gen

10. Aria. *2 C. 2 Fl. 2 Fag. 2 Viol. V. Soprano e B.* 
    O weh! mein gan-zes

11. Terzetto. *2 C. 2 Ob. 2 Viol. V. Soprano. Tenore Basso e B.* 
    Ich fal-le, ich fal-

12. Aria. *Flauto Solo. 2 Viol. Soprano e B.* 
    Du ver-sprichst mir Glück

13. Vaudeville. *2 C. 2 Ob. 2 Viol. V. Soprano. Tenore Basso e B.* 
    Ich lag in lau-ter Angst

Opera. Clariße. Da Sign. UBER.

ATTO I.

1. Duetto. *2 C. 2 Viol. V. 2 Tenore. e B.*
   Nar-ren den-ken wie

2. Aria. *2 C. 2 Viol. V. Tenore e B.*
   Der Landmann hat viel

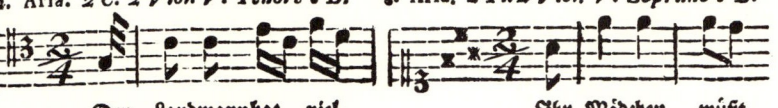

3. Aria. *2 Fl. 2 Viol. V. Tenore e B.*
   Das Feu-er dei-ner

4. Duetto. *2 Fl. 2 Viol. V. 2 Soprani e B.*
   Wieder-sprich dem Her-

5. Duetto. *2 C. 2 Fl. 2 Viol. V. Soprano Tenore e B.*
   Was füh-len zwey ver-

ATTO II.

6. Duetto. *2 Ob. 2 Viol. V. Soprano Tenore e B.*
   Da woll ten wir noch

7. Aria. *2 C. 2 Viol. V. Soprano e B.*
   Kommt Schäfer kommt her-

8. Aria. *2 Fl. 2 Viol. V. Soprano e B.*
   Ihr Mädchen wüßt

9. Coro. *2 C. 2 Fl. 2 Viol. V. 2 Soprani 2 Tenore Basso e B.*
   Laß Mädchen laß dich doch

10. Aria. *2 Ob. 2 Viol. V. Tenore e B.*
    Hoch-muth Hoch-muth Hoch-

11. Coro. *2 C. 2 Ob. 2 Viol. V. 3 Soprani 2 Tenore. Basso e B.*
    Es ist ihr Sohn es

ATTO III.

12. Aria. *2 Fl. 2 Viol. V. Tenore e B.*
    Es ist um mich ge-

46

Folgende Stücke sind in Partitur und in Stimmen zu haben.

Italiänische Operetten.

Antonio Salieri. La Grotta di Trofonio.

Deutsche Oratoria.

Benedictus Kraus. Die Schöpfung, eine Kantate.

Rosetti . Der sterbende Jesus.

Rolle Oratorium. Die am Creutz über Sünde, Tod, Teufel und Hölle triumphirende Liebe unsers Bräutigams und Erlösers Jesu Christi, aus Mattheo am 26 und 27. Capitel.

INDEX OF FIRST LINES

NOTE ON THE INDEX OF FIRST LINES

This index gives text underlays of vocal incipits in alphabetical order. The incipits appear principally in the sections of the Catalogue entitled *Arie* or *Cantate*. Each entry contains all words given by Breitkopf. When the final word in an underlay is incomplete, this is indicated in the index by the use of three dots: e.g., "Addio, addio per sem . . . 183."

Words in brackets represent attempts to clarify the immediately preceding word (in the case of "Io," the immediately following word) by indicating its more conventional spelling. This index is concerned with first lines only; for *titles* of operas, cantatas, arias, etc., see the General Index which follows. Both indexes are discussed further in the Introduction to this volume.

The page numbers given are those running consecutively through the entire volume.

INDEX OF FIRST LINES

A

Ach alles alles 880
Ach ich liebte sie so 622
Ach, lieber Vetter ach! 586
Ach! Lotte geht davon 437
Ach! meines Mägdchens Lämmchen ist 436
Ach Vater, die Werber 623
Ach verziehe, o 623
Ach wer flösset meinen Lippen 198
Addio, addio per sem... 183
Addio Roma, Impero ad... 164
Adorate mie capanne 407
Aer tranquillo e di sereni fresche 757
Agitata del duolo nel 189
Agitata gelo e tremo 168
Agitato il mio 175
Agitato questo 166
Ah celar la bella 295
Ah, che l'ho sempre detto 195
Ah che mirar degg'io 368
Ah che pur troppo e vero 407
Ah che s'avesse il seno a 166
Ah che vuol dir quel pianto 297
Ah come il core mi palpita nel seno 873
Ah di pabe nel pigro 296
Ah fra timori tuoi 300
Ah frenate frenate 166
Ah mia Cara un fido amante un fido amante 827
Ah non è ver ben mio, non 367
Ah non partire a... 619
Ah non sai bella se lene quanto 828
Ah perche quando appresi 297
Ah più di te confu... 333
Ah ritorna età dell'o... 296

Ah ritorni al 296
Ah se con queste 621
Ah se foss'io smarrita di mezza 757
Ah se punirmi 334
Ah se può sol la morte 335
Ah se sapessi quanto 619
Ah si resti 166
Ah troppo, piacemi 179
Ah volgete a me que' rai ah volgete a me que' 828
A il re 195
Ai passi erranti 299
Ajuto, buona gente, 408
A la forra d'un com... 179
Al cor di Donna amante 197
Alla selva al prato al rio 164
Alla tromba di Marte 196
Alles wird sie dort ver... 838
Allgütiger voll 887
All'idea de tuoi 299
Allorche pugnerai con 168
Allor che tu vedrai 175
Al mirare il 621
Als Dichter und als 881
Als ich auf meiner Bleiche 435
Alter, sieh nicht sauer aus, sieh nicht sauer aus 700
Amato mio bene 336
Amico il fato mi 331
Amore è un gran furbetto 170
Amore traditore 191
Amor insegnami che cosa 188
Amor non prometto non 169
Amor senza la speme tu 170
Amo te solo, te solo amai 699
Anderò da Baccel... 556
Andrò dal colle al prato le agnelle a 294

xxxi

Index of First Lines

A negli occhi un tale 300
Anfangs wird das Herzchen dir 622
An Treu, an Muth 877
Antri profondi e 620
A quell'ingrato core, che 175
Arde le piume ai rai del 164
Ardo ma non ardisco di pa... 190
Arm und klein ist meine 831
Arrida il ciel sereno il 167
Asperse il di ruggiada 332
Astri per me si fieri per 193
A te Matre Theresia 434
A trionfar 300
A trionfar mi chiama 174
Attenti Padroni, la pri... 336
A tuoi sospiri al pianto 368
Auf die Arbeit 875
Auf ewig 587
Auf ewig, o 622
Auf unsrer Bluhmenreichen Flur 438
Auf unter Reue 883
Augelletti 191
Augen werdet 887
Auretta vezzosa 164
A vos pieds, charmante 558

B

Bald pflück ich mir Rosen zu Kränzen 437
Bald soll der Hochzeit 622
Banges Herz sey ohne Sorgen! Fro... 874
Barbaro padre à morte la 170
Barbaro traditore non 167
Barmherzig und von 887
Basta cosi t'intendo, t'in... 174
Bastà cosi vincesti 297
Basta solo ò luci belle 177
Beatus vir, qui suffert 434
Begl'occhi oh Dio, non 195

Begl'occhi risolvetevi 188
Beglücktes 832
Bella in un vago riso 335
Bell'alma ver gl'erranti 175
Bella ma ingrata Filli 332
Bell'aurora che 331
Belle luci vezzo 620
Bel piacer d'un co... 333
Bel piacer sarà d'un 185
Benche sia donna è Moglie 183
Ben dovrei occhi leg... 197
Berenice che fai 619
Beste du lebest 883
Beste Freundin komm 881
Beviamo, compagni 558
Bey den Toden ist mein 836
Beym Anblick deiner Schmer... 623
Beym Henker, beym Teufel 838
Beym schönsten Sonnenschein 435
Bin ich Bräutgam bin 881
Bin ich denn so gar verlassen 200
Blaue Augen schwar... 835
Blicke mich voll Mit... 833
Bons dies Frau Gevatter. wir sind von Herzen 198
Bramai di salvarti 583
Brave Männer Coura... 881
Bravi, bravi, bel pensiero 433

C

Ca... 480
Cangia cangia pensier mio 195
Cantiamo ò 190
Cara da lumi 168
Cara deh Serbami co... 480
Cara fiamma del mio seno 757
Cara figlia ah dove 335
Cara Madre io vi conosco 167
Cara non tanto sdeg... 181

Index of First Lines

Care luci 190
Care pupille amate il 178
Care pupille pupille 168
Caro Autor... 192
Caro son tua cosi son 171
Cessate, cessate 335
Cessino i vostri pianti 335
Che Dori è la mia vita 191
Che fa il mio bene per 300
Che lege spietata che forte 167
Che mai rispondere 557
Che mai rispondermi che dir potrei 164
Che mai temer po... 368
Che non fece quel crudele 167
Che quel cor quel ciglio al 294
Che volete o crude 196
Chi chi puo resister chi a 193
Chi dice ad un amante 336
Chi mai d'iniqua stella d'i... 176
Chi non cede a quelle 335
Chi non ode e chi non 164, 189
Chi non sente al mio dol... 164
Ch'io mai vi possa lasciar d'a... 169
Chio non m'abbia a vendicare! 557
Ch'io non speri, ch'io non speri 192
Chi per pieta mi dice, la 334
Chi vuol aver felice e 196
Chi vuol trai flutti 333
Cignol nella foresta 183
Ciò che trova amore lega sfor... 191
Ci stringe il core amor 197
Climene anima mia 189
Clori che sul' matin di prima 190
Clorinda s'io t'amai 191
Clori, sei tutta bella 187
Col ardor del tuo bel core 168
Colla mia silvia ch'è 408
Combatti da forte combatti 188
Come a vista di pene 299
Come nave 171

Come porrà il mio cor 194
Compagni nel amore 164
Condottier 621
Confusa, smarita, spiegarti 182
Con gli amorosi mirti fra 297
Con la gelida Salma 433
Con le stelle in van s'a... 297
Con più luci di candori 186
Con quel sospiro 556
Contento forse vivere nel 184
Contessina, se per... 556
Con vanto menzognero 297
Cosi bagnato di bel 296
Cosi tranquilla, e cheta 368
Credi pure al 620
Credon cercar diletto, e 333
Crudelissimo amore Jo delle 190
Crudel tiranno amor 331
Crudel tu non sarai ch'il 188
Crudo amor crudo amor dici 193
Crudo amore 583
Cure adorabili 621

D

Dal bell Idolo mio 192
Dal fatale momento che ti mi... 192
Dal lagrimoso Lido, sul 192
Dal primo fóco in cui penai molt' 193
Dal sen dal caro sposo 175
Dal son delle tempeste 177
Damigella, tutta 556
Da mille smarie oh 620
D'amor la bella pace 193
Dank dem gü... 887
Da placidi ri... 296
Da questo foglio io 168
Das beste Guth im Dorf ist sein 439
Das Feuer deiner 885

Das Glück hebt dich hoch 834
Das ist schön, ey das muss ich doch 438
Das kleine Dorchen 875
Das kleine Lieschen sticht dem Schosser 436
Da soll ich bald mit Kätchen n... 586
Das Schicksal hat 882
Dass dich die Gicht, das 876
Dass ich nicht bey dei... 831
Da steh ich und er... 882
Das wäre zum Henken 877
Das war mir ja ein Fast... 881
Date, ò trombe, il suon guer... 183
Da te pietade apprende il mio 173
Da tönte dir von meinen 586
Da wollten wir noch 885
De' folgori di giove 296
Deh, deh togliete agl'occhi 167
Deh fa santo Nume che scenda la 829
Deh mio bene ancor che 187
Deh sapessi amato bene 180
Deh t'achetta e non 181
Dei di Roma ah 295
Del caro ben tiranno è 480
Delirante 194
Dell amante Caliste 331
Dell'infido à te 167
Del vostro amor costante 480
Den, der euch gemacht 886
Den Geliebten mir ent... 623
Der gute 877
Der gute Va... 875
Der Krieg ist aus, der Friede 587
Der Landmann hat viel 885
Der Liebe sanft Ge... 834
Der nur zittre vor Gefahren, der die 873
Der Strauss, den ich hier binde 437
Des Lebens Freu... 834
Destrier che all'armi usa... 175
Dica il falso dica il 331
Dice benissimo chi si marita 828

Dice la verita 558
Dico che ingiusto sei 295
Di cor mio quanto t'a... 169
Die Chinesischen Con... 880
Die du in meinen 878
Die Felder sind nun alle leer 440
Die Fürsten sind die 876
Die Heerden schmü... 886
Die Liebe, die diess Paar entzündet 437
Die Liebe selbst haucht mir aus 587
Die Mägdchen auf dem Lande schmückt 440
Die Mutter schmalt ihn 832
Dieses Herz fühlt sich ge... 830
Dies ist mein Wunsch und 884
Dietro l'orme fugaci 188
Die Wetterscheiden 830
Dimmi Cara 188
Dimmi, dimmi che m'ami, o cara 173
Dimmi pria se in mezzo al pett... 408
Di piacer m'ingegne... 164
Di primavera son do... 176
Di qual sangue o mortale 299
Di quell'acciaro 300
Dir che giovi al mal 196
Direi che sei il mio be... 186
Direi direi 331
Dirti ben mio vorrei, che 177
Dite, perche begl'occhi in 193
D'ogni amator la 175
Dolce mio ben, mia vita 173
Donne care, io non vi 407
Doppo tanto e tante pene 188, 192
Dorilla tanti e tanti 187
Dori vezzosa Dori bel... 188
Dovea svenarti all'ora, che 182
Dov'è la morte 164
Doversi oh Dio di... 335
Dove son? dove son chi mi consiglia 433
Dovunque il guardo il 299
Dreymal schallt schon die 587

Index of First Lines

Du angenehmer Weiber Orden, 200
Du bist es, du bist es, welch Ver... 585
Du bist mein Herzen 830
Du die von brau... 883
Du hörst des trotzenden 887
Du kleines Hauss 876
Dunque; Addio 167
D'un sol guardo mi con... 189
Durchsphähe nicht mit 831
Du versprichst mir Glück 884
Du wilst, du wilst Elise 586

E

Ecco, ecco l'infausto lido 193
Ecco qui la vera e... 408
E cosi mi compatite 195
E folle quel nocchiero 296
E follia se nascondete 164
E gia tre volte scorse dall' 189
Eh la miei spirti 187
Ehrlichkeit und 883
Eile Gott ihm 886
Ein alter Dieb hat unser Lamin 437
Ein Betrüger ist ge... 837
Ein blendend Weiss mit sanftem roth 438
Ein Edelmann, sehr wohl gebaut 439
Einen Mann nur will 837
Ein junges Bauermägdchen kam oft 439
Ein kluger Feldherr 879
Ein Mädchen zu finden, den 831
Ein Mägdchen das auf Ehre hielt 436
Ein Ritter wie die 833
Einspruch hin und Ein... 838
Einst liebte treu und 832
Einstmal wollt mir ein 884
Ein Strauss von 881
Ein Wort an dich 876
Empfanget ihr Gefilde 586

Empfang, o Lie... 880
Ende gut alles 886
E perchè non m'ucci... 195
E pur vivo e non spiro! 187
Er flucht dem Tages... 520
Er kommt, er kommt 837
Er steht dir recht gut, der niedliche Hut 440
Er trotzte verwandten Tyrannen 873
Es fühlt sich nur, es sagt sich nicht 440
Es gebe der Himmel 839
Es geh euch allen 886
E si dolce il mio contento 331
Es ist der Liebe 834
Es ist die Mode so 438
Es ist ein schlanker Bauerjunge 436
Es ist entschieden 835
Es ist ihr Sohn es 885
Es ist um mich ge... 885
Es lagen einst in 877
Es trug einst Gretchen 436
Es war, mein Herr, es war beym 585
E tardi, oh Dei! qual 558
Ey nicht doch! Ey nicht doch! Ey ja! 440

F

Fan le colpe una 179
Fauste ah volgi a noi 333
Favella al tuo core e 332
Ferma Dafne crudel. Apollo 620
Ferma ove corri ingrato 181
Festeggiando 186
Fiamette amable bramo l'o... 164
Fi Herr Vogt, fi Herr Vogt, ich 586
Filen perdona io non conos... 190
Filli adorata e cara Filli 192
Filli, convien, ch'io parta 191
Filli mia per te riscento 191
Find ich nur die Zeit 884

Index of First Lines

Finge il Leon tall'ora 179
Finsterniss und Schre... 879
Fliesset milder 887
Fodre deiner Toch... 883
Fort mit ihm 623
Fra canti, suoni, e giubili 407
Fra cento affanni e cento, pal... 166
Fra cento belle, Sol la 191
Frà dubbi affetti miei ri... 168, 175, 177
Fra due venti navicella 164
Fra l'ombre un lampo 164
Fra mille pensieri, confusa 169
Frà quelle tenere do... 298
Freddi marmi all'Idol mio 169
Frema in faccia al suo pe... 334
Fremeva il mar turba... 480
Freund, Freund, Freund 520
Freyheit wallt in 879
Frieden preiset 886
Frisch, frisch, frisch ihr 838
Frisch Valen... 882
Fritz gieng zu Lies... 875
Fuggiam dove fi... 368
Fuggi dà gl'occhi miei 185
Furibonda la mia spada la 165

G

Gehorchen muss 882
Gehorsam ist der Oce... 887
Gelida man mi trema 480
Gelido in ogni vena in 176, 179
Gelosia, che vuoi, che vuoi 196
Genädigste, genädigste wir 585
Giacche mi tremi mi 298
Gia divento freddo 619
Gia la sento che in 368
Già la stagion novella veste 188

Giannina lo spera 407
Gia sai gia sai che lusingua 182
Già sono un'ombra 408
Gia tu parti, io che 194
Gieb liebes Mädchen mir ein 587
Gioie venite in 331
Giusti Dei a voi non 165
Glaube nicht dass ich noch liebe dein 874
Glaubest du mit Schmeiche... 622
Gleich ihnen umtanzen die Stunden der 829
Gleich komm mit mir, gleich komm mit 584
Gleich und gleich gesel... 834
Gleich und gleich gesellt sich 585
Glücklich Kind an dei... 831
Göttin mit diesem 881
Gott musst ich diess no... 624
Grandi è ver son le tue pene 171
Guardi, guardi un grosso 557
Guerriero usato in Campo 171
Gut getroffen 838

H

Hab ich einmal ihn zum Mann 436
Habt ihr nie in meinen Jahren 440
Haderlump, Haderlump, kommt ihr Leute 200
Hätt' ich für sein schönes 520
Hai visto alla Comedia 556
Hannchen siehst du 832
Ha! nun bin ich 838
Hat man nicht seine lie... 879
Hat noch ein Paar 883
Heiliger als tausend 836
Heitrer Tag, der sie uns 585
Heran, Heran, Heran, Heran 199
Herr Amtmann sie 832
Herr des Gnad uns 887
Herr, nehm er mich da... 838

Index of First Lines

Heut tausch ich nicht 875
Hier ist das kleine das klei... 884
Hier ruht seit sechs ver... 886
Hier seh ich, mir zu Füssen, Vergiss mein 439
Hier steh ich vom Ge... 622
Hinweg mit Schwermuth 879
Hochmuth Hochmuth Hoch... 885
Hodie festa sunt dicata 434
Hört alle zu ich 833
Hoff und Liebe 883
Holde Schwestern, schweigt nicht länger 700
Hor che l'Hespera luce tuf... 187
Hò scherzato hò scher... 195
Ho una pena intorno al 189
Hundert Thaler, denkt doch 587

I

Ich armer Mann 881
Ich bin ein kleiner Naseweiss 439
Ich bin erfroren 884
Ich bin noch allzusehr ein Kind 439
Ich dein Vater? Nein 883
Ich falle, ich fal... 884
Ich folge der Trommel, Ich folge der Trommel 198
Ich glaube nicht, dass jemand in der Stadt 198, 200
Ich hab ein viel zu gutes Herz 439
Ich hasse den Frieden und 584
Ich hatte dir wohl was 586
Ich hoffte dass 837
Ich lache der Fes... 878
Ich lag in lauter Angst 884
Ich liebe sie 839
Ich liess mich hinter... 585
Ich mag mich nicht verlieben 199
Ich muss darüber lachen 437
Ich muss zum Lügen 837
Ich suche, such auch du 436
Ich trage kein Be... 838

Ich verlassen! ich vom 836
Ich war ein Junge, kaum so gross 439
Ich will euch warten 880
Ich will sie beyde 838
Ich wüsste nicht, ich wüsste 585
Ich zeck mich vor 875
Idol mio nel caso amaro 169
Idolo mio non 620
Ihn lass ich mir nicht nehmen, ihn 587
Ihr Antlitz entfaltet 830
Ihr Blick in Thränen 886
Ihr die durch güti... 832
Ihr Götter der Hölle 520
Ihr guten Sachsen denkt 876
Ihr heil'gen, unendba... 520
Ihr Hirten und ihr 830
Ihr kennt das Glück das 586
Ihr Leute seht 880
Ihr Mädchen wollt ihr 833
Ihr Mädchen wüsst 885
Ihr Meister und Ge... 875
Ihr sollt' ich untreu, untreu 520
Ihr Stürme schweigt 886
Ihr trenntet uns 883
Ihr weint ihr Kinder 830
Ihr wisst es gütge 624
Il caso si fa brutto, e 407
Il cigno qual orrente 165
Il dolente pastorello 169
Il Pastor se torna aprile 184, 620
Il piu crudo d'ogni affan... 187
Il tenor de fati in... 298
Im Gefühle, im Ge... 834
Im Grabe wohnt Ver... 883
Immeneo la face 335
Impallidir vedrai pria 171
Impallidisce in campo 168, 174
In andrer Glück sein 623
In braccio à mille furie 171, 185
In der Welt ist nichts 880

Index of First Lines

In die schöne Stadt nach 877
In diesen Arm, der 584
Infelice è 167
Infelice in 368
Inimica d'amore 186
In mar turbato e nero 171
In questa selva oscu... 296
In questo estremo addio 294
In Schwabenland, im Dor... 879
In sino che godrò 188
In si torbido procul 167
In unserm ganzen 622
In van ti struggi 367
Invidiosa non son io 408
[Io] Jo crudel io giusto 181
[Io] Jo d'amore, oh Dio mi 583
Io nemica a 295
[Io] Jo qui crepo di rabbia ed in 556
Io scordarmi il mio di... 333
[Io] Jo sento che in petto mi palpita il 699
[Io] Jo son qual passaggiero 169
[Io] Jo son qual Peregrino, di 175
[Io] Jo son semplice Pastorel... 193
[Io] Jo sò quel che costumano 407
[Io] Jo ti lascio, Dormi in pa... 165
Ismene hatte noch bey vielen andern Gaben 199
Ist das nicht eine liebe Noth 435
Ist dies Jammer? ist dies 836
I tuoi sdegni e i tuoi lamenti 170

J

Ja der Lerche frü... 883
Ja gewiss, sie sind 830
Ja, ja den Kuss des 831
Ja lieber Gustel 832
Ja Lucas dieser 622
Julchen, Julchen komm 587
Jung gefreyt, hat niemand ge... 585

K

Kann man einer 833
Kaum lässt sich so ein 886
Kaum sitz ich im Stübchen und 585
Kein Glücksfall kein 834
Kein Unfall muss uns 835
Keine Seele lässt sich 839
Kinder sitzen euch zu 586
Knappen setzt die 832
Könnt ihr bey ihrer 882
Kommt Schäfer kommt her... 885
Kund sey heut, sey heut 835
Kutsch und Pferde 839

L

La campagna cosi 407
La carozza ci fa rà... 171
La Catena ch'allettan... 196
La colomba imprigionata sciolta 173
La destra ti chiedo 180
Là dove in grembo, al colle l'ac... 192
La faccio, o non la 557
La fiamma che nell seno 331
La forte mia tiranna 176, 177
La fravoletta, 180
La mano di saetta 174
Langue geme 197
Langue misero 175
La notte oh Dio non 407
La ragion gli affetti ascolta 294
Lass den Winter Eiss und 876
Lassen sie mich immer 622
Lass Mädchen lass dich doch 885
Lasst ihr Nachti... 883
La Tortorella se 182
L'augellin che in lacci 165
La viola, che lan... 193

Index of First Lines

La viva face ac . . . 335
Lebe wohl mit aller deiner Pracht 438
Le Dimore amor non 333
Le donne han tanti inganni e così poca 828
Leon per la foresta 480
Liebe Landsleut, jetzt ist die beste 198
Lieber erster Son . . . 879
Liebliche gesunde 830
Liebste Schwester Weiber . . . 881
Lieve Zeffiro si sten . . . 191
Lilla mi parto addio 187
Lode agli Dei 620
L'onda che mormora 176
Lontananza crudel 190
Lontananza dell'amato 186
Lo sa il Ciel s'io diceva di no 433
Lottchen gieb dein Herz 833
Luci belle più serene 165
Luci belle voi che ar . . . 168
Lungi dall'Idol mio 194
Lungi dal mio bel Nume 192
Lungi da me pensier tiranno 189
Lusinga questo cor 186
Lusinghiera la speran . . . 168
Lustig zur Arbeit ihr Schwestern 437
Luzi vezzose, vezzo . . . 480

M

Ma Cantatina quando è 179
Ma che fo? non e pazzia 433
Madre e tu ingiusta 171
Mächtig herrscht 878
Mächtig zwang der kühne 878
Mädchen glaube, was ich 585
Mädchen lasst euch 876
Mädchen von so jungen 884
M'affligge e mi tormenta mi tor . . . 165
Mag doch meines Glückes Schimmer, kaum noch 873

Ma l'ira vostra o Dei! 334
Manca la guida al pie 171
Manca pur quanto sai 192
Man grüsst mich, küsst 882
Man sperre mich mit Lieschen ein 436
Man spricht doch immer 835
Maravigliatevi quanto vi 180
Meco al voler del fato 334
Mein Engelchen, was machst du hier 435
Meine Tochter, traue nicht 439
Meine Tochter, wie ich 839
Mein Liebes Schiff 833
Mein! Lobt mir doch nur nicht die Nacht 435
Mein Retter, mein Be . . . 623
Mein Töffel ist ein Mann für mich 435
Mentre al indegni appresso 335
Mentre dormi amor 171
Mentre l'erbetta 180
Mesta e flebile mi dice 336
Mesto e solo il Russignuo . . . 187
M'hai da piangere m'hai 194
Mia Climene adorata se mai 192
Mia figlia? ah, ah, pre . . . 557
Mich kann nichts so 835
Mich willst du o Ge . . . 622
Mi conosci? sai chi sono? 182
Mi credi infedele 177
Mi fò rossa, mi vergogno 433
Mille dubbi mi 295
Mille volti sospirando 191
Mi lusinga il cor d'affetto 182
Mi lusinga il dolce af . . . 169
Mio bene adorato per . . . 480
Mi palpita il core, non 171
Mi par sentir la bella dola 183
Mirando quel ciglio mi manca il re . . . 829
Mir kams vor und sehr na . . . 880
Misero me, qual 828
Mit allen ihren 623
Mit der Liebes Göt . . . 880

Mit dir ver... 834
Mi vedranno in tiro a 557
Mi voglio far intendere 196
Mi vuol già misera il 178
Molli affetti dall'alma 297
Monsieur du Toupet 837
Morir dovea nell'aque, e 191
Muore muore 165
Muster guter Herren 623

N

Narren denken wie 885
Ne giorni tuoi felice 180
Negli Eliti ombra onorata, l'alma 757
Nein, da vergeht mir al... 586
Nein gewiss, das ist zum 835
Nel fattale estremo ad... 620
Nell affanno oh Dio nell 300
Nella neva ombra di 368
Nell pensar che Padre io 297
Nel mio cor stanco à consiglio 183
Nel mio seno che agitato 757
Nel partir, carina mia, strano 433
Nel pensar, nel pensar 170
Nel pugnar col mostro infido in... 583
Nel rimirar quel volto 177
Nel sereno d'un 333
N'ho viste tante e 557
Nice, se il tuo bel labro 187
Nicht Paphos nur, nicht 836
Nicht Schätze reizen mich 437
Nimm hin der 877
Nobile al par che 557
Nocchiero in mar turbato 176
Noch liegt er in 833
Non basta a un alma amante 177
Non credermi cru... 333

Non deggio lusingarmi ne 330
Non disperi Pe... 183
Non dispero non dispero 167
Non è bella ne vezzosa 193
Non è il fato 480
Non fidarti della 168
Non ha più pace l'amor ge... 172
Nò, non lagnarti oh bella 480
Nò, nò, nò, che non 480
No no non vedrete 174
Nò non vedrai destin tiran... 173
No non vedrete mai 166
Non pavento a... 621
Non pensar Idolo 181
Non pensi quell'altera 183
Non ritrovo un alma 300
Non sempre invendicata io 184
Non sentite che a levante 408
Non si muove non rifiata 180
Non son di quelle, che fan le 169
Non son poi cosi tiranna 433
Non so se la 300
Non so se sdegno sia non 184
Non speri onusto il pino 295
Non spinoso alpestre calle 174
Non trova mai riposo l'a... 178
Non vantar cotanto altero 191
Non v'è nel mondo duo... 170
Non ve ne state à ridere 195
Non vi piacque, ingiusti 168, 176
Non vorrei nell mio contento 433
No sleal più non t'as... 183
No sò chi mi pia... 197
Nulla più di speranza 190, 330
Nu Marthe, lebe wohl 435
Nume arciero in trattar 330
Numi che intenti siete le forti 298
Numi crudeli ch'im... 620
Numi se giusti 300
Numi se giusti siete ven... 177

Index of First Lines

Nun entlade dich der 831
Nur einen Druck der Hand, nur halbe Blicke 584
Nur für mein Mägdchen allein 436
Nur gnädig mein Herr 830
Nur in süsser Einsamkeit 437

O

Occhi Belli 195
Occhi perche piange... 194
O das, das ist ein Staar 440
O, der ist nicht vom 520
Odo il suono de queruli 179
O du feindseliges Ge... 837
O du, für die ich 520
O ein niedliches 830
O flieh! geliebter Schatten 520
O Freude, o Freu... 875
Oft ist Kühn... 878
Oggi a te gran Re tosca... 296
O Glück meines Le... 878
Oh che notte 336
Oh Dei che facesti? 335
Oh Dio mancar mancar mi sento 619
Oh fortunata che in fra le 334
O Himmel 837
Ohne Schutz voll 835
Ohne Schwerdstreich 833
Oh qual t'adorna del suo splen... 334
Oh vedete che sog... 336
O Jugendzeit, o goldne 520
O Julchen, o Julchen 587
O, komm in die Ge... 623
O macht es so viel Plage der 199
O macht mich doch 882
O macht mir doch von ewger Treu 438
Ombra cara 182
Ombra fedele anch'io 177

Ombre amiche ombre care 194
O mein Geliebter, o 586
O Natur 837
O nell' sen di qual 172
O Numi eterni, o stelle 192
O, O, o, der allerreinsten Lust 199
O pace del mio Cor, dove? 192
O questo nò, ch'io disperi 197
Orche la Pompa d'amoroso im... 191
Or del rigido Verno 197
Or più temer non voglio 177
O schöne Narität, o schöne Narität 198
O seelig wem 836
O signora, gran no... 557
Osserva quel fiore, che 176
O weh! mein ganzes 884
O welche Quaal für 878
O wie will ich sie strei... 835
O wie wird der 875

P

Pallido e mesto in volto di 174
Parmi udire il poverino 828
Parto 182
Parto parto oh Dio a te con 620
Parto un'amplesso almeno 167
Passaggiera sventu... 165
Passaggier che sù la sponda 173, 184
Passagier ch'in selva 331
Pastorella sola sola 186
Pastorella, vaga 186
Peggio far non mi può 196
Penche sempre crudel meco 180
Pene 197
Peno in 174
Pensa a serbami o cara i 175
Pensa di chi sei Figlia, e d'esser 182

xli

Index of First Lines

Pensa o bella alla mia 188
Pensa, pensa che sono amante e 178
Pensa se fosse 621
Per bellezza per bellezza 197
Perche se tanti 619
Perchè, vezzosa, vezzosa 189
Per darvi alcun pegno di affet... 182
Perderò l'amato bene 367
Perdon in grazia per... 181
Perdono al primo eccesso 298
Perdono al vado [*should be* crudo] acciaro 177
Per esempio, quando 557
Per far di me vendetta 330
Perfido ingannatore 172
Perfido traditore ti 172
Per me parlan, quest'a... 187
Per pietà bell'Idol mio 165, 185, 407
Per quell, ch'or 621
Per sì caro amato 176
Per star bene e far tem... 558
Per te nel caro nido 184
Per voi sola, o mio bel 557
Petulante, villan... 557
Pflicht und Ehre 622
Piaggie 197
Piangero la mia 333
Piante, voi più non siete 193
Piega la fronte al Nume 334
Porgi ò bella a chi t'adora 186
Potea quel pianto 299
Povera bambinella 408
Poveri affetti, povera 433
Povero amante Core si 166
Premi o Tiranna altero, tiranna 179
Pria ch'io faccia altrui palese 195
Pria dell'usato suo sorge l'au... 331
Priva del caro be... 165, 169
Procuri la prego la 172
Pupillette vez... 165
Pur ti riveggo al fine 367

Q

Qual di sogno ombra leg... 174
Qual dolente pastorello 171
Qual piacer in questo istante 829
Qual timor 187
Qual torbido torrente 175
Qual vinto d'amore 165
Quand'apra al di le ciglia 334
Quando è l'alba la ma... 408
Quando fremi altiera 172
Quanta pietà mi fate o mesti 190
Quanti giovani vi son 408
Quanto care al Cor voi siete 195
Quanto costa il tuo de... 298
Quanto fido l'adorai 175
Quanto mai felici 172, 407
Quanto mai saria più bello 188
Quanto penso à colei che 191
Quanto sciolto d'amor io mi cre... 188
Quel cor quel cor che mi do... 183
Quel destrier ch'all'Albergo è vi... 172
Quel geloso incerto 300
Quel guerra funesta 334
Quella destra si mi 194
Quell'auretta, che placida scuote 829
Quelle luci del mio 177
Quell'inimico auda... 178
Quell'occhio vezzoso, quel 336
Quel vago seno, ò Fille 187
Quel vapor che in vale im... 184
Questa è la bella 297
Questa è l'arte di noi 169
Queste amabili fioret... 336
Questo acciaro, e questo argento 433
Questo amoroso 170
Questo signor nel vi... 558
Questo silenzio ombroso 197
Quid feci quid com... 839
Qui giurommi un 189

Index of First Lines

R

Ramentati chi 173
Rammentati chi sei che 480
Rauschend geht er auf und zu 438
Rauvediti rauvediti 195
Rendete eterni 368
Respira al solo aspetto 298
Resta o cara, e per 295
Resta pur con chi ti piace 433
Ricordati 184
Ricordati ben mio quanto 182
Rida il Ciel felici amanti 621
Rio destin ch'a tutte l'hore 194
Ripieno di furore di 165
Risponderti vorrei ma 170
Ritornerà fra voi 299
Rivellatevi rivel... 195
Roma invita ma clemente 179
Romeo cru... 621
Rondinella à cui rapita 185
Rosette schleicht zum 881
Ruhe nun von deinen 585

S

Saggia Dea tace... 296
Sai che spiegar si vede 295
Saldi marmi che coprite 194
Salta il core e salto 336
Salve, Salve Reg... 434
Salvo tu vuoi lo 300
Sancte Martyr Sancte 434
Sanftes Lied, lass 887
Sanfte Weste, eilt und traget meine Wün... 874
Sanft, wie im Schat... 876
Santa speme, tu sei 299
Saper di [ti] basti o cara 295
Sappi che in te riposo 166

Sarò qual bramate ai 296
Scende dal' monte 169
Scendi o Dea dal terzo 333
Schau Jüngling, schau U... 836
Schelm bessre dich 438
Schenkt mir Hannchen 833
Scherza in mar la Na... 184
Scherza la pastorella la 165
Scherzò, scherzò scherzò fortuna 174
Scherzt und schäckert, lasst euch 832
Schlaf immer hin am 622
Schöne Herren 622
Schöner ist die Rose 584
Schön ist der Purpur 877
Schön ist mein Mädchen 833
Schön sind Rosen und Jesmin 435
Schon beym frühen Morgenroth 438
Schon erblick ich 624
Schon fahr ich hoch 878
Schon lockte mich der 622
Schon wandelt' ich im 520
Schütz o Engel 831
Schweigt nur Michel Su... 879
Schwuren sie nicht einem 831
Sdegna chiamato 178
Sdegno ingegno affetti 172
Se ai detti tuoi, sospendo 168
Se a librar 299
Se Amor con un Contento 194
Se cerco, se dice, l'amico 172
Se credessi di volare 407
Se da turbine 621
Se d'essermi fedele mi 176
Se d'una figlia amabile 408
Se Giannina affè mi vuole 407
Se gl'estremi orror di 177
Seh ich dich endlich 623
Sehn sie meinen Thränen fliessen 436
Seht den jungen Zephyr streichen 439
Sei gentile sei vez... 330

xliii

Index of First Lines

Se il Caro bene 480
Se il Ciel mi divide dal caro 175
Se il labbro amor ti giura 176
Se il mio paterno amore 179
Se in campo armato vuoi cimen... 172, 182
Se intende si poco si poco che hò 185
Se intenti se miri la 170
Se la campagna in onda 165
Se la pupilla in... 299
Se l'ardor solo, o il gielo 296
Se la vaga Lodoletta 336
Selbst in Plutos finste... 624
Selve ami... 189
Se mai perdete l'idol che 184
Se mai qualcun venisse 408
Se mai volesse volesse 170
Se mi dirai ch'io speri 183
Se mi rendi il 433
Se mi vuole oppresso il fato or... 168
Semplicina, modestina, senza 407
Sempre m'avrai sul ciglio 300
Se non avete, oh 480
Se non dovesse il piè senza 173
Se non t'avessi amato 180
Senza parlar 333
Se pari è la tua fè al fuoco 190
Se piangi se peni m'affanno so... 828
Se pietade in Ciel non 433
Se questo dolce amplesso 167
Serbami la piu cara parte 165
Serbami ò cara ò cara 300
Serbate o Numi l'Eroe che 298
Se riposto a quelle let... 556
Se tal un non s'à 297
Se Tiranna se tiranna 172
Se trova ritegno al 167
Se tutti i mali miei 174
Se tu vedesti il core 407
Se un guardo giro 556
Se un istante 333

Se vai a morte oh Dio! 584
Se veder tu 620
Se visti a te fedele 480
Se viver non poss'io 165, 434
Se volgo talora a 174
S'ho da perdere un re... 619
Sia maledetto Amor 196
Siam navi all'onde algenti lasciate 172
Siam Soli Erminia e 191
Sia pur crudele, sia pur in... 173
Si d'un volto la beltà e 189
Sie an den Hof 837
Sie fliehet, sie fliehet fort, es ist um mich geschehen 584
Sieh beste Frau 875
Sie stirbt, ihr Götter 520
Siete barbare amate 185
Signor Lamberto caro caro 172
Silberne Cristallen 830
Si lo giuro, oh ninfa bella 336
Simbolo del mio ben Rosa gentile 190
Si m'inganni e 297
Simson erwache, erwache, die 585
Singt doch, singt ihr kleinen 832
Singt Jubel der Wonne 878
Si piangendo io partiro 433
Si pietoso il tuo lu... 184
Si si fa ch'un empio 168
Si, si ti fido 295
Si tacerò se vuoi! 295
Si t'intendo ombra di... 620
Smarito in rea foresta 335
So ch'è stanco navi... 174
So con un vezzo sò con 188
Sò d'essermi d'Amor, Bel 186
So find ich dich, so 831
So flieht um uns 886
So führt das Schicksal 584
So geht der Handel gut 584
Sogna cosi la 185
Sogno? o tornar da 621

xliv

Index of First Lines

So kann man glücklich 584
So komm auf die Probe, mir 830
Soldaten ihrer 830
Sol del Tebro in 295
Sol di pianto inondo 196
Sol due ricordi io di [ti] vuo dire 183
So leise schlug mit ih . . . 586
Son confusa, Pasto . . . 170
Son Gelsomino son picciol 191
Son le donne Padron mio 336
Sono qual Toro indormito [indomito] 407
Son pietosa e 583
Son pur dolci a un cor ch'adora 197
Son pur tuo bell' 621
Son qual legno in grem . . . 480
Son qual nave chi agi . . . 434
Sonst gieng der Lenz mir 836
Son tanto semplicina son tanto 171
Sopra un colle fiorito al di cui 193
Sorge qual luci 172
Sorprendermi vorre . . . 297
So schön, so still, als 624
So sind denn die Wiesen 880
So soll ich von dir 881
Sotto un furor possente 330
Sovra funeste Pyra 193
So wallt auf Hoffnungsvol . . . 879
So wie die Glock im Dorfe schlägt 438
So wie zur frühen Mor . . . 877
Spera goder vicino 184
Speranze lusinghiere 433
Spero, spero dal tuo va . . . 173
Spesso, se ben l'affretta 296
Splende un balen di luce 333
Sposa ti lascio ad . . . 480
Sprezza il furor del 300
Sprezzami pur per ora O . . . 297
Stanco di più soffrire, mil . . . 192
Stando à canto all'Idol mio deh? 183, 330
Sta nel volto un 336

Steigt durch die Wolken fro . . . 832
Stille, Gürgel, schäme dich 437
Stille stille ein Ge . . . 831
Stizzoso mio stizzoso 172
Süsse Freyheit kehrt 878
Sù fierisci 195
Sul tarpeo propizie 297
Superbo destriero ch'ag . . . 179
Superbo di me stesso di 166, 169, 173
Svela se m'ami o cara, il 170
Sventurata in van mi legno [lagno] 583
Sventurata, pove . . . 336

T

Tacete pur, tacete o 187
T'aggio voluto bene 166
Tanto all'usato af . . . 621
Tanto esposta alle sven . . . 296
Tantum ergo, tantum 434
Tempeste il mar minac . . . 295
Tengo per infallibile 195
Tesoro tesoro di 196
Thränen vol . . . 875
Ti chiedo un guardo 187
Timida no cosi no cosi 166
Ti patrona gratulamur 585
Tiranna 178
Tirsi, povero Tirsi 330
Ti sento ti sento po . . . 166
Torbida in volto e nero 173
Torbida notte in . . . 170
Torbido mar, che 298
Tornate sereni be . . . 169
Tornate tranquille 173
Torno a voi felici 334
Tortorella se rimira 175
Traurig 831
Trinkt, trinkt, trinkt 622

xlv

Index of First Lines

Triumpf dem Sieger 879
Troppo cruda è 194
Troppo fiera è la tem... 169
Tua Figlia, ah, ah, pre... 558
Tu di saper procura 173
Tu gl'ostinati 296
Tu mi disprezzi ingrato ma 184
Tu nel duol nel duol fe... 299
Tuona adesso il Cielo irato 166
Tu ottienti fra le 332
Tu parti, amato Tirsi? 192
Tu parti, Idolo mio? 192
Tu ten vai cosi 193
Tu vuoi ch'io senta amore 171

U

Udite alme dolenti 193
Umflattert von schmach... 585
Umsonst hat falsche Eifer... 587
Umsonst suchst du zu bergen was sich im Herzen 874
Un amante rispettoso 408
Una povera don... 336
Un certo non sò che mi sento 177
Und die Hoffnung hebt in 832
Und schmält er, auch manch... 879
Ungerathnes böses 832
Unglücklicher, Un... 520
Un'istante al Cor tal... 298
Un raggio disperan... 171
Unsre Väter sah man 837
Unter allen schweren Sorgen ist das schwerste Geld 200
Unter Schatten... 880
Unwürdiger, du sollst sie haben, du 829

V

Vado per un momento lungi date mio 828
Va lusingando a... 620

Vanne è colei che adori 177
Vanne pur vanne pur lascia d'a... 407
Và per le vene il sangue 174
Va più lieto al caro Lido 168
Va trà le selve ircane 166
Vede che l'onda fre... 178
Vedeste mai sul prato cader 170
Vedete che ridico... 336
Vedi nel mio perdono 176
Vedi quel pianto oh Dio 174
Vedrai che non pavento 480
Vedrà quell'altero che 183
Vedrò del tuo sembiante 175
Vedrò piu liete è belle 183
Vedrò versar 189
Veggo le orribili 179
Ven... 188
Vendetta io farò 188
Venite, venite al bel giorno 334
Verbrannt muss er werden 839
Vergebens fliesst die 623
Verherrlicht und ge... 880
Vesti la gonna, e'lorin t'in... 184
Vezzosi Lumi a vagheg... 186
Via zitto, comprendo 336
Vieni o cara deh vieni a 190
Vieni ò morte a 187
Vieni o Psiche alle valle 335
Vienni vienni che pri... 185
Vi era al tempo delle fate 408
Vincesti Adraste e le 189
Vi sento oh Dio vi 299
Vi sento vi sento 183
Vi sguardo vi vedo e 166
Viva sempre viva amore che fa tutti 827
Vivi dette a giusti 178
Vivi saperlo e 176
Vogli ad un altro cor amor 193
Voglio dal tuo dolore 167
Voi ch'al giurai [giurar] d'un labbro 166

Index of First Lines

Voi che le mie vicende 174, 184
Voi leggete in 620
Voi non sapete quanto gioia 167, 185
Voi ve ne pentirete 197
Voll Hoheit, Menschenlieb und 585
Vom Puder glänzt sein lockigt Haar 439
Von der Liebe mit 835
Von dir o Glück 587
Von Sprosse zu Sprosse 876
Vor deiner Reise 836
Vorrei che almen per 295
Vorrei da lac... 170
Vorrei del caro bene 178
Vorrei dire Vorrei 195
Vorrei dirti il mio do... 298
Vorrei nel mio nel 170
Vorrei scoprirti 197
Vorrei spiegar l'affanno nas... 185
Vo solcando un mar crudele 173
Vox haesit fau... 838
Vuoi che m'accenda 480
Vuoi dirmi lo so lo so 184
Vuoi punir l'ingrato a... 173

W

Wär' doch schon mein Lieschen mein 440
Wär' es möglich diesem Herzen, dass es treu... 874
Wams und Mieder, Hut 882
Wanke nicht 878
Was bleibt mir noch, da 587
Was fühlen zwey ver... 885
Was für Gesperre 623
Was hilft denn das Quälen 882
Was ist Lieb' ein Tag des 831
Was man schöners je ge... 835
Was sich neckt, das liebet sich 436

Weg mit Trotz und weg 879
Weh mir Armen! 624
Weil ich noch immer 884
Weine nicht, weine nicht 520
Wein' o Erde ban... 886
Welche Fluren welche 586
Welch Entzücken mei... 878
Welche Plagen 835
Welch verdriessliches 833
Wem dank' ich diess Leben, wem 520
Wenn der Stahl den Stein 884
Wenn die bunten Fahnen 876
Wenn er nun nicht her... 839
Wenn ich die Liebe 834
Wenn ich eine 834
Wenn ich zur Frau dich 835
Wenn in grausen Unge... 836
Wenn mich nur mein Röschen liebt 435
Wenn nach der Stürme Toben die Sonne 874
Wer bey mir will schachern recht wohlfeil und gut der 199
Werden sie denn nicht mehr 835
Wer liebt, liebe bescheiden 830
Wer meinen Gräfen sieht der 834
Wer mich einmal hinter... 834
Wer nicht beständig liebt 877
Wers Glück hat, führt die 837
Wer unsern lieben König liebt 435
Wer wird sich um ein 834
Wie artig ist er nicht 438
Wiedersprich dem Her... 885
Wie ein Kind in Mutter Armen einge... 829
Wie froh bin ich, dass me... 834
Wie lieb, wie werth 876
Wie schnell entfloss die schöne Zeit 439
Wie schön, wen Rang und Hoheit schmückt 438
Wie schön, wie hei... 584
Wie sie schwillt, hy, wie sie 839
Wie traurig ist die Stunde 875
Wie wird mir bange 436
Wilhelm, wie? was hindert 587

xlvii

Willst du mein gan... 836
Wird die Liebe lau... 838
Wir reisen seit dem 832
Wo bist du Ro... 883
Wohl an Niklas 884
Wohlan, so eil ich 839
Wohl! ich will den 881
Wovor sollt ich er... 623

Z

Zeffiretti che 186
Zeffiretto 330
Zehn, zehn, Her... 839
Zuerst, sie wird es mir er... 585
Zwey Mädchen brachten ihre Tage, bey einer 199
Zwischen Angst, zwischen 520

GENERAL INDEX

NOTE ON THE GENERAL INDEX

Composers' last names are given in SMALL CAPITALS, with a full capital initial letter. First names and initials are given in ordinary (roman) type. All variant spellings of last and first names and initials appearing in the catalogue are included; the currently accepted best form of the name comes first.

Titles of works are given in *italics*.

Genres, such as Sonata, Duet, etc. are given in ordinary type both as separate entries and as subheadings within composer listings.

Material supplied by the editor, e.g., modern spellings, missing first names, etc. is enclosed in brackets. Where a first name is currently unknown or uncertain, such brackets enclose a space left blank for the eventual insertion of the name.

In cases where last-name entries appear both with and without first names, and in instances where similar names may or may not refer to the same individual, the indexing procedure is as follows: (a) If only one composer of that name is known to have existed, all works are indexed together; (b) if two or more composers of the same name are known to have existed, a separate entry is given for each major variant.

Further discussion of this index may be found in the Introduction to this volume.

The page numbers given are those running consecutively through the entire volume.

GENERAL INDEX

A

ABEL, [Karl] Fr[iedrich], C. Fr., C. H. Concertino 709. Concertos: cembalo 554; flute 96. Overtures 549. Quartets 533. Solos: flute 424. Sonatas: cembalo 471; cembalo, violin 612; cembalo, violin or flute, cello 614; flute 82; 2 flutes 88; flute, violin 88. Symphonies 412, 445. Trios: 2 flutes, bass 242; 2 violins, bass 635

Abend, Der 758

Abend im Walde, Der 559, 875, 876

ABOS, [Geronimo]. Aria 583

Abraham auf Moria 624, 668

[ACCORIMBONI, Agostino] AGOSTI. *Das Herbstabentheuer, Herbstabentheur,* Arias: 880, 881. Partitur: 700

Achilles in Sciro 840

Adagio 860

ADAM, [   ]. Concertos: 2 cembalos 253; flute 244. Quartets: flute, violin, viola, bass 793; flute, 2 violins, bass 793

ADAM, J[ohann], G. A., Giov. Concertos: cembalo 131; oboe 107. Minuets 307. Symphonies 2

ADAM, [Johann] L[udwig]. Sonatas: cembalo, violin 813

Adeleide 177

Adrast und Isidore 758

Adriano [in Siria] 9, 15, 285

Aerndtekranze, Der, Aerndtekranz 439, 440, 559

Agnes Bernauer 738

AGNESI [-PINOTTINI, Maria Teresa], Sigra. Concertos: cembalo 253. Sonatas: cembalo 282

AGOSTI, see ACCORIMBONI

AGRELL, Joh[ann Joachim], AGREL, AGRELLI, Giov. Concertos: cembalo 131, 253; violin 60. Partita 150. Solo: cembalo 251; violin 224. Sonatas: violin 34. Symphonies 2, 202

AHNERT, [   ]. Concerto: clarinet, bassoon 860

AHNESORGEN, Christ. Gottlieb. Sonatinas: cembalo 548

Ah! Vous Dirai-je Maman 867

ALBERTI, Domenico. Solos: cembalo 326. Sonata: cembalo 282. See also AUBERTI

ALBINONI, [Tomaso]. Aria 177. Cantatas 190. Partita 151. Sonata: violin 42. Symphony 202

ALBRECHTSBERGER, [Johann] G[eorg], I. G. Fugues: cembalo 736

ALBUJIO, [   ]. Aria 166

Alceste 520, 559, 624, 737

Alchimist, Der 700

Alcide al Bivio 15

Alcina 169

Alessandro [nell'Indie] 9, 175, 285

Alessandro severo 167, 179

ALEXANDRI, [   ]. Symphony 702

Alfonso 14

Alibert 181

Aliberti 173

ALLAI, [   ]. Sonata: 2 violins, bass. *Concerto notturno* 59

Alle Dame [Carlo il Calvo] 173

Allegro 429, 789, 806

Allemande 844

Al Tabolino 197

ALTENBURG, [Johann Ernst], Giov. Ernesto. Sonatas: cembalo 733

Alte und der Jüngling, Der 700

AMÉ, [   ]. Concertos: flute 608, 650

Americanerin 588

[*Amitié à l'épreuve, L'*] *Die Freundschaft auf der Probe* 758

Amore e Psiche 334, 335

AMOREVOLI, [Angelo]. Sonata: violin 42

Amor fà l'Uomo cieco 171

Amors Guckkasten 559

Amphion 761

Amynts Klagen über die Flucht der Lalage 584

Andante 653, 688

Andantino 619

ANDRÉ, [Johann]. *Erwin und Elmire:* clavier 588; Partitur 758. [*Lenore*] *Leonore:* clavier 588. *Das tartarische Gesetz:* Partitur 758

ANDREOZZI, Gaet[ano]. Overture 767
Andromeda 624
ANFOSSI, Pasquale, AMFOSSI, ANFASSI. Arias: 619, 757. *Il Curioso indiscreto:* chorus 827. Duets: 827, 874. Symphonies 702, 760
Angelica [*e Medoro*] 10, 285
[Anglaise] Angloise 628, 672, 705, 764, 765, 844
ANNONVILLE, [   ]. Solos: violin 382
ANONYMOUS. *Achilles in Sciro:* Partitur 840. Arias 164, 165, 166, 176, 177, 179, 180, 182, 256, 619. Arietta and variations 284. Ballets 307. Cantatas 186, 190, 198, 199. Chansons francos 434. *Concerti militari* 429, 575. Concertos: bassoon 250; cello 504, 856; violoncello piccolo 79; flute 244; flauto traverso d'amore 104; 2 flutes 244; harp 667; oboe 109; violin, viola 73. Dances 628, 672, 705, 706, 764, 765, 844. Duets: 2 flauti dolci 104; 2 corni da caccia 113. Kleine Clavierstücke 807. Madrigals 196, 197. Overtures 155. Partitas 73, 152. Quartets: 500; flute, violin, violoncello piccolo, bass 78; flute, 2 violins or recorders, cembalo 246. Ricercare 42. Rondo with variations 799. Scherzandi 154. Solos: bassoon, cembalo 249. Sonatas: bassoon 111; 2 cellos 75; cembalo 4 hands 326; cembalo, violin 514, 813; flute 84; flute, violin, cello, bass 76; oboe d'amore 110; oboe d'amore, cello, gamba, bass 76; viola 72; viola d'amore 73; 2 violins, 2 violas, cello, cembalo 72; violoncello piccolo, bass 76, 77. Symphonies 286. Trios: flute, violin, bass 246; 2 flutes, bass 246; viola, cello, bass 422; violin, cello, bass 422; violin, violoncello piccolo, bass 77
Antigono 14
ANTINONI, [   ]. Concerto: violin 233
Apollo und die Musen 700
Apotheke, [*Die*] 559
[ARAJA, Francesco] ARAYA. Arias 166
ARDINA, [   ]. Symphonies 590
Aria, Air, Ariette 74, 164–180, 182–185, 256, 294–300, 331, 332, 333–336, 367, 368, 407, 408, 433, 434, 435–440, 480, 500, 520, 556–558, 582, 583–587, 619–624, 651, 653, 699, 757, 789, 800, 808, 809, 812, 828, 829–839, 863, 865, 867, 868, 873–887
Ariadne auf Naxos 668
ARIOSTI, [Attilio]. Cantatas 190, 191
Armida 10
Armide 700
Arminio 14

ARNE, [   ]. Symphony 412
Arsene 700, 878, 879
Artaserse, Artasserse 9, 14, 166, 285
Artemisia 15
Asilo d'amore, [*L'*] 14
ASPELMAYR, F[ranz], APPELMEYER, ASPELMAYER, ASPELMEURE, ASPELMEYER, ASPLMAYR, ASPLMEYR. Quartets 315, 352, 680. Serenades 650. Symphonies 202, 338. Trios: 2 violins, bass 228, 272, 530
[*Astarte*] *L'Astarto* 175
Asteria 14
ASTORGA, [Emanuele d']. Cantata 191
Atalanta 14
Attilio Regolo 15
AUBERTI, [ALBERTI?]. Duets: 2 cellos 503
AUDINOT, [Nicolas-Médard]. [*Le Tonnelier*] *Der Fassbinder:* Partitur 758
AUENBRUGG, Marianna [von] d'. Sonata: cembalo 807
Auferstehung Christi, Die 758
AVOLIO, [   ]. Duets: 2 violins 384, 385. Solos: violin 308
AVONDANO, [   ]. Duets: 2 cellos 391. Sonatas: cello, bass 391

B

B., F. M. Duets: 2 violins 311
BACH, [   ]. Concertos: bassoon 803; oboe 248. Trios: 2 violins, bass 228
BACH, Carl Phil[ipp] Eman[uel], C. F. E., S. Concertos: cembalo 132, 292, 479; 2 cembalos 292; organ 292. Fantasia and fugue 609. Partitas 116. Rondos and sonatas 736. Rondos, sonatas and fantasies 807, 863, 864. Sonatas: cembalo 116, 399, 609, 688, 806; cembalo, bass flute, bassoon 92, 111; cembalo, flute 473; cembalo, violin 126; cembalo, violin, cello 615; flute, violin, bass 92; violin, bass flute, cello 92; 2 violins, bass 92. Symphonies 2, 202, 672. Trio: bass flute, bassoon, cello 104; cembalo, violin 252
BACH, Chr. Aria 828
BACH, J. Sonatas: cembalo 548; cembalo, violin 550
BACH, J[ohann] C[hristian], Giov. Christiano, I. C. Arias 294, 874. Concertos: cembalo 365, 406, 618, 698, 753. Quartets: 458; cembalo, 2 violins, cello 821. Quintets 389, 602, 821. Sextet 822. Solos: cembalo 324. Sonatas: cembalo 689; cembalo 4 hands 660; 2 cembalos

General Index

660; cembalo, violin 514, 656; cembalo, violin or flute 692; cembalo, violin, bass 660. Symphonies 202, 258, 340, 380, 484, 566, 702, 767. Trios: 2 violins, bass 635

BACH, [Johann] C[hristoph] F[riedrich], I. C. F. *Die [Amerikanerin] Americanerin*: Partitur 588. Sonatas: cembalo, flute or violin 612

BACH, J[ohann] Sebast[ian]. Aria 74. Cantata 191. Concerto: 3 cembalos 553. Sonata: 2 violins, bass 58

BACH, W[ilhelm] F[riedemann], F. W. Concerto: 2 cembalos 125. Polonaises 547. Sonatas: flute, bass 82; 2 violins, bass 58

BACHSCHMIDT, [Anton]. Quartets 496

BACHTA, Conte J. di. Symphony 482

BADIA, [Carlo Agostino]. Cantata 186

BÄR, see BEER

BAISIELLO, see PAISIELLO

BALDAN, D. Angelo. Symphonies 706

BALDENECKER, [Udalrich]. Trios: violin, viola, bass 635

Ballet, Ballo 307, 863

BAMBINI, [Felice]. Sonatas: cembalo 362

BAMBINI, I. B. Sonatas: cembalo, violin 474

BARBA, [Daniele]. Symphony 203

BARBELLA, [   ]. Sonata: violin 42

BARBICI, [   ]. Quartets 353

Barbier von Sevilla, Der 700

BARETTE, [   ]. Divertissements 462

BARETTI, [   ]. Quartet 276

Barone di Torre Forte, Il 336

BARRIÈRE, [Étienne-Bernard-Joseph], BARRIER. Concerto: violin 784. Quartets 717

BARSIELLO see PAISIELLO

BARTA, [Joseph], BARTTA, Gius. Quartets 636. Sonatas: cembalo 654. Symphonies 522, 590

[BARTHÉLÉMON, François-Hippolyte] BARTHELMON. Sonatas: cembalo, violin 743

Bassa von Tunis, Der 758

Bastien und Bastienne 758

Bataille, La 867

BATONI, [   ]. Symphony 203

[BATTIFERRO], Luigi, BATTIFERI. Ricercari 114

BAUER, [   ]. Concerto: cembalo 405. Trios: cembalo, violin 473

BAUER, J[oseph], BAUR, Gius., I. Quartets: cembalo or harp, flute, violin, bass 405, 517, 579, 662

BAUERSCHMIDT, BAUERSCHMITT. Concerto: flute 608. Quartets 497; flute, violin, viola, bass 507. See also SCHMITTBAUER

BAUMBACH, F[riedrich] A[ugust]. Sonatas: cembalo, violin, bass 695; 2 violins, bass 771

BAUMGARTEN, [   ]. Concerto: cello 504

BAUMGARTEN, [C. Gotthilf von]. *Andromeda*: Clavier Partitur 624

BAYON, Sigra. Sonatas: cembalo 363. Trios: cembalo, violin 364

BECK, Fr[anz], Francesco. Symphonies 204, 380, 566

BEECKE, [Ignaz Franz von], BECKE, BECKI. Concertos: cembalo 517, 664. Sonatas: cembalo 363, 734; cembalo, violin 514, 656. Symphonies 702, 760

[BEER, Joseph] BÄR. Concertos: clarinet 860

[BEETHOVEN, Ludwig] van BETTHOVEN, Louis. Variations: cembalo 808

Belle Arsène, La 747

Belle Françoise, La 867

BENAUT, [   ]. [Grétry—*Les Événements*] *Imprévus*: Overture for trio: cembalo, violin, cello 818

BENDA, [   ]. Aria 166. Concertos: violin 853. Duets: 2 violins 227, 271. Solos: cembalo 471; violin 269. Sonatas: bassoon 111; cembalo 652; oboe 105; viola 72. Symphony 258. Trios: cembalo, flute 402; cembalo, violin 290; cembalo, violin, bass 291; cembalo, violin, bassoon 250; 2 violins, bass 228

BENDA, F. C. Symphony 702

BENDA, Fr[antišek], [Franz]. Caprices: violin solo 37, 38, 225. Concertos: flute 96; violin 60, 233. Solos: violin 224, 225. Sonatas: violin 34, 35, 36, 37. Symphonies 3, 203

BENDA, Fr. Giorg et Giov. Sonatas: flute, violin, bass 92; 2 violins, bass 92

BENDA, [Friedrich Ludwig]. *Der Barbier von Sevilla*: Partitur 700

BENDA, Giov. [Jan?]. Concertos: violin 61

BENDA, [Jiří Antonín] Georg, George. *Amynts Klagen über die Flucht der Lalage*: Arias 584. *Ariadne auf Naxos*: Partitur 668. Concertos: cembalo 132, 405, 431, 664, 665; flute 727; viola 642; violin 61, 682. Divertimentos 404, 431, 516. *Der Dorfjahrmarkt*: Arias 622, 623; Clavier Partitur 588; Partitur 700. *Der Holzhauer*: Arias 881, 882; Partitur 668, 700. *Medea*: Partitur 668. *Petites Pièces*: cembalo 429. *Romeo und Julie*: Arias 883; Partitur 668, 700. Solo: violin 308. Sonatas: 2 cembalos 547; cembalo, flute 126; cembalo, 2 violins, viola,

bass 617; 2 violins, bass 44. Symphonies 3, 203, 378, 626. *Walder:* Clavier Partitur 624; Partitur 700. [*Xinio riconosciuto*] *Hindo riconosciuto* Partitur 700
BENEVENTO, Conte [di San Raffaelle]. Duets: 2 violins 415
BENGRAF, Jos[eph]. Divertissements 807
Bergère Silimène, La 867
BERINGER, [   ]. Trio: flute, violin, bass 321
BERLIN, [Johann Daniel]. Solo: cembalo 251
BERNASCONI, [Andrea]. *Alessandro Severo:* Arias 167, 179. Arias 166, 167, 177, 179. Sonata: 2 violins, bass 59. Symphonies 3, 4
BERTHEAUME, [Isidore]. Solos: violin 344
BERTONI, [Ferdinando Giuseppe]. Duet: 2 flutes 321. Symphony 203
BERTRAND, [   ]. Trios: 2 violins, bass 312
BERWALD, [Johann Gottfried], BEHRWALD. Symphonies 203, 258
BESCH, see PESCH
BESOZZI, [   ]. Concertos: bassoon 546; flute 545; oboe 574, 729
BESOZZI, Alessandro, Messiandro. Solos: flute 320. Sonatas: 2 oboes, bass 398
Betrogene Geld-Freyer, Der 198
BEYER, [Johann Ignaz]. Sonata: violoncello piccolo, bass 77
Bezauberten, Die 758
BIANCHI, [Francesco]. *La Pergola Minuè* 828
BIANCHI, [Giovanni Baptista] J. B. Sonatas: cembalo, violin 747, 814
BIANCOLINI, [   ]. Concerto: violin 233. Sonata: 2 violins, bass 59
BIBER, [Heinrich Ignaz Franz] Enr. Sonata: 2 viole d'amore, bass 73
BIGAGLIA, [Diogenio]. Cantata 191
BINDER, Ch[ristlieb] Si[egmund]. Concertos: cembalo 133, 253, 292, 328, 365, 406, 753; flute 100. Divertimentos 282. Solos: cembalo 324. Sonatas: cembalo 117, 118, 609; cembalo, violin 126. Trios: cembalo, violin 252, 364
BIRCK, Wenceslao Raimondo, BIRK. Concertos: cembalo 133, 292, 580. Sonatas: 2 violins, bass 58. Symphonies 4
BIRNBACH, [Karl Joseph]. Partita 662
BISCHOFF, [Johann Georg]. Concerto: violin 460. Quartet 315
BISHENDEL, see PISENDEL
BLAS, [Jean-Baptiste] Giov. Batt. Concerto: oboe 429. Trios: 2 oboes, bass 398
BLASIUS, [Mathieu-] F[rédéric]. Quartets: clarinet, violin, viola, cello 798

BLEYL, see PLEYEL
BLOCHWITZ, [Johann Martin]. Solos: flute 239
BLUM, Lud[wig] Theodor. Sonatas: cembalo 808
BOCCHERINI, Luigi, BOCHERINI, Louis. Concertos: cello 393, 463, 645, 683, 789. Conversazione 386. Duets: 2 violins 415. Quartets 315, 388, 498, 534, 778. Quintets 640, 852. Serenade 630. Solos: cello, bass 462. Sonatas: cembalo, violin 658, 814; cembalo, violin, cello 750. Symphonies 313, 672. Trios: cembalo, violin 364, 814; violin, viola, cello 606; 2 violins, bass 313, 456, 848
BODE, [Johann Joachim Christoph]. Concerto: cello 606. Trios: cembalo, violin, bass 327; 2 violins, bass 272
BOEHME, [   ]. Duets: flute 84. Solo: flute 240
BOEMO, see MYSLIVEČEK
BOHDANOWICZ, B[asilius von]. Polonaises 689
BOLOGNA, [   ]. Symphony 562
BONAGA, P[aolo]. Trios: 2 violins or flute and violin, bass 678
BONAGETTI, [   ]. Sonata: 2 flutes, bass 91
BONI, Carlo. Quartets: harp or cembalo, violin, viola, bass 517
BONNO, [Giuseppe]. Symphony 203
BONONCINI, [Giovanni Maria?]. Cantatas 186, 191
BORGHI, L[uigi]. Concertos: violin 604. Duets: violin 770
[BORONI], Ant[onio], BORRONI. Symphony 442
BORRA, [   ]. Concertos: violin 784
BOSHOFF, [   ]. Concerto: violin 233
BOSHTIETZKY, Felice. Trios: flute, violin, cello 607
BOULAY, I. Duets: violin 677
BRAUN, [   ]. Concerto: oboe 729. Trio: flute, violin, bass 425
BREITKOPF, Bernh[ard] Theod[or]. Partita 343. *Piramus und Tisbe,* based on J. A. Hasse's *Piramo e Tisbe* 623, 624
BRENDNER, [   ]. Partitas 150
BRESCIANELLO, [Giuseppe Antonio]. Cantata 191
BREUL, [Heinrich August]. Sonata: cembalo, violin 744
BREUNIG, Conrad. Duets: violin 348; violin, viola 677. Solos: violin 345. Trios: flute, violin, bass 541
BRÉVAL, [Jean-Baptiste] I. B. Duets: 2 cellos 644
BRIOCHI, [   ]. Concerto: 2 oboes 109
BRIOSCHI, [   ]. Sonatas: 2 violins, bass 44. Symphonies 4, 5
[*Britannico*] *Britanuico* 10
[BRIXI], Fr[antišek], BRIXY. Concerto: cembalo 553
BRIXY, Dominco. Concerto: organ 553

General Index

BRODETZ, [   ].   Concerto: cello 504. Solo: cello 502
BRODSKY, F.   Concerto: cembalo 753. Symphonies 522
BROSCHI, [   ].   Arias 167, 177
BRUNETTI, Gaetano.   Duets: violin 452. Solo: violin 597
BRUSA, Giov[anni] Franc[esco].   Symphonies 204
BUCHAMMER, A.   Concerto: cembalo 664
BÜRCKHOFFER, I. G., BUERCKHOEFFER.   Duets: violin 415. Solos: violin 567
[BULLANT, Antoine] BULANT, Antonio.   Symphonies 525
Buona [Figliuola] Figliola, La, Das gute Mädchen 559, 758
Buona [Figliuola] Figliola Maritata, La 559
BURMANN, Gottlob Willhelm.   Suites: cembalo 576
BURNEY, Charles, Carlo.   Sonatas: cembalo 513; cembalo, violin, bass 475. Trios: cembalo, violin, bass 431
BUTINI, [   ].   Trios: flute, violin, bass 321

C

Cajo Fabrizio 9, 14, 285
CALDARA, [Antonio].   Cantatas 191. *Don [Chisciotte] Chisciote:* Aria 167. Symphony 204
CAMBINI, [Giovanni] Giuseppe, CAMPINI.   Concerto: violin 784. Duets: flute, violin 791; violin 598; violin, viola 847. Quartets 601, 637, 717, 778, 779. Quintets 648, 649, 795. Sonatas: 2 flutes 725. Symphonies 760, 842. Symphonies Concertantes 702. Trios: flute, violin, bass 791; 2 violins, viola 773; violin, viola, cello 774
[CAMERLOHER, Placidus von] CAMMERLOHER, CAMMERLOCHER.   Sonatas: 2 violins, bass 45, 46. Symphonies 5, 6
Camilla [Il Trionfo di Camilla] 173, 174
CAMPIONI, [Carlo Antonio].   Duets: violin, cello 422
CANAVAS, [Jean-Baptiste].   Solos: cello 319
CANNABICH, [Christian] Christiano.   Concertos: flute 360, 397, 427; violin 278, 460, 603. Duets: flute, violin 572. Quartets 601; flute, violin, viola, bass 543. Quintets 359. Symphonies 204, 378. Trios: 2 violins, bass 530
Cantata 186–194, 198–200, 330, 331, 332, 588, 620, 668, 700, 758, 873
Canzonetta 585, 834
CAPARELLI, CHIAPPARELLI, D.   Duos and Airs: 2 horns 651, 800
Capranica 171, 175

Caprice, Capricio, Capricetti 37, 38, 225, 812
Capricio corretto, Il 840
CAPRON, [Nicolas].   Quartets 498. Solos: violin 345
CAPUTTI, [Antonio].   Concerto: flute 244
CAPUZZI, [Giuseppe] Ant[onio].   Quartets 718, 779
CARASSI, [   ].   Concerto: flute 100
CARCANI, [Gioseffo].   Concertino 768
CARDON, [Jean-Guillain].   Trios: 2 violins, bass 531
CASELLI, Giuseppi. Sonatas: violin 38
Cassation, Cassatio 153, 246, 306, 307, 343, 488, 768
Catone [in Utica] 9, 158
[CATTANEO, Francesco Maria] CATANEO.   Concertos: violin 61
CAUCIELLO, Prospero.   Duets: violin 632, 633. Quintets 640. Symphonies Concertantes 629. Trios: 2 violins, bass 635
Cavatina 433, 556, 558, 829, 879
CAVI, Giov[anni].   Recitative and Aria 619
CELLONIETTI, Ignazio.   Duets: violin 489
CERRO, L[uigi].   Sonatas: cembalo, violin 747
[Cesare e] Cleopatra 9
Chansons françós [françaises] 434
CHARPENTIER, [   ].   Concertos: cembalo 365, 406
Chasse, La 675, 740, 761, 766
CHELLERI, Fortun[ato], CHELLERY, KELLERI.   Aria 169. Cantatas 188, 193. Sonatas: cembalo 118; 2 flutes, bass 91. Symphony 213
CHIESA, [   ].   Symphony 258
CHINZER, [Giovanni].   Aria 167
Chorus, Coro 334, 335, 407, 408, 557, 558, 585, 586, 587, 827, 829, 832, 833, 835, 836, 838, 839, 878, 879, 880, 883, 885, 886, 887
CIAMPI, [   ].   Symphony 258
Cinna 9, 285
Circe ed Ulysse, La 307
Ciro ricon[osciuto] 15
CIRRI, G[iovanni] Batt[ista], I. B.   Duets: violin, cello 711. Quartets 637. Sextet 640
CLARI, [   ].   Sonata: 2 violins, bass 58
Clarisse 559, 885, 886
Clavigo 735
Clelia, see *Trionfo di Clelia, Il*
CLEMENTI, M[uzio], Mutius.   Sonatas: cembalo 744, 808; cembalo, violin 744

lv

Clemenza di Tito, La, see *Tito Vespasiano*
Cleofide 14
Clori e Nice 668
COCCHI, [Gioacchino]. *Semiramide* [*riconosciuta*]: Aria 294. Symphonies 205
COLIZZI, [   ]. Concertos: cembalo 517; violin 537. Quartets 498
COLIZZI, I. A. K. Concertos: cembalo 824
COLLABRAT, [   ]. Sonata: 2 violins, bass 59
COMI, Gaudenz[io], COMY. Sonatas: horn 511. Symphonies 304, 314, 525
Concerti Militari 575
Concerto, Concertino 59, 60–70, 71, 73, 74, 76, 78, 79, 80, 96–100, 101, 104, 107–109, 110, 112, 113, 114, 125, 131–137, 138, 233–237, 238, 244, 245, 248, 249, 250, 251, 253, 254, 255, 267, 268, 278, 279, 281, 289, 292–294, 307, 317, 320, 323, 328, 329, 354, 355, 360, 361, 365, 366, 390, 393, 397, 398, 399, 405, 406, 413, 419, 420, 423, 427, 428, 429, 431, 432, 460, 461, 463, 469, 470, 477, 478, 479, 501, 502, 504, 505, 509, 516, 517–519, 527, 536–538, 545, 546, 552, 553–556, 567, 571, 572, 573–575, 580–582, 603, 604, 605, 606, 607, 608, 609, 618, 631, 640–642, 644, 645, 649, 650, 652, 664–666, 667, 675, 682, 683, 686, 687, 688, 696, 698, 699, 709, 720–722, 723, 724, 727, 728, 729, 730, 731, 732, 733, 753–756, 768, 769, 783–785, 786, 787–789, 795, 796, 797, 798, 799, 801, 802, 803–805, 821, 822, 823–826, 853–856, 858, 859, 860, 861, 862, 871–873
CONCILIANI, [   ]. Arias 294
CONCINNIANO, [   ]. Concerto: flute 281
CONFORTO, [Nicolo]. Aria 167
CONTE, [   ]. Concerto: harp 294
Contessina, La 556–558
CONTI, [   ]. Concerto: violin 233
CONTI, [Francesco Bartolomeo]. Cantatas 186, 191, 330
CONTI, Pietro. Sonatas: 2 violins 43. Symphonies 7, 204
CONTIUS, [   ]. Sonata: harp, violin 138
Contradance 689, 706, 765
Conversazioni 386
CORELLI, Arcangelo. Sonatas: cembalo 737
Coriolano 10
CORNELIUS, [   ]. Solos: cembalo 324
Cosac 268
Cosa rara, Una 866

COSTANZINI, [   ]. Aria 167
Cotillon 672, 705, 764, 765
COURSELLO, [   ]. Sonatas: cembalo, violin 515
CRAMER, [Wilhelm] Guillelme. Concertos: violin 537, 571, 682, 720. Trios: 2 violins, bass 349, 599
CROCE, Giac[omo]. Sonatas: cembalo 363
CROENER, [Carl?]. Concerto: violin 317. Symphonies 205
CROIX, [   ]. Symphony 259
CRUSE, G. D. Concertos: cello 606; violin 571. Quartets: flute, violin, viola, bass 573. Symphonies 562
CUPIS, [   ]. Duets: 2 cellos 503
Curioso indiscreto, Il 827
CZARTH, Georg, TZART, TZARTH, ZARTH. Concertos: violin 237, 783. Solo: violin 308. Sonatas: 2 violins 43; 2 violins, bass 58. Symphony 223

D

DALBERG, [Johann Friedrich Hugo, Freiherr von] F. A. de, F. H. Baron de. Sonatas: cembalo 737; cembalo, violin 692
DAVAUX, [Jean-Baptiste], d'Avaux. Concertos: violin 390, 720, 721. Quartets 497, 718. Symphonies Concertantes 706
David e Gionathan 668
Davids Sieg im Eichthale 588, 668
David und Jonathan 758
DAVILLO, Franc[esco]. Sonatas: violin, bass 710
DEGEN, [   ]. Concertos: cembalo 477, 664
DEGIARDINO, see GIARDINI
De gustibus [*non est disputandum*] 25
DELANGE, [Hermann-François] E. F. Symphonies 304
DELLER, [Florian Johann]. Symphony 205
DEMACHI, Gius[eppe], Ios. Concertos: violin 683. Dialogues: 3 flutes or violins 685, 792. Duets: 2 violins 489. Quartets 631. Solos: violin 345. Symphonies Concertantes 629, 630. Trios: 2 violins, bass 678; 3 violins 495
DEMACHI, L. Duets: 2 flutes 791
Demetrio 14
[DEMMLER, Johann Michael] DEMLER, M. Concerto: cembalo 823
Demofonte 9, 15, 285

General Index

Déserteur, [Le] Der 559, 670, 758

DESPRÉAUX, [Claude-Jean-François]. Sonatas: cembalo, violin 515

Deutsche Tänze 844, 868

Deux Avares, Les 709, 806

[DEZÈDE, Nicolas] DESAIDES. [*Les trois fermiers*] *Die drey Pächter:* Partitur 758

Didone abband[onata] 14, 300

Die am Creutz über Sünde, Tod, Teufel und Hölle triumphirende Liebe unsers Bräutigams und Erlösers Jesu Christi 888

DIETZ, Jos[eph], Gius. Sonatas: cembalo, violin, bass 516; cembalo, violin, cello 661

DIO, [   ]. Concerto: violin 233

DITTERSDORF, Carl Ditters [von], DITTERSDORFF, DITTRS, Carlo, Carolo de. Cantatas: *Clori e Nice, Silenzio o Muse:* Partituren 668. Cassatio 343. Concertos: cembalo 477, 518; flute 427; oboe 574; viola 605; violin 234, 278, 317, 419, 536, 603. [*Davidde Penitente*] *David e Gionathan:* Partitur 668. Divertimento 343. [*La liberatrice del popolo giudaico nella Persia, o sia L'Esther*] *L'Ester:* Partitur 840. [*Pancratio*] *Pancrazio:* Partitur 668. Serenades 537, 610. Solos: violin 344, 413. Symphonies 205, 258, 259, 284, 302, 338, 340, 378, 381, 382, 410, 442, 448, 482, 483, 484, 485, 522, 562, 590, 626, 670, 703, 760, 845. Trios: 2 violins, bass 273, 349, 416, 493. See also *Sinfonia Nazionale*

DITTRICH, [   ]. Polonaises 628

Divertimento, Divertissement 120, 123, 128, 153, 266, 267, 276, 277, 279, 282, 283, 307, 343, 362, 404, 405, 413, 431, 449, 455, 462, 465, 471, 477, 488, 505, 516, 527, 552, 617, 631, 653, 656, 666, 675, 697, 699, 710, 740, 768, 769, 771, 780, 797, 807, 820, 822, 839, 869

DOARI, [   ]. Concerto: violin 234

DOESKY, see TOESCHI

DOLES, J[ohann] F[riedrich], Giov. Feder. Concertos: cembalo 133, 472. Sonata: violino piccolo, violin, bass 71

DOLPHIN, [   ]. Trios: 2 violins, bass 679

DOMINICO, [   ]. Concertos: oboe 107

Don [Chisciotte] Chisciote 167

Don Quixotte 161

Dorfbalbier, [Der] 559

[*Dorfdeputirten, Die*] *Dorfdeputierten* 559

Dorfgala, Die, Dorf-Galla 559, 585, 624

Dorfjahrmarkt, Der 588, 622, 623, 700

DOTEL, DOTHEL, [   ]. Duets: 2 flutes 464. Quartets: flute, violin, viola, bass 647. Solo: flute 424. Trios: flute, violin, bass 647

Dram. Zwischen einem Liebhaber, Jäger und Lauffer 199

DREYER, J[ohann] M[elchior]. Quartets 779. Sonatas: cembalo, violin, cello 819

Drey Pächter, Die [Les trois fermiers] 758

DROBISCH, [Johannes Friedrich?]. Concerto: flute 244

DRUZECKI, G[eorg], DRUSCHETZKY, Giorgio. Concertos: oboe 797, 858. Sonatas: violin 770

Duet, Duetto, Duo 84–87, 101–104, 113, 137, 180, 181, 194–196, 227, 241, 271, 310, 311, 318, 320, 321, 334, 335, 336, 347, 348, 356, 357, 367, 368, 383–386, 391, 392, 394, 408, 414, 415, 416, 422, 424, 425, 433, 452–455, 456, 461, 463, 464, 465, 466, 480, 489, 490, 503, 506, 520, 529, 530, 540, 541, 572, 579, 584, 585, 586, 587, 598, 599, 607, 621, 622, 623, 624, 632–634, 642, 643, 644, 646, 647, 651, 667, 676, 677, 684, 685, 711–715, 725, 726, 770, 771, 772, 773, 785, 786, 790, 791, 800, 805, 829, 830, 831, 832, 833, 834, 835, 836, 837, 838, 839, 847, 856, 874, 875, 877, 878, 879, 881, 883, 884, 885, 886

DUNI, Antonio. Arias 434. Motets 434. Symphonies 302

DUNI, [Egidio-Romoaldo]. [*Les deux chasseurs et la laitière*] *Das Milmädchen,* attributed to Grétry: Arias 884. [*Nerone?*] *Tordinona:* Arias 167, 177. Symphony 205

DUPONT, J[ean]-B[aptiste]. Concertos: violin 604

DUPORT, [Jean-Pierre]. Sonatas: cello or violin, bass 605

DUPRÉ, [   ]. Sonatas: cembalo, violin, cello 476

DURANT, [   ]. Concerto: cembalo 328. Solos: lute 375

DUSCHECK, [   ]. Concertino 821. Concerto: cello 504. Divertimento 413. Quartets 418. Sonata: cembalo, violin 549

[DUŠEK, František Xaver] DUSCHECK, DUSCHEK, Francesco. Concertinos: 516, 552, 696, 822. Concertos: cembalo 518, 664, 753, 871. Sonatas: cembalo 512, 547. Symphonies 482, 522, 591

[DUŠEK, Jan Ladislav] DUSSIK. Concerto: cembalo 824

E

E.T.P.A., see Maria Antonia Walpurgis

ECKARD, [Johann] G[ottfried], ECCARD. Sonatas: cembalo 287, 654

EDELMANN, [Johann Friedrich]. *Alceste:* Overture 737. Concerto: cembalo 824. Sonatas: cembalo 738; cembalo, violin 613, 692, 747. Symphony 617

EDELMANN, Mlle. Sonata: cembalo, violin 692
Egeria 209, 285, 296
EHRENBERG, M. Sonata: harp, 2 horns, violin, viola d'amore 826
Ehrlichkeit und Liebe 700, 831, 832
EICHNER, Ern[st], EICNER, Ernest. Concertos: bassoon 652, 688, 732, 803; cello 855; cembalo 555, 581; cembalo or harp 406, 754; clarinet 799; oboe 574, 687, 730. Duets: violin, viola 633. Quartets: flute, violin, viola, bass 508. Solos: oboe 729. Sonatas: cembalo, violin, bass 516; cembalo, violin, cello 403, 616. Sonatinas: cembalo 610. Symphonies 485
Eifersüchtige Ehemann, Der 758
EINBERGER, J. A. Sonatas: cembalo, violin 748
Einsprüche, Die 559, 838, 839
EISELT, [Johann]. Duets: 2 violins 347
EISENMANN, [   ]. Symphonies 760
EITHNER [EYTNER?]. Concerto: cello 504
ELTERLEIN, [ENDERLE?]. Sonata: cembalo, violin 126
[*Elysium*] *Elisium* 559, 586
EMIS, [   ]. Sonata: violin 42
ENDERLE, [Wilhelm Gottfried], ENDERLEIN, ENTERLEIN. Concerto: violin 234. Solos: violin 225, 269. Sonata: 2 violins, bass 59. Symphony 205. Trio pastorella: 2 violins, bass 273. See also ELTERLEIN
ENGEL, [   ]. Polonaises 379. Symphonies 445, 842
[*Entführung aus dem Serail, Die*] *L'enlevement du Serail* 866
Entr'acte 710
Erast und Lucinde 758
ERNESTI, [   ]. Duets: 2 harps 137. Partita 138. Sonata: harp, flute 138
ERNST, [   ]. Solo: violin 269
Eroe Cinese, L' 15
Erwin und Elmire 588, 624, 758
Ester, L' 840
Europa gal[ante], L' 9
Euterpe 339
[*Événements*] *Evenemens imprévus, [Les]* 818
EYSEL, [   ]. Concerto: harp 138. Sonata: cembalo, violin 126
[EYTNER], see EITHNER
Ezio 10, 15

F

Fabricio, see *Cajo Fabrizio*
FAGHETTI, [   ]. Symphony 562
FAGO, [Nicola]. Cantata 191
FALKENHAGEN, [Adam]. Trios: cembalo, lute 290
Fantasia, Fantasie, Phantasia 284, 362, 609, 807, 863, 864, 866, 867, 868
Farnace 816
FASCH, [Johann Friedrich?]. Concerto: flute 244; oboe 107; 2 oboes 108; oboe d'amore 249. Overtures 155, 156, 157. Quartet: 2 oboes, 2 bassoons 248. Solo: flute 240. Sonatas: oboe d'amore, violin, bass, 110; viola 72; 2 violins, bass 46. Trios: 2 oboes, bassoon 248; 2 violins, bass 228, 312
Fassbinder, Der [*Le Tonnelier*] 758
FATKEN, J[ohann] Aug[ust] L[udwig], Louis. Quartets: flute, violin, viola, bass 543
FAUNER, Ad[albert], Adelb. Sonatas: 2 violins 43; 2 violins, bass 46. Symphonies 206
FAUTINI, [   ]. Duets: violin 385, in MS under the name PESCH
FEHRE, [   ]. Concertos: oboe 108; piccolo 101. Partita 101. *Der Schulmeister in der Singschule* 332
FELICI, [   ]. Trio: 2 violins, bass 273
Femmes vengées, Les 709
FEO, [Francesco]. Aria 168. *Ipermestra:* Arias 168
FERRAI, [   ]. Sonata: 2 flutes, bass 91
FERRANDINI, [   ], FERANDINI. Symphony 259. Trio: violin, viola, bass 238
FERRARI, Carlo. Concertino notturno 307
FERRERE, [   ]. Concerto: bassoon 803
FERRONATI, [   ]. Concerto: 2 violins 234
Feste Galanti, Le 9, 285
FESTONI, [   ]. Concerto: 2 violins, cello 390. Trios: 2 violins, bass 272, 273
Fetonte 10
FIALA, Joseph, Giuseppe. Concertos: cello 787; flute 795. Quartets 638, 848
Fiametta, Fiammetta 164, 165, 176, 180
FIDANZA, Pietro. Duets: 2 violins 712
FIEDLER, Giuseppe. Trio: 3 flutes 726

General Index

Filidor 199
Filosofo amoroso, Il 307
FILS, Anton[ín], FILTZ. Concertos: cello 393, 504, 539, 606; cembalo 328; flute 281, 323, 360, 397, 427; horn 732; oboe 399; violin 419. Duets: violin, cello 422. Partita 266. Solos: cello 391, 421. Symphonies 206, 259. Trios: flute, cello, bass 279, 541; flute, violin, bass 322; flute, violin, cello 280; 2 violins, bass 273
FINAZZI, [Filippo]. Aria 168
[*Finta*] *Cameriera*, [*La*] 170, 177
FIOCCO, [Joseph-Hector?]. Sonata: cembalo 125
FIORILLO, [Ignatio]. Arias 168, 177. Concerto: violin 234. Symphonies 259
FISCHER, Ferd[inand]. Symphonies 595
FISCHER, I. Rondeau varié 450
FISCHER, [Johann III?]. Polonaises 307
FISCHER, [Johann Christian?] G. C. Concertos: bassoon 732; flute 427; horn 732; oboe 361, 429, 470, 509, 687, 730. Solos: oboe 729
FISCHIETTI, [Domenico], FISCHETTI. *La Morte d'Abele:* Partitur 559. Symphonies 206
FLEISCMANN, Frederic. Arietta con Variazioni 863
FODOR, [Carolus Antonius] le jeune. Sonata: cembalo, 4 hands 809
FODOR, C[arolus Emanuel]. Petits airs connus variés 809. Sonatas: cembalo, violin 815
FOERSTER, [   ]. Concertos: cembalo 133, 518, 753; flute 244; oboe 108, 248; piccolo 101; violin 62, 234; violino piccolo 71; violoncello piccolo 78. Overtures 157. Partitas 150. Solo: flute 240; oboe 247. Sonata: violin 41; violoncello piccolo 77. Symphony 626
FÖRSTER, Christo[ph], Christof. Cantatas 186, 187, 330. Concertos: flute 96; flute, oboe 96. Symphonies 7
FORKEL, [Johann] N[ikolaus], FORCKEL. Arietta con variazioni 808. *Die Hirten bey der Krippe zu Bethlehem:* Partitur 758. *Hiskias:* Partitur 758. Sonatas: cembalo 654, 689, 808; cembalo, violin, cello 689
FORSTMEYER, A. E. Concerto: cembalo 328. Quintets 794. Sonatas: cembalo, violin 474
FRÄNZL, Ignaz, FRAENZEL, Ignazio. *Agnes Bernauer:* March 738. Concertos: violin 317, 354. *König Lear:* March 738. Quattri notturni 458. *Der Sturm von Boxberg:* March 738. Symphonies 707. Trios: 2 violins, bass 494
FRANCESCHINI, Giov[anni], FRANCISCONI. Duets: violin 452, 490. Quartets 353

Frascatana, La 710
Fratelli Nemici, [*I*] 10
FRECH, [   ]. Concertos: cembalo 478
FREISLICH, [   ]. Sonata: cembalo, violin 126
Freude der Hirten über die Geburt Jesu 624
Freundschaft auf der Probe, Die [*L'Amitié à l'épreuve*] 758
FREYTAG, [   ]. Solo: flute 240
FRIEDEL, [   ]. Trio: violino discordato, lute, cello 279
[FRIEDRICH II, Frederick the Great, of Prussia] Il Re di Prussia. Sonatas: flute 83
FRISCHMUTH, Leon[hard], Leonardo. Sonatas: cembalo 577
FRITSCH, [   ]. Partitas 118, 150. Sonatas: cembalo, flute 126. Trio: cembalo, violin 252
FRITZ, [Kaspar] Gasparo. Symphonies 380
FUCHS, [   ]. Overture 162
Fugue 400, 430, 609, 736
FUSS, [   ]. Partitas 255

G

Gärtner, Die 758
Gärtner Mädchen, Das 559, 833, 834
GAJARECK, [   ]. Cantatas 187, 330
GALEOTTI, [   ]. Trios: 2 violins, bass 274
GALLIMBERTI, [Ferdinando]. Symphonies 207
GALLINI, [   ]. Symphony 207
GALLO, [   ]. Concertos: violin 62. Parade Symphonies 28. Symphonies 260
GALUPPI, Bald[assare], Balth. Arias 168, 179. Solos: cembalo 251. Sonatas: cembalo 119, 282, 283; violin, bass 42. Symphonies 8, 207, 259, 286, 442. Trios: 2 violins, bass 273
GAMBARO, [   ]. Symphony 207
GANETTI, [   ]. Symphony 207
GARNIER, Luc. Solos: violin 632
GARZIA, [   ]. Symphony 207
GASPARD, [   ]. Quartets: clarinet, violin, viola, bass 510
GASPARINI, [Francesco]. Cantatas 191. Trios: 2 violins, bass 59, 229

lix

GASSMANN, Flor[ian] Leop[old], GASMANN. *Amore e Psiche* 334, 335. Aria 873. *La Contessina* 556–558. Quartets 359, 534, 776. Quintets 501. Symphonies 207, 260, 302, 378, 442, 482, 562. Trios: flute, violin, bass 358; 2 violins, bass 229

GAVINIÈS, P[ierre], GAVIGNÉ. Concerto: violin 537. Duets: 2 violins 383. Solos: violin 527

[GAZZANIGA], Giuseppe, GAZANIGA. Symphonies 482, 703

GEBART [GEBHARD?]. Quartets 353

GEBEL, Georg. Overture 162. Partitas 150. Quartet: viola da gamba 80. Sonatas: 2 violins, bass 47. Symphonies 8, 207. Trios: viola da gamba 80; 2 violins, bass 229

GEBELLI, [   ]. Sonata: flute, violin, bass 95

GEBHARD, Paul. Quartets 680

Geburtstag, Der 758

GEHRA, [   ]. Concerto: flute 427

GEMMINGEN, Baron v. Symphonies 591

GENARO, [   ]. Aria 177

GERA, [   ]. Divertimentos 471

GERARDO, [   ]. Symphony 207

GERAUL, [   ]. Concerto: cello 787

GERBER, [   ]. Sonatas: cembalo, flute or violin 473; cembalo, flute or violin, cello 475

GERBER, E[rnst] Lud[wig], Em. Marches 705

GERLACH, [   ]. Symphony 207

GERSTENBERGER, J. C. Partitas 119

Geschmack im Lieben, Der 200

Gespenst, Das 758

GESTEWITZ, [Friedrich Christoph]. *Die Liebe ist sinnreich*: Partitur 840

Gevatterinnen, Die 198

GEWEY, [   ]. Cassatio 246

GEYER, [   ]. Concerto: oboe 798

GIACOMELLI, [Geminiano]. Arias 177, 183. *Olimpiade*: Aria 168

GIARDINI, Felice de, DEGIARDINO, DEIARDINO, Felici. Concertos: violin 537. Duets: 2 violins 348. Solos: violin 225, 598. Trios: violin, viola, bass 716

GIORDANI, [   ]. Concertos: cembalo 698. Quartets: cembalo, flute, violin, bass 663

GIORDANI, J. Quartets 499

GIORDANI, T[ommaso], Thomas. Concerto: flute 796. Duets: 2 flutes 540. Quartets 600. Quintets 617

GIORNOVICHI, [Giovanni], GARNOVIK, JARNOVICK, JARNOVIK. Concertos: violin 538, 640, 722, 784

GIOVANINI, [   ]. Sonatas: violin 38

GIRANECK, [Anton]. Concertos: flute 96; viola 73; violin 64, 65, 234. Partitas 151. Sonatas: 2 violins, bass 58

GIRBERT, C[hristoph Heinrich], C. E. *Die Bezauberten*: Partitur 758. Concertos: cembalo 753, 823. *Philint und Lucinde*: Partitur 758. *Die Wilddiebe*: Partitur 758. *Williams und Sulmuth*: Partitur 758

[*Giudicio di*] *Paride*, [*Il*] 10

GIULINI, [   ], JULINI. Symphonies 13, 19

Giulio Sabino 840

GLANZ, [Georg], GLANTZ. Symphonies 207, 260

GLOESCH, Giov. Concertos: flute 397, 795

GLUCK, [Christoph Willibald]. Arias 168, 619. *Iphigénie* [*en Aulide*]: Overture 809. *Issipile*: Aria 168. Symphonies 9, 207, 522

Glücksbude des Cupido, [*Die*] 199

Glückswechsel, Der, see *Vicende della Sorte, Le*

GOEBEL, [   ]. Sonata: cembalo 125

GOERNER, [   ]. Concerto: violoncello piccolo 78

Götter und Musen, Die 758

GOEZEL, [   ]. Concertos: flute 469

GOLDBERG, [Johann Gottlieb]. Polonaises 326. Sonatas: flute, violin, bass 93; 2 violins, bass 93

GOSSEC, Fran[çois-Joseph], GOSSECK, GOSSEI, GOSSEK, Francesco. Duets: 2 violins 416. Quartets 459; flute or violin, violin, viola, bass 395. Sonatas: 2 flutes 684. Symphonies 341, 482, 522, 591, 673, 707, *La Chasse* 761

GRAAF, [   ]. Concertos: flute 727; oboe 730. Symphony 842

GRÄFE, [Johann Friedrich]. Sonata: cembalo 125

GRAF, [   ]. Concertos: cello 423; flute 281, 323. Sonata: cello 75. Symphonies 304. Trio: cembalo, violin 327

GRAF, C[hristian] E[rnst], GRAAF, C. F. Concertos: cello 606; flute 608; viola 642. Quartets: flute, violin, viola, bass 468. Quintets 397. Symphonies 381, 445, 567. Trios: 2 flutes, bass 608; 2 violins, bass 456

[GRAF], F[riedrich] H[artmann], GRAAF. Concertos: cello 723; flute 649, 686. Quartets: flute, violin, viola, bass 647

GRAFF, [   ]. Concerto: oboe 798. Solo: flute 394

[GRAFF], F[riedrich] W[ilhelm], GRAF. Concerto: bassoon 688

Gran Madre 25

General Index

GRAUN, [   ]. Concertos: cembalo 293; flute 244; horn 114; oboe d'amore 110; violin 63, 64, 234; violoncello piccolo 78. Solos: violin 226, 269. Sonatas: oboe d'amore, violin, bass 110; violoncello piccolo 77. Trios: cembalo, violin, bass 327; cembalo, violin, bassoon 111; flute, violin, bass 243; violin, bassoon, bass 111; violin, bassoon or gamba, bass 243; 2 violins, bass 230

GRAUN, C[arl] H[einrich], C. E. *Adriano* [*in Siria*]: Overture 9, 285. *Alessandro* [*nell'Indie*]: Overture 9, 285. *Angelica* [*e Medoro*]: Overture 10, 285. [*L'*] *Armida*: Overture 10. *Artaserse*: Overture 9, 285. [*Britannico*] *Britanuico*: Overture 10. *Cajo Fabrizio*: Overture 9, 285. Cantatas 187; *Nulla più* 190, 330, 620. *Catone* [*in Utica*]: Overture 9. 158. [*Cesare e*] *Cleopatra*: Overture 9. *Cinna*: Overture 9, 285. Concertos: cembalo 133, 134; flute 97. *Coriolano*: Overture 10. *Demofoonte* [*Rè di Tracia*]: Overture 9, 285. Duets: flute 84. *L'Europa galante*: Overture 9. *Ezio*: Overture 10. Fantasia 284. *Le Feste galanti*: Overture 9, 285. *Fetonte*: Overture 10. [*I*] *Fratelli nemici*: Overture 10. [*Il Giudicio di*] *Paride*: Overture 10. [*Die*] *Glücksbude des Cupido* 199, *Ifigenia* [*in Aulide*]: Overture 10, 285. *Lucio Papirio*: Overture 9, 158. [*La*] *Merope*: Overture 10, 285. [*Il*] *Mitridate*: Overture 10. *Montezuma*: Overture 10. [*L'*] *Orfeo*: Overture 10. Overtures 158. *Pharao* [*Tubaetes*]: Overture 158. [*Polydorus*] *Polidoro*: Overture 158. *Rodelinda* [*Regina de'Langobardi*]: Overture 9, 285. *Semiramide*: Overture 10. Sonatas: flute 83; flute, violin, bass 93; 2 violins, bass 93. Symphonies 9, 10

GRAUN, [Johann Gottlieb] Giov. Amad. Sonatas: violin 39; 2 violins, bass 47, 78. Symphonies 11, 12, 208

GRAUPNER, [Christoph]. Cantata 192

GRAVEL, [   ]. Solo: viola 279

GRAVINA, [   ]. Concerto: violin 234. Sonatas: violin 42; 2 violins, bass 48

GRAZIOLI, Giov[anni] Battista. Sonatas: cembalo 738

GREINER, [Johann] Th[eodor], Gio. Concerto: cembalo 823. Duets: 2 flutes 394, 465. Symphonies 381, 446

GRENSER, [   ]. Concertos: bassoon 652, 803

GRENTZ, [   ]. Concertos: harp. 294. Partitas 256

GRENTZER, [   ]. Symphony 410

GRENZER, [   ]. Concerto: viola 786

GRÉTRY, [André-Ernest-Modeste]. [*L'Amitié à l'épreuve*] *Die Freundschaft auf der Probe*: Partitur 758. [*Le Déserteur*, by Monsigny] *Der Deserteur*: Symphony 670. *Les Deux Avares*: Overture 709. *Erast und Lucinde* [?]: Partitur 758. [*Les Événements*] *Evenemens Imprévus*: Overture 818. *Das Milchmädchen, Milmädchen* [*Les deux chasseurs et la laitière*, by Duni]: Arias 884; Partitur 700. Quartets 534; cembalo, flute, violin, bass 553. *La Rosière de Salency*: Partitur 700. *Le Tableau Parlant, Das Redende Gemalde*: Overture 709; Partitur 700. *Zémire et Azor*: Sonata: cembalo, violin 747

GRETSCH, [Johann Konrad]. Concertos: cello 393, 504. Solos: cello 238, 390, 421. Symphony 260

GRIMM, [   ]. Sonata: viola 72

GRONAU, [   ]. Sonata: cembalo 125

GRONEMANN, Anton. Solos: violin 308

GRONEMANN, J[ohann] F[riedrich]. Solos: flute 684

GROOSE, [   ]. Concerto: flute 795

GROS, [   ], GROSE. Duets: 2 flutes 506, 790

GROSS, [   ]. Concerto: bassoon 546

Grosse Loos, Das 559, 586, 587

Grotta di Trofonio, La 869, 888

GRUNER, Nath[anael] Go[ttfried], GRUNERT, God. Concertos: cembalo 134, 665, 666. Divertissements 666. Partitas 151. Quartets: cembalo, flute, violin, cello 663. Sonatas: cembalo 739, 809; cembalo, violin, cello 695. Symphony 260

GUÉNIN, [Marie-] A[lexandre]. Duets: 2 violins 712. Sonatas: cembalo, violin 748

Günther von Schwarzburg 840

GUERINI, Franc[esco]. Duets: violin 452, 453. Solos: cello 643

GUGLIELMI, Pietro, Peter. Arias 620, 757. Quartets: cembalo, 2 violins, bass 405. Sonatas: cembalo 513; cembalo, violin 550. [*La Sposa fedele*] *Robert und Kalliste*: Partitur 700. Symphony 442. Trios: cembalo, violin 430

GUILLON, [   ]. Quartet 638

Gute Mädchen, Das, see *Buona Figliuola, La*

H

[HAACK, Karl] HAACKE. Concerto: violin 783

Haderlump, Der 200

HÄSSLER, Joh[ann] W[ilhelm], HAESLER, Ioh. Guil. Sonatas: cembalo 577, 655, 739

HAGEN, [   ]. Trio Pastorello: violino discordato, violin, cello 279

HAGEN, [Joachim] B[ernhard] v[on]. Solos: lute 376

HAMMER, [   ]. Concerto: cello 787

HAMPEL, [   ]. Divertimento 552

HAMPEL, [Anton Joseph]. Concertos: horn 361

[HANDEL, George Frederick] HENDEL. *Alcina*: Arias 169. Arias 168, 331. Cantatas 188, 192, 331. Concerto: flute 100. *Judas Maccabaeus*: Partitur 758. *Lucretia* 192. *The Messiah*: Partitur 668. Overtures 162. Partita 120. Quartet 140; 2 oboes, bassoon, bass 112. Solo: oboe 247. Sonatas: cembalo 120; cembalo, viola 72; cembalo, viola or gamba, 127; flute 83; 2 flutes, bass 91; 2 violins, bass 58. Trios: cembalo, viola da gamba 80; 2 oboes, bass 248

HARRER, [Johann] G[ottlob]. Cantatas 187, 192. Concertos: cembalo 251, 254; flute 100; violin 235. Duets: 2 flauti dolci 101–104. Partitas 71, 74, 80, 138, 143–145, 239. Quartet: carill., 2 violins, bass 140; flute, 2 violins, bass 140. Sonatas: cembalo 119; harp, flute, violin 138; 2 oboes, bassoon 105; oboe, violin, bassoon 105; viola d'amore, bass 74; 2 violins, bass 58. *Specimen Contrapuncti* 284. Symphonies 13. Trio: cembalo, flute 253

HARTMANN, [   ]. Symphony 381

HARTMANN, S[imon]. Divertissements 699. Duet: 2 harps 667

HARTWICH, [   ]. Concerto: trumpet 114

HARTWIG, [   ]. Concertos: flute 97; oboe 108; violin 235. Overtures 158, 159. Quartet: 2 flutes, bassoon, cembalo or bass 112, 140

HASCHCKE, Franc[esco]. Sonatas: cembalo, violin 868

HASLBOECK, [   ]. Contredances 706

HASSE, J[ohann] Adolf, Giov. *Adriano [in Siria]*: Overture 15. *Alcide al bivio*: Overture 15, 159. *Alfonso*: Overture 14. *Antigono*: Overture 14. Aria 873. *Arminio*: Overture 14. *Artaserse*: Overture 14. *Artemisia*: Overture 15. *L'Asilo d'amore*: Overture 14. *Asteria*: Overture 14. *Atalanta*: Overture 14. *Attilio Regolo*: Overture 15. *[Cajo Fabrizio] Fabricio*: Overture 14. Cantatas 187, 192, 331. *Ciro ricon[osciuto]*: Overture 15. *Cleofide*: Overture 14. Concertos: flute 97, 98, 244; violin 235, 278. *Demetrio*: Overture 14. *Demofoonte*: Overture 15. *Didone abband[onata]*: Overture 14. *Egeria*: Arias 296; Overture 209, 285. *L'Eroe Cinese*: Overture 15. *Ezio*: Overture 15. *Filidor* 199. *Ipermestra*: Overture 15. *Irene*: Overture 14, 159. *Leucippo*: Overture 15. *Luc[io] Papirio*: Overture 14. *Il Natale di Giove*: Overture 15. *[Nitteti] Nitetti*: Overture 209, 285. *Numa*: Overture 14. *L'Olimpiade, Olympiade*: Overture 15, 159. Overtures 159. *Partenope, Parthenope*: Arias 333; Overture 302. *Piramo e Tisbe*: Arias 367, 368; German version by Breitkopf, *Piramus und Tisbe*: Arias 623, 624; Overture 338. Quartets: 2 violins, bassoon, bass 140; 2 violins, flute, bass 140. *Il Rè Pastore*: Overture 15. *Romolo ed Ersilia*: Arias 297, 298; Overture 260, 285. *Sant'Elena [al calvario]*: Partitur 559. *Semiramide [riconosciuta]*: Overture 14. *Senocrita*: Overture 14. *Siroë [rè di Persia]*: Overture 209, 285. *Solimano*: Overture 15. Sonatas: cembalo 119; flute, violin, bass 94; 2 flutes, bass 88; oboe, violin, bassoon, cello 106, 112, 140. *La Spartana [generosa]*: Overture 14. Symphonies 14, 15, 16. *[Tito Vespasiano] La Clem[enza] di Tito*: Overture 14. *Il Trionfo di Clelia*: Arias 295, 296; Overture 209, 285. Trios: violin or oboe, bassoon, bass 250. *Zenobia*: Overture 209, 285

HATA[š], Disma[s], HATTASCH. Sonatas: violin 39. Symphonies 209

HAUEISEN, W[ilhelm] N[ikolaus]. Concertos: cembalo 479, 519. Sonatas: cembalo, violin, bass 550; cembalo, violin, cello 403

HAUSCHILD, [   ]. Concerto: cembalo 478

HAYDEN, [HOFMANN], Leopold. Divertimento 266

HAYDN, F[ranz] Joseph, HAYDEN, HEYDEN, Giorgio, Giuseppe. Allemandes 844. Andante con variazioni: cembalo, 4 hands 653. Arioso con variazioni: violin 308. Cantata 873. Cassations 153, 306, 768. Concertinos 267, 307. Concertos: cello 423, 463, 504; cembalo 134, 254, 293, 431, 478, 823; flute 427; horn 732; violin 354. Divertimentos 120, 266, 307, 431, 477, 488, 516, 527, 710, 797. Duets: violin 385. Minuets 268, 864. Minuetto con variazioni: cembalo 429, 547. Partitas 552. Pieces: cembalo 864. Quartets 140, 276, 315, 396, 418, 459, 535, 569, 571, 638, 776, 780. Scherzandi 154, 284. *La Scuola de Gelosi*: Aria 828. Serenada 307. Sextet 783. Solos: cembalo 251; violin, viola 597. Sonatas: cembalo 283, 513, 655, 690, 864, 869; cembalo, violin 869. *Stabat Mater*: Partitur 758. Symphonies 210, 260, 261, 302, 338, 341, 442, 446, 448, 483, 486, 522, 525, 563, 591, 626, 628, 670, 703, 761, 765, 766, 846. Trios: cembalo, 2 horns 253; cembalo, violin, bass 253, 291, 364; clarinet, violin, bass 731; 2 flutes, bass 467; flute, viola, bass 358; flute, violin, bass 322, 358; viola, cello, bass 463; violin, viola, bass 461; 2 violins, bass 230, 274, 531. Trii con variazioni: 2 violins, bass 274; 2 violins, viola, bass 274. Variations: cembalo 251

[HAYDN, Johann] Mich[ael], HAYDEN, Michele. Concertos: violin 420. Symphonies 845

General Index

HAYMANN, [   ]. Symphony 210

HEIL, [   ]. Concerto: violin 235

HEINEL, I. P. Notturno 768

HEINICHEN, [Johann David], HEINCHEN. Cantatas 187, 188, 192. Solo: oboe, bassoon 247. Sonatas: cembalo 125; 2 flutes, bass 91

Heinrich und Lyda 624

HEINRICI [HENRICI?]. Concerto: 2 oboe d'amore 110

HEINSIO, [   ]. Overture 162

HELBERT, [   ]. Trios: 2 violins, bass 532

HELLMUTH, Fred. Sonatas: cembalo, violin, bass 551

HELMANN, [   ]. Divertimentos 49

HEMBEL, [   ]. Concertino 768. Concertos: horn 801; oboe 470; violin 460, 721. Solos: violin 450. Symphony 442

HEMBERGER, [Jean-] A[uguste], F. A. Symphonies 822. Trios: 2 violins, bass 531, 774

HEMMERLEIN, [   ]. Sonatas: cembalo, violin, cello 816

HEMPEL, [Georg Christoph]. Symphonies 211

HENET, Baron. Overtures 488

HENNIG, [   ]. Concertos: bassoon 546, 803. Minuets 379. Quartets 388. Quintet 389. Symphony 522

HENNIG, [Christian] Fr[iedrich], Frederico. Symphonies 338, 378

Henri IV 710

HERBING, [August Bernhard Valentin]. *Die Widersprecherinn* 199. *Die zwey Wächter* 332

Herbstabentheuer, Das 700, 880, 881

HERFFERT, [   ]. Symphonies 261

HERING, [   ]. Concerto: violin 235. Quartet: piccolo, violin, cello, bass 78

HERSCHEL, [Jakob], G., I. Concerto: cembalo 618. Quartets: cembalo, 2 violins, bass 477

HERSCHEL, [Sir William F., Wilhelm Friedrich]. Concertos: violin 603. Symphonies 412, 592

HERTEL, [Johann Wilhelm]. Concertos: violin 65. Solo: viola 279. Sonata: cembalo 125. Symphony 210

HILLER, [   ]. Divertimento 267. Partitas 145, 267

HILLER, Johann Adam, G. A. *Der Aerndtekranz:* Arias for lute 439, 440; Partitur 559. Aria 874. Edited by, Deutsche Arien und Duette 873, 874. *Der Dorfbalbier:* Partitur 559. *Die Jagd:* Overture and Arias for lute 408, 435; Partitur 559. *Die Jubelhochzeit:* Partitur 559. *Der Krieg:* Partitur 559. *Die Liebe auf dem Lande:* Arias for lute 408, 436,

437; Partitur 559. *Lisuart und Dariolette:* Partitur 559. *Lottchen am Hofe:* Arias for lute 408, 437, 438; Partitur 559. *Der lustige Schuster:* Partitur 559. *Die Muse:* Arias 836; Partitur 588. Pergolesi's *Stabat Mater* in Klopstock's version with Hiller's improvements: Partitur 588. Symphonies 16, 210, 261, 339, 378, 443. *Die verwandelten Weiber:* Partitur 559

HIMMELBAUER, W[enzel], HIMMELPAUER, HIMMELPAUR. Duets: flute or violin, cello 646; violin, cello 503. Solo: cello 391

Hindo riconnosciuto, see *Xinio*

HINNER, [Philipp Joseph]. Sonatas: harp, violin 756

Hirten bey der Krippe, Die 588, 758, 840

Hiskias 758

HOBEIN, J[ohann] F[riedrich]. Sonatas: cembalo, violin or flute, bass 751

HÖCKH, Carl. Concertos: violin 65, 66, 501. Partitas 49. Solos: violin 226, 269. Sonatas: violin 40. Symphonies 16. Trios: 2 violins, bass 231

HOFFMANN, [   ]. Cantata 188. Concertos: cello 320; cembalo 293; 2 flutes 244; violin 235. *Dram. Zwischen einem Liebhaber, Jäger und Lauffer* 199. Trios: 2 violins, bass 230

HOFFMANN, C. F. D. Quartets: harp, flute, violin, bass 667

HOFFMANN, Mich[ael]. Symphonies 17

HOFFMANN, Wenze[l], Wentzel, Wenzesl. Concertos: 2 flutes 427; violin 420

HOFFMEISTER, Fran[z] Ant[on], Franc. Concertos: cello 787; cembalo 666, 825; clarinet 799, 860; flute 686, 796, 858; flute, oboe 675; horn 802; oboe 859; violin 853; 2 violins 675. Contradances 765. Minuets 765. Quartets 776, 780, 781; flute, violin, viola, bass 648, 793. Sextets 682, 720. Sonatas: cembalo 864. Symphonies 628, 630, 761, 842. Tedeski 765

HOFFSTETER, [   ]. Quartets 276

HOFFSTETTER, Romanus. Concertos: viola 854. Quartets 459, 718

HOFFSTETTER, Urban. Symphonies 446

HOFMANN, [Johann Georg?]. Concertos: 2 oboe d'amore 110; viola d'amore 74; 2 viole d'amore 74. Intrada 74. Partitas 109, 151. Symphonies 212

HOFMANN, Leopold, HOFFMANN. Concertinos 365, 413. Concertos: cello 320, 393, 423, 572; cembalo 328, 365, 406, 432, 478, 618, 823; cembalo, oboe 432; flute 281, 360, 469, 727; oboe 399; violin 317, 354, 390, 420, 460; violin, cello 267; violin, viola, cello 267;

lxiii

2 violins, viola, cello 267. Divertimentos 276, 277, 362, 404, 431. Duets: 2 flutes 321, 357, 506; violin, cello 320. Minuet with variations 429. Quartets 569; cembalo, violin, cello, bass 130. Solos: cello 421; cembalo 429; flute 424. Symphonies 17, 211, 261, 303, 443, 483, 592. Trios: 2 cellos, bass 422; cembalo, flute or violin, bass 291; 2 flutes, bass 243, 280, 322; flute, violin, bass 243, 322, 358, 420. 2 violins, bass 312; violin, cello, bass 320, 356, 392. See also HAYDEN

HOLLER, [   ]. Divertimento 768

HOLLY, [Franz Andreas]. *Der Bassa von Tunis*: Partitur 758. *Das Gespenst*: Partitur 758. *Der Kaufmann von [Smyrna] Smirna*: Clavier Partitur 588; Partitur 758. *Die Verwechslung*: Arias 837, 838; Partitur 700. *Die Zigeuner* [by Kaffka?]: Partitur 758

HOLZBAUER, Ignaz [Jakob], HOLTZBAUR, HOLTZBAUER, Ignatio. Aria 620. Concerto: cello 423; cembalo 406. Duets: flute 87. *Günther von Schwarzburg*: Partitur 840. Sonatas: 2 violins, bass 58. Symphonies 17, 18, 212, 261, 341, 342, 563

HOLZBOGEN, [Johann Georg], HOLTZBOGEN. Concertos: flute 360. Symphonies 483. Trios: flute, violin, bass 507; horn, oboe, bassoon 800; 2 violins, bass 491

Holzhauer, Der, Holtzhauer, 668, 700, 881, 882

HOMILIUS, [Gottfried August]. Concerto: cembalo 134. *Die Freude der Hirten über die Geburt Jesu*: Partitur 624. *Passions-Cantate*: Partitur 588. Sonata: oboe 105

HONAUER, Leontzi. Sonatas: cembalo 287, 399; cembalo, violin 287. Symphonies 822

HOPFFE, [   ]. Symphony 761

HORN, [   ]. Concertos: flute 98; violin 66, 235. Partitas 146. Solo: violin 269. Sonatas: 2 violins, bass 57. Symphonies 18, 211. Trio: 2 oboes, bass 105

HORN, Ferdin[and]. Sonatas: cembalo 400

HUBER, [   ]. Contradances 765. Quartets: flute, violin, viola, bass 648. Symphonies 563.

HUBER, Pancrazio. Duets: violin, viola 461

HÜLLMANDEL, [Nicolas-Joseph]. Sonatas: cembalo, violin 693

Hufschmidt, Der [*Le Maréchal-Ferrant*] 758

HUNGER, [   ]. Divertimentos: cembalo 283

HUPFELD, B[ernhard], HOUPFELD. Concertos: flute 397, 428, 509, 573. Solos: violin 528. Symphonies 410, 447. Trios: 2 violins, bass 387

HURLEBUSCH, [Conrad Friedrich]. Cantatas 192, 332. Sonata: cembalo 125

HUTTI, [   ]. Concertos: violin 783, 854

I

Ifigenia [*in Aulide*] 10, 285
Incostanza feminile 197
Inganni d'Umanità, L' 196
Ino 758
Intrada 74
Ipermestra 15, 168
Iphigénie [*en Aulide*] 809
Irene 14
Irrwisch, Der 758
Isola d'Amore, L' 433
Issipile 168, 174
Italiäner, Der 198
IUST, see YOST
IVANSCHIZ, [Amandus]. Trios: violetta, violin, bass 279

J

JÄNICHEN, JENICHEN. Concerto: cembalo 134. Sonata: cembalo 125
Jagd, Die 408, 435, 559
JAHN, G. N. Sonatas: cembalo 809
JANITSCH, [Johann Gottlieb] Giov. Amad. Quartets: flute, oboe, violin, bass 107; oboe, viola, viola da gamba, bass 80; oboe, violin, violetta or viola di braccia, bass 107, 141. Sonatas: cembalo, viola, cello 72; 2 flutes, bass 91; flute or oboe, 2 violas, bass 73; flute, violin, viola, bass 73, 141; oboe, violin, viola, bass 73; oboe, violin, violetta, bass 106, 141; oboe, violino piccolo, viola, bass 71, 106, 141; oboe, 2 violins, bass 105, 106, 141; 2 violins, bass 58. Symphonies 18, 19
JANSON, [Jean-Baptiste]. Concertos: cello 855
JARNOVICK, JARNOVIK, see GIORNOVICHI
Jenaische Bursche, Der 199
JOHNSEN, H[enrik] P[hilip]. Fugues: organ or cembalo 400
[JOMMELLI], Nic[colò], JOMELLI. Arias 169, 177, 179. Concertos: cembalo 329, 553. *La Passione di Gesu Cristo* 298, 299. Symphonies 19, 212, 213
Joseph der [*Menschheit*] *Menschen Segen* 840
Jubelhochzeit, [*Die*] 559
JUCHHEN, [   ]. Symphony 443

General Index

Judas Maccabaeus 758
JULINI, see GIULINI
Junge Soldat, Der 198
JUNKER, C[arl] L[udwig], Charles Louis.   Concerto: cembalo 825
JUST, J[ohann] A[ugust].   Concertos: cembalo 755. *Les deux avares:* March [Grétry] with variations 806. Sonatinas: cembalo 400. Sonatas: cembalo, violin 658; cembalo, violin, bass 550

K

KAFFKA, [Johann Christoph].   Symphonies 842. *Die Zigeuner:* Partitur [under Holly] 758
KAISER, [   ].   Symphony 213
KALKBRENNER, C[hristian].   Sonatas: cembalo, violin, bass 819
KAMMEL, Anton[in], KAMMELL, Antonio.   Concertos: violin 603. Divertimentos 153, 267, 771. Duets: 2 violins [by Haydn?] 385, 386, 529, 634. Overtures 595. Quartets 419, 535. Solos: violin 414, 528. Sonatas: cembalo, violin, cello 616. Trios: 2 violins, bass 457, 491, 568, 635, 716, 775
Kapellmeister, Der 758
KARAUSCHEK, [   ].   Symphony 522
KAUER, [Ferdinand].   Fantasia: cembalo 864
Kaufmann von [Smyrna] Smirna, Der 584, 588, 700, 758
KAYSER, [   ].   Sonata: oboe 105
KEGE, [   ].   Trio: flute, violin, bass 243
KEHL, [Johann Balthasar].   Concertos: cembalo 254; flute 545. Symphony 262
[KEISER, Reinhard] KAISER.   Cantatas 188, 192
KELLERI, see CHELLERI
KELLNER, [   ].   Concerto: cembalo 555. Quartets: flute, oboe, violin, bass 426; flute or oboe, 2 violins, bass 426; flute, violin, viola, bass 426. Quintets 427. Sonatas: cembalo, violin 473
KELLNER, I. A.   Concerto: horn 801
KELLNER, J[ohann] C[hristoph], G. C.   Concertos: cembalo 478, 555, 666, 699, 823, 825; oboe 730. Fugues: organ or cembalo 430. Quartets: cembalo, flute or oboe, violin, cello 822. Sonatas: cembalo, flute or oboe or violin, cello 817; cembalo, flute or violin 812; cembalo, violin, bass 751; oboe, bass 797
KELLY, [   ].   Symphonies 412

KENNIS, G[uillaume-Gommaire], Gull. Gommar.   Duets: 2 violins 310, 490
KERNTL, C. F.   Divertissements 465. Duets: 2 violins 453. Trios: 2 violins, bass 716
KERPEN, H[ugo Franz Alexander Karl von], H. T. B. de.   Sonatas: cembalo, violin 693
KERZELL, Mich.   Duets: 2 violins 712. Quartets 681
KEUNER, [   ].   Solos: cembalo 251
KICHLER, [   ].   Quartets: clarinet, violin, viola, bass 511
KIRCHHOF, [   ].   Partitas 256. Trio: harp, flute, violin 255
KIRCHNER, [   ].   Symphonies 627
KIRMAIR, [Friedrich Joseph], KIRMAYER, KIRMAYR.   Quartets 277, 315. Quintet 316. Serenade 267
KIRNBERGER, J[ohann Philipp], J. F.   Concertos: cembalo 134, 432. Symphonies 213
KIRSTEN, [   ].   Trios: cembalo, flute or violin, bass 291; violin, viola, cello 320
Klagende Bauer, Der 198
KLAUSECK, [   ].   Solo: violin 226
KLEIN, Franc.   Concerto: cembalo 753
KLEINKNECHT, [   ].   Concertos: cello 393, 539; flute 323, 728; oboe 574; violin 501. Duets: 2 cellos 422; 2 flutes 357. Partitas 151. Solos: violin 346. Sonata: cembalo 284. Symphony 761. Trios: cembalo, flute 290; 2 flutes, bass 242, 506; 2 violins, bass 492, 715
KLEINKNECHT, J[akob] F[riedrich], Giac. Feder.   Concertos: flute 469, 545, 649; 2 flutes 686. Sonatas: 2 flutes, bass 88. Trios: 2 flutes, bass 358, 394; flute, violin, bass 857
KLOB, [   ].   Concertino: cello 505. Concerto: cello 504. Solo: cello 502
KLÖFFLER, J[ohann] F[riedrich], KLAEFFLER.   Concertos: flute 100, 398; 2 flutes 428. Duets: 2 flutes 464. Sonatas: cembalo 549; cembalo, violin, bass 817. Symphonies 381, 448. Trios: 2 flutes, bass 542
KLUG, [   ].   Symphony 592
KNIGGE, A[dolph Franz Friedrich, Freiherr von], Baron de.   Sonatas: cembalo 739
KOEHLER, [   ].   Cantata 189
KÖNIG, [Johann Mattheus].   Sonatas: flute, violino discordato, bass 71; oboe, violin, bass 105
König Lear 738
KÖRBER, [Ignaz].   Concertos: horn 801

lxv

KOHAUT, [   ]. Divertimento 279. Sonatas: flute, violin, bass 95; 2 violins, bass 49. Trio: 2 violins, bass 231

KOLB, [   ]. Sinfonia 552

KOPPAUR, Anton. Trios: 2 violins, bass 491

Kosackenlager, Das 863

KOSPOTH, O[tto Carl] E[rdmann, Freiherr] von, KOSBOTH. Quartets 418. Quintets 427. Sonatas: cembalo, violin 815. Trios: violin, viola, bass 679

[KOŽELUH], [   ], KOZELUCH. Symphonies 339, 483, 523, 563

KOŽELUH, Leop[old] [Anton], KOZELUCH. Andante and March 688. *La Chasse* 740. Concertos: cembalo 872; cembalo 4 hands 871. *Joseph der* [*Menschheit*] *Menschen Segen*: Partitur 840. Sonatas: cembalo 512, 690, 734, 810, 865; cembalo 4 hands 734, 810, 865; cembalo, violin, bass 751; cembalo, violin, cello 819, 870. Symphonies 845

KRANZ, [Johann Friedrich] Giov. Fed. Concerto: viola 683

KRAUS, Benedictus. *Die Schöpfung*: Partitur 888

KRAUSE, [   ]. Concertos: flute 98; viola 279. Partitas 146. Quartets: oboe, 2 violins, bass 106, 141; oboe, violin, bassoon, bass 141; 2 oboes, bassoon, bass 106, 112; 2 oboes, violin, bassoon, cello 277; violin, 2 bassoons, bass 141; violin, viola, bassoon, bass 141. Sonatas: oboe, bassoon, bass 106, 111; 2 violins, bass 50; violino piccolo, 2 violins, bass 71. Trios: bassoon, violin, bass 250; oboe, bassoon, violin, bass 250

KRAUSE, [Christian Gottfried]. Sonatas: 2 flutes, bass 94; flute, violin, bass 94. Symphonies 20

KREBISCH, [   ]. Concerto: violin 278

KREBS, [Johann Gottfried?]. *Der Abend*: Partitur 758

KREBS, [Johann] L[udwig], Giov. L. Concerto: violin 235; Solos: violin 270. Sonatas: cembalo 120; flute, violin, bass 94; violin 41. Symphony 213

KREISIG, [   ]. Trios: cembalo, violin, bass 327

KREUSSER, G[eorg] A[nton], KREUSER, Giorg. Ant. Concertos: cello 855; horn 801. Duets: 2 violins 454. Quartets: flute, violin, viola, bass 544. Symphonies 381, 412, 447, 526, 596, 707, 744. Trios: 2 violins, bass 492

Krieg, [*Der*] 559

KRIEGER, [   ]. Trio: 2 violins, bass 231

KRUMLOFFSKY, [   ], KRUMLOWSKY. Concertos: viola d'amore 355; violin 235. Duets: 2 viole d'amore 318. Partitas 73, 74. Sonatas: viola d'amore, bass 74. Trio: violin, viola d'amore, bass 318

KRUMPHOLTZ, J[ohann] B[aptist]. Andantino e variazioni: harp 619. Sonatas: harp 619; harp, violin, bass, 2 horns 667

KUBASCH, [   ]. Concertos: violin 66

KUCHELER, [   ]. Quartets 535

KÜFFLER, [   ]. Concerto: cello 505

KÜFFNER, [   ], KÜFNER. Concertos: bassoon 803; cembalo 293, 406, 478, 518. Sonatas: cembalo 734. Trio: cembalo, violin 290

KÜFFNER, [Wilhelm] Guglielmo. Quartets 777

KÜGLER, [   ]. Concerto: bassoon 733

KUHN, [Anton Leoni]. Sonatas: cembalo, violin 815

KUHNAU, [   ]. *Il perfetto Musico* 199

KUIHL, [   ]. Sonata: cembalo, violin 127

KUNTZ, Kunz, [KUNZEN?]. Concerto: cembalo 293. Duets: 2 violins 227. Sonata: cembalo 125. Symphonies 20, 213, 262

L

LACHNITH, [Ludwig Venceslav?]. Symphonies 674, 675

Ländler 844

Lahme Husar, Der 700, 879, 880

LALOYAU, [   ]. Duets: 2 violins 386

Lamento di tre Amanti 197

LAMOTTE, Fran[z], LAMOTTA, Francesco. Concertos: violin 721, 873. Duets: 2 violins 383. Solos: violin 309, 414

LAMPUGNANI, [Giovanni Batista]. Arias [*Priva del caro*] 165, 169, 177, 180. [*L'Olympiade*] *Olimpiade*: Arias 169. Symphonies 20

LANDMANN, [   ]. Arietta con variazioni: cembalo 653. Quartets: horn, violin, viola, bass 651

LANG, E[rnst] [Johann] B[enedikt]. Sonata: harp, violin 619

LANG, J[ohann] G[eorg], Giov. Giorgio. Concertos: cembalo 254, 293, 618, 666, Pastorale 755, 824. Quartets: cembalo, flute, violin, viola or cello 580. Sonatas: cembalo, violin 514; cembalo, violin, cello 819; cembalo 4 hands, violin, cello 819. Symphonies 262. Trios: 2 violins, bass 492

LANGE, [probably J. G. LANG]. Concertos: cembalo 432, 478, 518, 580; flute 428. Quartets: cembalo, flute, violin, cello 431. Sonatas: cembalo, violin, bass 817. Symphonies 563

LANZETTI, [Salvatore]. Sonatas: cello, bass 75

LAPIS, Santo. Aria 174

General Index

LAQUETTA, Ioseph. *Air de Malborouck avec 20 Variaz.* 865

LATILLA, [Gaetano]. Arias 169, 170, 177, 178, 179, 180, 181, 183. [*La Finta*] *Cameriera:* Arias 170, 177. *Orazio:* Aria 179. *Romolo:* Arias 169, 178. *Siroë:* Arias 169, 170, 177. Symphonies 213

LAU, [Karl]. Concertos: horn 361

LAUBE, [Anton]. Concerto: bassoon 250. Sonata: flute, violin, bass 95. Trio: 2 violins, bass 416

LAUSMAYER, [   ], LAUSMEYER. Symphony 703. Trio: violin, cello, bass 678

Lazarus 758

LEBRUN, [Franziska]. Sonatas: cembalo, violin 814

LEBRUN, [Ludwig August]. Concertos: flute 609, 727, 728; oboe 797. Trios: 2 violins, bass 532

L'ECLAIR, [   ]. Partita 150

[LEDUC, Simon] le Duc l'ainé. Concertos: violin 604, 720. Duets: violin 633. Solos: violin 631. Symphonies 673, 703. Trios: 2 violins, bass 314, 493

LEEDER, J[ohann] W[ilhelm]. Concertos: bassoon 803; flute 398; violin 571, 603, 641. Duets: violin 598. Sonatas: cembalo, flute, violin 813; cembalo, violin 813. Symphonies 523. Trios: cembalo, violin 402

[LEEMANS], LEEHMANS, H. Symphonies 447

LEFFLOTH, [Johann Matthäus]. Concerto: cembalo 134. Sonatas: cembalo, violin 127

[*Leidende*] *Leidender Erlöser,* [*Der*] 559

LEISS, Conrad. Minuets: harp 582

LELEI, LELEIN, LELEIS, see LÖHLEIN

LEM, P[eter Mandrup], Pierre. Concerto: violin 854

LEMARCHAND, [   ]. Trios: 2 violins, bass 457

LEO, [Leonardo]. Arias 170, 178. Overture 162. Sonata: flute, viola, cello 72. Symphony 213

LEONI, Bened[etto]. Sonatas: cembalo 402

Leonore 588

LEPORATI, [   ]. Cantata 193

Leucippo 15

LIBER, [Joseph Anton]. Sonatas: cembalo, violin, bass 551

LIBERT, [   ]. Duets: 2 flutes 424

LIDARTI, [Christian Joseph], LITARDY, Gius. Duets: violin 772. Symphonies 305. Trios: 2 violins, bass 275

LIDEL, A. Duets: violin, viola 713

Liebe auf dem Lande, Die 408, 436, 437, 559

Liebe ist sinnreich, Die 840

[LINIKE, Johann Georg] LIENIKE, LINICKE. Cantatas 189, 193. Sonata: flute, violin, bass 95. Trio: oboe, violin, bass 248

LIPPE, [   ]. Concerto: cembalo 478

Lison dormoit 867

Lisuart und Dariolette 559

LOCATELLI, Pietro [Antonio]. Solo: oboe, bass 247. Symphonies 21, 213. Trio: 2 flutes, bass 242

LOCHON, Charles. Divertimento 631. Duets: violin 634. Symphonies Concertantes 630, 707

LÖHLEIN, G[eorg] Simon, LELEI, LELEIN, LELEIS, Giorg. Concertos: cembalo 254, 582, 755. *Der Jenaische Bursche* 199. Partitas 267, 401. Quartet: cembalo, violin, viola, bass 663. Sonatas: cembalo 401; cembalo, flute or violin, cello 476; cembalo, violin, cello 616

[LOGROSCINO, Nicola] LOPROSCINO. Arias 170, 178

LOISEL, J[ean]-F[rédéric]. Quartets 781

LOLLI, Ant[onio], Antoine. Concertos: violin 354, 501, 603, 785. Quartets 600. Solos: violin 309, 568

LORAZI, [   ]. *Der Kapellmeister:* Partitur 758

LORENZITI, [Joseph] Ant[oine], LORENZITY, Antonio. Duets: violin, viola 713. Symphonies 448

Lottchen am Hofe 408, 437, 438, 559

LOTTI, [Antonio]. *Al Tabolino* 197. Cantatas 189, 332. Concerto: oboe d'amore 110. Duets: 2 sopranos, cembalo 194. *Incostanza feminile* 197. *Lamento di tre Amanti* 197. *La querela amorosa* 197. Trio: flute, oboe d'amore, bass 249

LOTZ, Theod. Cassation 768

[LUCCHESI], Andrea, LUCHESI. Concerto: cembalo 519. Sonatas: cembalo, violin 474, 515. Symphonies 486

Lucio Papirio 9, 14, 158

Lucio Vero 480

Lucretia Romana 192

LUDWIG, [   ]. Solo: cello 722

Lustige Schuster, Der 559, 624, 758

M

MACCHI, [   ]. Symphony 214

Madrigal 196, 197

lxvii

MAERZ, [   ]. Concerto: bassoon 546. Solo: bassoon 546. Trio: flute, bassoon, bass 546.
MAHAUT, Ant[oine], Adamo. Concertos: flute 98; violin 235. Sonatas: cembalo, violin 127; harp, violin 138
MAHONY, [MAHON?]. Duets: violin, viola 713
MAINTZER, [   ], MAINZER. Quartets: clarinet, violin, viola, bass 859. Symphony 842
MAJO, [Gian] Franc[esco de]. Arias 757, 874
MALDERE, [Pierre] van, VAN-MALTRE. Symphonies 223, 266, 343
[MALZAT, Ignaz] MALZART. Concerto: bassoon 803
[MALZAT, Joseph] MALTZARD, MALZARD, MALZART. Concerto: flute 244. Quartet 142. Symphonies 214, 246, 262
MANCINELLI, [Domenico]. Duet: 2 flutes 321
MANCINI, [Francesco]. Cantatas 193
MANFREDI, Filippo. Solos: violin 346
MANFREDINI, [   ]. Solos: violin 308
MANFREDINI, Vincenzo. Quartets 719
MARA, [   ]. Concerto: cello 644. Duet: violin, cello 643. Solos: cello 539, 722.
MARATSECK, Carlo. Quintets 782
MARCELLO, [   ]. Cantata 193. Concertos: violin 67. Sonatas: cembalo 120; violin 42
March, Marche, Marcia 582, 688, 705, 735, 738, 806, 867
MARCHI, [   ]. Aria 170. Symphony 214
MARENNI, [   ]. Cantata 193
[Maria Antonia WALPURGIS] E[rmelinda] T[alea] P[astorella] A[rcada]. *Talestri [Regina delle Amazoni]*: Overture 205, 286. *Il Trionfo della Fedeltà*: Overture 205, 286
Mariages Samnites, [Les] 867
MARPURG, [Friedrich Wilhelm]. *Die schlauen Mädchen* 199
MARTIN [y SOLER], V[icente]. *Una cosa rara*: Overture 866
MARTINI, [G. B. SAMMARTINI]. Solo: flute 684. Symphonies 22. Trios: flute, cello, bass 425; 2 violins, bass 231
MARTINI, [Johann Paul Aegidius], Il Tedesco, Giov. Divertimentos 405, 449. *Henri IV, ou La Bataille d'Ivry*: Entr'acte 710. Notturni 366. Overture 449. Quartets: flute, violin, viola, bass 396. Symphonies 342. Trios: cembalo, violin, cello 404; 2 violins, bass 387
MARTINO, [G. B. SAMMARTINI]. Aria 170. Concertos: violin 67. Sonatas: 2 violins, bass 50, 51. Symphonies 214, 246. Trios: 2 violins, bass 274

MARTINO, Joh. Batt., [G. B. SAMMARTINI]. Symphonies 21, 22
[MAŠEK], Vincen[c], MASCHECK, MASCHEK, Vincenzo. Anglaises 844. Concerto: cembalo 754. *Das Kosackenlager* 863. Minuets 764. Notturno 847. Quartet: cembalo, 2 violins, bass 871. Sonatas: cembalo, violin, cello 870. *Der Spatziergang in die Alee* 863. Symphonies 761. Variations cembalo, 2 violins, bass 871
MASSART, [   ]. Solos: cello 319
MASSINI, [   ]. Trios: 2 violins, bass 314
MATIELLI, Giov[anni] Ant[onio], MATTHIELLI. Concerto: cembalo 134. Sonatas: cembalo 810
MATTERN, [   ]. Concerto: cello 644
MAUCOURT, C[harles]-L[ouis]. Trios: 2 violins, bass 775
MAYLON, [   ]. Concerto: cello 606
Mazurka, Masur 268, 307
MAZZONE, [   ]. Symphony 262
Medea 668
MEDER, J[ohann] Gab[riel], Jean. Symphonies 303
MEGELIN, [Heinrich]. Concertos: cello 606, 645, 724, 788. Duet: violin, cello 643
MEGOLI, [   ]. Concertos: cello 393, 423
MEISSLER, G. F., MEISLER. Concertos: cembalo 478. Sonatas: cembalo 548
Melancholicus, Der 200
MELANTE, see TELEMANN
Mélide 758
MENESINI, Bartolomeo. Trios: 2 violins, bass 350
MENGIS, [Christian]. Concertos: bassoon 112
MENTE, [Johann Friedrich]. Sonatas: viola da gamba, bass 79. Suites: viola da gamba, bass 80
Merope 10, 171, 285
Messiah, The 668
Metamorphoses d'Ovide 845
METZGER, [Georg], MEZGER. Concertos: flute 687. Trios: flute, violin, bass 792
MEUNIER, [   ]. Duets: violin 452
[MIČA, Jan Adam František], MICZA, MISCHA. Symphonies 592, 627
MICHAELIS, [   ]. Concertos: cembalo 329
MICHL, [Joseph Willibald], Gius. Concertos: bassoon 861; clarinet 799; flute 858; horn 801; viola 786. Divertimento 768. Quartets 496; violin, oboe, viola, bassoon 777; violin, viola, cello, bass 787; 2 violins, bassoon, bass 861. Serenade 768

General Index

MILANDRE, [Louis-Toussaint].   Symphony 449

Milchmädchen, Milmädchen, Das 700, 884

MILLER, [   ].   Symphony 843

MINGETTI, [   ].   Symphonies 215

Minuet, Menuet 268, 307, 379, 411, 429, 547, 582, 628, 672, 705, 706, 764, 765, 844, 864, 868, 869

MIROGLIO, [Jean-Baptiste] le jeune.   Solos: violin 528

MISLEWECECK, MISLEWECEK, MISLEWEZEK, MISLIWECECK, MISLIWECEK, see MYSLIVEČEK

Mitridate 10

MOECKE, [   ].   Partita 152

MOELLER, [   ].   Concerto: cembalo 554

MOHRHEIM, Fri[edrich] Chr[istian].   Concerto: cembalo 134. Sonatas: cembalo 120

MONN, [Mathias Georg].   Symphony 214, 246

MONSIGNY, [Pierre-Alexandre].   *La belle Arsène*, arranged as cembalo sonata 747. [*Le*] *Der Déserteur*: Overture, attributed to Grétry 670; Partitur 758

MONTENARI, [   ].   Concerto: piccolo 101

Montezuma 10

MONZA, Carlo.   Aria 828

MORANDI, Pietro.   Divertimenti 740

MOREAU, [   ].   Airs choisis: harp 367

Morte di Abele, La 559

MOSELLE, Antonio.   Concertos: violin 67. Duets: 2 violins 310. Sonatas: violin 42; 2 violins 43; 2 violins, bass 52

Motet 434

MOZART, [Johann Georg] L[eopold], MOZARD.   Concerto: oboe 109. Divertimentos 267. Partitas 151. Sonata: 2 violins, bass 58. Symphonies 22, 214, 563

MOZART, Wolfgang Amad[eus], MOZARD, MOZRAT, Wolffgang.   Concertos: cembalo 872, 873. [*Die Entführung aus dem Serail*] *l'enlevement du Serail*: Overture 866. Fantasie et Sonate: cembalo 866. Quartets 849. Sonatas: cembalo 810, 866; cembalo, violin 287, 815, 866. Symphonies 846. Trios: cembalo, violin 327. Variations: cembalo 867; cembalo, violin 867

MÜLLER, [   ].   Duets: 2 flutes 685; violin, viola 772

MÜLLER, F[riedrich].   Solos: violin 451

MÜLLER, J[ohann] D[aniel?].   Partita 73

MÜLLER, Silve[ster], Silvere.   Quartets 849

MÜTHEL, [Johann] Gottfr[ied].   Duet: 2 cembalos 579

MULLER, I. C.   Trios: 2 flutes, bass 395; flute, violin, bass 395

Muse, Die 588, 836

Musik zum Prolog der Volontaire 668

Musique de Table 107

Mutter Natur, see *Vicende della Sorte, Le*

[MYSLIVEČEK, Josef] MISLEWECECK, MISLEWECEK, MISLEWECZECK, MISLEWEZEK, MISLIWECECK, MISLIWECEK, MISLIWEZEK, Il Boemo, Gius.   Aria 828. Concerto: violin 354, 390. Quartets 639. Quintets 316, 783. Solo: cello 391. Symphonies 339, 443, 483, 523, 526, 562, 563, 592. Trios: horn, violin, bass 731; 2 violins, bass 275, 349, 679

N

Nachtwächter, Der 200

NARDINI, Pietro.   Concerto: violin 235. Solos: violin 382. Sonatas: flute, violin, bass 95; violin 42, 711

Natale di Giove, Il 15

NAUMANN, [Johann Gottlieb] Gio. Amadeo.   *Amphion*: Overture 761. Arias 583, 620, 699, 873. [*L'Armida*] *Armide*: Partitur 700. Duets: violin 771. *Prol[o]g [till Amphion]*: Overture 761. Sonatas: cembalo, violin 612; cembalo, flute or oboe, bassoon or bass 660.   Symphonies 216, 339, 443, 593, 703. *Il Villano, Vilano, Geloso*: Arias 407; Overture 379

NAVOIGILLE, G[uillaume], Gullielmo.   Solos: violin 309. Trios: 2 violins, bass 494

NEEFE, Chr[istian] G[ottlob].   *Amors Guckkasten*: Partitur 559. *Die Apotheke*: Partitur 559. Concerto: cembalo 825. *Die Einsprüche*: Arias 838, 839; Partitur 559. *Heinrich und Lyda*: cembalo 624. Partitas 449, 527. Sonatas: cembalo 472; cembalo, violin 613, 744. Symphonies 443

NERUDA, Joh[ann Baptist] Georg, [Jan Křtitel Jiří], Giov. Batt.   Concertos: violin 67, 235, 278, 317. Quintet 277. Sonatas: 2 flutes, bass 91; violin 40; 2 violins, bass 52, 53. Symphonies 22, 215, 410. Trios: cembalo, violin 252

[NEUBAUER], Fran[z Christoph], NEUBAUR, Franc.   Quartets 849

NEYDING, [   ].   Duets: 2 cellos 356; flute, cello 356; violin, cello 356. Quartet: flute, violin, viola, bass 467

NEYMANN, [   ].   Concerto: cello 505

lxix

NICHELMANN, [Christoph]. Concerto: cembalo 134. Sonatas: cembalo 120; 2 flutes, bass 91. Symphonies 216

NICOLAI, I. G. Concertos: bassoon 733; violin 785. *Der Geburtstag: Partitur* 758. Solos: flute 725. Sonatas: cembalo, violin, bass 817

Nitteti, La Nitetti 209, 285

[NOËLLI, Georg?] NOEL. Symphony 262

NOFERI, Gio[vanni] Bat[tista], Batista. Concertos: violin 67. Duets: violin 455

Notturno 59, 307, 366, 458, 768, 773, 847

NOVY, [   ]. Trio: flute, viola d'amore, bass 355

Numa 14

O

OCH, Andrea[s]. Symphonies 350

Ode 807

OGLIO, Dom[enico] dall'. Solos: flute 684. Symphonies 216, 262

Olimpiade, L'Olympiade 15, 168, 169

Opera, Intermezzo, Operetta 9, 10, 14, 15, 25, 164, 165, 166, 167, 168, 169, 170, 171, 172, 173, 174, 175, 176, 177, 178, 179, 180, 181, 209, 260, 285, 286, 294–298, 300, 302, 333–336, 338, 367, 368, 379, 407, 408, 433, 434, 435–440, 480, 500, 520, 556–559, 584–588, 621–624, 668, 700, 709, 710, 737, 747, 758, 761, 809, 813, 816, 818, 827, 828, 830–840, 866, 869, 875–888

Oratorio 298, 299, 559, 588, 624, 668, 758, 840, 888

Orazio 172, 173, 179

ORDOÑEZ, Carlo[s] d', ORDONIZ, ORDONNIZ. Quartets 639. Symphonies 216, 262, 339, 523, 563, 630

Orfeo 10

Orione 294

ORLANDINI, [Giuseppe Maria]. Arias: 171, 183, 184

ORSLER, Joh. Georg. Sonatas: violin 41; 2 violins, bass 53, 54. Trio 231

OTTO, [   ]. Concerto: violin 536

Overture, Ouverture, Sinfonia, Symphony [in the case of operas] 9, 10, 14, 15, 25, 155–162, 209, 216, 260, 285, 286, 302, 338, 379, 435, 449, 488, 522, 549, 595, 670, 709, 710, 737, 761, 767, 769, 809, 816, 818, 866

OZI, [Étienne]. Concertos: bassoon 862

P

PÄSSLER, E[manuel Johann] G[ottfried]. Sonatas: harp 827

PAGANELLI, [Giuseppe Antonio]. Sonatas: flute, oboe, bass 106; 2 violins, bass 59.

PAISIBLE, [Louis-Henri]. Quartets 719

PAISIELLO, [Giovanni], BAISIELLO, BARSIELLO, I. *La Frascatana*: Overture 710. Overture 767. Quartets 781. Symphony 482, 702

PALADINO, [   ]. Symphony 216

PALERMITANO, [   ]. Aria 171. Symphony 216

PALLAVICINI, [Vincenzo]. Overture arr. cembalo 286

PALSCHAU, [Johann Gottfried]. Concertos: cembalo 582

PAMPANI, [Antonio Gaetano]. Aria 171. *Capranica*[?]: Aria 171. Solo: cembalo 252

Pancrazio 668

PANNENBERG, [Friedrich Wilhelm]. Minuets 672, 705, 764, 844. Quartets: flute, violin, viola, bass 467. Solo: violin 597

Papirio, see *Lucio Papirio*

Parade Sinfonien 28

[PARADIES, Pietro Domenico] PARADIE. Aria 171

Paride, see *Giudicio di Paride*

Partenope, Parthenope 302, 333

Partita 71, 73, 74, 80, 101, 109, 116, 118, 119, 120, 128, 130, 138, 143–152, 239, 255, 256, 266, 267, 268, 277, 286, 343, 369–375, 398, 401, 449, 527, 552, 651, 662, 687, 709, 769, 797, 859

Partitur 559, 588, 624, 668, 700, 758, 840, 888

Passione di Gesu Cristo, La 298, 299

Passions-Cantate 588

Pastorale, Pastorella, Pastorelle, Pastorello 161, 219, 273, 279, 289, 755

PELLEGRINI, Ferd[inando], PELLEGRINO. Concertos: cembalo 519. Symphony 216

PEPUSCH, [Johann Christoph]. Quartet: cembalo, 2 violins, viola da gamba 239. Trios: flute, oboe, bass 248; flute, viola da gamba, bass 80; trumpet, violin, bass 114

PERENNI, [   ]. Sonata: harp 137

PEREZ, [Davide], PERETZ. Arias 171, 184. Concerto: violin 235. Sonata: 2 violins, bass 58. Symphonies 217, 262

Perfetto Musico, Il 199

Pergola Minuè, La 828

General Index

PERGOLESI, [Giovanni Battista]. *Amor fa l'uomo cieco:* Aria 171. Arias 171, 172, 173, 179, 180, 184. Cantata 189. Concerto: flute 100. *Merope:* Aria 171. *Orazio:* Arias 172, 173. *La Serva Padrona:* Aria 172. *Stabat Mater* [Hiller version]: Partitur 588. Symphony 216. *Tordinona* [?]: 171, 173. Trios: 2 violins, bass 231, 494

PERTI, [Giacomo Antonio]. Cantata 193. Solo: cembalo 252

Pescatrice, La 379, 408

PESCH, C[arl] A[ugust], BESCH. Concertos: viola 538; violin 278, 354, 722. Duets: 2 violins 271, [by Fautini] 385, 414, 714. Partitas 277. Solos: violin 597. Symphonies 204, 262, 379. Trios: 2 violins, bass 274, 417, 568, 569

PETRINI, Francesco. Sonatas: harp, violin 367

[PEZOLD, Christian?] PETZOLD. Sonatas: cembalo 125

PFEIFFER, [Johann] Giov. Aria 180. Concertos: flute 98; violin 68, 236; violino piccolo 71, 238. Overtures 160. Partitas 109, 147. Sonatas: cembalo, viola or gamba 127; cembalo, violin 127; cembalo, violin or oboe 127; violin 41; violin, viola, bass 72. Symphonies 216, 262. Trios: 2 sopranos, bass 181; cembalo, viola da gamba 80

PFINGSTEN, G. W. Solo: drum 805

PFINGSTEN, I. M. F. Duet: piccolo, drum 805. Quartets: 2 piccolos, 2 drums 805. Trios: 2 piccolos, drum 805

Pharao [*Tubaetes*] 158

PHILIDOR, [François-André]. *Les Femmes Vengées:* Overture 709. [*Le Maréchal-Ferrant*] *Der Hufschmidt:* Partitur 758. [*Mélide ou le navigateur*] *Melide oder der Schiffer:* Partitur 758. [*Le Soldat Magicien*] *Der zaubernde Soldat:* Partitur 758. *Tom Jones:* Partitur 758

Philint und Lucinde 758

PIACENTINO, [Antonio]. Partita 151

PIANTANIDA, [   ]. Concerti grossi 68

[PICCINNI, Nicola] PICCINI, Nicolo. *Il Barone di Torreforte:* Arias 336. *Bastien und Bastienne*[?]: Partitur 758. *La Buona* [*Figliuola*] *Figliola, Das gute Mädchen:* Partitur 559, 758. *La Buona* [*Figliuola*] *Figliola Maritata:* Partitur 559. Divertimento 869. *Der Eifersüchtige Ehemann*[?]: Partitur 758. *La Pescatrice:* Arias 408; Overture 379. [*La Schiava*] *Die Sklavinn:* Arias 835; Partitur 700. Symphonies 262, 286, 303. [*Le Vicende della Sorte*] *Der Glückwechsel, oder die Mutter-Natur in ihren Kindern:* Arias 830, 831; Partitur 758

PICHL, Wen[zel], PICHEL, Wenceslao, Wenzeslao. Concertos: cello 505; flute 796; violin 502, 571, 603. Duets: 2 violins 714. Quartets 719.

Solo: violin 527. Symphonies *Terpsiche, Euterpe, Uranie* 339, 443, 483, 523, 564, 593, 673, 843. Trios: flute, violin, bass 507

PICHLER, [   ]. Sonatas: flute, violin, bass 94; 2 violins, bass 55. Trios: flute, violin, bass 243

PICKEL, [   ]. Sonatas: cembalo, violin 127

Piece, Stücke 122, 284, 429, 691, 807, 864

Pigmalion 307

PIN, [   ]. Solos: cello 355

PINTO, [   ]. Quartets: flute, violin, viola, bass 794

PIOZZI, [Gabriele Mario]. Quartets: cembalo, 2 violins, cello 697

Piramo e Tisbe, Piramus und Tisbe 338, 367, 368, 623, 624

PIRLINGER, [Joseph]. Symphonies 217, 263, 303

[PISENDEL, Johann Georg] BISHENDEL. Concerto: violin 233

PITICCHIO, F[rancesco]. Quintets 853

PLA, [   ]. Duets: 2 flutes 465

PLATTI, Giov[anni Benedetto]. Concertos: cembalo 135. Solo: cembalo 252. Sonatas: cembalo 121

[PLEYEL], Ign[az Joseph], BLEYL, PLEYL. Concertos: cello 788; violin 854. Minuets 844. Quartets 850–852; cembalo, violin, viola, cello 871. Symphonies 760, 847

PODBIELSK[I], C[hristian] W[ilhelm], PODBIELSKY. Sonatas: cembalo 691

[POKORNY, Franz Xaver Thomas] POCORNI, POKORNI. Concertos: cembalo 329, 406, 479, 518

POLAZZI, [   ]. Symphony 217

POLI, Agostino. Concerto: bassoon 804

Polonaise, Polonese, Polonoise 268, 307, 326, 379, 411, 547, 628, 689

[*Polydorus*] *Polidor* 158

Polyxena 624

PORPORA, [Nicola]. Arias 173, 174, 179, 184, 185. Cantatas 193. [*Carlo il Calvo*] *Alle Dame:* Arias 173. [*Flavio Anicio Olibrio*] *Aliberti:* Arias 173, 178. Sonatas: flute, violin, bass 95; 2 violins, bass 59. Symphonies 217. [*Il Trionfo di*] *Camilla:* Arias 173, 174

PORSILE, [Giuseppe]. Cantatas 189, 193, 194

PORTA, [   ]. Aria 179

POSTEL, [   ]. Trio 231

POYDE, [   ]. Allegro con variazioni: flute 789

PRATI, [Alessio]. Aria 874. Rondo 828

PREU, [Friedrich]. *Adrast und Isidore:* Partitur 758. *Der Irrwisch:* Partitur 758.

lxxi

PREUS, C[arl]. Concertos: viola 855. Quartets: cembalo, 2 violins, bass 663
PREYSING, [Heinrich Balthasar]. Solos: cello 391, 462
PRIESEMEISTER, [ ]. *Der Haderlump* 200
PROCKSCH, [Kaspar]. Solos: clarinet 510. Trios: clarinet, violin, bass 510
Prol[o]g [till Amphion] 761
PROVER, Filippo. Sonatas: flute 357; oboe 361
PRUDENT, [ ]. [*Les Jardiniers*] *Die Gärtner: Partitur* 758
PUGNANI, [Giulio] Gaetano [Gerolamo]. Concertos: violin 236, 390, 603. Duets: violin 529. Quintets 501, 697. Solos: violin 488, 529, 597. Sonatas: cembalo, violin or flute, cello 404. Symphonies 216
PUNTO, see STICH
PUSCHMANN, [ ]. Concerto: violin 537

Q

Quadrille 628
QUANTZ, [Johann Joachim], QUANZ, Giov. Giac., Gioach. Aria con variazioni: flute 789. Concertos: flute 99, 245; horn 114; oboe 110. Duets: 2 flutes 85. Solos: flute 240; oboe, bassoon 247. Sonatas: cembalo, flute 127; flute 83; 2 flutes, bass 89; viola 72. Trios: 2 flutes, bass 242
Quartet, Quadro, Quartetto, Quattro 78, 80, 106, 107, 112, 130, 140, 141, 142, 181, 239, 245, 248, 276, 277, 315, 323, 333, 335, 336, 352, 353, 359, 388, 389, 395, 396, 405, 418, 419, 426, 431, 433, 458, 459, 460, 467, 468, 477, 480, 496, 497, 498, 499, 500, 507, 508, 510, 511, 517, 520, 533, 534, 535, 536, 538, 542, 543, 544, 545, 569, 570, 571, 573, 579, 580, 599, 600, 601, 602, 631, 636, 637, 638, 639, 647, 648, 651, 662, 663, 664, 667, 680, 681, 685, 697, 717, 718, 719, 720, 723, 727, 731, 752, 776, 777, 778, 779, 780, 781, 782, 793, 794, 798, 800, 802, 805, 821, 822, 835, 848, 849, 850, 851, 852, 857, 859, 861, 871, 875, 879, 880, 881, 882, 883
Querela amorosa, La 197
QUERFURTH, [Franz]. Symphonies 217
Quintet, Quintetto 277, 316, 359, 389, 397, 427, 428, 477, 500, 501, 536, 602, 605, 617, 640, 648, 649, 681, 697, 727, 782, 783, 794, 795, 831, 852, 853

R

RAIMONDI, Ignazio, Ignace. Concertos: 460; violin 722. Duets: violin 490, 772. Quartets: flute, violin, viola, bass 793
RAMBACH, F. X. Symphonies 305
RASETTI, Am[adeo], Amede. Sonatas: cembalo, violin 693, 748
RATHGEN, A. Sonatas: 2 clarinets, 2 horns, bassoon 576
RATTI, [ ]. Sonatas: viola 72
RAUCH, Franc. Sonatas: cembalo 810
RAUZZINI, [Venanzio] Men. Quartets: cembalo, 2 violins, bass 752
RAZZO, [ ]. Solo: violin 270
Redende Gemalde, Das, see *Tableau Parlant, Le*
Redendes Gemählde 588
REGGIO, Antonio. Sonatas: cembalo 473
REICHA, [Joseph] Giuseppe. Concertos: cello 724, 788, 855
REICHARDT, [ ]. Concertos: bassoon 804; violin 460. Partitas 152, 449, 709. Symphonies 443
REICHARDT, J[ohann] Fr[iedrich], Giov., Federico, Fred. Concertino 769. Concertos: cembalo 479, 618; violin 420, 603. *Ino: Partitur* 758. Solo: violin 597. Sonatas: cembalo 577; cembalo, violin 658; violin 676. Symphonies 596, 703. Trios: 2 violins, bass 636
REICHENHAUER, [ ]. Sonatas: 2 viole da gamba, cembalo 80; cembalo, viola da gamba, violoncello piccolo 80
REICHERT, [ ]. Partitas 130
REINARDS, W. Duets: 2 flutes 790. Solos: flute 645
REINICKE, [ ]. Quartets: 2 violins, bassoon, bass 112, 141
REIPEL, [Riepel?]. Concertos: violin 538
RELUZZI, [ ]. Sonatas: flute, violin, bass 95; 2 violins, bass 55. Symphonies 23, 217
Rè Pastore, Il 15
RETZEL, [ ]. Concertos: cello 76; oboe 109
REUTER, [ ]. Sonata: 2 violins, bass 59
REY, [Louis-Charles-Joseph]. Duets: 2 violins or violin, cello 348. Solos: cello 355
REZEL, [ ]. Concertos: violin 69
RICCI, P[asquale], F. P. Quartets 536. Quintets 681. Symphony 567. Trios: 2 violins, bass 532
Ricercare 114
RICHTER, C[arl] G[ottlieb]. Concertos: cembalo 618, 666

General Index

RICHTER, [F. X.?]. Concertos: cembalo 329, 580; flute 323. Minuets 628. Trios: 2 flutes, bass 242, 506
RICHTER, Fr[antišek] Xav[er], Xavieri. Symphonies 23, 218, 263, 342. See also RICHTER, [F. X.?]
RICHTER, G[eorg] F[riedrich]. Sonatas: cembalo, violin 515
RIEDEL, [   ]. Concertos: flute 100, 281; violoncello piccolo 78. Trios: flute, violin, bass 280
RIEDT, F[riedrich] W[ilhelm]. Sonatas: flute 83; 2 flutes, bass 89
RIEGEL, [RIGEL]. Concertos: cembalo 479; flute 509; violin 278
RIEPEL, Jos[eph]. Concertos: cembalo 135, 580; violin 236, 317. Sonata: cembalo, violin 127. Symphonies 218. See also REIPEL
RIGEL, Ant[on], RIEGEL. Quartets: cembalo, 2 violins, cello 697; flute, violin, viola, bass 507. Sonatas: cembalo, violin 749
RIGEL, H[enri-Joseph], RIEGEL. Sonatas: cembalo, violin, cello 475. Symphonies 263, 707
RIGLER, Fran[z] Xav[er], Franc. Sonatas: cembalo 811
RINALDO [DI CAPUA]. Arias 174. Duets: 2 sopranos 181
RISTORI, [Giovanni Alberto]. Arias 174, 178, 332
RITTER, [   ]. Concertos: bassoon 733, 861. Quartets: bassoon, violin, viola, bass 802
Robert und Kalliste [La Sposa Fedele] 700
ROBINEAU, Alex[andre], Abbate Alexandro. Concertos: violin 460, 641. Solos: violin 346
Rodelinda 9, 285
RODEWALD, [Joseph Karl]. Symphony 218
RÖLLIG, [   ]. Concertos: bassoon 112; cembalo 135; flute 99; oboe 109, 361. Divertimentos 128. Partitas 128, 130, 138, 147, 148, 149. Sonatas: flute, violin, bass 95. Symphonies 24, 218
RÖMHILD, [   ]. *Der schädliche Credit* 200
ROESER, [Valentin]. Symphonies 379. Trios: 2 violins, bass 312
ROLLE, J[ohann] H[einrich]. *Abraham auf Moria:* Partitur 668, Cembalo 624. Concertos: cembalo 135, 293, 365, 665. *Davids Sieg im Eichthale:* Partitur 668, cembalo 588. *David und Jonathan:* Partitur 758. *Die am Creutz über Sünde, Tod, Teufel und Hölle triumphirende Liebe unsers Bräutigams und Erlösers Jesu Christi:* Partitur 888. *Die Götter und Musen:* Partitur 758. *Lazarus, oder die Feier der Auferstehung:* Partitur 758. *Der Nachtwächter* 200. Partita 449. *Saul, oder die Gewalt der Musik:* Arias 886, 887; Partitur 668, cembalo 588. Sonatas: cembalo, violin 128. Suites: cembalo 121. Symphonies 24. *Thirza und ihre Söhne* Partitur 840. *Der Tod Abels:* cembalo 588

Romance, Romanze 832, 833, 879
ROMANO, [   ]. Symphony 218
Romeo e Giulia 621, 668
Romeo und Julie 668, 700, 883
Romolo 169, 178
Romolo ed Ersilia 260, 285, 297, 298
Rondello 834
RONDINELLI, [   ], RONDINELLO. Concertos: violin 278; violoncello piccolo 78. Symphony 263
Rondo, Rondeau 450, 736, 799, 807, 863, 864, 868, 878, 880
Rosenfest, Das 559, 832, 833
ROSENI, [   ]. Quartets: flute, violin, viola, bass 508
ROSENKRANTZ, [   ], ROSENCRANTZ. Partitas 267. Symphony 263
ROSETTI, Antonio [RÖSSLER, Franz Anton]. Cassations 307. Concertino 709. Concertos: bassoon 733, 804, 861; cembalo 825; clarinet 799, 860; flute 649, 686, 728, 796; horn 732, 801; oboe 798; violin 641, 682, 721, 854. Divertissements 820. Duets: violin 773. Minuets 764. Quartets 782, 852; 2 violins, flute, bass 142. Quintet 798. Sextets 720, 857. Sonata: 2 oboes, violino piccolo, bass 71, 106, 142. *Der sterbende Jesus:* Partitur 888. Symphonies 593, 627, 670, 703, 762, 843, 846
Rosière de Salency, La 700
ROSINE, [   ]. Duets: 2 flutes 646
ROSSI, Don [Ildefonso di], Idelfonso de. Solos: cembalo 325
ROSSI, [Luigi?]. Aria 197. Duets 197. Terzetto 197
ROTH, [   ]. Sonata: cembalo, violin 129
ROY, [   ]. Symphony 263
RUDORF, Fried. Christ. Sonatas: cembalo 806
RUGE, [Filippo]. Sonatas: 2 flutes, bass 91
RUGIETZ, [   ]. Symphony 593
[RUMLING], Sigism[und, Freiherr von], RUMLINGE, B. de. Quartets 497
RUPPE, C[hristian] F[riedrich]. Sonatas: cembalo, violin 813; cembalo, violin, bass 818
[RUSH, George] RUSCH, Giorgio. Concertos: cembalo 555. Trios: cembalo, violin 402
RUSSO, [   ]. Concerto: violin 236
RUST, Fr[iedrich Wilhelm], Gugl. Sonatas: cembalo 610, 806
RUTINI, Giov[anni] Marco, RUTTINI. Arias 174. Sonatas: cembalo 740; cembalo, violin 749. Symphony 264

lxxiii

S

SABATINI, Giov[anni] Andrea. Trios: 2 violins, bass 350
SACCHINI, Ant[onio], SACCINI. Aria 620. *L'Isola d'Amore*: Arias 433. Sonatas: cembalo, violin 745. Symphonies 484, 762
SAINT-GEORGES, [le Chevalier Joseph] de, GEORGE. Concertos: cembalo 665; violin 537, 784. Quartets 599. Symphonies Concertantes 706
SALES, [Pietro] Pompeo. Concertos: cembalo 432, 580
SALIERI, Ant[onio]. Arias 757. Concerto: flute, oboe 858. *La Grotta di Trofonio*: Partitur 888. *Ode*: cembalo 807. Overture 769. Symphony 762
Salve Regina 758
Salve Tu, Domine 867
[SAMMARTINI, G. B.], see MARTINI, MARTINO
SANDER, F. S. Concertos: cembalo 825
Sant'Elena [al Calvario] 559
SARRO, [Domenico]. Aria 185
SARTI, Giuseppe, SARDI. Arias 583, 874. Duet: 2 sopranos 584. *Giulio Sabino*: Partitur 840. Sonatas: cembalo 364. Sonata caratteristica: cembalo, violin 869. Symphonies 218, 704, 762, 843. Variazioni del Minuetto Lara del Opera *La Grotta di Trifonio* [Salieri?] 869
Saul 588, 668, 886, 887
SAXER, [   ]. Solo: cembalo 252. Sonata: cembalo 125
SAX-GOTHA, Duchessa di. Sonatina: cembalo 734. Symphony 670
SCACCIA, [Angelo Maria]. Concertos: violin 69
SCALABRINI, [Paolo]. Aria 174. Symphonies 25
SCARLATTI, [Alessandro]. Cantata 194
SCARLATTI, Giuseppe. *De gustibus [non est disputandum]* Overture 25. *Gran Madre*: Overture 25. *Issipile*: Aria 174. Symphonies 25. See also SCARLATTI, [Giuseppe?]
SCARLATTI, [Giuseppe?]. Aria 175. Solo: cembalo 252. Symphonies 219
SCHACHHOFER, [   ]. Sonata: violoncello piccolo 77
SCHACHT, [Theodor, Freiherr von] Barone de. Concertino 567
Schadenfreude, [Die] 668
Schädliche Credit, Der 200
SCHAFFRATH, Chr[istoph]. Concertos: bassoon 113; cembalo 135, 293, 581; flute 100; oboe 109; violin 236. Sonatas: cembalo 122; flute, bassoon, bass 111; 2 flutes, bass 90; flute, violin, bass 95; oboe, bassoon, bass 106, 111; 2 oboes, bass 106; violin, bassoon, bass 111. Symphonies 219. Trio: cembalo, flute 290

SCHALE, [Christian Friedrich]. Concerto: cembalo 366. Overture 162. Sonatas: flute 83; cembalo, violin 129
SCHARDT, [   ]. Sonata: flute, violin, bass 95
SCHEIBE, J[ohann] Ad[olph], Giov. Cantatas 189. Concertos: cembalo 135; violin 236. Pieces: cembalo 122. Sonatas: cembalo, violin 129; flute, 2 violins, bass 142, 152; oboe, 2 violins, bass 106; violin 41; 2 violins, bass 59. Symphonies 219
SCHEINPFLUG, [Christian Gotthelf]. Sinfonia: cembalo 123
SCHENCKE, [   ]. Concerto: trumpet 114
SCHENCKER, [   ]. Sonatas: harp, violin, bass 583
Scherzando 154, 284
[SCHETKY, Johann Georg Christoff] SCHETTKY, TZSCHETKY. Concertos: cello 393, 423. Duets: 2 flutes 607. Solos: cello 421, *Vetter Michel con variazioni* 643, 786. Trios: violin, cello, bass 422
SCHIATTI, [Giacinto]. Duets: 2 violins 414
[*Schiava, La*] *Die Sclavin, Sklavinn* 700, 835
SCHIEK, [   ]. Solo: violin 270
SCHINDLER, [   ]. Concertos: cello 393, 423; cembalo 554. Duet: 2 cellos 392
SCHIRER, [   ]. Duets: 2 flutes 85
Schlauen Mädchen, Die 199
SCHLECHT, Fran[z], Franc. Concerto: cello 788
SCHLEGER, [Franz]. Trios: 2 violins, bass 351
SCHLICK, [Johann Conrad]. Concertos: cello 683, 788, 856. Duet: 2 cellos 786. Quartets: violin, viola, cello, bass 723, 787. Solos: cello 723
SCHLOEGER, [   ]. Symphonies 220
SCHMIDT, [   ]. Quartets 315, 458; flute, violin, viola, bass 543. Quintets 316. Sonata: cembalo, violin 129. Symphonies 305, 382, 704, 843
SCHMIEDT, Siegfried. Sonatas: cembalo 867
SCHMITT, [   ]. Cassation 488. Symphonies 449, 487
SCHMITT, Jos[eph], SCHMIDT, Gius. Concertino 527. Concertos: cello 607; 2 violins 642. Duets: 2 violins or violin, cello 530. Quartets 496, 499; cembalo, flute, violin, cello 663; flute, violin, viola, bass 396. Quintets 500. Symphonies 449, 484, 523, 526, 767. Trios: flute, violin, bass 792; 2 flutes or 2 violins, bass 533; violin, viola, cello 717; 2 violins, bass 457, 493, 533; 2 violins, cello 717
SCHMITTBAUER, J[oseph] Alo[i]s, SCHMIDTBAUER, SCHMITBAUR, SCHMITTBAUR, Gios., Aloys. Concertos: bassoon 652, 804; horn 802;

General Index

oboe 730; violin 721. Quartets: cembalo, flute, violin, cello 662,
752; flute, violin, viola, bass 857; flute, 2 violins, bass 544, 857.
Symphonies 303, 443, 523, 564, 565, 596, *Hypochondr.* 762. Trios:
2 flutes, bass 857; oboe, violin, bass 729. See also BAUERSCHMIDT,
Sinfonia Hypochondr.

SCHNEIDER, [   ]. Overture 162

SCHOBERT, [Johann or Jean], SCHOBERTH. Concertos: cembalo 254,
289, *Pastorale* 289, 329, 554. Sonatas: cembalo 123, 288; cembalo,
violin 288, 289, 549; cembalo, violin, bass 288; cembalo, 2 violins,
bass 288; harp, violin 582. Symphonies: cembalo, violin, 2 horns
289. Trios: cembalo, violin 403; cembalo, violin, bass 328

Schöpfung, Die 888

SCHÖPS, [   ]. Concertinos 509. Concertos: cembalo 554;
flute 509; harp 556. Sonatas: cembalo, violin 514. Symphony 523

SCHRAMM, [Johann Christian]. Duets: flute 85, 86

SCHREIER, [   ]. Concerto: clarinet 799

SCHROETER, Fred. Duets: violin, cello 463

SCHROETER, Henrico. Duets: violin 454

SCHROETER, J[ohann] S[amuel], SCROETER, G. S. *La Bataille Fantasie*
[*The Field of Battle*]: cembalo 867. Concertos: cembalo 555, 755.
Quintets 697. Sonatas: cembalo 611; cembalo, flute or violin 745;
cembalo, violin, cello 476

SCHUBERTH, [   ]. Symphonies 263

SCHUKNECHT, J[ohann] C[hristian]. Allegro: cembalo 806. Sonatas:
cembalo 806

Schulmeister in der Singschule, Der 332

[SCHULTHESIUS], [Johann] P[aul], SCHULTESSIUS, Giov. P. Sonatas:
cembalo, violin 745.

SCHULTZ, [   ]. Sonata: 2 flutes, bass 91

SCHULTZ, L. I. Quartets: cembalo, flute, violin, bass 553

SCHULTZE, [   ]. Sonatas: flute 83. Trios: flute, violin, bass 243

SCHUMANN, Fr[iedrich] Theod[or], SCHUHMANN. Sonatas: cembalo 735.
Trios: violin, cello, bass 504; 2 violins, bass 494

SCHURER, Adamo. Concertos: flute 99. Partita 152. Symphonies 219

SCHUSTER, [Joseph] Gius. *Der* [*Alchymist*] *Alchimist:* Partitur 700. Aria
828. Aria alla Polacca 828. Concertos: bassoon 804; cembalo 665,
872. Divertimentos 656. Solo: bassoon 802. Symphonies 627, 671,
762. *Die Wüste Insel:* Arias 836; Partitur 700.

[SCHWACHHOFEN] SCHWACHOFFER, SCHWACHHOFFER. Solo: cello 723.
Trios: violin, cello, bass 786

SCHWAEGRICHEN, [   ]. Partitas 149

SCHWALBE, [   ]. Concertos: violoncello piccolo 78

SCHWANENBERG, [Johann Gottfried], SCHWANBERG, SCHWANBERGER,
Giov. Arias 300, 620. Concertos: cembalo 581; violin 69. *Didone*
[*abbandonata*]: Arias 300. *Romeo e Giulia:* Arias 621; Partitur 668.
[*Solimanno*] *Solimann:* Arias 300. Solos: cembalo 324, 325, 471.
Sonatina: cembalo 735. Symphonies 219, 264. Trios: cembalo,
violin 290; flute, violin, bass 425. *Zenobia:* Arias 300

SCHWARTZ, [   ]. Trios: 2 flutes, bass 280; flute, violin, bass
280

SCHWEITZER, Anton. *Alceste:* Arias 520; Partitur 559; arr. for cembalo
624. Arias 829. *Die Auferstehung Christi:* Partitur 758. *Die Dorfgala,
Dorf-Galla:* Arias 585; Partitur 559; arr. cembalo 624. [*Elysium*]
Elisium: Arias 586; Partitur 559. *Der lustige, lustiger Schuster:* Partitur:
624, 758; arr. cembalo 624. March aus der Trauerspiel *Clavigo:*
cembalo 735. Sonatas: cembalo 653; cembalo, violin, bass 660.
Symphonies 381, 594, 671, 704

SCHWINDEL, Fr[iedrich], SCHWINDL, Fred. Concerto: flute 469. Divertis-
sements 455. Duets: 2 flutes 541; violin, cello 392. Quartets: flute
or violin, violin, viola, bass 426. Symphonies 264, 306, 381, 523.
Trios: cembalo, flute 327; 2 flutes, bass 394

SCIROLI, Gregorio. Trios: 2 violins, bass 351

SCOLARI, [Giuseppe]. Concerto: violin 390. Symphony 220

SCROETER, see SCHROETER, J. S.

Scuola de' Gelosi, La 828

SECKENDORFF, [Karl Sigmund, Freiherr von] Baron Sigismondo de.
Quartets 600

SEIDEL, [   ]. Duets: 2 violins 271

SELLITTI, [Gioseffo], SELETTI. Aria 175. Duet: 2 sopranos 181

Semiramide 10

Semiramide [*riconosciuta*] 14, 294

SENFFT, [   ]. Concertos: cembalo 254, 581

Senocrita 14

Septuor 882

Seraphina 624

Serenade, Serenata 267, 268, 307, 502, 537, 610, 630, 650, 732, 768

Serva Padrona, La 172

Sextet, Sestetto 640, 682, 720, 783, 822, 857

SEYDELMANN, Franz. *Arsene:* Arias 878, 879; Partitur 700. *Il Capric*[*c*]*io
Corretto:* Partitur 840. Cavatina 829. Coro 829. Duets: 2 sopranos

829. *Der lahme Husar:* Arias 879, 880; Partitur 758. *Salve Regina:* Partitur 700. Sonatas: cembalo 653; cembalo 4 hands 740, 741; cembalo, flute 657

SEYFFERT, SEIFERT, SEIFFERH, SEIFFERT, SEIFFERTH. Concertos 268; cembalo 329; violin 236. Serenata 268. Solos: violin 270. Sonata: cembalo, violin 129. Symphonies 220, 264, 265. Trios: cembalo, violin 290; cembalo, violin, bass 291; 2 violins, bass 232

SIBIN, [Gregor?] C. A. Sonatas: harp, flute, viola 827

SIDLER, [Joseph Bernhard] Gius. Bernardo, le Capitain. Phantasias: cembalo 867, 868

SIEBER, [Jean-Georges]. Airs choisis: harp 582. *Marche des Janissaires:* harp 582

SIEVERS, I. E. L. Symphony 698

SIGNORETTI, Gius. Quartets 499

SILBERMANN, [   ]. Pieces de Clavecin 284

Silenzio o Muse 668

SIMON, [   ]. Duets: 2 violins 383, 384. Minuets 628. Partitas 268, 398. Sonata: oboe 105. Trio: violin, viola, bass 420

SIMONETTI, [   ]. Dances 268, 307. Duets: 2 flutes 241. Minuets 268, 307, 379, 411. Partitas 149, 329. Polonaises 268, 411. Trio: cembalo, viola d'amore 318

Sinfonia Hypochondr[iaca] 762

Sinfonia Nazionale 302

Sinfonia Pantomima 471

Sinfonia Russa 216

SIPRATINI, [   ]. Trios: 2 cellos, bass 422

SIRET, [   ]. Concerto: bassoon 804

SIRMEN, Ludovico. Sonata: violin 847. Trios: 2 violins, bass 351

SIRMEN, Maddalena Lombardini, SYRMEN, Maddalene. Concertos: violin 461. Duets: violin 676. Trios: 2 violins, cello 387

Siroë 170, 175, 176, 177

Siroë [Rè di Persia] 209, 285

SIXT, Giov. Duets: 2 flutes 647. Sonatas: 2 cembalos 659; cembalo, violin 659

[SMETERGELL], W[illiam], SMETHERGELL. Concertos: cembalo 826

SMITH, T. Sonatas: cembalo 4 hands 741

Solimann, Solimanno 15, 300

[SOLNIZ, Anton Wilhelm] SOLLNITZ. Symphony 221

Solo 224–227, 238, 239, 240, 247, 249, 251, 252, 269, 270, 279, 308, 309, 310, 319, 320, 324–326, 344–347, 355, 357, 382, 390, 391, 394, 413, 414, 421, 424, 429, 450, 451, 462, 471, 488, 489, 502, 503, 505, 510, 527–529, 539, 540, 546, 567, 568, 572, 597, 598, 631, 632, 643, 645, 651, 684, 722, 723, 724, 725, 729, 786, 789, 802, 805

Sonata, Sonatina 34–37, 38–42, 43–48, 49–59, 71, 72, 73, 74, 75, 76, 77, 79, 80, 82–84, 88–95, 105, 106, 110, 111, 116–118, 119–121, 122, 123, 125, 126, 127, 128, 129, 137, 138, 282, 283, 284, 287–289, 361, 362–364, 367, 389, 391, 398, 399, 400, 401, 402, 403, 404, 430, 471–473, 474–476, 511–516, 547, 548, 549–552, 576, 577, 578, 579, 582, 583, 605, 609, 610–617, 619, 646, 652, 653, 654–656, 657–662, 667, 676, 684, 688, 689–691, 692–696, 710, 711, 725, 733–735, 736, 737, 738, 739, 740–744, 745–752, 756, 770, 771, 797, 806, 807, 808, 809–811, 812, 813, 814, 815, 816–818, 819, 820, 821, 826, 827, 847, 863, 864, 865, 866, 867, 868, 869, 870

[SONNLEITHNER, Christoph] SONLEITHNER. Symphonies 524, 565

SORGE, [Georg Andreas]. Sonatas: 2 flutes, bass 90; flute, violin, bass 90; piccolo, violin or oboe, bass 90, 101

SPADINA, Steffano N., detto. Duets: violin 456. Solos: violin 310

SPAETH, [   ]. Divertimento 769

SPANDAU, [   ]. Quartet: horn, 2 violins, bass 800. Trios: horn, oboe, bass 800; horn, violin, bass 800

Spartana [generosa], La 14

Spatziergang in die Alee, Der 863

Specimen Contrapuncti 284

SPEER, [   ]. Sonata: violoncello piccolo, bass 77

SPERGER, [Johann Matthias]. Symphony 843

SPERLING, [   ]. Symphony 594

SPILLER, [   ]. Symphonies 594

Stabat Mater 588, 758

STABINGHER, Mattia. Duets: 2 flutes 466. Quartets: flute, violin, viola, bass 508

STAD, Fran[z], Franc. Concertos: violin 721. Sonatas: cembalo, violin, bass 694. 37 Variationes: violin 770

STADLER, Jos[eph] de Wolfersgrün. Minuets 765. Tedeski 765

STADTLER, [   ]. Symphony 221

STAEPS, [   ]. Symphony 524

STALDER, [   ], STALDERO. Symphonies 220. Trios: flute, violin, bass 359

STAMITZ, Anton [Johann Baptista]. Concertos: flute 728; oboe 730; violin 682, 721, 783, 785. Duets: violin, viola 714. Sonata: harp 756

General Index

STAMITZ, Carl [Philipp], Carlo. Concertino 769. Concertos: bassoon 733; cello 607, 724; clarinet 731; flute 545, 650, 728, 796; horn 802; oboe, bassoon 730; violin 354, 571, 603, 641. Duets: violin 634; violin, viola 642. Quartets 389, 570, 602; clarinet, violin, viola, bass 511; flute, violin, viola, bass 648; horn, oboe, viola, bassoon 731; horn, oboe, violin, bassoon 731; violin, 2 violas, bass 538. Quintets 605. Sonatas: 2 cembalos 693; cembalo, violin 693; cembalo, violin, bass 694. Symphonies 305, 487, 565, 594, 629, *La Chasse* 675, 704, 762. Symphonies Concertantes 708, 709. Trios: 2 violins, bass 388, 680

STAMITZ, Joh[ann], [STAMIČ, Jan Václav]. Concertos: bassoon 652, 804; cembalo 254, 329; flute 99, 397; 2 flutes 858; viola 538; violin 69, 70, 237, 278, 502. Duets: violin 227. Solos: violin 226, 270. Symphonies 25, 221, 265, 673

STARCK, [   ]. Concerto: clarinet 470

STARZER, [Josef]. Symphony 594

[STEFFAN, Joseph Anton] STEFFANI, STEPHANI, Giusep. Concertos: cembalo 136, 254, 293, 366. Fantasia: cembalo 362. Partitas 859. Solos: cembalo 325. Symphonies 221. Trios: cembalo 253; cembalo, violin, bass 291

STEFFANI, [Agostino]. Duets: vocal 194–196, 197

STEGMANN, [Karl David]. *Der Deserteur* [Monsigny—*Le Déserteur?*]: Partitur 559. *Erwin und Elmire*: arr. cembalo 624. *Der Kaufmann von* [*Smyrna*] *Smirna*: Arias 584; Partitur 700. *Redendes Gemählde* [Grétry— *Le Tableau Parlant?*]: arr. cembalo 588. Symphonies 410, 411

STEINER, [   ]. Sonata: violin, cello 75

STEINFELDT, A[lbert] J[acob]. Solos: flute 789

STEINMETZ, [   ], STAINMETZ. Partitas 149. Sonata: cembalo, violin 129. Symphonies 26

STENGEL, F. de. Concerto: flute 687

STERKEL, J[ohann] F[ranz] X[aver], STERCKEL. Fantasia: cembalo 807. *Farnace*: Overture 816. Pieces: cembalo 691. Sonatas: cembalo 4 hands 735; cembalo, violin 659, 813; cembalo, violin, bass 551, 661, 695, 696, 820, 870; cembalo, violin, cello 818. Symphonies 671, 705, 762

[STICH, Jan Václav; Johann Wenzel] PUNTO, Giov[anni]. Concertos: horn 801. Duets: horn, bassoon 800; violin 711. Quartets: horn, violin, viola, bass 800; violin, viola or horn, cello, bass with Vogel 777. Serenata 732. Solo: horn 651. Trios: horn, viola, cello 800; horn, violin, bass 651, 731

STÖLZEL, [Gottfried Heinrich], STOELTZEL. Cantatas 189, 194. Overtures 162. Sonatas: cembalo, oboe, violin 106; flute, violin, bass 95

STÖTZER, [   ]. Adagio: clarinet 860. Concerto: clarinet 860

STOLTZE, [   ]. Concerto: viola da gamba 80

STRICKER, [Augustin Reinhard]. Solo: oboe, bass 247. Sonata: flute, violin, bass 95

STUBENVOLL, F. Sonatas: cembalo, violin 816

STUMPF, [Johann] Christ[ian], STUMPFF. Concertos: bassoon 862. Duets: 2 violas 785

Sturm, Der 738

STUTICK, [   ]. Solo: oboe, bass 247

Styrienne, Steyerisch 268, 307

SÜSSIG, [   ]. Divertimento 505

SUHL, [   ], SUHLE. Concertos: bassoon 250; oboe 109. Symphonies 221

Suite 80, 121, 123, 124, 576

SULZER, J[ohann] A[nton]. Sonatas: cembalo 742

SUSS, [   ]. Duets: flute 84

SWIETEN, [Gottfried] van, Baron, SUITEN. Symphonies 594, 763

Symphonie Concertante, Sinfonia Concertante 629, 630, 702, 706, 707, 708, 709, 843

Symphony, Sinfonia 2–28, 123, 202–223, 246, 258–266, 285, 286, 289, 302–306, 313, 314, 338–343, 350, 378, 379, 380–382, 410, 411, 412, 435, 442–449, 471, 482–487, 522–526, 552, 562–567, 590–595, 596, 617, 626, 627, 628, 629, 630, 670, 671, 672–675, 688, 698, 702, 703– 705, 706, 707, 744, 760–763, 765–767, 812, 822, 842, 843, 845–847

T

[*Tableau Parlant, Le*] *Das Redende Gemalde, Redendes Gemählde* 588, 700, 709

TAG, C[hristian] G[otthilf]. Cantatas: *Der Alte und der Jüngling* 700; *Apollo und die Musen* 700

Talestri 286

TANTZ, L., TANZ. Sonatas: cembalo, violin 694; cembalo, violin, bass 696, 820

Tartarische Gesetz, Das 758

TARTI, Giuseppe [TARTINI?]. Sonata: flute 83

TARTINI, Gius[eppe]. Concerto: violin 502. Solos: violin 451. Trio: 2 violoncelli piccoli, bass 77

lxxvii

TASCHENBERG, [		]. Sonata: oboe 105
Tedeski 765
TELEMANN, Georg [Philipp], TELEMAN, MELANTE. Cantatas 189, 200. Concertos: flute 100; oboe, violin 248; oboe d'amore, 2 violas, bass 73; 2 sampogne 113; viola 73; 2 violas 73. *Don Quixotte:* Overture 161. *Der Geschmack im Lieben* 200. *Der Melancholicus* 200. Overtures 161; a la Pastorelle 161. Quartets 142; oboe, violin, viola, bass 106, 142. Solo: violin 226. Sonatas: 2 flutes, bass 90; harp 137; oboe d'amore, violin, 2 violas 110; 2 oboes d'amore, 2 violins, viola 110; violin 41. Trio: flauto dolce, oboe, bass 104, 106. *Wasser Overture* 161. *Der Weiber Orden* 200
Temistocle 166
Terpsiche 339
TERRADELLAS, [Domenico]. Arias 175, 178, 185. *Astarto:* Aria 175. Duet: soprano, alto 181
Thirza und ihre Söhne 840
THOMAS, [		]. Solos: cello, bass 503
THUBE, [		]. Sonatas: cembalo, violin 816
[TIETZ], [August] Ferdinand, TITZ. Duets: violin 773. Quartets 720
TILLIER, [Joseph-Bonaventure]. Duets: 2 cellos 644
TISCHER, [Johann Nikolaus] Giov. Concertos: cembalo 136; 2 horns, 2 violins, cello 250; violin 237. Overtures 161
[*Tito Vespasiano*] *La Clem[enza] di Tito* 14
Tod Abels 588
TODT, F. C. Sonata: cembalo 4 hands 735
TODT, [Johann] C[hristoph]. Concertos: cembalo 754. Sonatas: cembalo, violin 746; cembalo, violin, bass 818; cembalo, violin, cello 750, 821
TOESCHI, [Carlo] Gius[eppe]. Concertino 413. Concertos: flute 360, 428; violin 317, 354, 390, 420. Duet: 2 cellos 392. Quartets: flute, violin, viola, bass 323, 468, 545. Symphonies 339, 343, 381, 484. Trios: 2 flutes, bass 425
TOESCHI, DOESKY, G. Concertos: flute 650, 728; violin 603. Partita 769. Quartets: flute, violin, viola, bass 142, 245. Symphonies 205, 265, 303, 381, 382, 449, 487, 594
TOETTI, Giuseppe [TOESCHI?]. Concertos: flute 100
TOMASINI, [Luigi Aloysius]. Symphonies 594
Tom Jones 758
Tordinona 167, 171, 173, 177
TORELLI, [Giuseppe]. Sonata: 2 violins, bass 59

TORRI, [Pietro]. Duets: soprano, alto 197
TORTI, [		]. Symphony 222
[TOUCHEMOULIN, Joseph] TOUCHEMOLE, TOUCHEMOLIN, Giuseppe. Concerto: cembalo 432. Symphonies 763
TOZZI, [Antonio]. Symphony 705
[TRAETTA, Tommaso] TRAJETTA. Aria 620. *Lucio Vero:* Arias 480. Symphonies 303, 443, 524
TRANSCHEL, [Christoph]. Sonatas: cembalo 123
TRAVERSA, Gioachimo. Solos: violin 489
Treue[n] Köhler, Die 559, 876, 877
[TRICKLIR, Jean-Balthasar] TRICKLER, TRIKLIR. Concertos: cello 683, 788
TRIER, [		]. Partita 152
Trio, Terzetto 77, 80, 101, 104, 114, 130, 181, 228–232, 238, 242, 243, 246, 248, 249, 250, 252, 253, 255, 272–276, 279, 280, 290, 291, 312, 313, 314, 318, 320, 321, 322, 327, 328, 333, 335, 336, 349, 350–352, 355, 356, 358, 359, 364, 386–388, 392, 394, 395, 398, 402, 403, 404, 407, 408, 416, 417, 420, 422, 425, 426, 430, 431, 456, 457, 461, 463, 466, 467, 473, 474, 475, 476, 491–495, 502, 504, 506, 507, 510, 514, 515, 516, 520, 530–533, 541, 542, 546, 556, 557, 558, 568, 569, 579, 585, 587, 599, 606, 607, 608, 614, 615, 616, 621, 622, 623, 635, 636, 647, 651, 658, 659, 660, 661, 662, 678–680, 685, 692, 693, 694, 695, 696, 715–717, 726, 729, 731, 750, 751, 752, 773–775, 786, 791, 792, 800, 805, 814, 816, 817, 818, 830, 834, 837, 838, 839, 848, 857, 870, 875, 876, 877, 878, 879, 882, 883, 884
Trionfo della Fedeltà, Il 286
Trionfo di Clelia, Il 209, 285, 295, 296
TROMLITZ, [Johann Georg] G. G. Concertos: flute 545. Duets: flute 86, 87. Sonatas: flute 83; cembalo, flute or violin, bass 661
TUERCKE, [		]. Symphony 411
TÜRK, D[aniel] G[ottlob], TÜRCK. *Die Hirten bey der Krippe* [*zu Bethlehem*]: Partitur 840. Sonatas: cembalo 611, 811. Symphony 627
[TURINI], Ferd[inando], TURRINI. Sonatas: cembalo 742
TURNO, [		]. Sonata: 2 violins, bass 59
TZART, TZARTH, see CZARTH
TZSCHETKY, see SCHETKY

U

UBER, C[hristian] Benjam[in]. *Clarisse:* Arias 885, 886; Partitur 559. Concertos: cembalo 518. Divertimento 617. *Musik zum Prolog der*

General Index

Volontaire: Partitur 668. Quintet 477. Serenades 502, 537. Sonatas: cembalo, 2 horns, 2 flutes, 2 violins, bass 579; cembalo, 2 horns, violin, cello 579; cembalo, violin 514, 613, 614, 657; cembalo, violin, bass 579. Sonatinas: cembalo, violin 657

ULICH, [   ]. Concerto: grand oboe 249

ULLINGER, [   ]. Concerto: bassoon 805

UMLAUF, Igna[z], UMLAUFF, Ignatio. Concertos: cembalo 581, 824

[UMSTATT], Jos[eph], UMSTADT, UMSTEDT, Gius. Aria 175. Sonatas: cembalo 122; 2 violins, bass 57. Symphonies 26

UNGELENCK, [   ], UNGELENK. Partitas 651, 687, 797

Unser dummer Pöbel meint 867

Uranie 339

URSENBECK, Conte Gius. d'Ursenbeck et Massini. Trios: 2 violins, bass 314

UTTINI, Francesco [Antonio Baldassare]. Trios: 2 violins, bass 352

V

VACHON, P[ierre]. Concerto: violin 641. Quartets 500. Solos: violin 347, 414

VANDINI, [Antonio]. Solo: cello, bass 572

VAŇHAL, J[an Křtitel], VAAHALL, VANNAL, VANNHALL, [WANHAL], Carlo Giov. Air favori varié pour le clavecin et un Rondeau 868. Allemandes 844. Arietta con variazioni 812. Caprices 812. Concertos: bassoon 805; cello 856; cembalo 618; flute 574, 608, 796; violin 390, 420, 460, 537, 572. Deutsche Tänze 844, 868. Divertimentos 413, 488, 653, 697. Duets: 2 flutes 790; violin 677, 715. Minuets 844, 868. Notturni 773. Quartets 419, 460, 570, 601, 639, 777, 782; flute, violin, viola, bass 468, 542, 544. Quintets 428, 727. Solo: flute 540. Sonatas: cembalo 430, 812; cembalo, violin, bass 552, 752; cembalo, violin or viola, bass 752; cembalo, violin, cello 821; cembalo, violin, viola, cello 821; violin 770. *Sinfonia Pantomima:* cembalo 471. Symphonies 303, 343, 379, 411, 444, 484, 487, 524, 526, 565, 595, 627, 671, 688, 705, 763, 767, 812, 843. Trios: flute, violin, bass 395, 726; violin, viola, bass 502; 2 violins, bass 417, 495, 533, 636, 678, 775

Variations, Variazioni 284, 394, 429, 450, 547, 582, 619, 653, 770, 789, 799, 806, 808, 812, 863, 865, 867, 868, 869, 871

Vaudeville 833, 884

VEICHTNER, [Franz] Adam. Concertos: violin 460, 604. Symphonies 448

VELLA, [   ]. Sonatas: 3 violins, bass 389

[VENTO, Mattia] WENTO. Trios: 2 violins, bass 275

VERACINI, [Francesco Maria]. Cantata 189

VERAZI, [Giovanni] I. Sonatas: cembalo, violin 816

Verliebte Nachtwächter, Der 198

Verliebte Zonck, Der 199

Verwandelten Weiber, Die 559

Verwechslung, Verwechselung, Die 700, 837, 838

VETTER, H[einrich] L[udwig]. Quintets 853. Symphony 596

[*Vicende della Sorte, Le*] *Der Glückwechsel* 700, 758, 830, 831

VIELHE, Giov. Concertos: violin 642

VIERLING, J[ohann] G[ottfried]. Concertos: cembalo 665, 824. Sonatas: cembalo 742, 812; cembalo, violin, cello 818, 821

Vilano, Villano, Geloso, Il 379, 407

VINCI, [Leonardo]. *Alessandro* [*nell'Indie*]: Aria 175. *Alibert* [?]: Quartet: 3 sopranos, tenor 181. Arias 175. Symphony 222

VIOTTI, [Giovanni Battista]. Concerto: violin 722

VIVALDI, Anton[io], D. Arias 175, 178, 179. Concerto: flute 100. Solos: cello 238; violin 227. Symphonies 26

VOGEL, [   ]. Concerto: clarinet 799

VOGEL, J[ohann] C[hristoph]. Concertos: flute 858. Duets: 2 flutes 856. Quartets: violin, viola or horn, cello, bass [with PUNTO] 777

VOGLER, [   ]. Concerto: horn 114. Solo: violin 227

VOGLER, G[eorg Joseph]. Sonatas: cembalo, violin, bass 696

W

Wäschermädchen, Das [*Le Lavarandine*] 700

WAGENSEIL, [Georg] Christo[ph], Christof. Aria 175. Concertos: cembalo 136, 254, 255, 293, 329, 618; organ 554. Partita 151. Quartets: cembalo, 2 violins, bass 664. Solos: cembalo, violin 252. Sonatas: cembalo 284; cembalo, violin 129; 2 flutes, bass 91; 2 violins, bass 56, 57. Suites: cembalo 123, 124. Symphonies 27, 222, 265, 524, 565, 595. Trios: cembalo, flute 253; cembalo, violin, bass 291; cembalo, violin, viola 130; 2 violins, bass 232

WAGNER, Ant. Symphony 705

[WALDECK, Franz Adam] WALDEK. Symphony 595

Walder 624, 700

lxxix

[WALPURGIS], see Maria Antonia Walpurgis
[WANHAL], see VAŇHAL
Wasser Overture 161
Weiber Orden, Der 200
Weibliche Magister, Der 198
WEIMAR, [Georg Peter]. [*Die*] *Schadenfreude:* Partitur 668
WEINER, [   ]. Sonatas: cembalo, violin 129
WEINLICH, [   ]. Concertos: bassoon 470. Partita 449
WEISS, [Karl] C. Quartets: flute, violin, viola, bass 794. Solos: flute 725. Trios: flute, violin, bass 466
WEISS, S[ylvius] L[eopold]. Partitas: lute 369–375
WEND, [   ]. Divertimento 769
WENDLING, J[ohann] B[aptist], Gio. Batt. Concertos: flute 360, 361, 428, 686, 728. Duets: 2 flutes 466, 726. Quartets: flute, violin, viola, bass 727. Solos: flute 240, 540. Trios: flute, violin, bass 322, 426, 467, 542
WENKEL, [Johann] F[riedrich] W[ilhelm]. Sonatas: cembalo 578
WENTO, see VENTO
WENTZEL, [   ], WENZEL. Concertos: cello 423; viola d'amore 74. Partitas 74. Solo: cello 421
WERNER, [   ]. Concerto: cello 505. Partitas 151, 152. Solos: cello 391, 503
[WESTENHOLZ, Karl August Friedrich] WESTENHOLTZ. [*Die*] *Hirten bey der Krippe zu Bethlehem:* Partitur 588. Symphony 379
Widersprecherinn, Die 199
WIEDNER, Joh[ann] Carl. Concertos: cembalo 137, 255; flute 100; oboe 109; violoncello piccolo 78. Overture 162. Partitas 150, 268, 286. Sonatas: cembalo, violin 129. Symphonies 28
WIEFEL, [Johann Wilhelm] Giov. Guil. Concertos: flute 650. Sonatas: cembalo, bassoon or cello 746; cembalo, flute or violin 746; cembalo, violin 746
Wilddiebe, Die 758
WILLFURT, [   ], WILLFURTH. Concertos: cembalo 432, 581
WILLHELMY, [   ]. Solos: flute 505
Williams und Sulmuth 758
WINTER, P[eter von], Pietro. Symphonie Concertante 843. Symphony 763
WIRBACH, [   ]. Sonata: cembalo, cello 579. Symphony 223
WISTEIN, [   ]. Symphonies 524, 763
[WOCZITKA], Fr[anz Xaver], WOSCHITKA. Concerto: cello 645. Solos: cello 643, 723

[WODICZKA], Wen[zel], VODISCA, WODIZKA, Wencesl. Concertos: violin 70. Solos: cello 421; violin 227, 632
WOLF, [E. W.?]. Concertos: cembalo 329, 366, 432. Duets: 2 flutes 425. Quartets: flute, oboe, bassoon, cello 426. Symphonies 379, 444. Trio: flute, violin, bass 425
WOLF, Ernst Wilh[elm], WOLFF, Gugl. *Der Abend im Walde:* Arias 875, 876; Partitur 559. Concertos: cembalo 618, 665, 699, 754, 756, 824, 826, 873; oboe, bassoon 805. [*Die*] *Dorfdeputi*[*e*]*rten:* Partitur 559. *Ehrlichkeit und Liebe:* Arias 831, 832; Partitur 700. *Das Gärtner-Mädchen:* Arias 833, 834; Partitur 559. *Das grosse Loos:* Arias 586, 587; Partitur 559. [*Der*] *Leidende Erlöser:* Partitur 559. *Polyxena:* Partitur 624. Quartets 681; flute, oboe or violin, bassoon or cello, bass 573. *Das Rosenfest:* Arias 832, 833; Partitur 559. [*Serafina*] *Seraphina:* Partitur 624. Sonatas: cembalo 578, 655, 691, 743; cembalo, violin, cello 662. *Die Treuen Köhler:* Arias 876, 877; Partitur 559. See also WOLF, [E. W.?], WOLFF
WOLFF, [   ]. Concertos: cembalo 581; oboe 798; viola 642. See also WOLF
WOLFF, [Christian Michel]. Duets: 2 flutes 726. Sonatas: cembalo, violin, flute or violetta 614
WSCHETYNSKI, [   ]. Concerto: cembalo 432
WÜRTIG, [   ]. Trios: 2 violins or flutes, bass 715
Wüste Insel, Das 700, 836
Wurmkuchen-Frau, Die 198

X

[*Xinio*] *Hindo riconnosciuto* 700

Y

[YOST, Michel] IUST. Concerto: clarinet 799

Z

ZACH, [Jan]. Concertos: cembalo 581. Symphonies 223. Trios: cembalo, violin 290; cembalo, violin, viola 290; violin, viola d'amore, bass 318

General Index

Zahnarzt, Der 199

ZANETTI, F[rancesco], ZANNETTI.   Quintets 277, 316, 536. Trios: 2 violins, bass 276, 417. [*Le Lavarandine*] *Das Wäschermädchen:* Partitur 700

ZANI, [Andrea].   Symphony 223

ZAPPA, Franc[esco].   Concerto: cello 856. Sonatas: cembalo, violin 475. Trio: 2 violins, bass 276

ZARTH, see CZARTH

Zaubernde Soldat, Der [*Le Soldat Magicien*] 758

ZEIDLER, [   ].   Concertos: cembalo 479, 519

ZELLER, [   ].   Concerto: violin 237

ZELTER, [Karl] F[riedrich], G. F.   Concerto: viola 855

Zémire et Azor 747

Zenobia 209, 285, 300

ZIEGLER, [   ].   Symphonies 223

ZIELCHE, H[ans] H[einrich].   Quartets: flute, violin, viola, bass 685. Sonatas: flute 646

Zigeuner, Die 758

ZIMMERMANN, Anton, Antonio.   Concertos: bassoon 361; cembalo 826. Divertimento 822. Duets: violin 599. Quartets 602. Sonatas: cembalo, violin 659, 694. Symphonies 444, 525, 565, 763

ZINCK, H[arnak] O[tto] C[onrad].   Solos: flute 724

ZINGARELLI, Niccol[ò], Niccola.   Sonata: cembalo, violin 869

ZINGONI, G[iovanni] B[attista].   Symphonies 674

ZOPPIS, [Francesco].   Arias 175, 176. *Siroë:* Arias 175, 176. Symphony 223

ZUCCARI, [Carlo].   Concertos: violin 70. Sonatas: violin 41

ZUCCARI, [Giovanni].   Cantata 194

Zwey Wächter, Die 332

ZYCKA, [   ].   Concertos: cello 463